…r der Reise

Praktische Reisetipps A–Z

Land und Leute

Das nördliche Tessin

Schweizer Lago Maggiore

Italienischer Lago Maggiore

Im Sottoceneri

Das Mendrisiotto

Anhang

010te Foto: tt

Eva Meret Neuenschwander,
Jürg Schneider
Tessin und Lago Maggiore

Il mio Ticino è un piccolo sud dove trovo la mia libertà da buffone.
(Mein Tessin ist ein kleiner Süden, wo ich meine Narrenfreiheit finde.)

Gardi Hutter, Clownin

113te Foto: tt

Impressum

Eva Meret Neuenschwander, Jürg Schneider
Tessin und Lago Maggiore

erschienen im
Reise Know-How Verlag Peter Rump GmbH
Osnabrücker Str. 79
33649 Bielefeld

1. Auflage 2005

Gestaltung
Umschlag: M. Schömann, P. Rump (Layout); Andrea Hesse (Realisierung)
Inhalt: Günter Pawlak (Layout und Realisierung)
Fotos: die Autoren (ns), Ticino Tourism (tt), Distretto Turistico dei Laghi (dt)
Titelfoto: Ticino Tourism
Karten: der Verlag, Catherine Raisin

Lektorat: Andrea Hesse

Druck und Bindung
Wilhelm & Adam, Heusenstamm

ISBN 3-8317-1377-4
Printed in Germany

Dieses Buch ist erhältlich in jeder Buchhandlung Deutschlands, der Schweiz, Österreichs, Belgiens und der Niederlande.
Bitte informieren Sie Ihren Buchhändler über folgende Bezugsadressen:

Deutschland
Prolit GmbH, Postfach 9, D-35461 Fernwald (Annerod) sowie alle Barsortimente

Schweiz
AVA-buch 2000
Postfach, CH-8910 Affoltern

Österreich
Mohr Morawa Buchvertrieb GmbH
Sulzengasse 2, A-1230 Wien

Niederlande, Belgien
Willems Adventure
Postbus 403, NL-3140 AK Maassluis

Wer im Buchhandel trotzdem kein Glück hat, bekommt unsere Bücher auch direkt über unseren **Büchershop im Internet:**
www.reise-know-how.de

Wir freuen uns über Kritik, Kommentare und Verbesserungsvorschläge.

Alle Informationen in diesem Buch sind von den Autoren mit größter Sorgfalt gesammelt und vom Lektorat des Verlages gewissenhaft bearbeitet und überprüft worden.

Da inhaltliche und sachliche Fehler nicht ausgeschlossen werden können, erklärt der Verlag, dass alle Angaben im Sinne der Produkthaftung ohne Garantie erfolgen und dass Verlag wie Autoren keinerlei Verantwortung und Haftung für inhaltliche und sachliche Fehler übernehmen.

Die Nennung von Firmen und ihren Produkten und ihre Reihenfolge sind als Beispiel ohne Wertung gegenüber anderen anzusehen.
Qualitäts- und Quantitätsangaben sind rein subjektive Einschätzungen der Autoren und dienen keinesfalls der Bewerbung von Firmen oder Produkten.

Eva Meret Neuenschwander, Jürg Schneider

Tessin und Lago Maggiore

Danksagung

Wir danken speziell Andrea Hesse für das engagierte und kompetente Lektorat.

Reise Know-How im Internet

Aktuelle Reisetipps und Neuigkeiten
Ergänzungen nach Redaktionsschluss
Büchershop und Sonderangebote

www.reise-know-how.de
info@reise-know-how.de

Wir freuen uns über Anregung und Kritik.

Reise Know-How

Vorwort

Schon immer zogen das Tessin (ital. Ticino) und der Lago Maggiore, „das Vorzimmer des Südens", Utopisten, Idealisten, Künstler und andere sich nach Wärme Sehnende in ihren Bann. Ist es wegen der kontrastreichen Landschaft, wo Palmen vor schneebedeckten Gipfeln wachsen, wo üppige Natur rund um die lieblichen Seen nichts von den schroffen Bergwelten verrät, wo Inseln in den Wintermonaten wie Dornröschen vor sich dösen? Oder ist es der herbe Charme der Dörfer mit ihren alten, von Granitplatten bedeckten Steinhäusern, an die Felsen geschmiegt wie Schwalbennester? Die herrschaftlichen Häuser, weit hinten in den abgelegensten Tälern, stumme Zeugen der Emigration? Die kühnen romanischen Sakralbauten in Hanglage mit ihren wunderbaren Fresken, die lombardischen Kirchenfassaden, die barocken Innenräume?

Am Schnittpunkt zwischen Nord und Süd verrät dieser Landstrich viel über Geschichte(n), Handelswege, Militärrouten, über Wohn- und Esskultur. Viele berühmte Architekten hat das Tessin im Laufe der Jahrhunderte hervorgebracht; auch heute ist die Region Schauplatz bedeutender moderner Architektur.

Wie Sie die entlegensten Dörfer erreichen, welche Sehenswürdigkeiten diese bergen, wo beliebte Wanderrouten locken, welche Sportarten Sie betreiben können, wo Sie gut und gerne schlafen oder essen, wie Sie preisbewusst reisen, verrät Ihnen dieses Buch.

Die Reisebeschreibungen beginnen am Gotthard und wenden sich dann dem Süden zu, die Seitentäler des weitgehend alpinen Tessins besonders beachtend. Da die Grenze heute kaum noch wirklich teilt, haben wir am Lago Maggiore den italienischen Teil des Sees und sein Umland und im Süden des Kantons einen Abstecher zu der nahen italienischen Stadt Como ebenfalls in das Reisehandbuch miteinbezogen.

Weil die Schweiz als teures Reiseland gilt, finden sich bei den „Praktischen Tipps" und bei den Unterkunftsempfehlungen viele Hinweise, wie man die Reisekasse etwas schonen kann.

Wir wünschen einen schönen Aufenthalt und eine interessante und erholsame Reise.

Eva Meret Neuenschwander
und Jürg Schneider

Hinweis und Dank

Das Verfassen dieses Reisehandbuchs wäre ohne das Hinzuziehen eines Standardwerks in dieser Art kaum möglich gewesen: den „Kunstführer der Schweiz" (1975–82 Gesellschaft für Schweizerische Kunstgeschichte, *Hans Jenny,* Büchler Verlag, Wabern). Leider ist dieses nach wie vor durch nichts zu ersetzende Werk vergriffen; in vielen Museen, Kirchen und anderen historischen Gebäuden liegen Auszüge aus. Kein Reiseführer der Schweiz kommt ohne dieses Standardwerk aus, doch selten wird gebührend darauf hingewiesen.

Inhalt

Vorwort 7
Die Highlights des Tessins 10

Vor der Reise

Informationen 14
Diplomatische Vertretungen 15
Reisedokumente 15
Zollbestimmungen 15
Reisezeit 16
Kleidung und Ausrüstung 18
Organisierte Touren 18
Rund ums Geld 18
Versicherungen 20

Praktische Reisetipps A–Z

An- und Rückreise 24
Autofahren 26
Behinderte unterwegs 27
Einkaufen 28
Elektrizität 32
Essen und Trinken 32
Feste und Feiertage 37
Haustiere 37
Karten und Literatur 37
Kinder 40
Kurse und Bildungsangebote 41
Medizinische Versorgung 42
Nachtleben 42
Notfälle 43
Öffentliche Verkehrsmittel 43
Öffnungszeiten 45
Post und Telefon 46
Sicherheit 47
Sport 48
Unterkunft 53
Verhaltenstipps 58

Land und Leute

Geographie 62
Klima 63
Flora und Fauna 65
Geschichte 67
Wirtschaft 70
Staat und Verwaltung 71
Sprache 74
Architektur und Malerei 75

Das nördliche Tessin

Der Gotthard – das Tor zum Tessin 84
Valle Bedretto 92
Valle Leventina 93
Biasca 105

Kartenverzeichnis

Übersichtskarten:
Das nördliche Tessin 86
Schweizer Teil des Lago Maggiore und Hinterland 147
Italienischer Teil des Lago Maggiore 208
Lugano und Umgebung 240
Mendrisiotto 292

Stadtpläne:
Ascona 160
Bellinzona 124
Como 327
Locarno 148
Lugano ....Umschlag hinten
Mendrisio 310
Stresa 225
Verbania 217

Exkurse

Die Küche des Tessins 34
Die Kastanie 64
Neue Tessiner Architektur 76
Die Gotthardroute 88
Der Aufstand der Leventiner 96
Die Gatti aus Dongio – ein Erfolgstrio in London 111
Die Geschichte des Monte Verità 165
Tessiner Häuser und ihre Baugeschichte 176
Emigration aus den Tessiner Tälern 179
Der Bandit Mattirö als Rebell und Retter der Armen 306
Prozessionen der Karwoche in Mendrisio 312

Riviera 106
Valle di Blenio 109
Bellinzona 123
Valle Morobbia 138
Magadino-Ebene 138

Der Schweizer Lago Maggiore und sein Hinterland

Minusio und Brione 146
Locarno 146
Ascona 159
Von Losone nach Brissago 166
Val Verzasca 169
Valle Maggia und Seitentäler 175
Das Pedemonte 192
Centovalli 194
Val Onsernone 197
Das Gambarogno 201

Der italienische Teil des Lago Maggiore

Überblick 209
Cannobio 210
Val Cannobina und Valle Vigezzo 211
Cannero Riviera 214
Oggebbio und Ghiffa 215
Verbania 216
Lago Mergozzo und Lago d'Orta 220
Die Riviera des Lago Maggiore 223
Die lombardische Seite des Lago Maggiore 232

Im Sottoceneri

Der Monte Ceneri und das Val Vedeggio 238
Lugano 245
Castagnola 258
Gandria 259
Valli di Lugano 261
Der Malcantone 267
Halbinsel Ceresio 279

Das Mendrisiotto

Überblick 293
Am östlichen Ufer des Luganer Sees 294
Rund um den Monte San Giorgio 300
Mendrisio 310
Zwischen Mendrisio und Chiasso 315
Valle di Muggio 318
Chiasso 323
Abstecher über die Grenze nach Como 324

Anhang

Literaturtipps 334
Kleine Sprachhilfe Italienisch 335
Architektonisches und kunsthistorisches Glossar 338
Register 349
Die Autoren 360

Die Highlights des Tessins

- Stimmungsvolles **Filmfestival** auf der Piazza Grande in Locarno: eine Stadt wird zum Kino (Seite 158).

- Die älteste Kirche der Schweiz: das **Baptisterium Riva San Vitale** am Luganer See (Seite 300).

- Höhepunkte der **Romanik:** die Kirchen S. Nicolao in Giornico, S. Carlo Negrentino im Bleniotal und S. Vittore in Locarno-Muralto (Seiten 99, 114 und 154).

- Fackeln, Laternen und Laiendarsteller: die nördlichste **Passionsprozession** diesseits der Alpen in Mendrisio (Seite 312).

- **Risotto-Gedichte** in der Osteria Centovalli in Ponte Brolla (Seite 157).

- **Wanderung** der Superlative: auf dem Grat vom Monte Tamaro zum Monte Lema (Seite 244).

- Auf den Spuren der **Saurier:** der Naturlehrpfad rund um den Monte San Giorgio (Seite 309).

- Traumgebilde im Lago Maggiore: die **Brissago-Inseln** und die **Borromäischen Inseln** (Seiten 167, 226).

- Nervenkitzel beim **Bungee-Jumping** von der Verzasca-Staumauer und von der Eisenbahnbrücke in Intragna (Seiten 170, 195).

- Die Designer neuer Welten: zu Besuch auf dem **Monte Verità** (Seite 165).

- Reisen wie im Kutschenzeitalter: mit der **Postkutsche** über den Gotthardpass (Seite 92).

- Al Sprüch und Milani, zwei typische **Tessiner Grotti** in Lodano im Bleniotal (Seite 121).

- Alt und Neu: die **Festungsanlagen Bellinzonas** (Seite 123).

- Moderne Architektur in schroffer Berglandschaft: **S. Maria degli Angeli** auf der Alpe Foppa (Seite 238).

- **Valle di Muggio:** im südlichsten Tal der Schweiz die unberührte Landschaft als Museum erleben (Seite 318).

- Treffpunkt der Schmuggler: im **Museo Doganale Svizzero** in Cantine di Gandria (Seite 258).

- **Whiskey und Schottenröcke** im Cannobina-Tal (Seite 212).

- **Como** – mittelalterliche Stadt der Seide, des Doms, der Türme, der Villen am See (Seite 324).

114te Foto: tt

003te Foto: tt

Vor der Reise

004te Foto: ns

Ziegen bei Indemini, Gambarogno

005te Foto: tt

Detail der Kirche San Nicolao in Giornico

Bootsanleger am Luganer See

Informationen

Die Schweiz ist in Deutschland und Österreich mit Tourismusinformationsstellen in Frankfurt a. M., Berlin, Hamburg, München und Wien präsent. Hier erhält man **Unterkunftsverzeichnisse** aller Art sowie **Broschüren** über touristische Regionen und Destinationen mit ihren Sehenswürdigkeiten und Angeboten.

Schweiz Tourismus

- **Zentrale Rufnummer** (gebührenfrei): 00800 10 02 00 30.
- **Zentrale E-Mail-Adresse Deutschland:** info.de@switzerland.com.
- Rossmarkt 23, 60311 **Frankfurt a. M.,** Tel. 069 25 60 010.
- Steinsdorfstraße 20, 80538 **München,** Tel. 089 28 65 99 03.
- Marienstraße 15, 10117 **Berlin,** Tel. 030 24 72 74 06.
- Neuer Wall 26/28, 20354 **Hamburg,** Tel. 040 33 07 31.
- Bankstraße 6, 40476 **Düsseldorf,** Tel. 0211 49 80 040.
- Neuer Markt 4, Postfach 34, 1015 **Wien,** Tel. 01 51 32 640, info.at@switzerland.com.

Man kann sich selbstverständlich mit allen das Tessin betreffenden Fragen auch direkt an das **Tessiner Verkehrsbüro** oder auch an eine der **lokalen Tourismusinformationsstellen** wenden. Jede größere Stadt und jeder wichtigere Fremdenverkehrsort hat sein Tourismusbüro *(Ente Turistico)*. Diese werden in den Ortsbeschreibungen dieses Buches unter „Praktische Tipps" aufgeführt.

- **Ticino Turismo,** Casella Postale 1441, CH-6501 Bellinzona, Tel. 0041 91 82 57 056, www.ticino-tourism.ch.

Das Tessin und der Lago Maggiore im Internet

Schweiz Tourismus unterhält eine gut redigierte Website mit Links in alle Regionen und zu jeder Art von Sehenswürdigkeit und Dienstleistung. Es lassen sich auch elektronische Postkarten mit Motiven aus der Schweiz versenden: **www.myswitzerland.com.**

Auch das Tessin und der Lago Maggiore sind im Internet mit ansprechenden Seiten vertreten; fast alle Städte und Ferienorte sind unter ihren Namen im Web auffindbar. Hier die wichtigsten Webadressen:

- www.ticino-tourism.ch
- www.bellinzonaturismo.ch
- www.biascaturismo.ch
- www.blenio.com
- www.gambarognoturismo.ch
- www.leventinaturismo.ch
- www.maggiore.ch
- www.lugano-tourism.ch
- www.malcantone.ch
- www.mendrisiotourism.ch
- www.tenero-tourism.ch
- www.vallemaggia.ch
- www.distrettolaghi.it
- www.ciaolagomaggiore.com
- www.tourenguide.ch. Eine Plattform für Wanderungen, Biketouren und Winterwanderungen in der Schweiz; zurzeit werden über 250 Touren dort vorgestellt.
- www.ti.ch (die offizielle Homepage des Kantons, auf Italienisch; verlinkt mit der Website der Bundesbehörden der Schweizerischen Eidgenossenschaft, auf der man sich u.a. über aktuelle politische Themen informieren kann)
- www.ticinoonline.ch (Newsportal)
- www.meteoschweiz.ch (Wetterdaten)
- www.agriticino.ch. Hier findet man Informationen rund um den Urlaub auf dem Bauernhof, zum Übernachten im Stroh, zu Hofläden, Hofbesichtigungen etc.

Diplomatische Vertretungen

Schweizer Vertretungen in Deutschland und Österreich

- **Schweizerische Botschaft,** Otto-von-Bismarck-Allee 4a, 10557 Berlin, Tel. 030 39 04 000, www.botschaft-schweiz.de.
- **Schweizer Generalkonsulate** in Dresden, Düsseldorf, Frankfurt a.M., Hamburg, München und Stuttgart.
- **Schweizerische Botschaft,** Prinz-Eugen-Straße 10, 1040 Wien, Tel. 01 79 505, www.eda.admin.ch/ wien.
- **Schweizer Konsulate** in Bregenz, Graz, Innsbruck, Klagenfurt, Linz und Salzburg.

Vertretungen in der Schweiz

- **Deutsche Botschaft,** Willadingweg 83, Bern, Tel. 031 35 94 111, in dringenden Fällen auch 079 35 79 373, www.deutsche-botschaft.ch.
- **Deutsches Konsulat,** Via Soave 9, Lugano, Tel. 091 92 27 882.
- **Österreichische Botschaft,** Kirchenfeldstraße 77/79, Bern, Tel. 031 35 65 252.
- **Österreichisches Konsulat,** Via Pretorio 7, Lugano, Tel. 091 91 34 007.

Vertretungen in Norditalien

- **Deutsches Konsulat** in Mailand: Via Solferino 40, 20121 Milano, Tel. 02 62 31 101.

Reisedokumente

Die Schweiz gehört (noch) nicht zur Europäischen Union, doch die Einreise wird an vielen Grenzübergängen und in den Eisenbahnzügen gegenwärtig nur stichprobenartig überprüft. Mit der Volksabstimmung am 5. Juni 2005, in der sich die Eidgenossen für den **Beitritt zum Schengen-Abkommen** ausgesprochen haben, werden die Kontrollen in Zukunft noch seltener werden (es sei denn, die zweite Volksabstimmung Ende September 2005 stellt dieses europafreundliche Ergebnis wieder in Frage). Momentan genügen für EU-Bürgerinnen und -Bürger der **Personalausweis** oder ein Reisepass, für Kinder ein Eintrag im elterlichen Pass oder ein Kinderausweis. Kontrolliert wird nur selten; auch wenn man zwischen dem Tessin und Norditalien hin- und herpendelt, wird man meist durchgewinkt.

Wer einen längeren Aufenthalt plant, erkundige sich bei den konsularischen Vertretungen.

Autofahrer müssen ihren Führerschein und den Kfz-Schein mitführen, die **Grüne Versicherungskarte** ist empfehlenswert.

Hunde und Katzen dürfen nur mit **tierärztlichem Zeugnis** eingeführt werden (Einzelheiten siehe Kap. „Reisetipps A–Z/Haustiere").

Zollbestimmungen

Abgabenfreie Einfuhr in die Schweiz

- **Alkohol:** 2 l alkoholische Getränke bis 15 Vol.-% und 1 l über 15 Vol.-%.
- **Tabakwaren:** 200 Zigaretten oder 50 Zigarren oder 250 g Pfeifentabak.
- **Nahrungsmittel:** 0,5 kg Frischfleisch, 3,5 kg Fleischprodukte, 20 kg Wild, Fisch oder Meeresfrüchte, 1 l/kg Butter/Rahm, 5 kg Käse und andere Milchprodukte, 2,5 kg Eier, je 20 kg Getreide, Gemüse oder Früchte, 2,5 kg Kartoffelerzeugnisse, 3 l Apfel-, Birnen- oder Traubensaft.
- **Wertfreigrenze:** Übersteigt der Gesamtwert der Waren sFr. 300, so wird die ganze eingeführte Menge abgabenpflichtig.

- **Waffen** und Waffenbestandteile sowie Munition und Munitionsbestandteile sind beim Zollamt anzumelden.
- **Auskünfte:** Oberzolldirektion, 3003 Bern, Tel. 031 32 26 511, www.zoll.admin.ch.

Abgabenfreie Ausfuhr aus der Schweiz in die EU

- **Tabakwaren:** 200 Zigaretten oder 100 Zigarillos oder 50 Zigarren oder 250 g Rauchtabak oder eine anteilige Zusammenstellung dieser Waren.
- **Alkohol:** 1 l Spirituosen (über 22 Vol.-%) oder 2 l Spirituosen, Aperitifs oder ähnliche Getränke (22 Vol.-% oder weniger) oder eine anteilige Zusammenstellung dieser Waren und 2 l nicht schäumende Weine.
- **Kaffee/Tee:** 500 g Kaffee, nach Österreich zusätzlich 100 g Tee.
- **Parfüms:** 50 g, Eau de Toilette: 0,25 l.
- **Arzneimittel:** die dem persönlichen Bedarf während der Reise entsprechende Menge.
- **Andere Waren:** bis zu einem Warenwert von insgesamt € 175.
- **Einfuhrbeschränkungen** bestehen z.B. für Tiere, Pflanzen, Arzneimittel, Betäubungsmittel, Feuerwerkskörper, Lebensmittel, Raubkopien, verfassungswidrige Schriften, Pornographie, Waffen und Munition; in Österreich auch für Rohgold. Auskünfte für Deutschland: www.zoll.de oder beim Zoll-Infocenter, Tel. 069 46 99 76 00; für Österreich: www.bmf. gv.at oder beim Zollamt Villach, Tel. 04242 33 233.

Reisezeit

Die Reisezeit für einen Besuch der Südschweiz und Norditaliens hängt von den jeweiligen Interessen der Besucher ab. Das Tessin und der Lago Maggiore haben **das ganze Jahr** über viel zu bieten: warme Tage im Sommer, an denen man wunderbar **baden** kann, aber auch einen herrlichen Herbst und ein mildes Frühjahr. Auch im Winter kann man an einem sonnigen Tag im Freien sitzen und einen Kaffee trinken oder, falls man dem Winter nicht entfliehen will, in den schneesicheren Bergregionen des Tessins oder der Ossolatäler **Ski laufen.**

Die Klimaveränderungen lassen jedoch **kaum noch sichere Prognosen** zu: War früher der Herbst im Tessin stets sonnig, so kann man heutzutage nasskalte Überraschungen erleben. Im August kann die Piazza Grande in Locarno auch schon einmal unter Wasser stehen, statt den Besuchern des legendären Filmfestivals einen sonnigen Empfang zu bereiten.

Wenn es **regnet** im Tessin, fühlt man sich an den tropischen Monsun erinnert, und durch die Höhenlage kann es insbesondere in den Alpentälern empfindlich kalt werden.

Obschon die Alpensüdseite als relativ schneesicher gilt, leiden die Wintersportorte in manchen Jahren unter **Schneemangel** und können trotz aller Schneekanonen auch im Winter nur mit Wanderungen locken. Dafür gibt es in den Bergen meist Sonne pur und nebelfreie Tage mit herrlicher Sicht. Ob Wander- oder Skischuhe angesagt sind, wissen *Schweiz Tourismus* und der ADAC (Tel. 0180 52 32 221), die zwischen Dezember und April Auskunft über die Schweizer Skipisten geben. Aktuelle Wintersportinformationen können auch über die Website www.schweiz.de abgerufen werden.

Gondeln in luftiger Höhe:
Funivie del San Gottardo in Airolo

Obgleich das Tessin viele sonnige, unvergleichlich klare Tage hat, erreicht der Mailänder **Smog** leider ab und zu auch den Lago Maggiore und das Sottoceneri.

Wer ein Hotel sucht, wird im Allgemeinen während des ganzen Jahres fündig. Es gibt keine eindeutige **Hochsaison** mehr, doch während des Filmfestivals in Locarno und Ascona (in den beiden ersten Augustwochen) oder während gewisser Messen in Lugano ist es schwierig und kostspielig, dort unterzukommen. Ascona ist überhaupt oft ausgebucht und sehr teuer, ebenso wie Locarno, Lugano und Stresa. Für diese Ortschaften lohnt es sich, vor der Reise den Veranstaltungskalender zu studieren und sich gegebenenfalls in einem günstigeren Nachbarort einzuquartieren. Außerhalb der Hauptreisezeiten sind auch in einem Locarneser Vier-Stern-Hotel mit Seeblick schöne Zimmer zu vernünftigen Preisen zu haben. Dieses Buch empfiehlt auch in den Tourismushochburgen einige Hotels mit gutem Preis-Leistungsverhältnis.

Wichtige **Sehenswürdigkeiten** wie die Inseln des Lago Maggiore sind im Sommer oft überlaufen; hier empfiehlt sich ein Besuch außerhalb der Saison oder früh am Morgen.

Auf der italienischen Seite des Lago Maggiore und in Como sind sehr viele Hotels von **November bis Ostern** geschlossen, man wird dort nur mit Mühe eine Unterkunft finden.

Kleidung und Ausrüstung

Die Witterungsbedingungen und die Gegebenheiten der Bergwelt erfordern eine geeignete Ausrüstung. Es empfiehlt sich, auch im Sommer **ausreichend warme Bekleidung** mitzunehmen.

Für **Wanderer** oder **Bergsteiger** gilt: Turn- und ähnliche Sportschuhe sind in den Bergen ungeeignet. Wer dort Spaziergänge und Wanderungen plant, muss gut eingelaufene Wanderschuhe mitnehmen.

Die meisten **Wintersportler** benutzen ihre eigenen Skier oder Snowboards. In den größeren Wintersportorten kann man eine große Auswahl an Sportgeräten zu vernünftigen Preisen mieten. In der Hochsaison ist es sinnvoll, die Ausrüstung frühzeitig reservieren zu lassen. Das örtliche Tourismusbüro informiert gerne.

Organisierte Touren

Das Tessin und Norditalien lassen sich problemlos auf eigene Faust bereisen. Wer seine Ferien aber nicht allein organisieren möchte, kann für einzelne Touren bei den einschlägigen Anbietern Gruppen- oder Individualreisen buchen.

Die **Bahn** bietet Pauschalarrangements und Spezialangebote an. Reiseorganisationen verkaufen Schweizer Pauschalreisen. Über die Website **http://chdt.myswitzerland.com** erhält man Links zu einigen dieser Firmen. In Deutschland und Österreich informiert das Büro von *Schweiz Tourismus* über Adressen für regionale und örtliche Anbieter.

- Eine relativ preiswerte und etwas alternativere Art, die Schweiz organisiert zu bereisen, bietet **Swisstrips,** Dammstraße 1, 8037 Zürich, Tel. 079 43 30 847, www.swisstrips.com.

Rund ums Geld

Währung

Die Schweiz gehört nicht zum Euroraum, es gilt nach wie vor die eigene Landeswährung, der **Schweizer Franken (sFr.).** In Italien gilt der **Euro.**

Da die Schweiz wirtschaftlich eng mit Europa verflochten ist, wird der Schweizer Franken gegenüber dem Euro nur in beschränktem Rahmen auf- oder abgewertet. Bei Drucklegung dieses Handbuchs galt folgender Wechselkurs: 1 sFr. = 0,65 €, 1 € = 1,53 sFr.

Der Schweizer Franken ist in **Noten** zu 1000, 200, 100, 50, 20 und 10 sFr. im Umlauf. Daneben gibt es **Münzen** zu 5, 2 und 1 sFr. sowie zu 50, 20, 10 und 5 Rappen (100 Rappen = 1 sFr.).

In Poststellen erhält man als Souvenir noch die Einrappenstücke aus Kupfer, in Spezialgeschäften und bei Antiquitätenhändlern auch alte Noten und Münzen.

In der Schweiz gibt es keine Vorschriften für die Ein- und Ausfuhr von **Devisen.** Man beachte aber die Bestimmungen der Nachbarländer. 2001 sind die Ausfuhrkontrollen an den Grenzen Deutschlands zur Schweiz verschärft worden.

Zahlungsmittel

Die schweizerische Tourismusindustrie und der Handel haben sich auf die europäische Einheitswährung eingestellt; fast überall im Land werden **Schweizer Franken und Euro** als Zahlungsmittel akzeptiert. Man kann davon ausgehen, dass in den meisten Geschäften und Gaststätten die Preise in beiden Währungen ausgeschrieben sind. Es empfiehlt sich dennoch, eine kleinere Bargeldmenge in Schweizer Franken bei sich zu tragen. Wenn man mit **Kreditkarte** bezahlt, löst sich das Problem von selbst (hierbei ist jedoch zu beachten, dass für diese Zahlungsart in der Schweiz eine Gebühr von 1–2 % des Umsatzes berechnet wird).

Geldautomaten gibt es beinahe an jeder Ecke, meist bei Banken, Poststellen und an Bahnhöfen. Häufig kann man hier Schweizer Franken und Euro beziehen. Die meisten Automaten akzeptieren neben Maestro auch die gängigen Kreditkarten mit PIN. Von Barabhebungen per Kreditkarte ist jedoch abzuraten, weil dabei bis zu 5,5 Prozent an Gebühr einbehalten werden. Die preiswerteste Art der Geldbeschaffung ist die Barabhebung mit der **Maestro-(EC-)Karte.** Je nach Hausbank werden pro Abhebung ca. € 1,30–4 berechnet.

Geldwechsel ist in Banken, an vielen Bahnhofsschaltern und Poststellen möglich. Wechselstuben sind selten.

Preisniveau

Wer nicht auf seinen Geldbeutel achtet und keine Preisvergleiche anstellt, wird am Ende der Ferien das Image der Schweiz als teures Reiseland bestätigen müssen: Güter des täglichen Bedarfs sowie Aufenthalt und Verpflegung sind **teurer** als in Deutschland und Österreich. Einen großen Unterschied zwischen dem italienischen Gebiet des Lago Maggiore und dem Tessin konnten wir nicht feststellen, von den Nobeldestinationen Ascona, Locarno und Lugano einmal abgesehen.

Benzin ist im Tessin deutlich billiger als in Italien, ein **Mittag- oder Abendessen** in gehobenen Restaurants ist oft günstiger als dort; in „gewöhnlichen" Lokalen dagegen isst man eher in Italien günstiger. **Elektro- und Elektronikartikel** sind in der Schweiz zwar teurer als in Singapur, aber doch vergleichbar mit anderen europäischen Märkten. Relativ teuer sind **Getränke,** insbesondere Wein, und oft das Übernachten in Hotels (siehe auch Kap. „Unterkunft").

Es bestehen große **regionale Preisunterschiede.** Relativ teuer sind die Städte, etwa Ascona, Locarno, Lugano oder Bellinzona, sowie Touristenorte der oberen Kategorie; wesentlich günstiger wird es, sobald man einige Kilometer außerhalb der Städte eine Unterkunft sucht. Da die Auswahl an Restaurants und Unterkünften auf der italienischen Seite des Lago Maggiore oder Luganer Sees bedeutend kleiner ist als diejenige auf der Schweizer Seite, hilft ein Ausweichen oft nur bedingt. In der Hauptsaison sind die Preise auch dort hoch, oder die Hotels sind ganz einfach ausgebucht. Falls man den Preisvorteil Italiens, was die allgemeinen Lebenskosten angeht, für sich nutzen will, empfiehlt es sich, frühzeitig dort zu buchen.

Versicherungen

Die gesetzlichen Krankenkassen von Deutschland und Österreich garantieren eine Behandlung auch im akuten Krankheitsfall in der Schweiz oder Italien, wenn die medizinische Versorgung nicht bis nach der Rückkehr warten kann. Als Anspruchsnachweis benötigt man seit Januar 2005 die **Europäische Krankenversicherungskarte,** die man von seiner Krankenkasse erhält (bei manchen Krankenkassen übergangsweise bis 2006 noch eine Ersatzbescheinigung).

Im Krankheitsfall besteht ein Anspruch auf ambulante oder stationäre Behandlung bei jedem zugelassenen Arzt und in staatlichen Krankenhäusern. Da jedoch die Leistungen nach den gesetzlichen Vorschriften im Ausland abgerechnet werden, kann man auch gebeten werden, zunächst **die Kosten der Behandlung** selbst zu tragen. Obwohl bestimmte Beträge von der Krankenkasse hinterher rückerstattet werden, kann doch ein Teil der finanziellen Belastung beim Patienten bleiben, also zu Kosten in kaum vorhersagbarem Umfang führen.

Aus diesem Grund wird zusätzlich der Abschluss einer **privaten Auslandskrankenversicherung** dringend empfohlen. Diese sollte außerdem eine zuverlässige Reiserückholversicherung enthalten, denn der Krankenrücktransport wird von den gesetzlichen Krankenkassen nicht übernommen. Diese sind beispielsweise in Deutschland ab € 5–10 Euro pro Jahr auch sehr günstig (für Empfehlungen siehe z.B. *FinanzTest* 01/05).

Zur **Erstattung** der Kosten benötigt man grundsätzlich ausführliche **Quittungen** (mit Datum, Namen, Bericht über Art und Umfang der Behandlung, Kosten der Behandlung und Medikamente).

Der Abschluss einer **Jahresversicherung** ist in der Regel kostengünstiger als mehrere Einzelversicherungen. Günstiger ist auch die **Versicherung als Familie,** statt als Einzelpersonen. Hier sollte man nur die Definition von „Familie" genau prüfen.

Andere Versicherungen

Egal welche weiteren Versicherungen man eventuell abschließt, hier ein **Tipp:** Für alle abgeschlossenen Versicherungen sollte man die Notfallnummern notieren und mit der Policenummer gut aufheben! Bei Eintreten eines Notfalles sollte die Versicherungsgesellschaft unverzüglich telefonisch verständigt werden!

Ob es sich lohnt, weitere Versicherungen abzuschließen, wie eine Reiserücktrittsversicherung, Reisegepäckversicherung, Reisehaftpflichtversicherung oder Reiseunfallversicherung, ist individuell abzuklären. Aber gerade diese Versicherungen **enthalten viele**

Klauseln, so dass sie nicht immer Sinn machen.

Eine Reiserücktrittsversicherung (Kostenpunktfür € 35–80) lohnt sich nur für teure Reisen und für den Fall, dass man vor der Abreise einen schweren Unfall hat, erkrankt oder schwanger wird, den Arbeitsplatz verliert bzw. nach Arbeitslosigkeit einen neuen antritt, u.Ä. Nicht als **Rücktrittsgründe** gelten hingegen Krieg, Unruhen, Streik, etc.

Auch die **Reisegepäckversicherung** lohnt sich seltener, da z.B. bei Flugreisen verlorenes Gepäck oft nur nach Kilopreis und auch sonst nur der Zeitwert nach Vorlage der Rechnung ersetzt wird. Wurde eine Wertsache nicht im Safe aufbewahrt, gibt es bei Diebstahl auch keinen Ersatz. Kameraausrüstung und Laptop dürfen beim Flug nicht als Gepäck aufgegeben worden sein. Gepäck im unbeaufsichtigt abgestellten Fahrzeug ist ebenfalls nicht versichert. Die Liste ist endlos ... Überdies deckt häufig auch die Hausratsversicherung schon Einbruch, Raub und Beschädigung von Eigentum auch im Ausland.

Eine **Privathaftpflichtversicherung** hat man in der Regel schon. Hat man eine **Unfallversicherung** abgeschlossen, sollte man prüfen, ob diese im Falle plötzlicher Arbeitsunfähigkeit aufgrund eines Unfalls im Urlaub zahlt. Auch durch manche **Kreditkarten** oder **Automobilclubmitgliedschaft** ist man für bestimmte Fälle schon versichert. Die Versicherung über die Kreditkarte gilt jedoch immer nur für den Karteninhaber!

Weitere Infos

Wer sich unsicher ist, welche Versicherung und welche Versicherungsgesellschaft in Frage kommt, kann man sich über Tests der **Stiftung Warentest** in Deutschland und **Konsument.at** in Österreich weiter informieren. Über ihre Webseiten kann man Testberichte herunterladen, Online-Abonnent werden oder Hefte zum Thema bestellen: www.warentest.de; www.konsument.at.

Weitere Informationen erhält man in Deutschland bei der **Verbraucherzentrale** (www.verbraucherzentrale.com) und in Österreich bei der **Arbeiterkammer** (www.arbeiterkammer.at).

Europaschutzbrief

Ist man von Europa mit einem Fahrzeug unterwegs, ist der **Europaschutzbrief** eines Automobilclubs eine Überlegung wert. Wird man erst in der Notsituation im Ausland Mitglied, gilt diese Mitgliedschaft auch nur für dieses Land, und man ist in der Regel verpflichtet, fast einen Jahresbeitrag zu zahlen, obwohl die Mitgliedschaft nur für einen Monat gültig ist.

Dies sind **die wichtigsten Automobilclubs** und ihre 24-Stunden-Notrufnummern im Ausland:

- **ADAC,** www.adac.de; Notruf-Tel. 0049 89 22 22 22, unter 0049 89 76 76 76 erfährt man, wo sich in der Nähe Ihres Urlaubsortes ein Deutsch sprechender Arzt befindet; die Liste kann man auch vorab anfordern.
- **ÖAMTC,** www.oeamtc.at; Notruf-Tel. 0043 12 51 20 00.
- **TCS,** www.tcs.ch; Notruf-Tel. 0800 14 01 40.

003te Foto: ns

Praktische Reisetipps A–Z

009te Foto: tt

116te Foto: tt

Entspanntes Reisen mit dem Cisalpino

Frische Luft und architektonische Schätze in Quinto

Nur etwas für trainierte Waden: Biken im Tessin

An- und Rückreise

Mit dem Auto

Papiere und Vignette

Wer mit dem Auto reist, darf den nationalen **Führerschein** und den **Kfz-Schein** nicht vergessen. Die **Grüne Versicherungskarte** ist ebenso wie der **Auslandsschutzbrief** eines Automobilklubs empfehlenswert.

Für Autobahnen (grün beschildert) ist die **Maut-Plakette,** in der Schweiz Vignette genannt, Vorschrift. Sie ist an jeder Zollstelle, in schweizerischen Poststellen, bei Automobilverbänden, Bahnhöfen etc. für sFr. 40 erhältlich. Die Vignette muss gut sichtbar an die Windschutzscheibe geklebt werden.

An- und Rückfahrt

Autoreisende benutzen für die Einreise die großen Autobahnen. Auf der **A 5** (Karlsruhe – Basel – Westschweiz und Mittelland) und der **A 98** (Stuttgart und Ulm – Schaffhausen) geht es meist zügig voran. Wer über die **A 96** aus Ulm oder München bzw. Österreich in die Ostschweiz fahren möchte, muss hingegen mit Wartezeiten rechnen; der Zoll in St. Margrethen, im nordöstlichsten Zipfel der Schweiz, ist oft überlastet. Dafür gelangt man über die Autobahn des oberen Rheintals **(E 43/N 13)** nach Chur und über die Autostraße des San Bernardino meist ohne Stau ins Tessin. Zu Beginn und Ende der Ferien bevorzugen wir meist die „Westroute" über Basel und Bern nach Spiez via Lötschbergtunnel und Simplonpass nach Domodossola. Als Alternative kann man auch über Bern, Fribourg, Vevey-Martigny und den Großen St. Bernhard ins Aostatal fahren und von dort zu den oberitalienischen Seen. Man muss zwar für den Autoverlad durch den Lötschberg (sFr. 25 für den Lötschberg, sFr. 90 für Lötschberg-Simplon bis Iselle bei Domodossola, siehe Website www.bls.ch/autoverlad/) und für die Querung des St. Bernhardtunnels eine Gebühr bezahlen (einfach/retour sFr. 29/46, siehe www.sitrasb.it), vermeidet dafür aber fast immer das Warten in Autoschlangen. Vom Wallis gelangt man im Sommer auch über den höchstgelegenen Teil des Rhonetals, das Goms, und den wenig befahrenen **Nufenenpass** ins Tessin.

Im Winter empfehlen sich geeignete Reifen oder Ketten. Einige Pässe sind dann geschlossen.

- Informationen über den Straßenzustand, die Öffnung von Pass-Straßen, die Verkehrssituation etc. erhält man im Internet unter: **www.swisstxt.ch/traffic/d/** und **www.tcs.ch.**

Mit der Bahn

Mit **Intercity** und **Eurocity-Zügen** sind die wichtigsten Städte Deutschlands und Österreichs mit dem Tessin und dem Lago Maggiore verbunden; oft verkehren die Züge mehrmals täglich. Stündlich fährt ein Zug durch den Gotthard von Zürich nach Bellinzona/Lugano, ein Intercity über Basel, Olten und Luzern in das Tessin; auch dieser Zug kann von Zürich aus mit Umsteigen in Arth-Goldau ohne lange Wartezeit erreicht werden. Locarno ist von Bellinzona aus mühelos in 25 Minuten erreichbar. Der italienische Teil des Lago Maggiore ist unter Umständen über die Simplonlinie (Basel/ Zürich – Bern – Brig – Domodossola) am besten erreichbar.

Besonders bequem ist die Anreise mit dem **Nachtzug,** der täglich um 18.52 Uhr in Dortmund abfährt und um 5.48 Uhr in Bellinzona bzw. um 6.19 Uhr in Lugano ankommt. Mit einem SparNight-Ticket gibt es die einfache Fahrt für 69 Euro im Schlafwagen mit Zweier-Belegung. Ähnlich kann man von Wien mit dem EuroNight über Zürich anreisen.

Wer in der Schweiz öfter Bahn fährt oder längere Strecken zurücklegt, erwirbt vor der Anreise am besten eines der für Feriengäste konzipierten **Spezialangebote,** z.B. ein Regionalabonnement (siehe Kap. „Öffentliche Verkehrsmittel").

Man kann **Bahntickets** an jedem größeren Bahnhof direkt kaufen. Es geht aber auch ohne Warteschlangen online oder telefonisch; die Tickets erhält man dann per Post zugeschickt:

- **DB,** www.bahn.de oder in Deutschland Tel. 11 861 (€ 0,03/Sek., ab Weiterleitung zum Reiseservice € 0,39/Min.).
- **ÖBB,** www.oebb.at oder in Österreich Tel. 05 17 17 (zum Ortstarif).
- **SBB,** www.sbb.ch oder in der Schweiz Tel. 0900 30 03 00 (sFr. 1,19/Min.).
- **DB NachtZug,** www.nachtzugreise.de oder über die obigen Bahngesellschaften.
- **DBAutoZug,** www.autozug.de oder Tel. 01805 24 12 24 (€ 0,12/Min.).

011te Foto: tt

Auch eine kleine Reise:
Funicolare Monte Brè

Mit dem Flugzeug

Die Schweiz und Norditalien werden von Deutschland und Österreich aus **regelmäßig und günstig** angeflogen. So erreicht man Zürich mit *Lufthansa, Austrian Airlines* und *Swiss.* Mailand-Malpensa (das näher am Lago Maggiore liegt als an Milano) wird mit *Lufthansa* und *Alitalia* mehrmals täglich aus den großen Metropolen Berlin, Frankfurt, Hamburg, München und Wien, aber auch aus Düsseldorf, Hannover, Nürnberg und Stuttgart angeflogen. Lugano erreicht man über Zürich oder Bern. Das Ticket für einen Flug mit *Swiss* von vielen deutschen Flughäfen über Zürich nach Lugano und zurück kostet zwischen 180 und 500 Euro.

Bei folgendem **Reisebüro** findet man oft sehr günstige Preise:

- **Jet-Travel,** Buchholzstr. 35, D-53127 Bonn, Tel. 0228 28 43 15, Fax 28 40 86, info@jet-travel.de, www.jet-travel.de. Auch für Jugend- und Studententickets. Sonderangebote auf der Website unter „Schnäppchenflüge".

Daneben gibt es auch **„Billigairline"-Tickets** für Flüge nach Mailand, die man auf der jeweiligen Website buchen kann, sowie auch über das jeweilige Callcenter (allerdings ist dann eine Zusatzgebühr fällig, und der Anruf selbst kostet meist € 0,12–0,20 bzw. sFr. 0,12 pro Minute):

- **Air Berlin,** www.airberlin.com oder Tel. 01805 73 78 00 (D), Tel. 00848 73 78 00 (CH). Von Berlin, Hamburg und Düsseldorf.
- **Easy Jet,** www.easyjet.com oder Tel. 01803 65 432 (D), Tel. 0848 88 82 22 (CH). Von Berlin-Schönefeld.
- **Germanwings,** www.germanwings.com oder Tel. 01805 95 58 55 (D), Tel. 022 71 00 024 (CH). Von Köln/Bonn.
- **Hapag-Lloyd Express,** www.hlx.com oder Tel. 0180 50 93 509 (D). Von Hannover.
- **Ryan Air,** www.ryanair.com oder Tel. 0190 17 01 00 (D). Von Lübeck, Hahn im Hunsrück und Eindhoven.
- **Virgin Express,** www.virgin-express.com oder Tel. 01805 13 32 12. Von Brüssel und Amsterdam.

Angenehm sind die **kleineren Airports** wie Lugano-Agno, wo man innerhalb weniger Minuten abgefertigt wird und dabei meist wesentlich weniger Nerven benötigt als auf den großen interkontinentalen Flughäfen.

Überall kann man ein **Fahrzeug mieten,** von den großen Flughäfen fahren (teure) **Hotelshuttles** in die Städte, gute **öffentliche Verkehrsverbindungen** sind ebenfalls gegeben. Ab dem Flughafen Malpensa fährt ein Shuttle-Bus alle zwei Stunden nach Chiasso und Lugano.

Last Minute

Wer sich erst im letzten Augenblick für eine Reise in den Tessin entscheidet oder gern pokert, kann Ausschau nach Last-Minute-Flügen halten, die von einigen Airlines mit deutlicher Ermäßigung **ab etwa 14 Tage vor Abflug** angeboten werden, wenn noch Plätze zu füllen sind. Diese Last-Minute-Flüge lassen sich nur bei Spezialisten buchen (bei den Rufnummern werden € 0,12–0,20 bzw. sFr. 0,12 pro Minute berechnet):

- **L'Tur,** www.ltur.com; Tel. 01805 21 21 21 (D), 0820 60 08 00 (A), 0848 80 80 88 (CH) sowie 140 Niederlassungen europaweit. Unter „Super Last Minute" gibt es Angebote für den Abflug innerhalb der nächsten 72 Std.
- **Lastminute.com,** www.de.lastminute.com, Tel. 01805 77 72 57 (D).
- **5 vor Flug,** www.5vorflug.de, Tel. 01805 10 51 05 (D).
- **Restplatzbörse,** www.restplatzboerse.at, Quelle von Schnäppchenflügen für unsere Leser in Österreich.

Autofahren

Verkehrsregeln

Die **Höchstgeschwindigkeit** auf Autobahnen beträgt in der Schweiz 120 km/h (in Italien 130 km/h), in Ballungsgebieten ist sie oft auf 100 km/h herabgesetzt. Auf den Autostraßen darf man ebenfalls 100 km/h fahren (in Italien 110 km/h), während die Geschwindigkeit auf normalen Straßen außerhalb geschlossener Ortschaften auf 80 km/h (in Italien 90 km/h) begrenzt ist. Innerorts gelten in der Regel 50 km/h. Lokale Begrenzungen beachten!

Seit 2005 liegt die Blutalkoholhöchstgrenze für Verkehrsteilnehmer bei **0,5 Promille.** Es ist mit häufigeren Kontrollen zu rechnen, und die Polizei darf auch ohne begründeten Verdacht einen Test anordnen.

Auf Vorder- und Rücksitzen besteht **Anschnallpflicht.** Kinder unter sieben Jahren müssen mit einer Kinderrückhaltevorrichtung, z.B. einem Kindersitz, gesichert sein.

Telefonieren mit dem Handy ist während des Fahrens verboten. Das Benutzen einer Freisprechanlage ist erlaubt, sofern die Aufmerksamkeit des Fahrers nicht beeinträchtigt wird.

Tankstellen

An immer mehr Tankstellen wird man heute wieder von Servicekräften bedient. In angeschlossenen Läden werden Güter des täglichen Bedarfs angeboten. Benzin ist in der Schweiz meist günstiger als in den Nachbarländern, auf jeden Fall bedeutend günstiger als in Italien. Tankstellen an Autobahnen sind zumeist durchgehend geöffnet. Die meisten akzeptieren die gängigen Kreditkarten mit PIN.

Autoverlad

Durch verschiedene Bahntunnel werden Autos transportiert, was die Reise verkürzt und erleichtert. Das Verladen findet meist ohne lange Wartezeiten statt. Über das Radio wird über den Straßenzustand informiert, dazu gehört auch die Situation an den Verladebahnhöfen. Die wichtigste Verladestrecke für Tessin-Reisende:

- **Lötschberg/Simplon:** ab Kandersteg (Bern) nach Goppenstein (Wallis) oder zurück: sFr. 25. Nach Iselle (inkl. Simplontunneldurchfahrt) oder zurück: sFr. 90. Die Billetts können beim ADAC gekauft, aber nicht reserviert werden. Online-Reservierung über www.bls.ch/autoverlad/.

Behinderte unterwegs

Für Menschen mit Behinderungen stehen in der Schweiz folgende Beratungs- und Kontaktstellen zur Verfügung:

- **Call Center Handicap der Schweizerischen Bundesbahnen,** gebührenfreie Telefonnummer in der Schweiz 0800 00 71 02, aus dem Ausland Tel. 0041 51 22 57 150, tägl. 6–22 Uhr, auch im Internet unter http://mct.sbb.ch. Hier erhält man Informationen zu speziellen Angeboten in Zügen (Rollstuhlabteile, Bedienungszeiten, Ein- und Ausstiegshilfen etc.).
- Auch **procap** (der ehemalige Schweizerische Invalidenverband) informiert über Reise- und Sportmöglichkeiten für Schweiz-Touristen mit Behinderung. Der Verband hat eine instruktive Website (www.procap.ch) mit einer Linkliste aller Spezialverbände für spezifische Behinderungen eingerichtet. Man kann auch direkt die Tessiner Sektion des Verbands kontaktieren: *Procap Ticino,* Via Ciseri 6, 6900 Lugano, Tel. 091 92 10 767, www.procap-ticino.ch.
- **Mobility International Schweiz (MIS),** Froburgstraße 4, 4600 Olten, Tel. 062 20 68 835, www.mis-ch.ch. Reisefachstelle für Menschen mit Behinderung und für die Tourismusbranche. Auf der Website (Infothek) findet man neben weiteren nützlichen Links z.B. Reise-, Städte- und Regionenführer für Behin-

derte, eine Liste der rollstuhlgängigen Restaurants, Hotels und Ferienwohnungen in der Schweiz und gut zugängliche Ausflugsziele; weiterhin werden Begleiterkarten etc. angeboten.

●Speziell im Tessin tätig ist die **Federazione Ticinese Integrazione Andicap.** Die Vereinigung erteilt Auskünfte und führt auch einige Broschüren mit Ausflugstipps für Menschen mit Behinderung (Luganer See, Täler): FTIA, Via Berta 26, P.O. Box 634, 6512 Giubiasco, Tel. 091 65 09 090, www.ftia.ch (in italienischer Sprache).

●Einen Überblick über **behindertengerechte Herbergen, Hotels und Campingplätze** bietet z.B. www.rolliday.net.

Rollstuhlgängige Unterkünfte

●**Hotel La Perla****,** Via Pestariso, 6982 Agno, Tel. 091 61 11 010.

●**Jugendlager Pestalozzi,** Via Pestalozzi 25, 6618 Arcegno, Tel. 091 79 11 487.

●**Clinica Santa Lucia,** Via Crosago, 6864 Arzo, Tel. 091 64 05 454. Kurhotel.

●**Hotel Ascona****,** Via Collina, 6612 Ascona, Tel. 091 78 51 515.

●**Hotel Sasso Boretto****,** Via Locarno 45, 6612 Ascona, Tel. 091 78 69 999.

●**Hotel Unione***,** Via Gen. Guisan 1, 6501 Bellinzona, Tel. 091 82 55 577.

●**Begegnungszentrum „Al Suu",** 6981 Bombinasco, Tel. 091 60 81 105. Für Individual- und Gruppenaufenthalte; teilweise rollstuhlgängig.

●**Camino Spinorolo, Casi di Cultura e di Vacanze,** 6866 Meride, Tel. 091 64 63 694, www.caminospinirolo.ch. Ferienheim und Kurszentrum in einer Häusergruppe rund um den Hochkamin einer ehemaligen Fabrik am Fuße des Monte San Giorgio. Vor allem für Gruppen, aber auch für Familien und Einzelpersonen geeignet.

●**Villaggio di Vacanze Bosco della Bella,** 6996 Ponte Cremenaga, Tel. 091 60 81 366. Für Familien. Mehrere Ferienhäuser, eingerichtet mit eigener Küche, Dusche/WC. Zur Verfügung stehen Schwimmbad und Spielwiese. Gelände und Haus sind teilweise rollstuhlgängig.

●**Casa Domenica e.G.,** *H. Stoffers/R. Viefhaus,* 6575 San Nazzaro, Tel. 091 78 00 401, www.casa-domenica.ch. Ferienwohnungen (Studio, Zwei- und Dreizimmerwohnung) für Familien und (Wohn-)Gruppen (max. 12–14 Personen), auch mit Betreuung.

●**Casa Serena,** *Walter Rey,* 6951 Signòra, Tel. 091 94 41 474, www.casa-serena.ch. Familiäres Ferienhaus im Val Colla, ca. 30 Min. von Lugano. Einzel- oder Doppelzimmer.

●**Casa Riposa,** 6528 Camorino, Familie *Laubscher,* 8600 Dübendorf, Tel. 01 82 14 400, ab 18 Uhr. Haus mit familiärer Atmosphäre.

●**Campo Bosco,** 6719 Aquila, *Federazione Scaut Ticines,* c/o Familie *Felber,* Mendrisio, Tel. 091 64 61 630. 32 Betten. Alle Zugänge stufenlos, rollstuhlgängig eingerichtet, mit Behindertentoilette. Für Selbstkocher.

●**Casa Soled Aria,** 6654 Cavigliano, Tel. 091 79 61 115. Für Einzelpersonen und Gruppen, teilweise rollstuhlgängig.

●**Evangelisches Zentrum,** 6983 Magliaso, Tel. 091 60 61 441. Das Zentrum liegt direkt am Luganer See. Die ganze Anlage ist rollstuhlgängig.

●**Albergo-Garni Minusio,** Via Esplanade 6, Casella Postale, 6648 Minusio, Tel. 091 74 31 913. Zwei Zimmer sind speziell für Rollstuhlfahrer eingerichtet worden.

Einkaufen

Wer in der Schweiz einkauft, stellt fest: Die Preise entsprechen dem hohen Lebensstandard der Schweizer, und das Warenangebot ist geprägt von der heterogenen kulturellen Zusammensetzung der Gesellschaft.

Große Handelsketten

Zwei große Handelsriesen beherrschen die Schweiz, **MIGROS,** der „orange Riese", und die von der Gewerkschaftsbewegung gegründete **COOP.** MIGROS ist nur in größeren Städten und Ballungsgebieten anzutreffen, die COOP hat im Tessin auch noch in abgelegenen Dörfern kleine Niederlassungen; hier ist auch noch nicht jedes „Lädeli" (wie es die Deutschschweizer nennen) wegrationalisiert. In allen Geschäften der beiden Branchenführer kauft man zu vernünftigen Preisen gute Qualität – in der COOP gängige Markenprodukte, in der MIGROS die firmeneigenen Marken. Die MIGROS besitzt mit der BUDGET-Linie ein Angebot für preisbewusste Konsumenten, bei der COOP heißt diese günstige Linie „Prix Garantie". Neuerdings gibt es in den größeren Niederlassungen auch ein breites und qualitativ gutes Sortiment **biologisch angebauter Nahrungsmittel** („Naturaplan" bei COOP, „BIO-Migros" bei MIGROS). Die den strengsten ökologischen Kriterien genügenden Produkte sind mit dem Knospenlabel und der Bezeichnung BIO SUISSE gekennzeichnet.

Weniger dicht ist das Handelsnetz der im Discountbereich angesiedelten *Denner*-Geschäfte. *Denner* ist vor allem beliebt für Alkoholika und Tabakwaren; einige kleine Familiengeschäfte in den Tälern des Tessins bieten das *Denner*-Sortiment unter dem Namen „Denner-Satellit" an.

Andere Anbieter, die man im Tessin antrifft, sind *Vis-à-vis, Billy* (Billigdiscounter) und *Aldi*. Der europäische Branchenführer *Carrefour* ist in der italienischen Schweiz in Canobbio bei Lugano präsent.

012te Foto: ns

Modegeschäft in Arona

Im **Warenhaussektor** sind *Jelmoli, Innovazione,* MANOR (mit sehr guten Restaurants, siehe Kap. „Essen und Trinken") und *Globus* (gehobene Klasse) zu nennen. Die großen Märkte von MIGROS und COOP bieten Nonfood-Produkte für den Haushalt, z.B. günstige Elektronikartikel, Elektrogeräte, Haushaltsbedarf, Uhren, Sport- und Textilartikel.

Größere Supermärkte betreiben **Restaurants** mit Speiseangeboten, die das Budget nicht sprengen.

In Bahnhöfen, an Tankstellen und ähnlichen Treffpunkten findet man „Convenience-Food"-Geschäfte, die spät **nachts** und am **Sonntag** Güter des täglichen Bedarfs anbieten. Die

Produkte in diesen Geschäften sind meist deutlich teurer.

Auf der **italienischen** Seite des Lago Maggiore findet man für den täglichen Einkauf die typischen Supermercati und Hypermercati.

Spezialgeschäfte

Auf der italienischen Seite des Lago Maggiore und in seiner Umgebung findet man glücklicherweise nach wie vor zahlreiche familiengeführte **kleinere Geschäfte** und **Frischmärkte.** Leider sind diese Geschäfte im Tessin wie in der restlichen Schweiz größtenteils dem Expansionsdruck der großen Handelsriesen zum Opfer gefallen. Nur in Locarno, Bellinzona und Lugano findet man noch die herrlichen Auslagen vor den Geschäften.

Die **Bäckerei** *(panetteria)* ist im Tessin neben der Drogerie bald das einzige mittelständische Handelsgeschäft, das auf dem Dorf noch regelmäßig anzutreffen ist. In größeren Ortschaften ist sie oft mit einem Café verbunden. Bäckereien haben oft sonntagmorgens für einige Stunden geöffnet.

Metzgereien sind nur noch in größeren Dörfern anzutreffen. In kleineren bis mittleren COOP- und MIGROS-Geschäften findet man abgepacktes Frischfleisch, in größeren auch eine eigene Metzgerei.

Märkte

Empfehlenswert ist ein Besuch der farbenfrohen **Wochenmärkte,** speziell auch auf der italienischen Seite des Lago Maggiore (Luino, jeden Mittwoch- und Samstagmorgen 7–12 Uhr). Auch in Lugano (Di/Fr vormittags, Piazza Riforma) und Locarno (Do 8–13 Uhr, Piazza Grande) werden wöchentlich Obst und Gemüse, Tessiner Spezialitäten, Fleischwaren, frischer Fisch, Käse und Blumen auf den traditionellen Märkten angeboten.

In kleineren Orten finden ebenfalls wöchentlich Märkte statt, jedoch mit kleinerem Angebot. Informationen erteilen die örtlichen Tourismusbüros.

Zusätzlich gibt es **saisonale Märkte,** Jahrmärkte, regionale Gewerbeausstellungen und **Spezialmärkte** wie Antiquitäten- und Flohmärkte, oft begleitet von Fahrgeschäften und anderen Attraktionen für Kinder und Junggebliebene; hier ist z.B. der Antiquitätenmarkt in Lugano zu nennen, der am Dienstag- und Freitagmorgen von 8–12 Uhr und am Samstag von 8–17 Uhr im Quartier Canova stattfindet (Bücher, Bilderrahmen, Silber- und Kristallwaren etc.). In einzelnen Orten gibt es **lokale Märkte** und Messen.

Dorf- und Hofläden

Die einst hoch subventionierte und am staatlichen Gängelband geführte Landwirtschaft muss sich unter dem Druck von WTO und der EU-Integration neu orientieren und mehr Initiative entwickeln. Dynamische Bäuerinnen entdecken die **Direktvermarktung** wieder. Dorfläden und Hofläden sind zunehmend populär. Besuche werden zum kleinen Event, besonders wenn die Bauersleute neben dem Verkauf von Wein, Käse, Kastanien, Blumen, Eingemachtem, Backwaren und kleinen Geschenkartikeln noch zusätzli-

006te Foto: ns

Spezialitätengeschäft in Sessa, Malcantone

che Ideen entwickeln, z.B. einen kleinen Tierpark mit Hoftieren zum Anfassen und Reiten. „Schlafen im Stroh", das **Übernachten** auf dem Hof, gefolgt vom *währschaften Burefrühstück,* können Touristen als Alternative zum Hotel auswählen (siehe Kap. „Unterkunft"). Eine Übersicht der Landwirte, die im Tessin Produkte direkt vom Hof verkaufen, ein Bauernhofessen bereitstellen (meist auf Voranmeldung), eine Hofbesichtigung oder auch Schlafen im Stroh anbieten, findet sich im Internet auf der Seite www.agriticino.ch. Viele dieser Landwirte haben inzwischen ihren Hof auf biologische Bewirtschaftung (Knospenzeichen) umgestellt.

Degustation

Die Schweizer trinken ihre einheimischen **Weine** so gern, dass Ausländer meist gar nicht die Gelegenheit haben, sie zu kosten. Das gilt auch für das Tessin. Prüfen Sie bei einem Winzer oder einer Winzer-Genossenschaft den Wein, meist die örtlichen Merlots oder einfacheren Nostranos, und philosophieren Sie mit dem Weinbauern über den Jahrgang. Meist ist diese Verkostung gratis. Fast immer ist jemand anwesend, um Gäste zu empfangen (siehe auch Kap. „Essen und Trinken/ Weine"). Die Familie *Delea,* die hervorragende Weine anbietet, hat neuerdings sogar ein hübsches Kleinhotel auf ihrem Gut eröffnet. Infos unter: www.amorosa.ch/it/.

Regionalprodukte, Souvenirs

Aus dem Tessin oder vom Lago Maggiore bringt man am ehesten regionale **Esswaren** mit, wie einheimischen Käse, Salami, Trockenfleisch oder getrocknete Pilze, aber auch einheimische Weine, Grappa und Nuss- und Kastanienlikör. Auch Süßigkeiten bieten sich an, wie die auch in Italien beliebten Amaretti (Mandelgebäcke) oder Panettone (Hefekuchen). Im Herbst kann man sich auch mit eben geernteten Kastanien eindecken, die sich herrlich am Kaminfeuer rösten lassen. Diese Produkte findet man sowohl bei den Produzenten, das heißt z.B. in kleinen Dorfläden (etwa in Sonogno im hinteren Verzascatal), als auch in den Zentren, dort meist in den Altstädten.

Daneben bietet das Tessin auch typisch schweizerische **Gebrauchsgegenstände** wie Uhren oder Armeemesser (auch bei MIGROS zu erwerben), Schmuck, schöne einheimische Keramik und Steinwaren, Korbwaren, Leder, Stickereien und Spitzen, aber auch Wollwaren und naturgefärbte Wolle. Die *Communità Artigiani della Svizzera Italiana* hat ein Gütesiegel geschaffen, mit welchem die Qualität und die Echtheit von traditioneller Tessiner Handwerkskunst ausgezeichnet wird. Auf der italienischen Seite der Grenze findet man z.B. **Modeartikel** wie Schuhe, Kleider und Lederwaren oder Designgegenstände aus Mailand. Natürlich gibt es auch überall den typischen **Kitsch,** etwa Zoccoli (Holzschuhe), Boccalini (kleine Weinkrüge) und Wein in mehr oder weniger kunstvoll gedrehten Flaschen. Was diese Artikel mit dem Tessin zu tun haben sollen, ist wohl nur den Souvenirfabrikanten klar.

Elektrizität

Wie in Deutschland und Österreich beträgt der Wechselstrom überall in der Schweiz und Italien 220 Volt. Dennoch ist es ratsam, einen **Netzadapter** mitzuführen, da Schukostecker nicht in Schweizer Steckdosen passen. Dasselbe gilt auch für Italien.

Wer in die Alpen reist, in Berghütten, auf Höfen oder Campingplätzen übernachten will, nehme vorsichtshalber **Taschenlampen** und dazu passende Batterien sowie evtl. **Kerzen** und Zündhölzer mit.

Essen und Trinken

Selten enttäuschen die Köche des Tessins, der Lombardei und des Piemonts; einige von ihnen genießen Weltruhm. Doch auch in kleineren Grotti und Trattorias isst man meist sehr gut. Für kulinarisch Anspruchsvolle geben wir in unserem Führer auch Hinweise auf Spitzenküche.

Restaurants und Imbisse

Preiswerte Gerichte bieten die **Restaurants der Warenhausketten** (MIGROS, COOP). Empfehlenswert sind auch die preiswerten Buffets der **MANOR-Kette** (frische Küche, Filialen in Balerna, Biasca, Lugano-Zentrum, Lugano-Canobbio, Vezia und Muralto-Locarno).

Viele Restaurants bieten preiswerte **Tagesmenus** oder -teller an.

Auch **Fastfood-Angebote** fehlen im Tessin und in Italien nicht. Pizzerien, Pastarestaurants und Kebapshops haben viele traditionelle Gaststätten verdrängt.

Asiatische Küche (Thai-, China- und Indien-Restaurants) findet sich fast überall.

Wer **Fisch** liebt, wird zumindest an den Seen und in den Städten nicht vergebens danach fragen.

Die **Gastronomie-Empfehlungen** in diesem Reiseführer beruhen zum Teil auf eigenen, zum Teil auf Einschätzungen lokaler Gewährspersonen. Vertrauen Sie jedoch auch Ihrem persönlichen Eindruck: Essen auch Einheimische im Lokal? Wie breit ist das Angebot? Werden auch lokale Spezialitäten serviert oder gibt es nur ein „08/15-Angebot"?

Auf der Piazza Riforma in Lugano

Die Küche des Tessins

Die Küche der Tessiner Bauern war bis ins 20. Jh. vor allem **vegetarisch.** Hirse, später Mais, Roggen, Kartoffeln und Kastanien waren die gebräuchlichsten Nahrungsmittel. Das Brot war oft aus minderwertigem Korn. Der Tag begann mit der üblichen **Hirsepolenta,** nach und nach verdrängt von der in der Mitte des 16. Jh. im Mendrisiotto eingeführten und dann im ganzen Tessin gebräuchlichen Maispolenta, manchmal wurde auch eine Mischung aus Hirse- und Maisbrei aufgetragen. Oft streckte Buchweizen die teure Maispolenta. Während die Polenta der Talbauern relativ fad blieb, konnten die Bergbauern sie mit Milch oder Käse verfeinern.

Mittags gab es ein Stück Roggenbrot oder eine Handvoll Kastanien oder ab dem 19. Jh. zunehmend auch Kartoffeln, abends folgte die **Minestra,** die fleischlose Gemüsesuppe, bestehend aus Gerste (später auch aus Reis), Kartoffeln, Bohnen und Rüben. In Waldgebieten bestand, bereicherte **Wildbret,** meist heimlich gejagt, die eintönige Küche. An **Festtagen** durfte es in guten Jahren auch ein Stück Hase, ein Ziegen- oder Schafsbraten sein. Ab und zu landeten **Singvögel** als Delikatesse in den Kochtöpfen, besonders häufig im Sottoceneri. Für Abwechslung sorgten auch **Pilze** und die jungen Triebe des **Waldgeißbarts,** als *Spàragi dei Monti* bezeichnet. Nicht zu vergessen den **Wein,** den man als Grundnahrungsmittel verstand. Seine Qualität gab allerdings oft Anlass zu Kritik. **Teigwaren** erreichten die Tessiner Küche erst im 20. Jh., während des Ersten Weltkriegs.

Wenn das Wetter ungnädig war oder Umweltkatastrophen die Ernte zerstörten, glitten auch mittlere Bauern rasch in bitterste **Armut;** teilweise wurde sogar Heu zu Mehl verarbeitet. In solchen Zeiten war es nicht Gemeindeangehörigen untersagt, Kräuter auf den Wiesen, Feldern und in den Wäldern zu sammeln.

Achtung: Viele Lokale sind sonntags und/oder montags geschlossen!

Regionale Spezialitäten

Das Tessin, die Lombardei und das Piemont sind kulturhistorisch eine recht homogene Gegend, trotzdem besitzt jede Region ihre kulinarischen Besonderheiten. Gemein haben alle drei Regionen die Vorliebe für **kräftige Antipasti:** Mortadella, eine zum Teil riesige Ausmaße erreichende Schweinewurst, gehört dazu, auch diverse Schinken und Salame, dazu Spezialitäten wie die *Viulin della Val Vigezzo* (Ziegenkeule), die ihren Namen ihrer geigenartigen Form verdankt.

Dann sollte man unbedingt die **Suppen- und Eintopfgerichte** kosten, z.B. die Minestrone (Gemüsesuppe), die *Cazzola,* ein Eintopfgericht mit Wurst, Kohl und Kartoffeln, oder die *Busecca* (Kuttelsuppe). Berühmt sind die **Risotti** (z.B. Safran-Risotto), am besten mit *Luganighe,* einer sehr schmackhaften Wurst. Reis ist zwar erst sehr spät bis in diese Gegend gekommen, gehört aber heute zu den Grundnahrungsmitteln; auch im Tessin werden kleine Mengen in sehr guter Qualität produziert. Auch **Maisgerichte,** etwa Polenta oder Polenta negra (der Mais wird hierbei mit Buchweizen angereichert), Maisschnitten *(Fette di Polenta)* mit *Capretto* (Zicklein) oder *Coniglio* (Kaninchen) sollte man probieren. **Kaninchen** kann man auch *con Purè di Patate* (Kartoffelpüree) und diversen Arten von Gnocchi oder Gnocchetti (ein leckeres Gericht aus Kartoffelmehl) versuchen.

Insgesamt ist die traditionelle Küche der Gegend eher eine **Armeleute-Küche:** Man baute Gerste, Buchweizen oder Hirse an, sammelte im Herbst Esskastanien und Pilze und produzierte daneben natürlich auch kleine, schmackhafte Weich- und Hartkäse. Erst sehr spät gelangten auch **Teigwaren** auf den Speisezettel der lombardischen und tessinischen Küche, sie werden aber heute hier wie überall in Italien in zahllosen Variationen auf den Teller gebracht.

Die Seen geben frischen **Fisch** dazu, Forellen *(trota)*, Hechte, aber auch Felchen *(lavarelli, coregone)* und Flussbarsche.

Jedes **Tal** hat seine **Spezialitäten:** Im italienischen Val Vigezzo gibt es z.B. den **Stinchett** (abgeleitet vom deutschen „Steinkuchen"), einen auf heißem Stein gebackenen Kuchen, der z.B. mit Käse zubereitet wird, oder **Cuchela** (Wirsing, Kartoffeln, Karotten mit Salami, Speck und Rippchen). Am Orta-See isst man **Tapulon** (in Wein gekochtes Eselsfleisch).

Schmackhaft ist auch der in der Region produzierte **Käse.** Es sind nicht große Laibe, sondern kleine Käslein, die man hier findet, sei es der eher harte Alpkäse aus den Tälern und Bergen des Tessins oder der italienischen Alpen, sei es der Weichkäse *(formaggelli)*. Oft findet man schmackhaften Ziegen- oder Schafskäse bzw. Mischungen aus Kuh- und Schafs- oder Ziegenmilch.

Als **Dessert** findet man in der Gegend die feinen *Torta di Pane, Pandolce* oder die berühmten Panettone, ferner feine Backwaren wie das Mandelgebäck Amaretti und natürlich Schokoladenspezialitäten und Eis.

Wein und andere Getränke

Von den Pflanzen, die im Tessin zum Nutzen der Menschen an Stelle der Waldflächen angepflanzt wurden, nehmen die Reben sowohl im Sottoceneri wie im Sopraceneri eine bedeutende Fläche ein und bestimmen das **Landschaftsbild.** Die Weinberge bedecken knapp 1000 Hektar (1870 waren es noch acht mal mehr). Auf ihnen wird heute 85% Merlot angebaut, der Rest entfällt auf Bondola, Freisa und Barbera. Während der normale rubinrote **Merlot del Ticino** eindimensional und mild ausfällt, mit angenehmem, leicht bitterem Abgang, zeichnet sich die „Riserva" durch mehr Substanz und Charakter aus. „Viti" ist eine Qualitätsbezeichnung für Tessiner Merlot – durchschnittlich erlangt lediglich ein Drittel der Gesamtproduktion dieses Siegel. Als die wichtigsten Weinanbaugebiete gelten der Sopraceneri in der Magadinoebene und der Sottoceneri, Luganese am Luganer See und die Gegend um Mendrisio.

Erzeuger und Händler im Tessin:

- **Angelo Delea,** Losone, Tel. (091) 79 10 817; wuchtige Merlots (Riserva) aus dem Sopraceneri.
- **Werner Stucky,** Rivera, Tel. (091) 94 61 282; kleine Produktion von Merlot in hervorragender Qualität.
- **Giancarlo Pestoni,** Cantina Pizzorin Vitivinicola, Via alle Serta 2, Sementina, Tel. 091 85 73 76; ausgezeichneter Merlot.
- **Azienda Agricola Avra,** Strada per Avra, Castel S. Pietro, Tel. 091 64 68 352; bekannt für hervorragende Chardonnays.

015te Foto: tt

- **Zambarlani Vini,** Piotta, Tel. 091 86 81 133, www.zamberlani.ch; empfehlenswerte Weinhandlung mit gutem Preis-Leistungsverhältnis.
- **Literaturtipps:** *Luca Maroni,* „Guida dei vini italiani e del cantone del Ticino"; eine Bewertung der norditalienischen und tessinischen Weine. Lesenswert ist auch *Martin Kilchmanns* und *Jörg Wilczeks* Buch „Ticino del Vino", Kontrast Verlag, sFr. 78.

Das **Piemont** ist bekannt für seine Spitzenweine wie Barolo, Barbera und Dolcetto. Doch auch in der Nähe des **Lago Maggiore** werden einige gute Tropfen gekeltert, so die Novareser Nebbiolo, speziell der Ghemme, der Gattinara und die Lokalspezialitäten Prunent, Noeuv, Bruschett und Ca' d'Mate (Casa di Matteo), die man allerdings viel zu selten findet. Aus der **Lombardei** findet man vorwiegend Weine aus dem Veltlin, so den körperreichen, lang lagerfähigen Sforzato (oder Sfurzat) aus Nebbiolotrauben, die auf Holzrosten ausgereift werden und deshalb 14,5 Volumenprozent erreichen, oder die etwas leichteren Grumello oder Sassella, auch diese aus der Nebbiolotraube. Daneben sind aus Norditalien die Weine aus dem Gebiet des Gardasees zu finden bzw. aus dem Friaul oder Südtirol.

Carnevale Rabadan in Bellinzona

Als Apéritif wird oft der spritzige **Prosecco** getrunken, sei es aus dem Piemont (Asti) oder aus den nordöstlichen Weingebieten Italiens.

Wer **Bier** mag, wird die italienischen Biere entdecken, sie haben durchaus europäischen Standard; wer Alkohol nicht trinken mag oder darf, sollte einmal den alkoholfreien **Bitter** *Crodino* probieren, der ähnlich wie ein Campari schmeckt, aber anders als dieser eine aprikosengelbe Farbe aufweist.

Feste und Feiertage

Feiertage sind in der Schweiz **föderal geregelt,** d.h. uneinheitlich. Im Tessin gelten folgende offizielle Feiertage:

● **1. Januar**	Cappodanno (Neujahr)
● **6. Januar**	Epifania (Heilige Drei Könige)
● **19. März**	San Giuseppe
● **1. Mai**	Festa del Lavoro
● **29. Juni**	Santi Pietro e Paolo
● **1. August**	Festa nazionale (Nationalfeiertag)
● **15. August**	Ferragosto
● **1. November**	Ognissanti (Allerheiligen)
● **8. Dezember**	Immacolata Concezione (Maria Empfängnis)
● **25./26. Dezember**	Natale/Santo Stefano (Weihnachten/ Stefanstag)

Daneben werden die (katholischen) kalenderungebundenen Tage **Pasqua** und **Lunedi di Pasqua** (Ostern/Ostermontag), **Pentecoste** und **Lunedi di Pentecoste** (Pfingsten und Pfingstmontag) sowie **Corpus Domini** (Fronleichnam) gefeiert.

In **Italien** ist es fast dasselbe; statt des 1. Augusts als Nationalfeiertag wird der 25. April als Tag der **Liberazione** (Befreiung vom Faschismus) gefeiert.

Haustiere

Wer Hund oder Katze in die Schweiz mitnehmen möchte, braucht ein **tierärztliches Zeugnis,** welches bescheinigt, dass das Tier gegen Tollwut geimpft ist. Die Impfung muss mindestens 30 Tage vor Grenzübertritt erfolgt sein und darf nicht länger als ein Jahr zurückliegen. Bei Nachimpfungen gilt die 30-Tage-Frist nicht. Für andere Tiere gelten spezielle Bestimmungen; man erkundige sich beim Bundesamt für Veterinärwesen in Bern, Tel. 031 32 38 524, www.bvet.admin.ch.

Tiere sind leider **nicht überall willkommen,** dies gilt z.B. in Italien für große Hunde. Falls man ein Haustier mitnehmen möchte, sollte man vor der Buchung der Unterkunft klären, ob und unter welchen Bedingungen dies möglich ist. In Ortschaften empfiehlt es sich, **Hunde stets an der Leine** zu führen. Im ländlichen Gebiet können sie frei laufen, sofern es sich nicht um Wild- oder Naturschutzgebiete handelt.

Karten und Literatur

Karten und Literatur über regionale und lokale Gegebenheiten erhält man im **Verkehrsbüro** oder in den **Buch-**

017te Foto: tt

Auf Schusters Rappen den Berg hinauf

handlungen, die auch Bildbände und Hintergrundliteratur zum besuchten Ort empfehlen können. In größeren **Bahnhöfen** gibt es meist eine Buchhandlung, die Reiseliteratur, Ortspläne und Kartenmaterial anbietet.

Spezielle Literaturtipps werden im Anhang dieses Reisehandbuches aufgeführt.

Als **Straßenkarten** empfehlen sich die von *Hallwag* (1:303.000) mit Distoguide (Kilometerzähler), die Karten von *Kümmerly+Frey*/ACS (1:75.000) oder *Michelin* (1:400.000, Nr. 729).

Die *Schweizerische Landestopographie* in Bern gibt ganz hervorragende **detailliertere Karten** heraus: flächendeckende Karten im Maßstab 1:200.000 (vier Karten), 1:100.000 (20 Karten), 1:50.000 (79 Karten) und 1:25.000 (315 Karten). Es gibt hiervon auch ganz ausgezeichnete elektronische Versionen auf **CD-ROM.** Man beachte die Website der Landestopographie:

- www.landestopographie.ch

Spezialkarten gibt es für beinahe jede Art von touristischer Aktivität. Hier seien die vielfältigen Angebote von *Kümmerly+Frey* erwähnt:

- www.swissmaps.ch

Für **Mountainbiker** gibt es die reiß- und wasserfesten „Swiss Singletrail Maps" oder „Bike-Explorer Maps", letztere auch auf CD-ROM:

- **Ticino – Sottoceneri** (Malcantone, Valle di Lugano) 1:50.000, Swiss Singletrail Map, ISBN 3-909118-18-6, sFr. 25; über 1100 km Biketrails in allen Schwierigkeitsgraden, mit ausführlichem Trailguide.
- **Sottoceneri** (Malcantone/Lugano), drei Karten 1:50.000, Bike-Explorer, ISBN 3-907738-15-2, sFr. 30.
- **Tessin (CD),** Bike-Explorer, ISBN 3-9521738-1-9, sFr. 49. Eine CD mit 45 Bike-Touren im Tessin, Karten, Höhenkurven, Wegbeschreibungen und Distanzen, dazu Bilder und Videos.

Wanderkarten

Für **Bergsteiger** unerlässlich sind die speziellen Wander- und Kletterführer des Schweizerischen Alpenclubs SAC:

- www.sac-cas.ch

Empfehlenswert als Wanderkarten für das 3500 km lange Wanderwegnetz im Tessin sind die präzisen Karten No. 265, 266, 275 und 276 des **Vereins Schweizerische Wanderwege,** herausgegeben vom Bundesamt für Landestopographie in Bern (je sFr. 22,30). Alle Karten kann man z.B. unter www.swisshiking.ch bestellen.

- **Nufenenpass** (mit Goms, Val Bedretto, Valle Maggia und Val Formazza) 1:50.000, ISBN 3-302-30265-7.
- **Valle Antigorio** 1:50.000, ISBN 3-302-30275-4.
- **Valle Leventina** (mit Val Lavizzara und Valle di Blenio) 1:50.000, ISBN 3-302-30266-5.
- **Verzascatal** (mit Valle Maggia und Riviera des Lago Maggiore) 1:50.000, ISBN 3-302-30276-2.

120te Foto: tt

Auch die Wanderkarten des Verlags **Kümmerly+Frey** in Bern können empfohlen werden:

- **Tessin** 1:120000, ISBN 3-259-00906-X, sFr. 19,80.
- **Tessin Sopraceneri** (Leventina, Valle Maggia) 1:60.000, ISBN 3-259-00891-8, sFr. 26,80.
- **Tessin Sottoceneri** 1:60.000, ISBN 3-259-00889-6, sFr. 26,80.

- Ein nützlicher **Ratgeber zum Kartenlesen** ist in der Reihe Praxis im Reise Know-How Verlag erschienen: „Richtig Kartenlesen" von *Wolfram Schwieder.*

Schweben in atemberaubender Kulisse: Gleitschirmfliegen auf dem Monte Tamaro

Kinder

Die Schweiz gehört zwar zu den Ländern mit den niedrigsten Geburtenraten in Europa, aber deswegen ist sie keineswegs kinderfeindlich. Tariflich sind Familien in der Schweiz sehr häufig bevorzugt. Fragen Sie nach speziellen Angeboten für Familien oder nach Kindertarifen.

Unterkünfte

Eine Reihe von Angeboten ist speziell auf Kinder und ihre Begleiter ausgerichtet. **Ferienorte** offerieren familienfreundliche Angebote. **Camping** wird von Kindern meist geliebt (siehe Kap. „Unterkunft"). **Ferienhäuser und -wohnungen** eignen sich ebenfalls für Ferien mit Kindern.

Spezialisiert auf Familien hat sich die REKA, die **Schweizerische Reisekasse,** eine sozialtouristische Genossenschaft, welche überall in der Schweiz (und in der Lombardei) kinderfreundliche Ferienwohnungen anbietet und kinderfreundliche Hotels betreibt:

- **Schweizer Reisekasse,** Neuengasse 15, Postfach, 3001 Bern, Tel. 031 32 96 633, www.reka.ch.
- Daneben bietet der **Schweizerische Verein für Familienherbergen,** Poststraße. 1, 4460 Gelterkinden, Tel. 061 98 12 525, www.ferienwohnung.ch, günstige Wohnungen, Häuser und Herbergen für Familien an.
- **www.familienorte.ch**

Restaurants

Auch die Gastronomen haben sich auf die speziellen Bedürfnisse der kleinen Gäste eingestellt. Günstige **Kindermenüs** sind weit verbreitet und bieten oft mehr als nur Hamburger und Pommes. Manche Restaurants bieten außerdem speziell für Kinder geschaffene Einrichtungen, z.B. einen kleinen Zoo mit Tieren zum Anfassen in der Nachbarschaft.

Klettern und Bergsteigen

Falls Sie mit dem Nachwuchs klettern wollen, ist der Kletterführer des *Schweizerischen Alpen-Clubs* (SAC) ein Muss. Mit Kindern stellen sich betreffend der Routenwahl besondere Anforderungen. Das Verzeichnis „Kletterführer für Kinder" dokumentiert rund 250 Kletterrouten. Der SAC gibt außerdem das Büchlein „Bergsteigen mit Kindern" (sFr. 35) heraus.

- **Schweizer Alpen-Club,** Monbijoustraße 61, Postfach, 3000 Bern 23, Tel. (031) 37 01 818, www.sac.ch.

Reise-Highlights für Kinder

Die genauen **Adressen** etc. finden sich in den Ortsbeschreibungen.

- **Hallenbad Piscina Coperta** in Bellinzona;
- **Kinderspazierweg** auf der **Bergstation Cardada** bei Locarno;
- **Bagno Pubblico** in Ascona;
- **Zollmuseum** Museo Doganale Svizzero bei Gandria;
- **Sentiero delle Meraviglie** im Malcantone, ab Novaggio;
- **Zoo in Magliaso** bei Lugano;
- **Aquapark** in Balerna;
- **Saurierfundstätten am Monte San Giorgio** ab Meride;
- **Schokoladenmuseum** in Caslano;
- **Swissminiatur,** die Schweiz im Miniformat in Melide am Damm.

Kurse und Bildungsangebote

Informationen über aktuelle Kurse und Veranstaltungen kann man im Veranstaltungskalender von *Schweiz Tourismus,* www.myswitzerland.com (Stichwort „Veranstaltungen") einsehen. Adressen von Veranstaltern hat auch die *Vereinigung für Erwachsenenbildung,* Postfach, Oerlikonerstraße 38, 8057 Zürich, Tel. 01 31 16 455.

Sprachkurse

- **Didac Schulen,** Schwanengasse 11, 3011 Bern, Tel. 031 31 35 252, www.didac.ch; bietet Italienischkurse in Lugano an.
- **CCT, Formazione Linguistica e Culturale,** Viale Cassarate 6, 6900 Lugano, Tel. 091 92 29 354, www.cct.ch.
- **VSP, Verband schweizerischer Privatschulen,** Hotelgasse 1, Postfach 245, 3000 Bern 7, Tel. 031 32 84 050, www.swissschools.ch.

Bildhauerschule

Eine spezifisch tessinische Art der Ausbildung findet man im Maggiatal mit der dort ansässigen Bildhauerschule in Peccia, wo auch der als Material verwendete Marmor abgebaut wird.

Hier gibt es **Kurse im Steinbildhauen** für Anfänger und Fortgeschrittene, einen handwerklichen Grundlagenkurs, Modellieren und Gipsabguss, Aktzeichnen, Aktmodellieren, Kopfzeichnen und -modellieren sowie Seminare in Kunstgeschichte/Ästhetik usw. Die Angebote sind für alle zugänglich.

Es besteht auch die Möglichkeit einer **berufsbegleitenden Weiterbildung** (17 Wochen verteilt auf vier Jahre) mit dem Titel: „Steinbildhauen und dreidimensionales Gestalten". Zudem stehen drei Gastateliers mit Werkplatz zur Verfügung für diejenigen, welche über längere Zeit hier arbeiten wollen.

- **Scuola di Scultura/Bildhauerschule,** 6695 Peccia, Tel. 091 75 51 304 *(Alex Naef),* www.scultura.ch.

Lehrpfade

Das Tessin bietet eine Reihe von interessanten Lehrpfaden für Kinder und Erwachsene, so z.B. in der Magadino-Ebene einen **agrotouristischen Lehrpfad,** der über die landwirtschaftliche Arbeit informiert (www.gambarogno tourism.ch). Am Monte San Giorgio folgt man auf alten Plattenwegen, ausgehend vom Dorf Meride, mit schöner Aussicht auf den Luganer See dem **Saurierlehrpfad** (www.mendrisio tourism.ch); der Lehrpfad **„Menschenspuren"** führt rund um das Dorf Castelrotto (Gemeinde Croglio) in rund zwei Stunden durch die typische Hügellandschaft des Malcantone. Auf dem Weg kann man eine Käserei, einen Kühlkeller *(giazzera)* und einen Vogelfangturm besichtigen (www.mal cantone.ch).

Der zweistündige **„Sentiero del acqua ripensata"** bei Caslano im Malcantone widmet sich den Funktionen des Wassers; man bewundert die Kraft des nassen Elements (Mühle, Molkerei), stillt den Durst (Wasserversorgung) und lässt sich von einem Wasserfall verzaubern.

Ein **Weinpfad** führt von Gudo über Sementino nach Carasso und Biasca (Ludiano, Dongo).

Medizinische Versorgung

Die medizinische Versorgung entspricht europäischem Standard. Auf einigen Fachgebieten (z.B. Herz, Paraplegie) genießt die **Schweizer Medizin** Weltruf.

Apotheken *(farmacia)* sind sehr gut ausgestattet und in großer Dichte präsent. Medikamente sind jedoch in der Schweiz deutlich teurer als in Deutschland oder Österreich.

Die Adressen von niedergelassenen **Ärzten** erhält man an der Touristeninformation oder an der Rezeption des Hotels oder Campingplatzes.

Vor Reiseantritt sollte man mit der Krankenkasse die Formalitäten abklären, falls rezeptpflichtige Medikamente bezogen werden oder mit Krankenschein abgerechnet wird. Verlangen Sie bei Barzahlung eine detaillierte Quittung für die spätere Abrechnung mit der Kasse oder Versicherung. Empfehlenswert ist eine **Auslandsreise-Krankenversicherung** (siehe Kap. „Vor der Reise/Versicherungen").

Für **medizinische Notfälle** gilt in der gesamten Schweiz Tel. 144 (siehe auch Kap. „Notfälle").

In **Italien** ist das Gesundheitssystem teils privat, teils staatlich organisiert. Grundsätzlich ist die freie Arztwahl wie in der Schweiz gewährleistet, man kann also einen Arzt aufsuchen, ihn bezahlen und anschließend die Kosten zurückfordern (über die genauen Bedingungen hierfür sollte man sich aber vor der Reise ausführlich bei seiner Krankenkasse informieren). Die Gemeinden haben aber zusätzlich **staatliche Gesundheitszentren** *(Unita Sanitaria Locale)*, wo Patienten grundsätzlich kostenlos versorgt oder von dort an einen Facharzt überwiesen werden. Medikamente werden gegen eine Rezeptgebühr abgegeben.

Nachtleben

Da die Schweiz keine Millionenmetropolen aufweist, wird das Nachtleben oft als provinziell eingeschätzt. Das Tessin und der Lago Maggiore sind denn auch nicht unbedingt Feriengebiete, die speziell junge Leute anziehen. Trotzdem gibt es natürlich, vor allem in den dichter besiedelten Gebieten um Locarno, Lugano, Como und am Südufer des Lago Maggiore, das normale Angebot an **Nightclubs, Diskotheken, Multiplex-Kinos** und auch **Casinos.** Seit kurzem ist in der Schweiz das Glücksspiel legalisiert, man kann also sein Geld im Casino von Locarno oder in der italienischen Enklave Campione am Luganer See aufs Spiel setzen. Man muss seine Nächte also nicht im Bett verbringen.

Im Tessin und am Lago Maggiore finden in der Saison auch zahllose **Festivals, Konzerte, Freilichtvorführungen** usw. statt. Hinweise auf diese Veranstaltungen finden sich bei den jeweiligen Ortsbeschreibungen bzw. sind bei den lokalen Verkehrsbüros erhältlich. Detaillierte Auskunft geben die Websites und Broschüren der einzelnen Reiseziele.

Notfälle

Der **lokale Ärzte- und Apothekennotdienst** ist in der Lokalpresse publiziert, insbesondere in den „Amtsanzeigern", die man an jedem Kiosk kaufen kann.

Rufen Sie bei Unfällen und gesundheitlichen Notfällen am besten den **zentralen Notfalldienst** unter der **Telefonnummer 144** an. Geben Sie Adresse, Name und Alter des Patienten an. Beleuchten Sie nachts möglichst die Stelle, an der Sie den Krankenwagen erwarten. Bitten Sie eine Drittperson, auf den Rettungsdienst zu warten, während Sie sich um den Patienten kümmern. Beruhigen Sie ihn und fahren Sie mit ins Spital, um die notwendigen Angaben machen zu können.

Bei Verlust oder Diebstahl der **Geldkarte** sollte man diese umgehend sperren lassen. Bei **Maestro-(EC-)Karten** muss man für die computerisierte Sperrung seine Kontonummer nennen können:

Notrufe in der Schweiz

• **Sanitätsnotruf**	144
• **Polizei**	117
• **Feuerwehr**	118
• **Giftnotruf**	01 25 15 151
• **Pannendienst** **TCS Schweiz,** Bern (aus dem Ausland nicht abrufbar)	140
• **Schweizerische Rettungsflugwacht,** Zürich (Rettungshelikopter)	1414

Notrufe in Italien

• **Polizei/Unfallrettung**	117
• **Ärztlicher Notruf**	118

• **Maestro-Karte,** D: Tel. 0049 1805 02 10 21; A: Tel. 0043 12 04 88 00; CH: Tel. 0041 12 71 22 30; UBS: 0041 84 88 88 601; *Credit Suisse:* 0041 80 08 00 488.

Kreditkarten: Tipp: Nummer der Kreditkarte und Kartensperrnummer vorher notieren! Sie stehen auf der Karte. Einige Banken haben eigene Sperrnummern. Die unten stehenden Kontakte können in der Regel dennoch die für Ihre Kreditkarte zutreffende Sperrnummer nennen:

• **MasterCard und VISA,** D: Tel. 0049-69-79331910; A: Tel. 0043 17 17 01 45 00 (Euro/MasterCard) bzw. Tel. 0043 17 11 11 770 (VISA); CH: Tel. 0041 44 20 08 383 für alle Banken außer *Credit Suisse, Corner Bank Lugano* und UBS.
• **American Express,** D/A: Tel. 0049 69 97 97 10 00; CH: Tel. 0041 16 59 66 66.
• **Diners Club,** D: Tel. 0049 69 66 16 61 23; A: Tel. 0043 15 01 350; CH: Tel. 0041 18 35 45 45.

Tipp: Zumindest in Deutschland soll im Juli 2005 die **einheitliche Sperrnummer** 0049 11 61 16 für Maestrokarten, Kreditkarten, Krankenkassenkarten, Handykarten u. a. eingerichtet werden.

Öffentliche Verkehrsmittel

Spezialangebote

Für Feriengäste, die viel Bahn fahren, andere öffentliche Verkehrsmittel nutzen und auf Bergbahnen von Spezialtarifen profitieren möchten, gibt es eine Reihe attraktiver Angebote. Bei einem Aufenthalt ab drei Tagen empfehlen sich die Offerten von *Swiss Travel System* (Buchung über Reisebüros oder online über www.sbb.ch).

Der **Swiss Pass** erlaubt vier, acht, 15, 22 Tage oder einen Monat lang unbeschränktes Fahren auf dem gesamten Bahn-, Postauto- und Schifffahrtsnetz von *Swiss Travel System*. Inbegriffen sind die Straßenbahnen und Busse in 36 Städten sowie verbilligte Fahrten bei vielen Bergbahnen.

Mit dem **Swiss Flexi Pass** kann man innerhalb der einmonatigen Geltungsdauer an drei bis acht frei wählbaren Tagen unbeschränkt auf dem gesamten Netz von *Swiss Travel System* reisen und genießt dabei die gleichen Vergünstigungen wie beim *Swiss Pass*.

Ab zwei gemeinsam reisenden Personen gewährt *Swiss Travel System* 15% **Rabatt** pro Erwachsenem auf *Swiss Pass* und *Swiss Flexi Pass*.

Das **Swiss Transfer Ticket** ist einen Monat lang gültig und beinhaltet die Hin- und Rückreise von der Schweizer Grenze oder vom Flughafen zum Ferienort.

Die **Swiss Card** bietet dieselben Leistungen wie das *Swiss Transfer Ticket*. Zusätzlich reist man jedoch einen Monat lang zum halben Preis per Bahn, Postauto und Schiff auf dem ganzen Netz von *Swiss Travel System*.

Mit der **Familienkarte** von *Swiss Travel System* reisen Kinder bis 16 Jahre mit ihren Eltern unentgeltlich auf dem gesamten Netz von *Swiss Travel System* mit. Die Familienkarte gibt es kostenlos zu *Swiss Pass, Swiss Flexi Pass, Swiss Transfer Ticket* und *Swiss Card*.

Allein reisende **Minderjährige** bis 16 Jahre erhalten 50% Ermäßigung auf die Preise von *Swiss Travel System*. Außerdem gibt es günstige **Pauschalangebote,** z.B. Kombinationen mit Hotelaufenthalten in *Best Western*, TOP-Hotels und *swissbackpacker*.

Für Reisende, die die Schweiz oder Italien nur als eines von mehreren europäischen Zielen bereisen, ist ein **Interrailticket** oder ein Baukastensystem wie **Euro Domino** zu empfehlen.

In einigen Gebieten sind **regionale Ferienpässe** erhältlich. Falls man sich längere Zeit nur in einer Region aufhält, kann dies günstiger sein als die Angebote im *Swiss Travel System*. Man erkundige sich beim regionalen oder örtlichen Touristenbüro.

Bahn

Mit dem Fahrrad in der Bahn

Das öffentliche Verkehrssystem ist fahrradfreundlich (in der Schweiz heißt das Fahrrad übrigens *Velo*). Die Website der SBB informiert über Angebote und Bedingungen:

- http://www.sbb.ch

Eisenbahnreisen ins Tessin und im Tessin

- **Dampfeisenbahnen** werden überall in der Schweiz von Eisenbahnfans auf Nebenstrecken betrieben. Fahrten im Sommer an Wochenenden mit Spezialfahrplan. Auskünfte über Dampfbahnen und andere Themen für Eisenbahnfans im Internet unter www.railinfo.ch/links.de.html.
- Im Tessin fährt im Sommer der **Nostalgiezug** Lugano – Mendrisio – Valmorea. Auskunft unter Tel. 091 64 65 761. ID-Karte oder Pass mitnehmen.

● Der **Lötschberg-Centovalli-Express** fährt von Bern über die Lötschbergstrecke ins Wallis, durch den Simplon nach Domodossola und durch das pittoreske Centovalli (übersetzt „Hundert Täler") nach Locarno am Lago Maggiore.

Postbusse

Wo keine Eisenbahnen hinführen, findet man im Tessin die Busse der Post (Postautos genannt), die bis in das entlegenste Dorf fahren. Zu erkennen sind sie an der leuchtend **gelben Farbe** und dem Posthorn-Dreiklang, dem ersten Takt der Ouvertüre der Rossini-Oper „Wilhelm Tell" entliehen.

Für Normalfahrten mit dem Postbus kann man dieselben **Fahrscheine** (Billetts) und Spezialkarten benutzen wie für die Bahn. Das ganze öffentliche Verkehrsnetz ist integriert. Anschlussverbindungen sind deshalb rasch gefunden. Die Fahrpläne führen Postbus- und Eisenbahnfahrten auf.

● Mit dem so genannten **Palm-Express** geht es per Postbus von St. Moritz nach Lugano.

Öffnungszeiten

Für die verschiedenen Dienstleistungsbetriebe sind gemäß *Schweiz Tourismus* folgende Öffnungszeiten zu beachten (kantonale und regionale Abweichungen berücksichtigen):

Banken und Geldwechsel: in großen Städten und wichtigen Geschäftszentren Mo–Fr 8.30–16.30 Uhr; in ländlichen Gegenden Mo–Fr 8.30–12 Uhr und 14–16.30/ 17.30 Uhr. Auf Flughäfen und an Bahnhöfen gibt es Wechselstuben für Bargeld und Schecks: geöffnet 6–21 Uhr, oft sogar bis 23 Uhr.

Behörden und Büros: Mo–Fr 8–12 Uhr und 14–17/18 Uhr.

Geschäfte sind Mo–Fr 8/8.30–18.30 und Sa 8–16 Uhr geöffnet. Vorwiegend in den Städten bleiben Warenhäuser und andere Geschäfte am Montagvormittag geschlossen. Einmal pro Woche ist erst um 21 Uhr Ladenschluss. In kleineren Orten und außerhalb der Stadtzentren bleiben die Läden am Mittwochnachmittag und

018te Foto: ns

Factory Outlet Alessi in Omegna

über die Mittagszeit ein bis zwei Stunden geschlossen. In den meisten Ferienorten haben sie länger geöffnet, manchmal auch stundenweise an Sonntagen.

Öffnungszeiten in Italien

In Italien gibt es meist noch die traditionelle **lange Mittagspause,** wobei die Wiederöffnung gegen Abend (ab 15 Uhr, meist aber später) scheints der Laune des Ladeninhabers bzw. des Personals überlassen ist. Dafür sind die Geschäfte **abends** zum Teil recht lange, d.h. bis 20 oder 21 Uhr, geöffnet. Banken und die Post halten sich an ähnliche Öffnungszeiten wie in der Schweiz.

Vorwahlnummern:

- **Deutschland:** 0049
- **Österreich:** 0043
- **Italien:** 0039
- **Schweiz:** 0041

Achtung: Vor einigen Jahren wurden die Telefonnummern in der Schweiz umgestellt. Seitdem ist **auch bei Ortsgesprächen die Ortsvorwahl** zu wählen: Innerhalb des Tessins ist die 091 und dann die individuelle Rufnummer zu wählen.

Telefoniert man aus dem Ausland **in die Schweiz,** so muss man, wenn man die internationale Vorwahl wählt, die 0 vor der regionalen Vorwahl nicht mehr einstellen. Man wählt also für das Tessin 0041 91 und dann die individuelle Nummer. In **Italien** muss die regionale Vorwahl-Null auch bei internationalen Gesprächen verwendet werden, man wählt also für weite Teile des Lago Maggiore z.B. 0039 0322 und dann die individuelle Rufnummer.

Post und Telefon

Telefon und Post sind in der Schweiz getrennt. Die *Telekom* wurde unter dem Namen *Swisscom* privatisiert.

Die **Post** kümmert sich nach wie vor um Brief- und Pakettransport, um den Zahlungsverkehr und den öffentlichen Busverkehr. Noch im kleinsten Dorf gibt es eine Postfiliale, in der man Briefmarken, Autobahnvignetten und einen Faxservice findet, in den größeren Postämtern auch einen Postomaten, an dem man Bargeld beziehen kann. Für Briefe oder Karten, die innerhalb Europas verschickt werden sollen, benötigt man Briefmarken zu sFr. 1,20 (Normalbeförderung) bzw. sFr. 1,30 (*priority* = max. zwei bis vier Lauftage). Sie sind zum Teil auch an Kiosken erhältlich.

Telefonieren über die öffentlichen Telefonapparate ist wesentlich billiger geworden. Die Gebühren für ein Gespräch nach Deutschland oder Österreich betragen sFr. 0,60 Grundgebühr plus sFr. 0,12 pro Minute. Münzfernsprecher gibt es kaum, die Telefonzellen akzeptieren aber meist die gängigen Kreditkarten, internationale Prepaid-Karten und die an allen Kiosken und Poststellen erhältlichen Karten der *Swisscom.* Teurer ist das Telefonieren in Hotels, wo meist ein Zuschlag berechnet wird. Für das **Mobiltelefon** gilt: Wenn Ihr Handy für internationales Roaming freigegeben ist, sind Sie mit ihm fast überall in der Schweiz erreichbar. Wegen der hohen Gebühren sollte man bei seinem Anbieter nachfragen oder auf dessen Website nachschauen, welcher der Roamingpartner günstig ist und diesen per **manueller Netzauswahl** voreinstellen. Nicht zu vergessen sind die **passiven Kosten,** wenn man von zu Hause angerufen wird (Mailbox abstellen!). Der Anrufer zahlt nur die Gebühr ins heimische Mobilnetz, die teure Rufweiterleitung ins Ausland zahlt der Empfänger.

Wesentlich preiswerter ist, es sich von vornherein auf die Kommunkation per **SMS** zu beschränken, der Empfang ist dabei in der Regel kostenfrei.

Falls das Mobiltelefon **SIM-lock-frei** ist (keine Sperrung anderer Provider vorhanden ist) und man viele Telefonate innerhalb der Schweiz führen möchte, kann man sich eine örtliche **Prepaid-SIM-Karte** besorgen.

Sicherheit

Die Schweiz ist heute **nicht mehr so sicher** wie einst und auch nicht unbedingt sicherer als ihre Nachbarländer. Verbrecherbanden sind international organisiert. Teure **Autos** sind ein beliebtes Ziel, ob in Italien oder in der Schweiz. Im Sommer gibt es immer wieder organisierte **Einbruchstouren** durch Einfamilienhäuser und Ferienchalets, sei es im Tessin oder in Norditalien. Wo immer sich Menschenmengen versammeln, gehen **Taschendiebe** zu Werke. Bei großen Sportereignissen kommt es manchmal zu Schlägereien und **Ausschreitungen,** meist durch Rechtsextreme. Unsicher ist es im Milieu von **Prostitution und Drogen.** Die Rotlichtdistrikte gehören zu diesen Bezirken, ebenso wie schummrige Bahnhofs- und Industriegebiete. Die Bahn- und Stadtbehörden und die Polizei haben in den letzten Jahren jedoch viel getan, um eine Verslumung solcher Gebiete zu verhindern und die Sicherheit im Allgemeinen zu erhöhen. Auch die liberale Drogenpolitik hat zu einer Abnahme der Drogendelikte geführt. Wenn die Schweiz also, was Sicherheitsstandards betrifft, ein **„normales europäisches Land"** geworden ist, so ist sie das im positiven wie negativen Sinne. Weder muss man hier besondere Vorkehrungen treffen, noch wäre es klug, alles, was man zu Hause berücksichtigt, in einem Tessin-Urlaub zu vergessen.

Während die Gefährdung durch Personen nicht übermäßig hoch ist, nehmen **Unfälle** im Zusammenhang mit **Naturkatastrophen** oder Naturereignissen im Alpenraum zu. Das labile Gleichgewicht der Natur ist gestört, was dort besonders spürbar wird. Lawinen, Schlammniedergänge und Wassereinbrüche sind heute fast überall möglich. Trendsportler begeben sich gerne in Gebiete, die bisher bei instabilen Wetterverhältnissen gemieden wurden. Bevor man hier Risiken eingeht, sei empfohlen, sich auf ortskundige Profis zu verlassen, die begleiten oder beraten. Das Wetter und das Gelände sind für Ortsunkundige kaum einzuschätzen.

Obschon es im Tessin oft aus allen Kübeln gießt und die Vegetation üppig gedeiht, sollte die Gefahr von **Waldbränden** nicht unterschätzt wer-

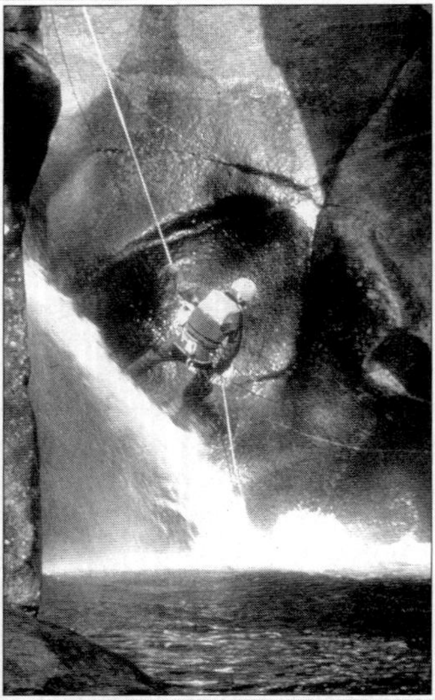

019te Foto: tt

Gefahr in Wildbächen

Jedes Jahr ertrinken in Tessiner Bergbächen zahlreiche Menschen, meist Feriengäste, die mit den lokalen Verhältnissen nicht vertraut sind. Manche Bäche entwickeln besonders an Verengungen zwischen Felsen so starke Sogwirkungen und Strudel, dass auch geübte und kräftige Schwimmer in die Tiefe gezogen werden. Dazu kommt, dass am Oberlauf gewisser Bäche und Flüsse von Zeit zu Zeit von den Kraftwerken Wasser abgelassen wird, was zu plötzlichen Sturzfluten führt. Dasselbe kann während oder nach Gewittern geschehen oder durch Erdrutsche verursacht werden. Man sollte sich bei den lokalen Stellen eingehend über die Verhältnisse und notwendigen Vorsichtsmaßnahmen informieren und insbesondere auf Kinder und Jugendliche Acht geben.

den. Vor allem in den Kastanienwäldern kommt es immer wieder zu gefährlichen Feuern, welche die Vegetation empfindlich stören, Erdrutsche und die gefährlichen plötzlichen Wasserstürze von Bergbächen bewirken. Man informiert sich am besten bei den lokalen Verkehrsbüros über die aktuelle Lage und Vorschriften.

Sport

Die Schweiz galt lange Zeit als Reiseziel, das man einfach besucht haben musste. Doch Fehlentwicklungen wie eine zu stark auf Menge und Umsatz ausgerichtete Tourismuspolitik trugen dazu bei, dass die Schweiz irgendwann nicht mehr „in" war. Erst in den letzten zehn Jahren hat ein Umdenken stattgefunden. Alternative Tourismus-Formen gewannen an Bedeutung. Viele Anbieter entdeckten die jungen Reisenden und stellten sich mit ihrem Angebot ganz bewusst auf diese Zielgruppe ein.

Die nach wie vor **attraktive Natur** des Landes ist dafür wie geschaffen. Insbesondere die Berggebiete und die Täler des Tessins eignen sich für ausgedehnte Wanderungen, für das Übernachten im Stroh und für das populäre Radfahren. Die Berge sind nicht nur für den mechanisierten Wintertourismus attraktiv, neue Attraktionen prägen im Sommer wie Winter das Bild: Freeclimbing, Canyoning, Mountainbiking, Riverrafting, Paragliding und Kanufahren ziehen junge Besucher in das Alpenland.

Abenteuersportarten, Bungee

- **Asbest Adventure's Best,** Lugano, Tel. 091 96 61 114, www.asbest.ch.
- **Fun & Action Center,** *Intragna Trekking Team,* Tel. 091 78 07 107, www.trekking.ch; Bungee-Sprung von der Centovalli-Brücke oder der Verzasca-Staumauer (220 m, auch Nachtsprünge), Canyoning, Kletterkurse; April bis Oktober, mit Anmeldung.
- **Eurotrek,** Tel. 01 43 43 366, www.eurotrek.ch.
- **Trekking Team,** Tel. 091 78 07 800, www.trekking.ch.

Bergsteigen, Klettern

Im Schweizer Alpenraum gibt es 160 Klubhütten. Trotz ihrer herrlichen Lage sind sie nicht als Ferienunterkünfte oder Ausflugsziele gedacht, sondern dienen als Ausgangspunkt für Bergbesteigungen oder hochalpine Skitouren. Ein illustriertes **Klubhütten-Verzeichnis** mit Schweizer Karte und vielen wissenswerten Angaben kann man unter dieser Adresse bestellen:

- **SAC Buchauslieferung,** Felsenaustraße 5, 7000 Chur, Tel. 081 25 83 335.
- Für weitere **Informationen** wenden Sie sich bitte an den *Schweizer Alpen-Club* SAC, Zentralsekretariat, Monbijoustraße 61, 3000 Bern 23, Tel. 031 37 01 818, www.sac-cas.ch.

Kletter- und Hochgebirgstouren sind natürlich überall möglich, doch man sollte sich der Risiken bewusst sein. Am besten vertraut man sich einem professionellen Führer an. Touristenbüros vermitteln Adressen.

- **Guide Alpine Ticino – Scuola svizzera di alpinismo,** 6900 Massagno, Tel. 091 96 81 119 u. 079 24 01 661, www.guidealpine.ch.
- **Bergsteigerschule Massagno,** Tel. 091 96 81 119; Bergsteigen für Anfänger und Fortgeschrittene: Theorie, Praxis, diverse Kurse.
- 60 **Kletterwege** gibt es in den Valli di Lugano; Tel. 091 96 81 119. Weitere **Klettergärten** in Arcegno, Tegna oder Ponte Brolla.
- **Klettergarten Palestra di Roccia San Paolo,** Bellinzona, Via Pedemonte, Tel. 091 82 61 331. Auf einem Gelände von 30.000 Quadratkilometern Schwierigkeitsstufen 6 bis 2. Anfänger brauchen mindestens zwei Tage für die Grundausbildung, bevor sie an einem Felsen üben können.
- **Centro Ecologico UomoNatura** (Ökologisches Zentrum), Acquacalda, Tel. 091 87 22 610. Fünf Kilometer vor dem Lukmanier-Pass im Blenio-Tal. Bietet Seminare, Kurse, thematische Wanderwochen und Bergwanderungen an. Ein umfangreiches Programm für Familien und Kinder.

Fliegen, Ballonfahren, Fallschirmspringen

Der *Aero-Club der Schweiz* ist der nationale Verband, der sich mit diesen Sportarten befasst. Er umfasst die Sparten Motorflug, Segelflug, Modellflug, Ballonfahren, Fallschirmspringen, Hängegleiten, Ultraleicht-, Helikopter- und Amateurflugzeugbau. Flugplätze gibt es im Tessin in Ambri, in Locarno-Magadino und Lugano-Agno. Gute Links zur Aviatik gibt es im Internet unter www.nelly.ch.

- **AECS Aero Club der Schweiz,** Lidostr. 5, 6006 Luzern, Tel. 041 37 50 101, www.aeroclub.ch.
- **Club Volo Libero,** Pezzolo, Tel. 079 71 50 956; Gleitschirm- und Delta-Schule.
- **Piloten-Einführungskurs** im Flughafen Locarno, Gordola, Tel. 091 74 52 027. Eine halbe Stunde darf man selber fliegen.
- **Para Centro Gordola,** Locarno, Tel. 091 74 52 651; Fallschirmsprünge am Flughafen.

Golf

- **Golf Club Lugano-Magliaso,** Tel. 091 60 61 557.
- **Golf Club Patriziale Ascona,** Tel. 091 79 12 132.

- Für Anfänger und Spieler ohne Handicap: **Driving Range Golf Target,** Via Respini, Locarno, Tel. 091 75 23 353 (6 Loch).

Radfahren

Radfahren erfreut sich in der Schweiz zunehmender Beliebtheit. Für Radfahrer wird viel getan, und es gibt **hervorragende Routen** und Routenbeschreibungen für Familien und anspruchsvolle Biker. Bei der Bahn (SBB) kann man Räder mieten. Infos unter:

- **Rent a Bike AG,** Parkstraße 15, 4106 Therwil, Tel. 061 72 69 210, www.sbb.ch.
- **Stiftung Veloland Schweiz,** c/o Schweizer Tourismus-Verband, Postfach 8275, Finkenhubelweg 11, 3001 Bern, Tel. 031 30 74 740, www.veloland.ch.

Mountainbiking

Das ausgeschilderte Fahrradnetz des Tessins misst 175 Kilometer. Die Wege sind gut ausgebaut und beschildert. Im Bergkanton Tessin gibt es kaum flache Strecken: Neben der Magadino-Ebene ist eine Rundfahrt um den Luganer See oder den Lago Maggiore landschaftlich reizvoll und nicht allzu schweißtreibend, sieht man vom dichten Verkehr ab.

Mountainbikes vermieten folgende SBB-Stationen:

- **Biasca,** Tel. 091 22 78 615;
- **Bellinzona,** Tel. 091 22 76 244;
- **Tenero,** Tel. 091 22 15 852;
- **Locarno,** Tel. 091 22 15 233;
- **Lugano,** Tel. 091 92 36 691;
- **Melide,** Tel. 091 64 97 202;
- **Ranzo Gambarogno,** Tel. 091 78 00 179.
- **Ticino-Bike** ist ein Gratis-Prospekt des *Ticino Turismo* in Bellinzona, Tel. 091 82 57 056; hier sind die attraktivsten Fahrradwege des Kantons aufgelistet.
- **Spezielle Karten** s. „Karten und Literatur".

Reiten

Es gibt eine große Anzahl von Reitschulen im Tessin; wer nach einer Schule in einem bestimmten Gebiet sucht, findet eine Liste der Adressen unter www.ticino-tourism.ch, wenn man bei der Detailsuche „Reiten" eingibt.

- Im zum Reiten geeigneten **Bleniotal** betreibt *Donatella Maggiori* eine **Reitzucht** argentinischer Pferde sowie eine **Reitschule;** auch Reitausflüge, Kutsch- und Schlittenfahrten werden angeboten. Tel. 079 68 29 400, Aquila, www.vallediblenio.ch/bleniocavalli/.
- **Alpen-Reittrekking,** Bauernhof *Bettosini,* Lodano, Tel. 091 75 32 122. Im oberen Maggia-Tal bis zum St. Gotthard, zum Ritomsee und Lukmanier. Nicht für Anfänger geeignet.

Tennis

- Hallentennisplätze am **Park Hotel Delta,** Ascona, Tel. 091 78 57 785, und an der **Albergo Castello del Sole,** Ascona, Tel. 091 79 10 202.

Wandern, Trekking

In den meisten Kurorten gibt es spezielle Angebote für Wanderer (sowohl im Sommer als auch im Winter). Spezialkarten für individuelle Touren, geführte Wanderungen und anspruchsvolle Spezialtouren sind überall erhältlich. Tipps finden sich im Kapitel „Karten und Literatur". Auch das örtliche Touristenbüro hilft weiter.

- Ein Anbieter für anspruchsvollere Wanderungen ist z.B. **Eurotrek** in Zürich, Tel. 01 29 55 959, www.eurotrek.ch.
- **Barbara Steinmann,** *Wanderlust,* Valendas, Tel. 081 92 14 597. Geführte Wandertrekkings in den Tessiner Alpen, maximal fünf bis zehn Personen.
- **Ticino Trekking 700,** Ticino Turismo, Bellinzona, Tel. 091 82 57 056. Erfahrene Berg-

wanderer ziehen in zehn Tagen 130 km vom Misox quer durch die Tessiner Berge bis ins Val Formazza.

- **Literaturtipp:** Wer gut vorbereitet auf Tour gehen möchte, dem sei das „Trekking-Handbuch" von *Gunter Schramm* empfohlen, erschienen in der Praxis-Reihe des Reise Know-How Verlags.

Wassersport

Wassersport liegt im Trend des Aktivtourismus. Viele Anbieter haben die Attraktivität dieser Sportarten entdeckt. Dazu gehören auch unseriöse Unternehmen, die kein entsprechendes Risikomanagement betreiben und ihre Kunden gefährden. Man sollte sich beim lokalen Touristenbüro nach vertrauenswürdigen Anbietern erkundigen oder, besser noch, offizielle Schulen auswählen.

Rafting im Valle Riviera

Badestellen

- am Lido von **Ascona** im Maggiadelta;
- im unteren Maggia-Tal **zwischen Avegno und Cavergno** sowie **zwischen Someo und Coglio** und bei **Cevio;**
- unterhalb der Brücke in **Ponte Brolla;**
- unter der Brücke Ponte dei Salti in **Lavertezzo** im Verzasca-Tal oder **zwischen Brione und Sonogno;**
- am Lido von **Lugano;**
- südlich von Figino vor Morcote am Kieselstrand von **Casoro;**
- im Strandbad von **Campione d'Italia;**
- im Schwimmbad von **Carona.**

Achtung: Speziell in den Tälern im Hinterland des Lago Maggiore kommt es in den Flüssen und Bächen immer wieder zu tragischen Badeunfällen, weil die Gewässer durch plötzlich auftretende Wirbel etc. Risiken aufweisen, die man unterschätzt. Unbedingt in den lokalen Tourismusbüros um nähere Information nachsuchen!

Rafting und Canyoning, Paddeln

Diese Abenteuersportarten sind z.B. auf der Moesa, dem Tessin oder im Maggiatal möglich. Einige Adressen von Organisatoren (wir bieten für die Sicherheitsvorkehrungen dieser Veranstalter keine Gewähr):

- **Swissraft,** Bellinzona, Tel. 091 92 10 071, www.swissraft.ch.
- **Trekking Team AG,** Casa Rosina, Tegna, Tel. 091 78 07 800, Mobil 079 60 07 007, www.trekking.ch.
- **Eurotrek,** Tel. 01 43 43 366, www.eurotrek.ch. Hier kann man ein Kanu mieten und von Cresciano-Paese bis Biasca auf dem Ticino paddeln.
- **Literaturtipps:** Wissenswertes rund um das Thema Canyoning bietet das „Canyoning Handbuch" von *Thomas Gut,* das in der Praxis-Reihe des Reise Know-How Verlags erschienen ist. In derselben Reihe ist ein Ratgeber für Kanuten erschienen, das „Kanu-Handbuch" von *Rainer Höh.*

Tauchschulen

- **Joe's Nautic Agno,** Tel. 091 60 53 051.
- **Alberto Gandin,** Brissago, Tel. 091 79 32 386.

Segeln, Motorbootfahren, Surfen

Segelturns und Surfen auf den Schweizer Seen organisieren die lokalen Segel- und Surfschulen (weitere Adressen über die Touristenbüros).

- **Scuola Vela,** Ascona, Tel. 091 79 15 185, für Anfänger und Fortgeschrittene.
- **Scuola di Vela,** Brissago, Tel. 091 79 31 512.
- Zweitägige Segelpartien auf dem Lago Maggiore organisiert **Eurotrek,** Tel. 01 43 43 366.

Wasserski

- **Scuola Nautica,** Locarno, Tel. 091 79 57 365.
- **Saladin,** Lugano, Tel. 091 92 11 570.

Wintersport

Ski fahren kann man im Tessin in Airolo, Carì, Nara-Leontica, Campo Blenio-Ghirone, Campra-Olivone, Monte Carasso, Madonna dell Sasso-Cardada, Bosco Gurin, am Monte Tamaro und am Monte Lema.

Informationen über **Wintertrekking** und Wintersport im Tessin und an den Hängen der italienischen Ossolatäler bieten die lokalen Touristenbüros oder die weiter oben aufgeführten Outdoor-Organisatoren. Einige Adressen lokaler **Skischulen:**

- **Scuola Svizzera di Sci e Snowboard Airolo/San Gottardo,** Airolo, Tel. 091 86 92 747, www.airo lo.ch.
- **Gaudumdschi Team Bosco Gurin,** Tel. 079 63 79 243, www.gaudumdschi-team.ch.
- **Ecole Suisse de Ski et Snowboard Cari,** Pianaselva, Faido, Tel. 091 86 71 546.
- **Scuola Svizzera Sport sulla Neve Bedea-Novaggio,** Tel. 076 34 89 738, www.scmon telema.ch.
- **Ecole Suisse de Ski Locarno-Cardada,** Gordola, Tel. 091 74 53 508.

Die Casa Stanga in Giornico
diente Jahrhunderte lang als Gasthaus

021te Foto: tt

Reisetipps A–Z

Wer Informationen über das Skifahren in der Schweiz, über den Skisport oder Tourenskikarten sucht, der wende sich an den Skiverband. Über Skischulen in der Schweiz informiert der Verband der Skischulen, über den wieder modischen Telemark der Telemark-Verband Schweiz.

- **Skiverband:** *Swiss-Ski,* Haus des Skisportes, Worbstraße 52, Postfach 478, 3074 Muri b. Bern, Tel. 031 95 06 111, www.swiss-ski.ch.
- **Verband der Skischulen:** *Schneesport Schweiz,* Hühnerhubelstraße 95, Postfach 182, 3123 Belp, Tel. 031 81 04 111, www.snowsports.ch.
- **Telemark-Verband Schweiz,** Haus des Skisportes, Postfach 478, 3074 Muri b. Bern, Tel. 031 95 06 111, www.telemark.ch.
- **Geführte Skitouren:** *Campobase* in Massagno, Tel. 091 96 81 119, oder Tourismusbüro, Tel. 091 82 57 056.

Unterkunft

Unterkunftsempfehlungen

Das Tessin hat ein Angebot von 20.000 Betten in der Hotellerie und ca. 100.000 Betten im Parahotelleriebereich (Ferienwohnungen und -häuser, Massenunterkünfte, Camping etc.). Die Betten in der Hotellerie werden pro Jahr circa 2,4 Millionen Mal benutzt; das Tessin steht damit an fünfter Stelle der Schweizer Fremdenverkehrsgebiete. Ein **riesiges Angebot,** das sich in einem Reiseführer natürlich nicht umfassend beschreiben lässt.

In jüngster Zeit wurden **Qualität und Service** des Tessiner Fremdenverkehrs leider zu einem nationalen Gesprächsthema, nachdem sich die führenden Gazetten und Medien-Stationen der Deutschschweiz nach vielen Betriebsschließungen im Tessin des Themas annahmen. Der Qualitätsstandard wurde genauso kritisiert wie die fehlende Freundlichkeit der Betriebsinhaber und des Personals.

Während die Hotellerie im **gehobenen Bereich** in der Schweiz unserer Erfahrung nach guten bis sehr guten Standard aufweist, ist es im Bereich der **Drei-Sterne-Hotellerie** und abwärts zum Teil nicht einfach, angemessene Qualität zu vernünftigen Preisen zu erhalten. Die Hotels sind im Allgemeinen überschuldet, die Einrichtung entspricht deshalb oft nicht mehr dem minimalen Standard. Bei gewissen Betriebsleitern hat man zudem den Eindruck, sie hätten infolge der Sorgen und Selbstausbeutung jede Freude am Beruf verloren. Zudem wird oft nicht genügend qualifiziertes Personal angestellt. Dazu kommt, dass die Tessiner im Unterschied zum südländischen Image oft eher etwas **introvertiert** sind, Bergler eben, und der Zugang daher nicht immer spontan ist.

Man findet aber, ganz entgegen der in den Medien verbreiteten Verallgemeinerungen, trotzdem überall im Tessin und am Lago Maggiore **engagierte Hoteliers,** Profis, teilweise auch zugezogene kreative Neu-Hoteliers aus der Deutschschweiz und Deutschland, die ihr Gewerbe mit Pfiff, Liebe zum Detail und Kreativität betreiben und denen man anmerkt, dass Gastfreundschaft für sie noch ein Anliegen ist.

Die Autoren haben, um den Lesern die Suche zu erleichtern, persönlich Hunderte von Betrieben verschiedenster Kategorien vom „Backpacker" bis zum Luxushotel besichtigt und eingeschätzt. Unterkünfte, die vom grauen Hotelalltag positiv abweichen, weisen z.B. ein möglichst gutes **Preis-Leistungs-Verhältnis** auf. Im niedrigeren Preisbereich bedeutet dies, dass sie sehr sauber sind, ein Mindestmaß an Komfort (möglichst WC, Bad/Dusche) und eine sehr freundliche Bedienung haben. In mittleren und höheren Kategorien finden vor allem Betriebe Berücksichtigung, die sich durch einen außerordentlichen Standort, die Architektur, Infrastruktur oder eine sehr gute Hotelküche auszeichnen.

Regionale Unterschiede im Standard sind einzukalkulieren. Wo der Tourismus überdurchschnittlich gute Ergebnisse erzielt, scheinen die Erträge wieder reinvestiert zu werden, und der Standard ist gut bis ausgezeichnet. In anderen Gebieten sind Einrichtung und Service hingegen nur Mittelmaß.

Wo wir die Unterkünfte nicht selber besuchen konnten, verlassen wir uns auf das Urteil zuverlässiger Gewährsleute. Betriebe, die unseren Mindestanforderungen nicht entsprachen, sind nicht erwähnt. Das bedeutet weder, dass nicht erwähnte Gaststätten zwangsläufig schlecht sind, noch dass alle erwähnten Betriebe demselben Standard entsprechen. Das Angebot ist ständigen Veränderungen unterworfen. Wir sind für Hinweise von Leserinnen und Lesern dankbar.

Nicht alle Hotels in der Schweiz sind **mit Sternen klassifiziert,** sondern nur diejenigen des Verbands *Hotellerie*

Suisse. Momentan tobt ein Streit zwischen dem Verband der Hoteliers und dem Wirteverband; Letzterer droht mit einem eigenen Klassifikationssystem (in der Presse „Krieg der Sterne" genannt). Da die Sterne des Hotelierverbands den Lesern eine Ahnung (wenn auch keine Garantie) über die Güteklasse des beschriebenen Hotels geben, haben wir sie in diesem Buch aufgeführt.

Öffnungszeiten

Viele Hotels im Tessin, aber besonders im nahen Italien sind **Saisonbetriebe,** die von Mitte Oktober bis Ostern schließen. Besonders im italienischen Teil des Lago Maggiore stellt in dieser Zeit ein geöffnetes Hotel geradezu ein Wunder dar. Man informiere sich also in diesen Monaten frühzeitig über die Übernachtungsmöglichkeiten. Im Tessin ist es infolge des großen Angebots und der intensiveren Nutzung einfacher, ein offenes Hotel zu finden.

Spezialtarife

Zu Hause kann man über E-Commerce-Organisationen Hotels buchen (z.B. www.hrs.de). Wer die Schweiz oder Italien preiswert bereisen möchte, beachte die **Sonderangebote größerer Gruppen,** etwa der französischen Systemhotellerie, die an wichtigen Standorten präsent sind. *Ibis* und *Formule 1* bieten ein genau definiertes Mindestmaß an Qualität zu fixen Preisen (www.accor.fr). Doch auch andere Marketingketten, z.B. *Romantikhotels* (www.romantikhotels.ch) oder *Swiss Qualityhotels* (www.swissqualityhotels.com) und *Best Western* (www.bestwestern.com), bieten über das Internet oder bei telefonischer Anfrage Spezialangebote. Manche Ketten offerieren Preisabschläge, wenn man für mehrere Nächte bucht.

Die meisten Hotels in den Ferienregionen sind **in der Nachsaison und im Frühjahr günstiger** als im **Hochsommer.** Findet gerade ein Festival statt, werden oft besonders hohe Preise verlangt, wenn man überhaupt ein Zimmer findet.

In Gebieten mit **Geschäftstourismus** (Business, Kongresse, Messen) ist an den Wochenenden meist ein spezieller Tarif auszuhandeln.

Grundsätzlich ist es sinnvoll, immer nach Spezialtarifen zu **fragen.** Viele Hotels weisen ihre Mitarbeiter an, ohne Gegenfrage den Höchstpreis zu berechnen. Besonders abends oder nachts ist das Aushandeln von Spezialtarifen empfehlenswert.

Wer im Voraus die ganze Reise plant, sollte versuchen, über die Kontingente eines **Reisebüros** die oft viel günstigeren Gruppentarife zu erhalten. Auch wenn Reisebüro und Tour Operator mitverdienen, ist der Preis für organisierte Übernachtungen oft günstiger als der Individualtarif.

Pensionen und Fremdenzimmer

Pensionen und Fremdenzimmer sind in der Schweiz **seltener** als in Österreich oder Süddeutschland. Es gibt aber im Tessin eine kleine Auswahl dieser Betriebe. Auch am italienischen Ufer des Lago Maggiore finden sich einige Pensionen. Auskunft erteilen die lokalen Informationsbüros.

Hotel garni

Verbreiteter als Pensionen sind Hotels garni, d.h. meist kleinere Hotels, die **nur Unterkunft und Frühstück** anbieten. Diese liegen meist im Bereich der Ein- bis Drei-Sterne-Kategorie. Empfehlenswerte Betriebe sind in diesem Führer unter der entsprechenden Kategorie zu finden. Darüber hinaus erhält man bei jedem örtlichen Touristenbüro eine Liste der entsprechenden Betriebe.

Ferienwohnungen und Rustici

Das Angebot an Ferienwohnungen und Rustici (Ferienunterkünfte in ehemaligen Bauernhäusern) im Tessin und am Lago Maggiore ist unüberschaubar. Um diese Unterkünfte zu buchen, empfiehlt sich grundsätzlich der Kontakt mit dem **örtlichen Tourismusbüro,** das eine Übersicht des Angebots besitzt und auch buchen kann. Die Adressen und Kontaktmöglichkeiten sind bei der Beschreibung der einzelnen Orte aufgeführt.

Darüber hinaus können Ferienwohnungen und -häuser natürlich über **Reisebüros** gebucht werden. Außerdem gibt es eine Anzahl von **Spezialisten,** die landesweit oder sogar international Ferienwohnungen und -häuser vermieten:

- **Schweizer Reisekasse Reka,** Neuengasse 15, Postfach, 3001 Bern, Tel. 031 32 96 633, www.reka.ch.
- **Schweizerischer Verein für Familienherbergen,** Poststr. 1, 4460 Gelterkinden, Tel. 061 98 12 525, www.ferienwohnung.ch.

Jugendherbergen, Jugendhotels und „Backpacker"

Für Jugendliche und Junggebliebene, denen der Preis wichtiger ist als Komfort und die den Kontakt zu Gleichgesinnten suchen, gibt es in der Schweiz sowohl Jugendherbergen wie auch spezielle Jugendhotels und „Backpacker", die neben Gruppenunterkunftsmöglichkeiten oft auch eine beschränkte Anzahl von Familienzimmern oder einfachen Doppel- und Einzelzimmern anbieten. Um bei den Jugendherbergen Rabatt zu bekommen, muss man die Mitgliedschafts schon zu Hause erworben haben. Tipp: Den Jugendherbergsausweis kann man auch als Familie beantragen!

- **Deutsches Jugendherbergswerk,** Bismarckstr. 8, 32756 Detmold, Tel. 05231 74 010, www.jugendherberge.de, € 12–20.
- **Österreichischer Jugendherbergsverband,** Schottenring 28, 1010 Wien, Tel. 01 53 35 35 30, www.oejhv.or.at, € 11,50–21,50.
- **Schweizer Jugendherbergen,** Schaffhauserstr. 14, 8042 Zürich, Tel. 01 36 01 414, www.youthhostel.ch, sFr. 22–55.

Die von den Autoren besuchten Betriebe sind unter den Ortsbeschreibungen aufgeführt, eine Übersicht geben die landesweit organisierten Netzwerke:

- **Swiss Backpackers,** Alpenstraße 16, 3800 Interlaken, Tel. 033 82 34 646, www.swissbackpackers.ch; umfasst 16 Unterkünfte in der ganzen Schweiz.
- **Swiss Backpacker News (SBN),** Eisengasse 34, 5600 Lenzburg, Tel. 062 89 22 676, www.backpacker.ch; umfasst 26 Backpacker in allen drei Landesteilen.
- **Christlicher Verein Junger Männer und Frauen (CEVI):** *Cevi-Schweiz,* Zentralsekreta-

riat, Sihlstraße 33, Postfach, 8021 Zürich, Tel. 01 21 32 040, www.cevi.ch.

- Der **Verband der christlichen Hotels** ist eine Vereinigung, die ebenfalls ein sehr gutes Preis-Leistungs-Verhältnis anbieten kann (teils ohne Alkoholausschank): VCH Schweiz, Geschäftsstelle, Hotel Seeblick, 6376 Emmetten, Tel. 041 62 44 141, www.vch.ch.

Rabatte kann man bei bestimmten Unterkünften, Autovermietungen etc. auch bekommen, wenn man im Besitz eines internationalen Studenten- (ISIC), Lehrer- (ITIC) oder Schülerausweises (IYTC) ist.

- **ISIC/ITIC/IYTC,** zum Kauf (10 € bzw. 20 SFr) geht man zum AStA, in ein Reisebüro oder zum Studentenwerk und muss Immatrikulationsbescheinigung bzw. Schüler- oder Lehrerausweis, Personalausweis und Passbild vorlegen. Den nächsten Verkaufspunkt findet man unter www.isic.org oder www.isic.de.

Bed & Breakfast

Die in manchen Ländern Europas sehr populären Bed & Breakfast-Betriebe haben sich in der Schweiz und auch im Tessin noch **nicht flächendeckend** durchgesetzt und entsprechen wohl auch nicht der zurückhaltenden Mentalität der meisten Schweizer. Da die meisten B & Bs nur über sehr wenige Zimmer verfügen, ist es kaum möglich, einen längeren Schweizaufenthalt zu planen, indem man sich ganz auf diese Unterkunftsform verlässt. Wer sich über das Gesamtangebot informieren will, benutze

Bosco Gurin im Valle Maggia

den B&B-Führer, der für das Tessin immerhin 23 Betriebe aufführt:

- **bnb,** *Cathy Renggli,* Route des Liddes 12, 3960 Sierre, Tel. 027 45 62 006, ISBN 3-9521512-5-2, www.bnb.ch.

Berghütten

Berghütten verfügen meist über **Gruppenlager** verschiedener Größe und in der Saison auch über ein beschränktes Verpflegungsangebot. Geführt werden die Betriebe von einer Hüttenwartin oder einem Hüttenwart, die während der Saison für das Wohl der Gäste sorgen und eine Sicherheitsfunktion erfüllen. Eine Übersicht der Berghütten und ihre Benutzungsmöglichkeiten erhält man über:

- **Schweizer Alpen-Club,** Monbijoustraße 61, Postfach, 3000 Bern 23, Tel. 031 37 01 818, www.sac-cas.ch.

Schlafen im Stroh

Mit dem Label „Schlafen im Stroh" verpflichten sich 250 Bauernhöfe zu einheitlichen Qualitäts- und Preisbedingungen für **Ferien auf dem Hof.** Erwachsene zahlen einheitlich sFr. 20 und Kinder sFr. 12 plus die örtliche Kurtaxe pro Übernachtung. Hinweise zu „Schlafen im Stroh" oder Camping auf dem Hof gibt es im Internet:

- www.abenteuer-stroh.ch
- **Bauernhofferien:** *Azienda agrituristica Piana-Seva,* Faido, Tel. 091 86 71 546.
- **Tipi-Camp** bei Cresciano, *Eurotrek,* Tel. 01 43 43 366, www.eurotrek.ch.

Camping

Praktisch jedes Gebiet in der Schweiz und auch im angrenzenden Ausland verfügt über geeignete Campingplätze mit unterschiedlichem Komfort, das Tessin allein ca. 50 Betriebe. Die Campingplätze sind in fünf Kategorien eingeteilt. Einige sind ganzjährig geöffnet und verfügen über die entsprechenden Einrichtungen, um in Tiefschnee und Eis zu campen. Manchmal gibt es eine beschränkte Anzahl von Schlafgelegenheiten für Gäste ohne Zelt, meist in Gruppenunterkünften. Der *Touring Club der Schweiz* TCS (das schweizerische Pendant zum ADAC) betreibt eigene Plätze. Das Campen außerhalb der offiziellen Plätze ist im Tessin verboten. In den Orts- und Regionenbeschreibungen sind die wichtigsten Plätze mit Adressen und Kontaktmöglichkeiten aufgeführt. Eine Übersicht über das Campingangebot erhält man unter:

- **www.camping.ch**
- **www.swisscamps.ch**
- **Touring Club Schweiz,** Chemin de Blandonnet 4, Postfach 820, 1214 Vernier/Genf, Tel. 022 41 72 727, www.tcs.ch.
- **Gratisbroschüre „Camping ticino":** *Ticino Turismo,* Tel. 091 82 57 056.

Verhaltenstipps

Sprache

Zeitweise fühlen sich die Tessiner als eine **Minderheit im eigenen Lande,** gibt es doch unter den etwa 315.000 Einwohnern 25,3 % Ausländer plus ca. 13% Schweizer aus anderen Kantonen, mehrheitlich Deutschschweizer. Dazu kommt in der Hochsaison eine große Anzahl von Feriengästen.

023te Foto: ns

Diesem Umstand trägt man als Tourist Rechnung, wenn man die Frage, ob der Gesprächspartner Deutsch spricht, erst einmal auf Italienisch stellt, soweit man einige Worte beherrscht. Die Antwort wird dann oft freundlicher klingen, als wenn man sein Bedürfnis gleich auf Deutsch anmeldet.

Nationalität

Zwischen **Tessinern** und **Italienern** besteht – wie oft zwischen Nachbarn – eine gewisse **Rivalität.** Es ist empfehlenswert, sich zu vergewissern, ob die Gesprächspartner Tessiner oder Italiener sind. Die Tessiner haben ein ausgeprägtes Gefühl für Eigenständigkeit und wollen nicht als „Fast-Italiener" behandelt werden, auch wenn sie in Milano studiert haben und in Italien einkaufen.

Das zeigt sich gerade auch bei Abstimmungen, die **Europafragen** berühren. Der Kanton Tessin stimmt meist mit den konservativen deutschschweizer Kantonen gegen europafreundliche Vorlagen. Man will sich gegenüber dem großen Nachbarn abgrenzen.

Ordnung und Sauberkeit

Im Unterschied zu gewissen Städten in der Deutschschweiz entspricht das Tessin noch dem Klischee der sauberen und ordentlichen Schweiz. Besucher sind eingeladen, dazu beizutragen, dass dies auch so bleibt.

Ein außerordentlicher Stadtrundgang in Sessa, Malcantone

024te Foto: tt

Land und Leute

025te Foto: tt

026te Foto: tt

Auf dem Jazz-Festival in Lugano

Altar der Chiesa
San Giovanni Battista in Mogno

Sala Capriasca

Geographie

Das Tessin liegt als einziger Schweizer Kanton ganz auf der **Alpensüdseite;** er dringt keilförmig in die Po-Ebene vor. Wie ein Riegel sperren die Alpen Südeuropa mit dem Tessin vom Norden und Westen Europas ab, am Gotthard öffnen sie den wichtigsten Übergang. Auch das „Wasserschloss" des Kontinents ist hier zu finden: Die Rhone fließt westwärts, Aare und Rhein nach Norden, die Flüsse des Tessins nach Süden in den Po.

Die Übergänge über den **Gotthard** (San Gottardo), aber auch über den **Lukmanierpass** (Lucomagno) und über den Nufenenpass ins Wallis werden schon seit Jahrhunderten von Soldaten, Händlern und Transporteuren, Pilgern und anderen Reisenden benutzt. Die Lage an den Alpenübergängen verlieh den Eidgenossen in Europa ihre handelspolitische Bedeutung. Sie nutzten sie geschickt. Die Verkehrslage hat die Entstehung des Bundes und seine Entwicklung bis auf den heutigen Tag entscheidend geprägt.

Der Kanton Tessin erstreckt sich in nordsüdlicher Richtung über knapp **100 Kilometer,** er macht **sieben Prozent der Gesamtfläche der Schweiz** aus. Im Osten und Norden grenzt das Tessin an die Kantone Graubünden, Uri und Wallis, im Süden an die norditalienischen Provinzen Piemont (westlich des Lago Maggiore) und die Lombardei (östlich des Lago Maggiore).

Das Tessin kann in **vier geographische Regionen** unterteilt werden: Bellinzona und die Täler des Nordtessins, die Region rund um den Luganer See, die Region Lago Maggiore und im Süden das Mendrisiotto. Daneben gibt es eine Zweiteilung des Tessins in eine nördliche Hälfte, das **Sopraceneri,** und eine südliche, das **Sottoceneri,** markiert durch den Pass des Monte Ceneri.

Der im Bedretto-Tal entspringende **Fluss** Tessin (Ticino) fließt in den Lago Maggiore. Im Südtessin ist der Luganer See mit dem Lago Maggiore durch die Tresa verbunden; zwischen den beiden Seen liegt der pittoreske Malcantone. Die beide großen Seen des Tessins sind in eine spektakuläre Landschaft eingebettet; die Wasserqualität hat sich in den letzten Jahren erfreulicherweise deutlich verbessert.

Das Image des Kantons entspricht nur zum Teil der Wirklichkeit: Im südlichen Teil, insbesondere an den beiden Seen Lago di Lugano und Lago Maggiore, finden die Besucher genau das **südländische Klima** und das Ambiente, das man sich nach dem Überqueren der Alpen verspricht. Der ganze nördliche Teil des Kantons ist jedoch **gebirgig,** zum Teil karg und schroff, eng in der Leventina und im Val Verzasca. Eher lieblich ist das Bleniotal und zum Teil das Tal der Maggia. Insgesamt bietet die Region eine **Vielfalt,** die erst nach mehrmaligem Bereisen einen Überblick erlaubt und die auch erfahrene Reisende immer wieder erstaunt und entzückt.

Blick auf die Laghi Vogorno und Maggiore von Mergoscia aus

Klima

Das Tessin und die norditalienischen Seen liegen auf der Alpensüdseite und öffnen sich gegen die Po-Ebene. Das grundsätzlich **gemäßigte Klima** wird dadurch begünstigt: Die kalten Strömungen aus dem Norden werden abgehalten, die feuchten, warmen Strömungen aus dem Süden verlangsamt. Infolge der Vielfalt der Landschaftsformen **variiert das Klima** jedoch beträchtlich. Von den subalpinen, milden Hängen an den Seen bis zu den arktisch-alpinen Bergflanken, Felsen und Gipfeln findet man eine ungewöhnlich vielfältige Flora und Fauna. Im Tessin sind auf engstem Raum alle Höhenlagen und Vegetationsformen der Schweiz anzutreffen.

Der **Nordföhn** ist ein vom Nordatlantik her über den Gotthard wehender Wind, der seine Feuchtigkeit über den Nordalpen ablagert und sich erwärmt, wenn er gegen Süden braust. Er bringt dem Tessin normalerweise schönes, trockenes Wetter und insgesamt die **größte Sonnenscheindauer** aller Schweizer Regionen. Die Anordnung der Täler (meist Nord-Süd) und die Gegensätze zwischen der Poebene und den Alpen begünstigen das Aufkommen von kräftigen Winden in Richtung Berg oder Tal. Starke Windböen werden auch durch die im Sommer recht häufigen **Gewitter** hervorgerufen. Einen negativen Einfluss auf

028te Foto: tt

Die Kastanie

Den Bergbauern des Tessins war der Kastanienbaum über lange Zeit fast heilig, ließen seine Früchte doch als wichtiges Grundnahrungsmittel die Dorfbewohner so manchen harten Winter überstehen. Auch Möbel, Geräte und Weinfässer wurden aus Kastanienholz hergestellt.

Mitte des 19. Jh. verlor die Kastanie als Grundnahrungsmittel an Bedeutung, nicht zuletzt, weil der Preis durch den Mais- und Kartoffelanbau sank. Unzählige bejahrte Bäume wurden in dieser Zeit gefällt, sie dienten als Brennholz oder wurden in Kohle verwandelt.

Die Edelkastanie *(Castanea sativa)*, die sich unter den Römern von Kleinasien bis an den Südalpenraum verbreitete, wird heute wieder sehr vielfältig genutzt, z.B. als **Selve** (italienisch *Selva)* für die Produktion ausgewählter Früchte. Die Bäume sind hier veredelte Kernwüchse, die genügend Abstand voneinander haben müssen. Die Selve ist arbeitsintensiv: Die Bäume müssen beschnitten, das Gras unter den Bäumen gemäht, die Kastanienigel und das Laub entfernt werden. Als Niederwald dient die Kastanie vor allem der **Holznutzung.** Hergestellt werden Pflöcke und Brennholz. Die Kastanienbäume werden ganz flach geschnitten, so dass die Stockausschläge beim Strunk gedeihen. Aus dem Baumstrunk wachsen bis zu 30 Triebe, die in einem Jahr eine Höhe von drei Metern erreichen können. Alle sechs bis 30 Jahre wird abgeholzt.

Der Kastanienbaum eignet sich aufgrund seiner Widerstandsfähigkeit im Allgemeinen gut als Nutzpflanze; sein hoher Tanningehalt bildet einen natürlichen Schutz gegen Fäulnis (das Tannin, Gerbsäure, wurde früher auch bei der Lederherstellung verwendet). Leider sind heutzutage zahlreiche Kastanien von einer Art Krebserkrankung befallen.

Es gibt viele **Kastanienbaumsorten** mit klingenden Namen wie Boniröö, Pirenei, Magreta oder San Michele. Manche sind besonders süß, andere sind gut für das Dörren und Kochen in Salzwasser oder

Milch geeignet, wieder andere werden am besten zu Kastanienmehl verarbeitet. Aus diesem werden Brot, Fladen und Torten gebacken. Mit geschlagenem Rahm sind Kastanien ein Kinderschmaus.

In kleinen, einfachen Dörrspeichern, im Tessin Grà genannt, werden die Kastanien **haltbar gemacht.** Diese Speicher bestehen aus zwei Räumen, unten ist der Ofen, darüber der Lagerraum mit einem Holzgitterboden. Das Ganze ist so konstruiert, dass die Kastanien nicht durchfallen, Rauch und Hitze aber aufsteigen können. Nach drei oder vier Wochen sind die Kastanien gedörrt und geräuchert. Mittels eines biegsamen Holzsteckens mit spitzen Kanten werden sie am Boden oder auf einem Holzblock in schmalen, groben Leinsäcken geschlagen, bis die Schalen aufspringen.

Die Kastanie gewinnt heute weiter an Boden, sie erobert im Winter zunehmend die **Küche** der Deutschschweiz. Im Appenzell wird Bier aus Kastanien gebraut, im Puschlav erinnert der Kastanienlikör an Whiskey. Nicht nur dem Wanderer bieten Kastanienwälder Schutz, sie sind auch bei Fledermäusen, Bienen und Hasen beliebt. Viele Touristen bücken sich im Herbst nach den beliebten Früchten. Was ist an einem grauen Novembertag schöner, als im Kamin Kastanien zu rösten? Steht jedoch ein Verbotsschild im Wald (etwa „Divieto di raccolta" oder „Questa selva castanile è gestia dal suo proprietario"), dürfen vor einem amtlich von Jahr zu Jahr neu festgelegten Termin im November keine Kastanien aufgelesen werden. Auskunft geben die lokalen Touristenbüros, die auch über Veranstaltungen rund um die Kastanie (wie etwa die Sagra della Castagna) informieren.

- **Informationen:** www.ti.ch/forestali
- **Kastanienverkauf, Produkte aus Kastanien:** Orticoltura Mondino SA, Via Mondino 12, Muzzano, Tel. 091 99 45 980; *Marco Beghelli,* Orti-Frutticoltura, Iragna, Tel. 091 86 23 267; *Paolo Bassetti,* „Al Contadino" in Camorino, Tel. 079 20 46 990.

das Klima übt manchmal der vom Industriegebiet Mailand bis ins Südtessin hinauf sich festsetzende **Smog** aus. Das Südtessin liegt dann unter einer Dunstglocke, die sich nur langsam auflöst. Normalerweise findet man aber im Tessin Wetterlagen, die bezüglich Klarheit, Kontrast- und Farbenreichtum der Landschaft Postkartenqualität verleihen.

Grob lassen sich folgende **klimatische Regionen** unterscheiden:

- Regionen mit dem **Klima der Po-Ebene** (ebene Flächen im Mendrisiotto);
- Regionen mit so genanntem **insubrischen Klima** (um den Lago Maggiore und den Luganer See bis zu einer Höhe von etwa 400 m ü.NN; trockene, sonnige Winter, oft ausgiebige Schneefälle, starke Niederschläge im Frühjahr und Herbst, ausgeglichene Temperatur);
- Regionen mit **Hügelklima** (bis 800–1000 m ü.NN);
- Regionen mit **Bergklima** (1000 bis 2000 m ü.NN);
- Regionen mit **alpinem Klima** (über 2000 m ü.NN).

Flora und Fauna

Pflanzenwelt

Das Tessin ist der Schweizer Kanton mit der dichtesten und üppigsten Vegetation. Die Flora ist **mediterran;** so wachsen hier Kamelien, Magnolien, Azaleen, aber auch Palmen, Mimosen, Orangen- und Zitronenbäume. Ebenfalls häufig sind Merlot-Reben, die aus dem Bordeauxgebiet importiert wurden. In den Seiten- und Alpentälern wachsen Kastanien- und Nussbäume sowie Buchen, Eichen und Nadelbäume in den alpinen Regionen.

Ausrichtung, Sonneneinstrahlung, Windverhältnisse, aber auch Höhenlage und Beschaffenheit des Untergrunds beeinflussen die anzutreffende Flora. Alle Stufen der Vegetation mit den entsprechenden Arten sind anzutreffen: Die **Hügelstufe** bis 900 m über dem Meeresspiegel ist bedeckt von Laubwald, Kastanien (auf eher sauren Böden), Ulmen, Hagebuchen, aber auch Eiben, Stechpalmen, Efeu und Besenheide, Lorbeer und Zistrose aus dem subatlantisch-mediterranen Raum; Letztere wächst an sonnigen, schlecht zugänglichen Südhängen im Sopraceneri, mit großen Kronen weißer Blüten, die nur einen Tag lang halten. Hier wird Wein-, aber auch Getreideanbau betrieben, es gibt Obstbäume und Gemüsezucht. Die **Edelkastanie,** von den Römern eingeführt, bestimmt das Bild; sie feiert gegenwärtig eine Renaissance als Nutzpflanze (vgl. Exkurs „Die Kastanie"). Man trifft auf Kastanienbäume, die mehrere hundert Jahre alt sind.

In der **Bergzone** von 900 m bis ca. 1700 m ü.NN findet man Laub- und Nadelwald mit Rotbuche, Linde, Bergahorn, Edeltanne und Fichte, Vogelbeerbaum, aber auch Alpenerle und Felsenmispel aus Mittel- und Südeuropa. In diesen Höhenlagen sind die letzten Dörfer angesiedelt.

In der **subalpinen Stufe** (ca. 1700 bis 2000 m ü.NN) bis zur Grenze der Nadelbäume findet man Lärchen, Zirbelkiefern (Arven), Espen, Hängebirken, Zwergwacholder und bewimperte Alpenrosen (auf kalkarmen Böden) bzw. rostblättrige Alpenrosen (auf kalkhaltigen Böden).

Die **alpine Stufe** bis zu den Grenzen der Magerwiesen reichen bis 2900 Meter Höhe. Hier findet man noch die Stumpfblättrige Weide, Blaugras, Segge, Alpenazalee, Silberwurz und Polsternelke. Über 3000 m ü. NN nimmt die Zahl der Pflanzenarten merklich ab und reduziert sich auf wenige Pionierpflanzen.

Tierwelt

Die Tierwelt des Tessins und des Lago-Maggiore-Gebiets unterscheidet sich wenig von derjenigen des restlichen Mitteleuropas. Unter den **Säugetieren** sind Gämsen und Murmeltiere sowie Fledermäuse leider eher selten, Füchse, Rehe, Hirsche und Wildschweine etwas häufiger als früher. **Reptilien und Amphibien** fühlen sich im hiesigen Klima heimisch, man findet Frösche, Salamander, Mauer- und Smaragdeidechsen, aber auch Blindschleichen, Nattern und die giftigen Kreuzottern und Aspisvipern.

Unter den einheimischen **Fischen** findet man in den langsam wieder gesundenden Seen wieder Forellen, Barsche, Hechte, Karpfen, Felchen, Salme, Schleien und Aale.

Im **Val Grande Nationalpark** im Hinterland des italienischen Teils des Lago Maggiore, aber auch in den kleineren Parks in den **Ossolatälern** und in den **Berggegenden** des Tessins findet man diese Fauna in ihrer natürlichen Umgebung.

Geschichte

Romanisierung und frühes Christentum

Ausgrabungen zeigen, dass das Tessin schon in prähistorischen Zeiten besiedelt war. Die Bevölkerung gehörte zum **Stamm der Lepontier,** der später unter keltischen und italienischen Einfluss geriet. Eine militärische Invasion durch die Römer blieb zwar aus, gegen Ende des 1. Jh. v. Chr. war das Tessin aber dennoch **romanisiert.** Nach der Blütezeit des Römischen Reiches ließen sich Völker aus der Po-Ebene in den Voralpen nieder und bildeten römische Zentren.

Die ersten Spuren des **Christentums** gehen auf das späte 4. Jh. zurück, die ersten Pfarrkirchen entstanden im 5. Jh. Die Taufkapelle von Riva San Vitale ist einer der ältesten erhaltenen Sakralbauten der Schweiz. Nach dem Zerfall des Römischen Reiches wurde das Tessin von Goten und Byzantinern erobert und im 6. Jh. ins **Langobardenreich** eingegliedert, dessen Hauptstadt Pavia war.

Unter dem Einfluss von Como und Mailand

Mailändische Chorherren übten im Val Blenio und in der Leventina die Herrschaft aus. Im Sottoceneri gelang es kirchlichen Institutionen nach dem Niedergang der Langobarden, Territorialherrschaften zu errichten. Die Gemeinde Como und die Stadt Mailand kämpften um die Vorherrschaft im Tessin. 1335 erlangte **Mailand,** wo die Familie der *Visconti* herrschte, den Sieg über Como. Mailand wurde Hauptstadt eines Staates, der sich in der zweiten Hälfte des 14. Jh. über einen großen Teil Norditaliens erstreckte. Bellinzona wurde 1340, Locarno 1342 erobert, Blenio und die Leventina fielen 1344 in die Hände der Mailänder.

Die *Visconti* und die *Sforza* verpachteten in der Folge ihre Gebiete im Tessin (mit Ausnahme von Bellinzona) an verschiedene Adelsfamilien.

Die Landvogteien der Eidgenossen

Aus dem Bund der Waldstätte am Vierwaldstätter See nördlich des Gotthards entstand 1291 die **Eidgenossenschaft,** welche rasch an Bedeutung gewann und sich auch für die Gebiete südlich des Gotthards zu interessieren begann. Die Eidgenossen besetzten nach dem Tod des Herzogs *Gian Galeazzo Visconti* zum ersten Mal die Leventina und Bellinzona. In den ersten Jahren des 16. Jh. eroberten sie auch Chiavenna und Domodossola. Kurze Zeit beherrschten sie Mailand. Nach der Schlacht bei Marignano (1515) mussten sie die Lombardei an Frankreich abtreten. Sie verzichteten aber nicht auf die für ihre Handelsinteressen bedeutenden Alpenzugänge.

Das Tessin wurde in **acht Landvogteien** eingeteilt. Die Landvögte waren Herrscher und Richter, respektierten aber die gegebene Ordnung. Jede

Landvogtei war ein autonomes Gebiet mit eigenen Satzungen, Versammlungen und sogar eigenen Gewichts- und Maßeinheiten.

Während der **Reformation** blieb das Tessin wie Uri katholisch. Nur in Locarno konnte das Gedankengut der Reformation bei wohlhabenden Familien Einzug halten. Dies beunruhigte die katholischen Kantone. Die Reformierten von Locarno wurden zum Exodus nach Zürich gezwungen.

Die Untertanen blieben im 17. Jh. von den verheerenden Kriegen ihrer lombardischen Nachbarn verschont und unterlagen auch nicht dem habgierigen spanischen Steuersystem. Sie konnten ihr Vieh in die Lombardei exportieren und sich mit Getreide und Meersalz versorgen.

Obschon die Urner und die anderen Eidgenossen für sich selbst die Früchte der Freiheit zu schätzen wussten, waren sie nicht bereit, diese auch ihren Untertanengebieten südlich der Alpen zu gewähren. Als die Bewohner der Leventina Mitte des 18. Jh. eine beschränkte **Verwaltungsfreiheit** forderten, marschierten die Urner ein, zwangen die Leventiner zu einem demütigenden Treueschwur und enthaupteten die mutmaßlichen Rädelsführer (vgl. Exkurs „Aufstand der Leventiner" im Kap. „Das nördliche Tessin").

Das Tessin unter Napoleon Bonaparte

Die Armeen der **Französischen Revolution** machten der Herrschaft der Eidgenossen ein halbes Jahrhundert später ein Ende. 1796 wurde *General Napoleon Bonaparte* beauftragt, die Revolution nach Italien zu bringen und Österreich anzugreifen. Er marschierte in die Lombardei ein, wo er die Cisalpinische Republik gründete. In den eidgenössisch beherrschten Vogteien bildete sich eine kleine Gruppe, die die Revolution bewunderte und propagierte. Diese so genannten **Jakobiner** planten ein Komplott, um den Anschluss an die Cisalpinische Republik zu erreichen. Die Bevölkerung der Talschaften stand aber diesen Ideen eher feindlich gegenüber. Der Atheismus der Revolution war ihnen fremd, und sie waren wegen der durch die Besatzung entstandenen Versorgungsengpässe verärgert. Zudem war die Herrschaft der Eidgenossen offenbar gar nicht so unbeliebt, weniger verhasst zumindest als die Herrschaftsgelüste aus dem Süden. Am 15. Februar 1798 wurden cisalpinische Verbände und ihre Luganer Sympathisanten beim Versuch, die Stadt einzunehmen, von lokalen Truppenverbänden vertrieben. Die Franzosen brachten zwar die alte Eidgenossenschaft zu Fall, das Tessin wurde aber nicht Teil der Cisalpinischen Republik. Es gehörte fortan zur neu gegründeten **Helvetischen Republik** und bildete mit den Kantonen Bellinzona und Lugano zwei Verwaltungskreise.

Doch die Bewohner der beiden neuen Kantone standen auch diesem zentralistischen System feindlich gegenüber. Die Helvetische Republik verfiel in Chaos und Bürgerkrieg, bis sich *Napoleon* als Mediator einschaltete. Mit der so genannten **Mediationsakte** entstand eine neue Eidgenossenschaft mit 19 relativ **autonomen Kantonen,** unter anderem der Kanton Tessin mit der Hauptstadt Bellinzona. Seinen Namen erhielt das Tessin in Anlehnung an seinen Hauptfluss. Am 20. Mai 1803 nahmen die ersten Verfassungsbehörden ihre Tätigkeit auf: ein Großer Rat mit 110 Abgeordneten, aus dem eine neunköpfige Regierung gewählt wurde. Die Integrität des Kantons war gefährdet, da der zum Kaiser gekrönte *Napoleon* die Cisalpinische Republik in das Königreich Italien umwandelte, welches er mit Teilen des Tessins zu vergrößern gedachte. Der russische Feldzug zwang den Kaiser aber, die Besatzungstruppen zurückzuziehen; dies rettete das Tessin.

Der Gegensatz zwischen Liberalen und Konservativen

1813 brach das Mediationssystem zusammen. Ende 1814 gab sich das Tessin eine **Verfassung.** Die neue Regierung durch „Landammänner" war autoritär wie in den meisten anderen Kantonen der Schweiz während der so genannten **Restaurationszeit.** Liberale Ideen gewannen jedoch an Kraft. 1829 veröffentlichte der junge *Stefano Franscini* eine Schrift, welche die Untaten der Regierung anprangerte. Die Wirkung der Publikation war immens: Die Regierung wurde durch das aufgebrachte Volk abgesetzt, 1830 wurde eine liberale Verfassung angenommen. Es entstanden **zwei politische Strömungen:** jene der reinen Liberalen (radicali) und jene der Gemäßigten (oder, wie man später sagte, der Konservativen). Die Gemäßigten hatten die öffentliche Moral und die Bewahrung der katholischen Religion zum Ziel, sie pflegten die Beziehungen zu Österreich und die lokale Autonomie. Die Liberalen, die 1839 nach einem Umsturz an die Macht gelangten, strebten einen zentralisierten, säkularen Staat, das allgemeine Wahl- und Stimmrecht und die Unantastbarkeit des Asylrechts an, und sie unterstützten die in Norditalien zur selben Zeit erstarkte Bewegung des *Risorgimento* unter *Giuseppe Garibaldi.* Der Gegensatz ließ sich nicht überwinden. Blutige Unruhen und Aufstände folgten im Wechsel, und 1875 mussten gar eidgenössische Truppen Lugano besetzen, das zu diesem Zeitpunkt Sitz der Regierung war. Der Gegensatz hatte auch eine geographische Entsprechung: Die Konservativen waren in den Bergen des Nordtessins stark, die Liberalen in den Zentren des Sottoceneri. Mehr als einmal gab es Bestrebungen, zwei getrennte Kantone zu bilden. Bis heute bleibt ein Gegensatz zwischen Sottoceneri und Sopraceneri spürbar. Die Liberalen pflegten das öffentliche Bildungswesen, gründeten Departemente, um Ordnung in die Verwaltung zu bringen, führten Justizreformen durch und reorganisierten Gemeinden, unterstellten die Kirche dem Staat und führten die direkte Steuer ein. 1875 gelangten die Konservativen an die Macht; sie gaben der Kirche Freiheiten zurück, veränderten das Schulwesen und führten die direkte Demokratie ein, z.B. das Referendum, die Volksinitiative und die Gesetzesinitiative. Sie führten die geheime Abstimmung ein und legten die Hauptstadt fest, natürlich „ihr" Bellinzona" im Sopraceneri. Um den Tessinern beizubringen, gemeinsam zu regieren, führte Bern das **Proporzwahlsystem** ein, welches die Parteien in der Folge zur Zusammenarbeit zwang, die Entstehung von neuen politischen Gruppierungen förderte und die Ära der Umstürze und der Gewalt schließlich beendete.

Das Tessin im 20. Jahrhundert

Das Tessin war damals noch das „Armenhaus" der Schweiz und blieb es bis nach dem Zweiten Weltkrieg. In den Jahren zwischen den beiden Weltkriegen prägte noch ständige politische Unruhe das öffentliche Leben, unterdessen ergänzt um die wachsende **Arbeiterbewegung.**

Mit dem Bau der Gotthardbahn war das Tessin endlich an Nordeuropa und den Rest der Schweiz angeschlossen und begann sich auch wirtschaftlich zu integrieren. Der **Fremdenverkehr** erlangte Bedeutung.

Der in Italien erstarkende **Faschismus** fand zwar auch im Tessin seine Sympathisanten, rechtsextreme Bewegungen konnten in den 30er Jahren des 20. Jh. aber doch nur wenige Stimmen auf sich vereinen; zu sehr schätzte man unterdessen die Vorteile des föderalistischen und direktdemokratischen Systems.

In der **Nachkriegszeit** verbündeten sich Liberale und Sozialdemokraten für die Dauer von zwanzig Jahren. 1969 erhielten **Frauen** endlich auf Kantonsebene das Stimm- und Wahlrecht.

Im letzten Drittel des 20. Jahrhunderts etablierte sich im Tessin wie im nahen lombardischen und piemontesischen Norditalien eine **rechts-reaktionäre Bewegung** ganz eigener Art, die **Lega,** hier *Lega dei Ticinesi* genannt. Sie verband sich politisch mit den konservativen Kräften der deutschen Schweiz und trug dazu bei, dass der Kanton Tessin im Allgemeinen bei Abstimmungen und Wahlen eher wie die konservativen und europaskeptischen bis -feindlichen Kantone der Ost- und Zentralschweiz stimmt und nicht wie die eher progressiven und europafreundlichen französischsprachigen Kantone, die Kantone der Westschweiz und die großen Städte. Der alte **Konflikt zwischen Liberalen und Konservativen** bestimmt deshalb in neuer Form die politische Auseinandersetzung im Tessin.

Wirtschaft

Zu Beginn des 19. Jh. wurden im Kanton Tessin neben oft kärglicher Berglandwirtschaft, Forstwirtschaft und Weinbau nur **wenige handwerkliche Tätigkeiten** wie die Verarbeitung von Marmor, Tabak, Stroh, die Produktion von Ziegelsteinen, das Gerben von Fellen und die Seidenraupenzucht ausgeübt.

Viele Tessiner waren zur (zumindest saisonalen) **Auswanderung** gezwungen. Mitte des 19. Jh. führten politische Spannungen mit Österreich zudem zum Abbruch der Beziehungen mit der Lombardei; ca. 6000 Tessiner wurden ausgewiesen, man war noch isolierter als zuvor. Erst die Eröffnung des Gotthard-Bahntunnels setzte der **Isolation** des Tessins ein Ende.

Im Tessin entwickelten sich eine bedeutende Bekleidungsindustrie, Lebensmittelproduktionsanlagen und Tabakfabriken. Auch der Tourismus und die Energiewirtschaft (Wasserkraftwerke) begannen sich zu entwickeln. Der **Fortschritt** war aufgrund des kleinen Absatzmarktes und von Finanzierungsproblemen noch gering; noch in den 1950er Jahren wurde das Tessin von den anderen Schweizer Kantonen wegen seiner **Armut** bemitleidet.

Der eigentliche wirtschaftliche und demographische **Boom** begann erst nach dem Zweiten Weltkrieg. Die **Energieproduktion** und der **Tourismus** verschafften dem Tessin einen enormen Aufschwung. Die Emigration konnte gestoppt werden, der Kanton wurde Immigrationsgebiet und bot Tausenden von Grenzgängern Arbeit. Von 1946 bis zum Beginn der 1990er Jahre wuchs das Bruttosozialprodukt beträchtlich. Der Kanton gehört heute trotz des großen Berggebiets und trotz Tourismuskrise zu den mittelstarken Kantonen der Schweiz, der Sottoceneri gehört zu den wirtschaftsstärksten Regionen des Landes.

Die **vorherrschenden Wirtschaftszweige** sind neben dem Tourismus das Bauwesen sowie das Bank- und Finanzgeschäft. Die Entwicklung brachte dem Tessin nicht nur materiellen Wohlstand, sondern auch **Probleme** wie eine gewaltige Zunahme des Verkehrs und eine zum Teil leider an Norditalien erinnernde wuchernde Zersiedelung der Landschaft mit beliebiger bis hässlicher Architektur.

Zu Beginn der 1990er Jahre begann im Kanton Tessin eine **wirtschaftliche Rezessionsphase,** die Teil eines weltweiten Phänomens ist; sie traf im Tessin die wichtigen Tourismus- und Textilbereiche der Wirtschaft nachhaltig und konnte noch nicht überwunden werden. Die **Arbeitslosigkeit** im Tessin ist höher als im Landesdurchschnitt. Dies trifft jedoch nicht nur die Tessiner, sondern auch die Arbeitnehmer in den angrenzenden italienischen Städten, die bislang von den attraktiven Arbeitsplätzen im Hochlohnland Schweiz profitierten.

Das Tessin muss sich wieder einmal neu orientieren. Mit den neuen Verbindungen durch den Gotthard (Basistunnel) wird die **Anbindung an die übrige Schweiz** und an **Nordeuropa** noch einmal verbessert, die alte Transitfunktion des Tessins soll so in neuer Form wiederaufleben.

Staat und Verwaltung

Der Föderalismus und eine hohe Gemeindeautonomie sind in der schweizerischen Gesellschaft seit Jahrhunderten verankert, die Schweizer haben sie, mehr noch als die berühmte Neutralität, geradezu verinnerlicht. Dies gilt auch für das Tessin. Das System ist zugleich Garant der Funktionsweise einer hochkomplexen, multikulturellen Gesellschaft sowie sehr oft auch, besonders in einer schnelllebigen Zeit wie der unsrigen, Hindernis und zugleich Förderer des Fortschritts.

Föderalismus heißt, dass alles „von unten nach oben" organisiert ist. Die Schweizer sind zuerst Gemeindebürger, dann Kantonsbürger, dann Schweizer. Man empfindet entsprechend, und das erste Interesse gilt traditionell der Gemeinde, danach kommt der Kanton und dann erst das Land.

Das **Steuersystem** ist entsprechend gestaltet. Die Gemeinde erhebt Gemeindesteuern, der Kanton Staatssteuern, der Bund Bundessteuern. Dafür füllen die Schweizer drei verschiedene Steuererklärungen (oder zumindest drei verschiedene Rubriken in der Steuererklärung) aus.

Diese Philosophie geht grundsätzlich davon aus, dass man nach oben delegiert, nicht nach unten. Dem Kanton bleibt zu tun, was die Gemeinden nicht können, dem Bund, was die Kantone nicht können. Das bedeutet z.B., dass es in der Schweiz nach wie vor keinen Bildungsminister gibt, sondern 26 solcher Minister auf kantonaler Ebene. Die etwa 2900 Gemeinden genießen nach wie vor eine beträchtliche Autonomie, sie sind nicht bloß administrative Einheiten, wie in vielen Führern beschrieben, sondern die Urzelle des demokratischen Systems der Schweiz.

Zwei weitere **politische Prinzipien,** die tief verankert sind und die man kennen muss, um die Schweiz zu verstehen, sind das Kollegialitätsprinzip und das Vernehmlassungsprinzip.

Gemäß dem **Kollegialitätsprinzip** gibt es in den meisten Exekutiven keine Chefs, sondern nur einen (oder eine) *Primus inter Pares* (Ersten unter Gleichen). Es gibt keinen Ministerpräsidenten, sondern Bundesräte, und der Bundespräsident wechselt jedes Jahr. Es gibt Regierungsräte und Staatsräte, aber keine Landes- oder Kantonsministerpräsidenten (in einigen Kantonen zwar einen Landammann/eine Frau Landammann (!), aber auch die geben ihr Amt nach einem Jahr weiter). Der Bundesrat und die kantonalen Exekutiven entscheiden grundsätzlich nach dem Mehrheitsprinzip. Es entscheidet der Bundesrat, die Kantonsregierung als Ganzes, nicht ein einzelnes Mitglied. Dieses Prinzip der Kollegialität, der Absprache, des Austarierens der Interessen, wird ergänzt durch die Vernehmlassung.

In der **Vernehmlassung** wird jede politische Veränderung, jedes neue Gesetz, alle neuen Verordnungen vor der eigentlichen Beschlussfassung durch einen Prozess auf breiter Ebene ausdiskutiert, in dem erwogen wird, welche Interessenvertreter und welche Gruppierungen was zu diesem neuen Vorschlag zu sagen haben und wie die Sache allenfalls abzuändern wäre, bevor man (Parlament oder Volk) es dann wirklich beschließt.

Ein Vernehmlassungsprozess dauert im Allgemeinen mehrere Monate. Oft wird ein neuer Vorschlag zurückgezogen, weil man bereits in der Vernehmlassung merkt, dass er keine politische Chance hat. Radikalere Vorschläge haben es deshalb in der Schweiz schwer.

Zum Ausgleichen der verschiedenen kulturellen Interessen hat man ein kompliziertes System gefunden, das z.B. Initiativen nicht nur einem so genannten **Volksmehr** unterstellt, sondern auch einem **Ständemehr** (nach der alten Bezeichnung „Stände" für „Kantone"). Gefordert ist also nicht nur eine Mehrheit der Stimmen, sondern auch eine Mehrheit der Kantone, damit Initiativen in Kraft treten. Die großen Kantone (Zürich, Bern, Waadt) sollen die kleinen nicht majorisieren, die Reformierten die Katholiken oder die Deutschschweizer die Romands und Tessiner nicht überstimmen. Meist ist es aber so, dass die eher konservativen Kräfte die fortschrittlichen majorisieren.

Trotzdem funktioniert das System. Wenn in der Schweiz eine Neuerung den komplizierten Weg geschafft hat, ist ein Konsens vorhanden. Neuerungen brauchen oft mehrere Anläufe. Der Föderalismus wirkt manchmal als Bremse, oft jedoch auch als **Plattform für Experimente.** Es gibt immer wieder fortschrittliche Lösungen, etwa auf dem Erziehungssektor, in der Drogen-, Gesundheits- oder Asylpolitik, wo ein fortschrittlicher Kanton oder eine fortschrittliche Gemeinde einen neuen Weg einschlägt und die anderen Kantone bzw. Gemeinden interessiert zuschauen. Klappt es, so werden die Fortschrittlichen kopiert, der neue Weg wird zum Standard auf Bundesebene.

Die Schweiz hat die fortschrittlichste Drogenpolitik in Europa. Die ökologische Verkehrspolitik der Schweiz wird heute von den Nachbarn nicht mehr belächelt. Aber auch das Nein der Schweiz zum **Europäischen Wirtschaftsraum** EWR 1991 kommt aus derselben Küche. Politische Systeme haben eben ihre Vor- und Nachteile.

26 Kantone hat die Schweiz, sechs davon aus historischen Gründen so genannte „Halbkantone", d.h. sie entsenden nur je einen Vertreter statt zwei in den Ständerat, die zweite Kammer des eidgenössischen Parlaments. Diese Kammer zählt deshalb 46 Mitglieder, sie ist der anderen Kammer, dem Nationalrat, gleichgestellt. Der **Nationalrat,** die Volksvertretung, zählt 200 Mitglieder. Er wird proportional zur Stärke der Parteien in den Kantonen gebildet.

Die Schweiz ist eine **Referendumsdemokratie,** d.h. das Volk hat durch Initiative und Referendum direkten Einfluss auf Verfassung und Gesetzgebung. Die Schweizer machen normalerweise vier- bis fünfmal pro Jahr von diesen Rechten auf nationaler, kantonaler und Gemeindeebene Gebrauch. Die Stimmbeteiligung beträgt je nach Vorlage zwischen knapp dreißig und sechzig Prozent.

Vieles ist **kantonal unterschiedlich** geregelt. So sind im Kanton Jura Ausländer passiv und aktiv wahlberechtigt. In einigen Kantonen sind Kirche und Staat strikt getrennt, in anderen gibt es noch so genannte Staatskirchen. Welche Glaubensgemeinschaften staatlich anerkannt sind, ist von Kanton zu Kanton verschieden.

Dass jeder Schweizer sein Gewehr zu Hause hat, stimmt unterdessen nicht mehr, sondern gehört wie Tell zu den Mythen der Schweiz: Man wird im **Milizheer Schweiz** heute viel früher entlassen. Nicht jeder Schweizer ist ein begeisterter Schütze, wie es noch *Gottfried Keller* im „Fähnlein der sieben Aufrechten" beschrieb. Viele Schweizer geben das Gewehr nach Ableistung der Dienstpflicht an das Zeughaus zurück. Trotzdem ist am Wehrwillen der Schweizer wohl kaum zu zweifeln. Nachdem eine erste Armeeabschaffungsinitiative zu Beginn der 1990er Jahre sensationelle 40% Ja-Stimmen erhielt, gab es bei der wiederholten Abstimmung im Herbst 2001 nur noch 20% Armeegegner.

Politik im Tessin und in Norditalien

Der Kanton Tessin ist bezüglich der meisten dieser Eigenschaften **typisch schweizerisch,** ja, er steigert einige dieser Eigenschaften gegenüber dem Durchschnitt der Schweiz noch um eine Stufe (z.B. die Gemeindeautonomie). Einige wenige Besonderheiten erinnern aber doch an die Nachbarschaft zu **Italien:** So gibt es im Tessin, wie in den benachbarten italienischen Nordprovinzen, neben den nationalen Parteien noch die typische **Lega;** diese heißt im Tessin *Lega dei Ticinesi* und politisiert weit rechts und partikularistisch.

In der **Lombardei** und im **Piemont** sind die rechts stehenden Parteien (mit Ausnahme der Großstädte) meist in der Mehrheit, die rechts-föderalistisch politisierende *Lega Nord* des Arztes *Umberto Bossi* stammt aus der Gegend des Lago Maggiore und hat dort eine starke Wählerschaft. In einigen Köpfen geht dies bis zu sezessionistischen Gelüsten nach einer **unabhängigen Republik Padanien;** der Ruf hiernach ist im Gebiet des Lago Maggiore etwa immer wieder als Graffiti zu finden.

Sprache

Das Tessin umfasst den **italienischsprachigen Teil der Schweiz.** Die Tessiner sind sehr sprachgewandt und sprechen meist neben ihrem lombardischen Dialekt und Italienisch Deutsch, Schweizerdeutsch und Französisch (viele Tessiner haben ihr Studium, ihre Lehrjahre oder den Militärdienst im deutsch- oder französischsprachigen Teil der Schweiz verbracht).

Im Unterschied zur französischsprachigen Minderheit in der Romandie spürt man nur selten starke **Abgrenzungsbedürfnisse** gegenüber den Deutschschweizern oder Deutschen. Man akzeptiert den Gast und seine Sprache und wechselt ohne Probleme ins fremde Idiom, oft sogar, wenn die Gäste eigentlich ganz gern ihre italienischen Sprachkenntnisse praktizieren möchten.

Im dritten bis siebten Schuljahr steht heutzutage im Tessin die **zweite Lan-**

dessprache Französisch und als weitere Fremdsprache ab dem siebten Schuljahr **Deutsch** obligatorisch auf jedem Lehrplan. Ab dem achten Schuljahr folgt als dritte Fremdsprache **Englisch.**

Verhaltenstipps

Im Tessin hat man oft geradezu Mühe, sein Schulitalienisch verwenden zu können, weil fast jeder zweite „Tessiner" aus Deutschland oder der Deutschschweiz stammt und sich die „echten" Tessiner darauf eingestellt haben, mit Gästen **in deutscher Sprache** zu kommunizieren. Trotzdem ist es empfehlenswert, auch bei ungenügenden Italienischkenntnissen zumindest den Versuch zu machen, Einheimische in ihrer Muttersprache anzusprechen, sie zumindest zu fragen, ob sie Deutsch sprechen. Dies wird als höflich empfunden und als Zeichen der **Achtung vor ihrer Kultur und Identität.**

Auf der italienischen Seite des Lago Maggiore ist die Situation ähnlich, es sind aber sicher weniger Leute anzutreffen, die gut Deutsch sprechen, auch weil ein Teil der hier Ansässigen gar nicht in der Region aufgewachsen ist, sondern in einem südlicheren Gebiet Italiens.

Einige wichtige Wörter und Sätze auf Italienisch sind im **Anhang** dieses Buches aufgelistet.

Architektur und Malerei

Jede Strömung, die in der europäischen Baukultur von Bedeutung ist, hat im Tessin ihre typischen Beispiele. Zwar fehlt es in der Schweiz ganz allgemein an grandiosen Baudenkmälern, wie sie allmächtige Herrscher planten und finanzierten oder wie sie in Millionenstädten üblich sind. Fast 200 Jahre Frieden bewahrten jedoch andererseits wertvolles Kulturgut vor der Zerstörung. Die Anzahl interessanter Kulturobjekte aus allen Epochen ist – besonders auch in ländlichen Gebieten – überdurchschnittlich groß. In der Schweiz weisen noch ganze Städte und Dörfer ein geschlossenes Siedlungsbild auf, was einen Eindruck vom Leben in alter Zeit vermittelt. Bern, von der UNESCO als „Kulturelles Erbe der Menschheit" ausgezeichnet, ist nur ein Beispiel von vielen.

Epochen und Bauten

Schon aus der **Steinzeit** sind Geräte und zum Beispiel ein Brennofen als frühe Zeugnisse der einheimischen Kultur vorhanden, frühe Spuren weisen auf die Besiedelung schon 4000 Jahre v. Chr. hin.

Die **Römer** besiegten dann die einheimischen Gallier bei Bellinzona und Como und wurden zur beherrschenden Kultur. **Gräber** (z.B. im Centovalli, bei Locarno und Ronco) bezeugen diesen Einfluss ebenso wie die heute noch praktizierte **Ziegelbauweise** im Südtessin. Das beeindruckendste Baudenkmal aus römischer Zeit ist das

029te Foto: tt

Neue Tessiner Architektur

Vor dreißig Jahren, in einer „Tendenzen" genannten Ausstellung an der Eidgenössischen Technischen Hochschule in Zürich, zeigte eine Reihe junger Architekten aus dem Tessin ihre Werke. *Mario Botta, Aurelio Galfetti, Luigi Snozzi* und einige andere erregten hier großes Aufsehen; sie wurden bald zu weltweit gefragten Vertretern der **„Tessiner Schule"**, welche als richtungsweisend für innovative und anspruchsvolle moderne Architektur galt.

Ein von Mario Botta entworfenes Wohnhaus in Ligornetto

Die neue Tessiner Schule greift die **Tradition ihrer großen Vorgänger** seit der Renaissance und danach auf: *Domenico Fontana,* der den Quirinalspalast und die Vatikanische Bibliothek in Rom erbaute, sein Neffe *Carlo* und *Stefano Maderno,* die in Rom Kirchen bauten, *Domenico Andrea Trezzini,* der das Stadtbild von Kopenhagen und St. Petersburg maßgeblich gestaltete, oder der berühmte *Francesco Borromini* aus Bissone, der Kirchenbauer Roms aus der Barockzeit. Die neuen Architekten nahmen die Formen- und Farbsprache der alten lombardisch-tessinischen Vorbilder auf und entwickelten mit der Zeit einen eigenen einfachen und gerade deshalb markanten Baustil.

Als Begründer der Moderne im Tessin gelten **Rino Tami** (1908–1994), der die architektonische Gestaltung der Gotthardautobahn, insbesondere die Tunnelbauten, maßgeblich beeinflusste, und **Tita Carloni**

(*1931 in Rovio). In Lugano findet man (an der Via Poda 10) *Tamis* Gebäude der Oberzolldirektion und nebenan den „Palazzo Corso", ein Kino aus den Jahren 1956–57; von *Tita Carloni* stammt das Volkshaus *Sede amministrativa dell'OCST* in Lugano. Noch vor *Tami* baute sich allerdings die Germanistin, Holzbildhauerin und Textilkünstlerin **Georgette Klein Tentori** zusammen mit *Paul Andreu* bereits 1932 bei Barbengo, am Südende der Collina d'Oro, ein Künstlerhaus in der Formensprache des Neuen Bauens, die Casa Sciaredo (unterhalb des Grottos von Barbengo am Weg nach Figino). Das nach dem Tod der Bauherrin fast zerfallene Haus wurde in den letzten Jahren dank einer Stiftung ihrer Schwester sorgfältig restauriert; es dient seit 2003 jungen Künstlern als Wohn- und Arbeitsort.

Zur jüngeren Architekten-Generation des Tessins gehören etwa *Michele Arnaboldi, Raffaele Cavadini, Lorenzo Felder, Luca Gazzaniga, Sergio Grassi, Giorgio* und *Giovanni Guscetti* oder *Sabine Snozzi.* Und es werden neue Talente dazu stoßen: Die von *Mario Botta* initiierte „Accademia", die **Architekturfakultät** der jungen Universität der italienischen Schweiz, wurde 1996 in Mendrisio gegründet und von *Aurelio Galfetti* als erstem Direktor geleitet.

Obschon unterdessen in Kalifornien (*Mario Botta,* Museum of Modern Art in San Francisco), aber auch in Basel und Dortmund (Tinguely-Museum, Stadtbibliothek) oder Peking (Olympiastadien) große öffentliche und private Bauten vom Schaffen dieser neuen Generation Tessiner Architekten zeugen, bauen diese gern nach wie vor auch **im Tessin.** Hier, in der „alpinen Stadt von der Domspitze des Mailänder Doms zum Fuße des Gotthardmassivs" (*A. Galfetti*) sollen mit guter Architektur Gegenakzente zu den Sünden der zersiedelten Agglomeration gesetzt werden. Dies geschieht auf mutige und überzeugende Weise sowohl in den Städten wie auch weitab in entlegenen Bergtälern und auf den Spitzen der Tessiner Berge. Die zunehmende Zahl öffentlicher und privater Bauherren, welche unkonventionelle, moderne Architektur realisieren wollen, trägt ihren Teil dazu bei.

Frühe Zeugnisse der Tessiner Schule sind meist kleinere Bauwerke, **Wohnhäuser** wie die berühmte Casa Rotonda, der Wohnturm von *Mario Botta* in Arbedo (1981), seine schon früher gebaute Casa Bianchi (1973) oder das kubische Haus in Ligornetto (1976); von *Luigi Snozzi* stammt die Casa Bianchetti in Monti della Trinità (1977, Via G. Zoppi), von *Aurelio Galfetti* die Casa Rotalinti in Bellinzona. Auch die zweite Generation hat bereits eine ganze Reihe bemerkenswerter Wohnbauten gestaltet: Beispiele sind *Andrea Bassis* Holzhaus auf Betonsockel über dem Luganer See in Brusino-Arsizio, *Sabina Snozzis* und *Gustavo Groismanns* schnörkellose, markante Betonbauten in Verscio und Gordemo oder *Monique von Allmen-Boscos* bemerkenswertes Holzhaus in Gentilino. Bei der Besichtigung bitte die Privatsphäre der Besitzer nicht stören!

Schon eher geeignet für eine genauere Besichtigung sind **öffentliche oder kirchliche Bauten** wie die meisterhafte Verbindung von Alt und Neu der Festung Castelgrande in Bellinzona durch *Aurelio Galfetti* (1982– 1990), der Monolith der *Banca del Gottardo* mit der Galerie für zeitgenössische Kunst und der Busbahnhof in Lugano von *Mario Botta,* die Scuola Media (1977) desselben Architekten in Morbio Superiore, das Ethnographische Museum von *Cavadini* in Olivone (1998–2000, gleich neben dem Pfarrhaus), die Raiffeisenbank von *Arnoboldi* in Intragna oder das Hotel und Parkhaus im Zentrum von Airolo von den Brüdern *Guscetti.*

Auch die junge **Universität der italienischen Schweiz** gab einigen Architekten die Möglichkeit, in Lugano im Rahmen des Generalplans von *Jachen Könz* und *Aurelio*

Galfetti fünf markante neue Gebäude zu realisieren: die **Aula Magna** *(Könz, Galfetti)*, die **Hörsaalgebäude** *(Piero Bruno, Donatella Fioretti, José Gutierrez Marquez, Lorenze Martini)*, das **Computer-LAB** *(Sandra Giraudi, Felix Wettstein)*, die **Bibliothek** *(Giorgio* und *Michele Tognola)* und das Gebäude der **Theologischen Fakultät** *(Michele Christen)*. Auch die Architekturfakultät selbst erhielt in Mendrisio ein neues Gebäude, den **Palazzo Canavée** von *Amr Soliman* und *Patrik Zurkirchen*. Er steht im Park neben den historischen Gebäuden der Fakultät, der im Kolonialstil gebauten Villa Argentina und dem klassizistischen Palazzo Turconi, dem ehemaligen Krankenhaus (hinter dem Säuleneingang des Palazzo Turconi entdeckt man übrigens eine große farbige Plastik von *Niki de Saint-Phalle*, ein Geschenk der Künstlerin an die Accademia).

Im Castelgrande in Bellinzona, erbaut von Aurelio Galfetti

Hoch hinauf, nämlich bis Ambri am Gotthardeingang, muss, wer die dortige turmartige **Kletterhalle** von *Giorgio* und *Giovanni Guscetti* mitten in der Tallandschaft betrachten oder an der knallroten **Tankstelle** von *Mario Botta* auftanken will (Tankstelle in Talrichtung), hoch hinaus auch, wer in San Bernardino am gleichnamigen Pass die neue **Jugendherberge** von *Lorenzo Felder* als Nachtlager ausprobieren möchte. Noch höher geht es, bis zur **Alphütte Cristallina** nahe dem gleichnamigen Pass auf 2580 m Höhe, einem modernen Almhüttenkubus aus Holz mitten in einer archaischen Berglandschaft. Einen einzigartigen Aussichtspunkt hat sich auch *Mario Botta* ausgewählt, als er auf dem Monte Tamaro auf 1560 m Höhe seine viaduktartig auf den

Berghang hinausragende **Kirche Santa Maria degli Angeli** baute. Sie wurde 1996 geweiht und ist schon heute eines der berühmtesten Bauwerke des Tessins, das zahllose Besucher anlockt, welche mit der Seilbahn hochfahren. Nicht weniger erstaunlich, „typisch *Botta*" und doch ganz anders als Santa Maria degli Angeli, ist die in grüner Alplandschaft beim kleinen Weiler Mogno im Val Lavizzara liegende **Kirche San Giovanni Battista,** welche die runde Symmetrik alter *Botta*-Bauten in der wunderbar einfachen Form eines abgeschrägten Zylinders wieder aufnimmt.

In der Nähe Bellinzonas ist das bekannteste Werk eines anderen Großen der „Neuen Tessiner", Luigi Snozzi, zu besichtigen. Der im eher konservativen Tessin wegen seiner linken Ideen leider bei öffentlichen Ausschreibungen oft zu kurz gekommene Snozzi, wohl der kompromissloseste Vertreter der „klassischen Moderne" in Gefolgschaft Le Corbusiers, konnte in Monte Carasso, einem Dorf zwischen Bellinzona und Locarno, seine kreativen, städteplanerischen Ideen umsetzen, die „Architektur der Stadt" gestalten. In Monte Carasso wollte er zeigen, dass Verstädterung nicht an und für sich ein Problem ist, sondern die Art und Weise, wie man mit Entwicklung umgeht. Er gestaltete den Ort radikal um, nahm das historisch einzigartige Zentrums des Orts, das in früheren Phasen vielfach verschandelte und teilweise zerstörte Kapuzinerkloster, wieder als Ausgangspunkt der Ortsplanung und setzte in langwierigen politischen Auseinandersetzungen eine Orts- und Verkehrsplanung durch, welche die historischen Dorfstrukturen in eine vorwärtsgerichtete, verdichtete Stadtplanung für ein Monte Carasso der Zukunft weiterentwickelt. Auch einige Einzelgebäude in Monte Carasso, so die mit *Walter von Euw* schon 1974 realisierte, unterdessen nicht ganz in *Snozzis* Sinne vergrößerte Wohnbebauung „Verdemonte", und das Haus des Bürgermeisters *Guidotti* (1983–84), sowie der Umbau des Hauses Rapetti (mit

031te Foto: tt

Gustafo Groisman, 1988), das Doppelhaus Guidotti (mit *Claudio Buetti,* 1989–91) und das Haus d'Andrea (mit *Giuliano Mazzi,* 1993) zeugen vom Können dieses großen Planers und Architekten, der zu Unrecht seltener genannt wird als sein Kollege *Mario Botta.*

Das Centro Sportivo in Bellinzona, entworfen von Aurelio Galfetti

032te Foto: tt

frühchristliche Baptisterium San Giovanni in Riva San Vitale, das man unbedingt besichtigen sollte.

Die **Romanik** ist im Tessin besonders stark und in hoher Qualität vertreten. Fast jedes Dorf hat seine Kirche oder doch zumindest einen Campanile (Turm) aus dieser Zeit; die Ortsbeschreibungen gehen detailliert auf die vielen Beispiele in allen Gegenden des Tessins und des Lago Maggiore ein. Herausragend sind sicher die Bauwerke in Giornico, in der meist eilig durchfahrenen Leventina, wo gleich drei großartige Beispiele, getrennt durch eine mittelalterliche Bogenbrücke, zu besichtigen sind. Man besichtige jedoch unbedingt auch San Vittore in Locarno-Muralto oder San Carlo Negrentino bei Leontica.

Etwa seit 1200 gelangt die **Gotik** auch in das Tessin, doch diese ist hier nicht mit allzu vielen Beispielen aus der Architektur präsent, dafür aber mit einer ganzen Reihe von Beispielen hervorragender Mal- und Stuckaturkunst aus der Übergangszeit zur Renaissance: Man findet z.B. im Verzascatal in Brione die Pfarrkirche Santa

Santa Maria del Castello in Giornico

Maria Assunta mit ihren Fresken und die Fresken in der italienischen Enklave Campione sowie die Malereien der berühmten Familien der *Seregnesi* und der *da Tradates*, etwa in Arosio, Gorduno, Malvaglia, Lugano und Locarno.

Die **Renaissance** und insbesondere der **Barock** sind im Tessin zahlreich und qualitativ hervorragend mit Baumeistern und mit bildenden Künstlern vertreten: Dazu gehören *Michelangelo Buonarotti* (das Jüngste Gericht in der Kirche San Giorgio, Carona), *Giulionao Sangallo* (Kuppel der Kirche Santa Croce in Riva San Vitale) und *Donato Bramante* sowie viele unbekannte Baumeister und Maler, wie der Renaissancekünstler, der die Kirche Santa Maria delle Grazie in Campagna ausmalte. Am Übergang zum Barock und im Barock entstanden populäre Gesamtkunstwerke wie Santa Maria Assunta in Locarno und die fast noch berühmtere, wenn auch kunsthistorisch weniger bedeutende Madonna del Sasso oberhalb der Stadt. Neben kirchlichen Bauten entstanden auch einige Profanbauten, v.a. Villen und einzelne noch erhaltene Straßenzüge in den größeren Städten des Kantons, aber auch einige großartige Villen und Schlösser am Lago Maggiore.

Die neuere Zeit ist insbesondere durch die im zweiten Teil des 20. Jh. prägende Richtung der **postmodernen** neuen Tessiner Architekten ausgezeichnet, durch den *Le Corbusier*-schüler *Mario Botta* (man besichtige seine eigenwilligen, meist streng symmetrischen Bruchsteinmauerbauten mit kleinen Fenstern und klaren Formen und Farbkombinationen, z.B. in Stabio, Morbio Superiore, Mogno, Lugano, auf dem Monte Tamaro), aber auch durch *Luigi Snozzi, Rino Tami* und *Tita Carloni.* Die erste Generation der heute weltweit hoch geschätzen Tessiner Schule wird unterdessen durch eine zweite Welle von Architekten ergänzt, wohl nicht zuletzt gefördert durch die durch *Botta* initiierte Architekturschule der kantonalen Fakultät für Architektur in Mendrisio, aber auch durch eine mutige Auftraggeberschaft, die die sonst so beliebige Bauweise des 20. Jahrhunderts und die Zerstörung der Landschaft durch Zersiedelung durch bewusst moderne Architektur zu kontrastieren versucht.

Zu den jüngeren Tessiner Architekten, die auch in ihrer Heimat bauen, gehören neben z.B. *Michel Arnaboldi, Christian Mozzetti, Mario Ferrari, Michele Gagetta* und *Davide Macullo* in den letzten Jahren zunehmend auch Frauen wie *Sabine Snozzi* (*1962), *Sandra Giraudi* (*1962), *Lorenza Mazzola* (*1966), *Pelén Alves Pfister* (*1966) und *Monique von Allmen-Bosco* (*1966).

047te Foto: tt

Das nördliche Tessin

Zwischen Gotthard und Lago Maggiore

048te Foto: ns

049te Foto: ns

Ehemalige Casa dei Landvogti in Castro (Blenio)

San Martino in Malvaglia (Blenio)

Das Castelgrande in Bellinzona

Der Gotthard – das Tor zum Tessin

Der Zugang zum **Gotthardpass** (Passo del San Gottardo) wurde erst nach dem Bau der Teufelsbrücke über die wilde Schöllenenschlucht im 12. oder 13. Jh. möglich. Der Warentransport zur Lombardei wurde verkürzt, politisch und strategisch stieg die Bedeutung der Urschweiz. Der neue Übergang war ein Motiv für die Gründung der Eidgenossenschaft. Der Säumer-Weg wurde 1820 in eine befahrbare Straße ausgebaut, 1882 fuhren die ersten **Züge** und 1980 die ersten **Autos** durch den Gotthardtunnel.

Auf der Passhöhe des Gotthards liegt das Hospiz, 1685 bis 1799 von Kapuzinern betreut und 1777 nach einem Lawinenniedergang neu gebaut. Airolo ist der südliche Ausgangspunkt zum Gotthardpass, ebenso wie zum Nufenenpass, über den man das Goms (Wallis) erreicht. Der 15 km lange Seiteneingang des Ticino-Tals, das Bedretto-Tal, ist von Airolo aus zugänglich.

Airolo

Airolo war früh ein wichtiger Etappenort an der Gotthardroute. Das heutige **Dorfbild** wurde vor allem im 19. Jh. neu geprägt, nachdem ein Brand 1877 einen großen Teil der Gebäude vernichtet hatte. Bergrutsche und Lawinen, z.B. die von 1951, trugen zur weiteren **Zerstörung alter Bausubstanz** bei. Ein historischer Kern, der vielen anderen Tessiner Dörfern den südländischen Charme verleiht, fehlt. Trotzdem dient Airolo mit seinen Bergbahnen vielen Urlaubern im Sommer wie im Winter als **Ausgangspunkt** für Wanderungen, Rad- und Skitouren.

Sehenswertes

Über die Zeit gerettet hat sich der **romanische Turm** der 1224 erstmals erwähnten Kirche SS. Nazario e Celso. Der sechsgeschossige, von Arkaden gegliederte Bau weist in den zwei oberen Stockwerken Zwillingsfenster auf. Ebenfalls erhalten geblieben ist an der Nordseite des Kirchenschiffs eine barocke **Kapelle** mit Stuckaturen aus der zweiten Hälfte des 17. Jh.

Giorgio und *Giovanni Guscetti* haben 2001 die Ortsmitte durch den Bau eines **Parkhauses** mit einer Freifläche auf dem Dach neu gestaltet. Der Turm des Parkhauses verbindet den oberen mit dem unteren Dorfteil.

Der Tessiner Bildhauer *Vincenzo Vela* schuf 1882 das **Bronzedenkmal** neben dem Bahnhof, das an die beim Bau des Eisenbahntunnels verunglückten Arbeiter erinnert. Am Südeingang des Autotunnels versinnbildlicht die **Granitskulptur** aus dem Jahr 1980 von *Gianfranco Rossi* das Aufeinandertreffen verschiedener Völker und Kulturen.

In der **Umgebung Airolos** liegen etliche Oratorien und Kapellen, die vor allem wegen ihrer Ausstattung bemerkenswert sind, so etwa die spätbarocke Kapelle SS. Gervasio e Protasio in **Madrano** am linken Talhang. Im Chor des Oratoriums von **Brugnasco** finden sich Fresken der *Tarilli,* datiert auf das Jahr 1608. Der wertvolle Altar der Kapelle S. Anna in **Albinasca** von 1504 steht heute im Landesmuseum Zürich.

Praktische Tipps

Information

- **Leventina Tourismo,** Airolo, beim Bahnhof, Tel. 091 98 61 533, Di–Fr 8.30–11 und 14–17.30 Uhr, www.leventinaturismo.ch.

Unterkunft

- **Albergo San Gottardo Ospizio,** 6780 Airolo, Tel. 091 86 91 235, www.gotthard-hospiz.ch. Auf Passhöhe; einfache Zimmer, DZ ohne Dusche mit Frühstück sFr. 55, mit Dusche/WC sFr. 150, Touristenlager sFr. 30; Öffnungszeiten siehe Website.
- **Hotel Forni***,** Via Stazione, 6780 Airolo, Tel. 091 86 91 270, www.forni.ch. In der Nähe des Bahnhofs; 20 renovierte Zimmer mit Bad/Dusche und WC, DZ sFr. 150–180; Gute Küche in gepflegtem Restaurant.
- **Hotel Motta***,** 6780 Airolo, Tel. 091 86 92 211, www.albergo-motta.ch. In der Dorfmitte; 30 renovierte Zimmer mit Bad/Dusche und WC, DZ inkl. Frühstück sFr. 140.
- **Hotel Alpina Airolo***,** 6780 Airolo, Tel. 091 87 33 232, www.alpina-airolo.ch. Über dem Dorf gelegen, wirkt das neu renovierte Hotel im Gegensatz zum äußeren Erscheinungsbild innen freundlich und ansprechend. Die 28 modernen DZ besitzen alle einen Südbalkon mit Blick auf Airolo und das Leventinatal. Bar, italienische Küche im Restaurant. DZ mit Frühstück sFr. 140–160.
- **Alloggio Girasole,** Via Stazione, 6780 Airolo, Tel. 091 86 91 927. DZ mit Dusche/WC auf dem Gang sFr. 80.

Essen und Trinken

- Gutes Restaurant im **Hotel Forni,** Nähe Bahnhof (s. „Unterkunft").
- **Ristorante Cristallina,** Viale Stazione, Tel. 091 86 91 927. Restaurant und Pizzeria mit großer Terrasse. Gegenüber des Bahnhofs.

Museen

- **Museo Nazionale del San Gottardo,** auf dem Pass, Tel. 091 86 91 525, geöffnet Juni bis Oktober 9–18 Uhr. Bedeutung des Gotthards, Geschichte des Passes, Mineralienausstellung, Sonderausstellungen.
- **Festungsmuseum Forte Airolo,** Tel. 091 87 37 111, geöffnet Juni–Oktober Sa 10–17 Uhr. Für Gruppen von mindestens zehn Personen ist auf telefonische Anfrage der Besuch auch zu einem anderen Zeitpunkt möglich (die Öffnungszeiten ändern sich häufig, ein Anruf erspart Enttäuschung). 1,5 km oberhalb von Airolo an der Kantonsstraße zum Gotthardpass gelegen. Die Festungsanlage dient als Militärmuseum und zeigt Waffen, Ausrüstungsgegenstände, Baupläne und Dokumente zur zwischen 1886 und 1891 gebauten Festungsanlage, der ersten dieser Art in Europa. Geführte Besichtigung möglich.

Einkaufen

- **Schaukäserei** in Airolo – *Caseificio dimostrativo del Gottardo,* Tel. 091 86 91 180, www.cdga.ch. In Richtung Bedrettotal, ausgeschildert. Hier erfährt man, wie aus Milch Butter, Rahm oder Joghurt entsteht und welche Arbeitsabläufe sich hinter einem Laib Gottardo-Käse verbergen. Mit Restaurant und Direktverkauf. Täglich offen. Schaukäserei von 9–11 Uhr geöffnet.
- **La Ciottola** an der Via San Gottardo verkauft **Keramik** aus der eigenen Werkstatt. Ein kleiner Ausstellungsraum zeigt Keramikwaren der Gegend. Nachmittags geöffnet, am Samstag auch vormittags.

Ausflüge

- **Fahrt mit der Bergbahn Funivie del San Godardo,** Tel. 091 87 33 040, www.airolo.ch. Die Talstation befindet sich in der Nähe der Autobahnausfahrt. Eine neue Kabinenbahn und Skilifte bringen Wanderer, Biker und **Skifahrer** auf den 2065 m hohen Sasso della Boggia und den 2250 m hohen Varozzi. 30 km Abfahrtspisten, eine 3,5 km lange Loipe, eine Halfpipe sowie ein Snowpark warten auf den Wintersportler. Im Sommer führt die Bahn von der Station Pesciüm Wanderer z.B.

Das nördliche Tessin
Andermatt
Hospental
Galenstock
3583
Realp
0
8 km
S
C
H
Eisenbahntunnel
Gotthard Autotunnel
Furka
Grimsel-
see
Grimselpass
P. Centrale
3001
P. Taneda
2667
Lago della Sella
Passo del
S. Gottardo
Lago Ritóm
Furka Eisenbahntunnel
Oberwald
Airolo
Madrano
Altanca
Deggio
Quinto
Catto
P. Rotondo
3192
Albinasca
Fontana
Piotta
Ambri
Ulrichen
Obergesteln
VAL BEDRETTO
Villa
Bedretto
Ronco
All'Acqua
A. di Pesciüm
VALLE
Fiesso
Rodi
Lago
Tremorgio
Prato
Dalpe
LEVENTI
Nufenen-
pass
A. di Ravina
L. del Narèt
Cristallina
2912
Lago del
Sambuco
Griessee
Bacino del
Toggia
Robiei
Fusio
Mogno
Blinnenhorn
o. Cno. Cieci
3374
Seilbahn
VAL DI PECCIA
VAL LAVIZZARA
P. Campo Tencia
3072
Hohsand-
gletscher/
Gh. del Sabbiona
La Frua
S. Carlo
Peccia
Sornico
Prato
VAL BAVONA
Sonlert
Broglio
Foroglio
M. Zucchero
2736
M. Giove
3009
Brontallo
Menzonio
Cavergno
Wandfluhhorn
2863
Bignasco
Altillone
Bosco
Gurin
VAL DI
BOSCO GURIN
Corino
Grossalp
Linescio
Cevio
VAL D'OSU
P. Quadro
2192
Cerentino
Niva
Campo
Cimalmotto
Piano-
Campo
VALLE DI CAMPO
Someo
VALLE MAGGIA
Giumaglio
Coglio
Premia
Baceno
P. dell'A. Gelato
2613
Maggia
Moghegno
Piei
Gresso
Vergeletto
Aurigeno
ITALIEN
Crodo
Comologno
Loco
Auressio
Pioda di Crana
2430
VALLE ONSERNONE
Versico
Calezzo
Verdasio
Intragna
Lionza
Borgnone
Càmedo
CENTOVALLI
Arcegno
Palagnedra
Crevola
Toceno
Craveggia
Ascona

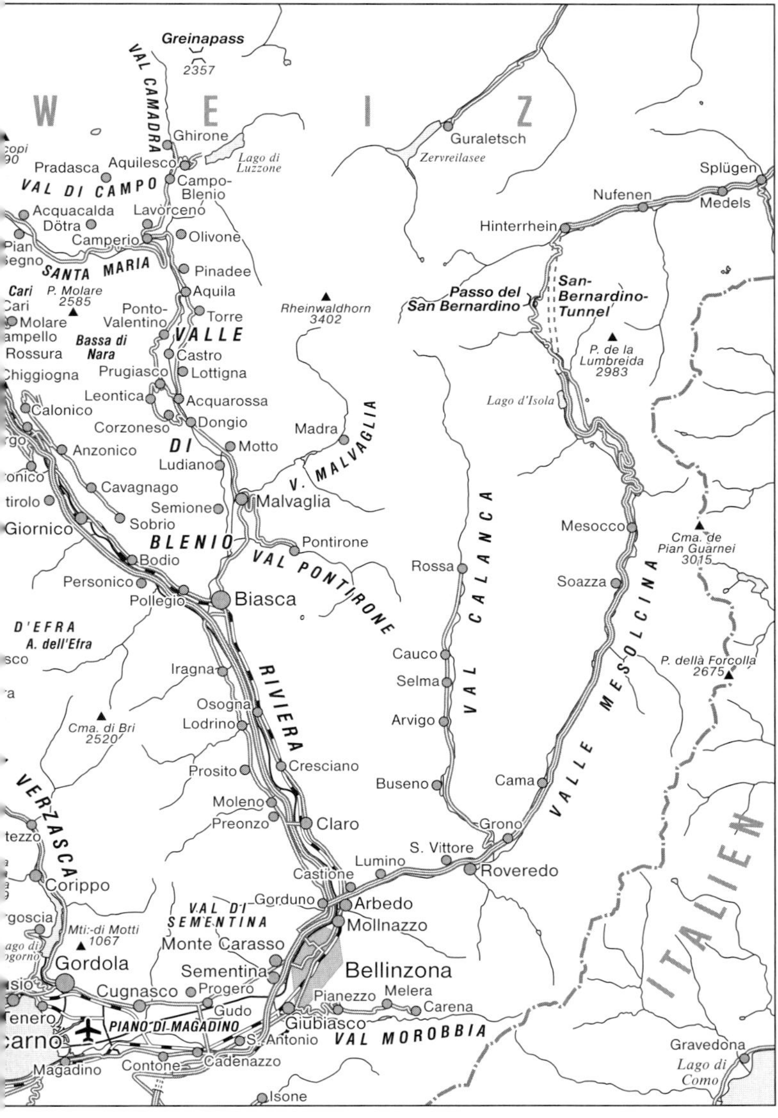
Greinapass
2357
Val Camadra
W E I Z
Ghirone
Lago di Luzzone
Pradasca
Aquilesco
Val di Campo
Campo-Blenio
Acquacalda
Lavorceno
Dötra
Camperio
Olivone
Santa Maria
Pinadee
Aquila
P. Molare 2585
Ponto-Valentino
Torre
Molare
Valle
Bassa di Nara
Rossura
Castro
Prugiasco
Lottigna
Leontica
Acquarossa
Calonico
Corzoneso
Dongio
Anzonico
Di
Motto
Ludiano
Cavagnago
Semione
Malvaglia
Sobrio
Giornico
Blenio
Bodio
Personico
Pollegio
Biasca
D'Efra
A. dell'Efra
Iragna
Riviera
Osogna
Cma. di Bri 2520
Lodrino
Prosito
Cresciano
Verzasca
Moleno
Preonzo
Claro
Corippo
Castione
Gorduno
Arbedo
Val di Sementina
Mollnazzo
Mti.-di Motti 1067
Monte Carasso
Gordola
Sementina
Bellinzona
Cugnasco
Progero
Gudo
Pianezzo
Melera
Carena
Tenero
Piano di Magadino
Giubiasco
S. Antonio
Val Morobbia
Magadino
Contone
Cadenazzo
Isone
Rheinwaldhorn 3402
Madra
V. Malvaglia
Val Pontirone
Pontirone
Guraletsch
Zervreilasee
Splügen
Nufenen
Medels
Hinterrhein
Passo del San Bernardino
San-Bernardino-Tunnel
P. de la Lumbreida 2983
Lago d'Isola
Val Calanca
Rossa
Cauco
Selma
Arvigo
Buseno
Grono
S. Vittore
Lumino
Roveredo
Mesocco
Soazza
Valle Mesolcina
Cama
Cma. de Pian Guarnei 3015
P. della Forcolla 2675
Italien
Gravedona
Lago di Como

Die Gotthardroute

Der St. Gotthard, im Volksmund früher Elvel oder Elbel genannt, die kürzeste Nord-Süd- Verbindung der Westalpen, hat viele Kaufleute, Säumer mit ihren Packtieren, Standesläufer und Botschafter der eidgenössischen Ortschaften, Pilger, Postboten, Stallburschen, vornehme junge Herren auf ihrer Grand Tour, edle Damen, Dichter und Maler, Bräute und Marktfrauen, Bauern und Knechte und allerhand Kriegsmaterial sowie Soldaten jeder Couleur kommen und gehen gesehen. Viele werden über die Jahrhunderte von den Patres im Hospiz empfangen und bewirtet. Im 17. Jh. sind es jährlich um die 4000 Menschen, die hier einkehren, 1875 machen 72.000 Passagiere der Gotthardkutschen hier kurz Station, bevor sie ins Tal hinunter stieben. Einige machen von sich reden, etwa die Pfauen gleichen spanischen Truppen, die in Kontingenten von 200 Mann mit der Erlaubnis der Eidgenossen von Mailand ins Burgund ziehen. Wenig erfreut ist man über die plündernden Franzosen unter *Napoleon,* denen Leventiner, Urner und Oberwalliser im Gotthardraum den Krieg erklärt haben. Ein besseres Image haben die Soldaten des „General Vorwärts", des Grafen *Alexander Wasiljewitsch Suworow-Rymnikskij;* er hält seine Truppe in eisernem Griff. Während sich die russischen Soldaten über den Pass schleppen, wird ihr Kriegsmaterial über den Brenner in den Bodenseeraum befördert. *Adam de Usk* aus Oxford lässt sich 1401 auf seinem Ochsenschlitten die Augen verbinden, so ängstigt ihn die Tremola, wie die Straße mit ihren engen Serpentinen, oft nah am Abgrund, genannt wird. Der Mineraloge *Greville* benötigt 78 Mann, die seine Kutsche zerlegen und stückweise über den Pass transportieren, während er sich in der Sänfte hinüber tragen lässt. *Goethe* war nachweislich dreimal auf dem Pass, einmal blickt er nur sehnsüchtig in die Leventina, welche übrigens auf Deutsch Livinental heißt. Sinnbild für die Kutschenfahrten über den Gotthard wird *Rudolf Kollers* Angst einflößendes Bild „Die Gotthardpost" mit der fünfspännigen Postkutsche.

Die Bezwingung der Schöllenenschlucht

Verschiedene Anzeichen, so z.B. der Bau diverser Kirchen in der Leventina in der zweiten Hälfte des 12. Jh., die Kapelle und das Hospiz auf dem Gotthard, lassen den Schluss zu, dass die Schöllenenschlucht **um 1150 begehbar** wird. Für den Straßenunterhalt und die Sicherheit bürgen die Leventina sowie Como und Mailand.

Der Schöllenensteg wird ähnlich gebaut wie die Suonen, die Wasserleitungen der Walser im Wallis. Stützen und Streben werden in Felsritzen und Vertiefungen verankert, Längsbalken verbinden sich zu einem Traggerüst; die darauf gelegten Bretter bilden den Steg, der Platz für ein Packtier bietet. Wie die kühne **Teufelsbrücke** über die Reuss konstruiert wurde, kann man nur vermuten. Als Auftraggeber des Stegs und der Brücke könnten die *Lenzburger* als Herrscher über Zürich, Uri und Leventina in Frage kommen. 1707 wird der Steg weggeschwemmt. An seiner Stelle sprengt der renommierte Baumeister *Pietro Morettini* 1708 mit Schwarzpulver das **„Urnerloch"** durch den Berg. Es ist 64 m lang, 2,20 m breit und 2,50 m hoch, gerade groß genug für ein Maultier mit Begleiter. Zwei Arbeiter verunglücken beim Bau tödlich. 1830 wird der Tunnel auf 6 m Breite und 5 m Höhe erweitert.

Säumergenossenschaften, die „Spediteure" der Vergangenheit

1237 hält die älteste bekannte Säumerordnung offenbar schon lange gängige Regelungen fest. Jeder Säumer, wie man die Transportunternehmer der Vergangenheit nannte, hat nur ein Saumrecht, das er nicht veräußern darf. Das Pferd oder der Maulesel muss in seinem Besitz sein, und er hat das Tier selber zu führen und zu füttern, d.h. er muss Boden besitzen. Der Säumer ist für die Ladung haftbar. Eine „Saum" entspricht ungefähr 150 l. Mit gewissen Einschränkungen können auch Frauen das Saumrecht erben, falls ein Erbe fehlt. Jede Saumgenossenschaft hat das **Transportmonopol** von einer Sust (Warenlager) zur anderen, auf ihrer Teilstrecke sind sie für den Wegunterhalt und die Tränken verantwortlich, sowohl im Winter wie im Sommer. Die Susten gehen von Vicinanza zu Vicinanza (Nachbarschaften von drei bis fünf Weilern); hier wird von einem Saumtier aufs andere umgeladen, es gibt Übernachtungsmöglichkeiten, Stallungen sowie einen diebstahlsicheren „Safe" für die Warenladung. An der Sust zieht der Sustenmeister die Weggelder für den Straßen- und Brückenunterhalt ein, das Geld für die Warenlagerung und für die Wegbegleitung, wenn Kaufleute mit eigenen Tieren unterwegs sind. In Airolo und Andermatt werden Schneeräumungsabgaben verlangt. An den Susten arbeiten verschiedene Angestellte, die einerseits die Kaufleute betreuen, andererseits darauf achten, dass die Sustgenossen in gerechtem Turnus eingesetzt werden. Auf dem Lago Maggiore und dem Luganer See organisieren sich die Schiffer in ähnlichen Genossenschaften.

Stracksfuhren und Strusfuhren

Das Auf- und Abladen ist mühsam, die Kaufleute fordern eine „Stracksfuhr" (Eilfuhr) zwischen Lugano oder Magadino und Flüelen. Die Säumer müssen ihr Monopol teilweise abgeben, verlangen aber beiderseits der Alpen eine Lohnausfallsentschädigung. Nach 1500 werden besonders für verderbliche Waren Stracksfuhren häufig, robustere Ladungen werden noch mit „Strusfuhr", von Sust zu Sust, befördert. Endgültig Schluss mit den Monopolen macht die Bundesverfassung von 1848.

Erschließung der Piottina-, Biaschina- und Stalvedroschlucht

Ob die Säumer vor 1300 die Gola del Piottino lieber auf der linken Seite über Quinto und Mairengo oder auf der rechten umgehen, ist nicht klar. Ab diesem Zeitpunkt wählen sie aber öfter die Strecke über Rodi, Dalpe und Piana Selva nach Faido, weil sie als weniger gefährlich gilt. Trotzdem ist man froh, als die Urner 1560 bis 1570 einen Weg durch die Gola del Piotta schlagen.

Nach Rodi führen zwei Wendeplatten in Spitzkehren in die Schlucht hinab. Im Winter, wenn die Strecke vereist ist, braucht es viel Fingerspitzengefühl, die Tiere samt Ladung heil nach Faido zu bringen. Ebenfalls 1570 wird die Biaschinaschlucht durch einen Saumweg begehbar. Die 60 m tiefe Stalvedroschlucht wird erst im 17. Jh. passierbar. Jetzt beschleunigt sich der Warentransport erheblich.

Die Kantonsstraße schließt letzte Lücken

1827–1831 baut der noch junge Kanton Tessin die Kantonsstraße, später als Gotthardstraße bekannt. Er folgt dabei praktisch der Straßenführung des 16. Jh. In der **Tremola** überwindet der Ingenieur *Carlo Colombara* in 40 Kehren 950 m Höhendifferenz. Im gleichen Jahr (1831) wird der Damm von Melide eröffnet. Der Weg zwischen Gotthard und Mailand ist nun durchgehend offen. Am Anfang fahren drei Kutschen pro Woche über den Gotthard, 1842 schon ein Eilwagen pro Tag, 1849 überqueren 14.000 Reisende den Pass. 1850 übernimmt der Bund den **Postdienst.** Vorher waren Läufer, später Pferdekuriere als Nachrichtenübermittler unterwegs. Im 16. Jh. gründet der Luganese *Diego Maderni* einen Reiterpostdienst, der aber bald von der Zürcher Gotthardpost übernommen wird. 1875 befördern die Gotthardkutschen schon 72.000 Personen über den Pass in den Süden oder Norden. 18.000 arbeiten im gleichen Jahr beim Straßenunterhalt oder bei den Post- und Eildiensten.

Im Winter werden die Reisenden übrigens in Decken gehüllt und am Schlitten festgebunden. So können sie nicht abspringen, wenn die Pferde am äußersten Straßenrand traben, um die Kurven zu kriegen ...

Verdammt zur Kutsche? Lukmanier oder Gotthard?

Im 19. Jh. scheint es, als ob die Schweiz im Postkutschenzeitalter verharren müsste, trotz all ihrer weltweiten Im- und Exporte. Bis 1874 liegen die **Eisenbahnkonzessionen** in den Händen der Kantone, aufs heftigste streiten diese über den Verlauf der Schienenstränge. Ausländische Financiers wie die *Rothschilds* und die Gebrüder *Pereire* sind erfolgreiche Konzessionen-Jäger, sie sind vor allem an der Einbeziehung französischer Häfen interessiert. Die Linie Basel – Olten – Luzern durch den Gotthard steht in Konkurrenz zur Strecke über Zürich und den Lukmanier. Die Tessiner favorisieren die letztere Variante. Ein Kämpfer für die Gotthardroute im Tessin ist der Erbauer des Staudamms von Melide und Vorsteher des Tessiner Bauamts, *Pasquale Lucchini*. Der italienische Flüchtling findet in Ingenieur *Carlo Cattaneo* einen Mitstreiter, welcher den Gotthard als Teil einer völkerverbindenden Eisenbahnstrecke sieht, deren Endpunkt der Suezkanal bildet.

Langsam dämmert es der Schweizer Regierung, dass sie die Federführung übernehmen muss. In *Alfred Escher,* dem Zürcher Begründer der Schweizerischen Kreditanstalt, findet sie eine treibende Kraft. Das mittlerweile vereinte Italien und Deutschland geben den endgültigen Ausschlag. 1866 meldet Italien sein Interesse an der Gotthardroute an, nach 1871 fließt deutsches Geld in ehemals französische Konzessionen. *Kanzler Bismarck* setzt sich auch für den „neutralen" Alpendurchstich am Gotthard ein. Im Tessin macht sich der Luganer Politiker *Battista Pioda* für den Gotthard stark. Nach der Eröffnung des Suezkanals unterschreiben Italien, Deutschland und die Schweiz eine Finanzierungsvereinbarung; Italien soll 45 Millionen, die Schweiz und Deutschland je 20 Millionen Franken beitragen. Den Bauauftrag erhält der Genfer Ingenieur *Louis Favre,* sein Angebot scheint das günstigste zu sein.

Dynamit für den Eisenbahnbau

Die Arbeiten am Gotthardtrassee beginnen unverzüglich, doch bereits 1875 ist der Kostenvoranschlag um 50 Prozent überschritten, das Defizit beträgt zudem 102 Millionen Franken. *Escher* nimmt seinen Hut. Auf eine Doppelspur muss verzichtet werden. Erstmals wird beim Bau eines Tunnels Dynamit eingesetzt, das Bautempo und der Spardruck führen zu vielen **Unfällen.** Fast 180 Arbeiter verlieren ihr Leben, 400 werden schwer verletzt. Dazu kommen schlechte Arbeits- und Unterkunftsbedingungen und überteuerte Nahrungsmittelbons. 1875 wird in Göschenen und Airolo **gestreikt,** auf der Nordseite tötet das Militär vier der Streikenden. In den zehn Jahren Bautätigkeit sind 10.000 italienische Gruben- und Erdarbeiter im Tunnel beschäftigt.

1882 ist der Tunnel **fertiggestellt.** Der Einweihungszug wird überall begeistert begrüßt, nur in Uri signalisieren schwarze Fahnen, dass Hunderte von Säumern nun arbeitslos werden. Der erste Güterzug bringt – auf der „Völkerverständigungstrecke" – Waffen von Deutschland nach Italien.

Im Kanton Tessin expandiert der Tourismus: Die Zahl der Hotels steigt von 20 im Jahr 1880 auf 208 im Jahr 1912, darunter sind viele Luxushotels. Weitere Bahnstrecken in die einzelnen Täler sowie Zahnrad- und Standseilbahnen erschließen attraktive Ferienorte.

Ausbau der Gotthard-Straße

1936–41 wird die Gotthard-Straße auf 6 m verbreitert, die Kurven der Tremola werden gepflastert. 1967–1977 wird die Straße mit weit ausholenden Wendeplatten erneut elegant ausgebaut; sie wird jedoch nur vier Jahre in Betrieb sein, bevor der **Autotunnel** seine Pforten öffnet. Das Nationalstraßengesetz von 1960 hat eine durchgehende Autobahn von Basel nach Chiasso vorgesehen, das letzte Teilstück zwischen Biasca und Castione wird 1986 geschlossen. Die Tunnelportale und Brücken der Autobahn sind nach Kriterien von *Rino Tami* in Eisenbeton gebaut. Die Raststätte Stalvedro wird von *Tito Carloni,* die knallrote von Piotta von *Mario Botta* gestaltet.

Der Gotthard-Basistunnel

Bereits in den 40er Jahren des 20. Jh. gibt es erste Pläne für einen Gotthard-Basistunnel. 1962 liegt ein einspuriges Tunnel-Projekt von Amsteg nach Gironico vor, das mehrmals abgeändert wird. 1992 geben zwei Volksabstimmungen grünes Licht, die Alptransversale kann gebaut werden. Der Entscheid zwischen einer Doppelspurröhre mit Dienströhre oder aber zwei Einspurröhren fiel jedoch erst 1995. Eine kombinierte Lösung machte schließlich das Rennen: zwei Einspurröhren ohne Diensttunnel, jedoch mit zwei Multifunktionsstellen, Spurwechseln und ca. 180 Querschlägen, so dass jede Röhre der jeweils anderen als Notröhre dienen kann. Der **längste Eisenbahntunnel der Welt** soll 2011 in Betrieb genommen werden. Zum Konzept der Alpentransversale gehören auch ein Basistunnel am Monte Ceneri sowie eine neue Überbrückung bei Melide.

● Das rollstuhlgängige **Besucherzentrum Pollegio,** für dessen Bau Ausbruchmaterial aus dem Gotthard-Basistunnel verwendet wurde, zeigt den Tunnelbau, die neue Gotthardbahn und Aspekte der Mobilität mit audiovisuellen Mitteln, vielen Modellen und Originalobjekten. Die Besichtigung ist kostenlos. Dem Zentrum ist ein Bistro angeschlossen. Informationen: Tel. 091 87 30 550, www.infocentro.ch oder www.neat.ch. Geöffnet Di–So 9–18 Uhr.

mit der Strada degli Alpi ins Bedrettotal oder zur Alpe di Ravina.

- **Standseilbahn Ritóm-Piora,** *Funicolare del Ritóm,* Piotta, Tel. 091 86 83 151, www.ritom.ch/deu/funicolare.html; fährt vom 1. Juni bis 30. September. Busverbindung nach Airolo. Führt ins Wandergebiet Ritóm-Piora mit seinen Bergseen und zahlreichen Wandermöglichkeiten.
- **Postkutschenfahrt über den St. Gotthard,** *Historische Reisepost* AG, 6440 Brunnen, Tel. 041 82 56 153, www.gotthardpost.ch. Im originalgetreu nachgebautem Fünfspänner mit Postillion und Fahrer geht es über den legendären Pass. Max. acht Pers., Juli bis September täglich; Start um 10.15 Uhr vom Bahnhof in Andermatt, Ankunft 17.30 Uhr beim Bahnhof Airolo, bei jedem Wetter. Pro Person sFr. 627.

Wanderungen

- Vom **Gotthardhospiz** zum **Lago della Sella,** zum **Passo Posmeda** und von hier auf den Gipfel **Giübin** (2776 m) und zurück zum Hospiz. Eine leichte, schöne Gipfelwanderung in 2 Std. 45 Min. Achtung: die weiß-roten Schießanzeigen beachten (Militärgebiet). Es gibt eine Busverbindung.
- Vom **Gotthardhospiz** über **Rosso di Fuori** und die **Alpe di Cavanna** nach **Ronco** im Bedrettotal, 3 Std. 45 Min. Eine Wanderung über der Waldgrenze mit schönem Blick auf die Cristallinagruppe; steiler Abstieg zum Ri di Bedretto. Es gibt eine Busverbindung.

Valle Bedretto

Das Grenztal zwischen Uri, Wallis, Italien und der Leventina ist das **Quellgebiet des Ticino** (Tessin) und das nördlichste Tal des Kantons, ein Alpweidenland mit tief eingeschnittenen Seitentälern. Die Haufendörfer bestehen aus gestrickten Holzbauten, z.T. mit Schindeldächern. Sie liegen im Hochtal zwischen 1313 und 1618 m. Hauptort ist **Villa,** wie **Bedretto** und **Ronco** am linken Hang gelegen. In Villa weist die Kirche Santi Maccabei eine architektonische Besonderheit auf: einen polygonalen, vermutlich spätmittelalterlichen Turm, der als **Lawinenbrecher** dienen sollte. Auf der rechten Talseite liegt **Fontana,** das bereits zur Gemeinde Airolo gehört. Im von Lawinen bedrohten Tal hat sich, wie in Uri und der Leventina, die Genossenschaftssennerei *(boggie)* erhalten.

Das noch kaum italienisch wirkende Bedretto-Tal ist mit seinen Tannen- und Lärchenbergwäldern ein sehr beliebtes **Wandergebiet,** so z.B. die Strada degli Alpi (Kabinenbahn Airolo – Sasso della Boggia). Cioss-Prato ist ein kleines **Skigebiet** zwischen Ronco und All'Acqua mit leichten Abfahrtspisten, die sich vor allem für Kinder eignen. Ausgedehnte Loipen für Skilanglauf finden sich am Talausgang. Von Ronco aus kann man den Griesgletscher sehen; an seinem Fuß liegt der gleichnamige Pass, über den im 13. Jh. die Walser ins italienische Val Formazza und von dort nach Bosco Gurin zogen.

033te Foto: ns

Weinhandlung in Piotta

Auf dem Weg zum **Nufenenpass** liegt das alte Hospiz All'Acqua, von wo früher ein viel bereister Weg zum San-Giacomo-Pass nach Italien führte. Der steil abfallende Nufenenpass (2478 m) befindet sich inmitten einer imposanten Bergwelt. Er ist der höchste Straßenpass der Schweiz.

Unterkunft

- **Stella Alpina****, 6781 Bedretto, in Ronco, Tel. 091 86 91 714. Einfaches, hübsch renoviertes kleines Hotel mit Restaurant. DZ mit Dusche/WC sFr. 130.

Valle Leventina

Der Ticino-Fluss durchfließt von seiner Quelle bis zur Mündung in den Lago Maggiore ein langes Tal, das in die Abschnitte Bedretto, Leventina, Riviera und Magadino-Ebene unterteilt ist. Die Leventina – zwischen Airolo und Biasca – wird von zwei hohen Bergketten flankiert und fällt in drei Stufen südwärts ab.

Eng bedrängen die Granitfelsen bei Stalvedro den wilden Tessin, danach öffnet sich die vier Kilometer lange Talebene zwischen Piotta und Ambri; ihr schließt sich diejenige zwischen Fiesso und Rodi an, die der Felsriegel des Monte Piottino abzuschließen scheint. Eine Schlucht führt zum schon südlich wirkenden Faido hinab, von wo sich der nächste Talabschnitt bis Lavorgo erstreckt; von hier geht es weiter durch das Felssturzgebiet der Biaschina in die 400 m tiefere Talsohle mit den Orten Giornico und Biasca.

Im Norden prägen Tannen, Fichten und Kiefern die **Landschaft,** in der Faido-Ebene winkt schon der Süden mit den ersten Weinstöcken und Edelkastanien.

Überall grüßen den Vorbeiziehenden **romanische Kirchtürme.** Sie zeugen vom einstigen Wohlstand des Tales, den seit dem 13. Jh. Lastenträger, Säumer, Handelsgesellschaften, Gastwirte, Schmiede und Zöllner geschaffen hatten. Leider zieht es den heutigen Nord- und Mitteleuropäer im Eiltempo in den warmen Süden, die Kirchen und Oratorien bleiben oft unbeachtet. Wer über wenig Zeit verfügt, dem sei **Giornico** mit seinen Kirchen S. Nicola und S. Maria di Castello ans Herz gelegt.

Nicht nur die Touristen ziehen achtlos vorbei, auch der **Warenverkehr** fährt ungebremst auf den das Tal prägenden Schienen, der Autobahn und Kantonsstraße nach Norden oder Süden, so dass vom einst garantierten Wohlstand heute nichts mehr im Tal verbleibt. Eindrucksvoll sind die von Airolo nach Chiasso führenden Autobahnbauten mit ihren Tunnelportalen und Brücken, gebaut nach Kriterien von *Rino Tami.* Die Raststätte Stalvedro wurde von *Tito Carloni,* die in Piotta von *Mario Botta* gestaltet.

Piotta, Quinto und Umgebung

Piotta ist Ausgangspunkt der Standseilbahn zum Val Piora mit dem pittoresken Wandergebiet und Naturpark rund um den **Lago Ritóm** (1830 m) mit seinen Karseen und der seltenen Flora. Auf der Alpe Piora beherbergen zwei Gebäude aus dem 16. Jh. das **Zentrum für alpine Biologie,** das von den Universitäten Zürich und Genf sowie dem Kanton Tessin unterstützt wird. Vom Lago Ritóm führt eine dreistündige Wanderung auf den **Taneda** (2670 m).

Der Ort selbst besitzt eine schöne **Barockkapelle** mit einem kleinen Rokoko-Altar und Balustradenteilen aus derselben Epoche im Chor. Vielen Schweizer Sportfreunden ist Piotta vor allem wegen des legendären **Eishockeyclubs** *Ambri-Piotta* mit seiner großen Fangemeinde ein Begriff.

Oberhalb von Piotta steht in **Altanca** westlich des Dorfes die gedrungene Kirche SS. Cornelio e Cipriano von 1603 mit Régencestuckaturen, einem geschnitzten Hochaltar (18. Jh.) sowie einem Fresko aus der Bauzeit.

Deggio besitzt eine Sehenswürdigkeit außerhalb des Dorfes: In Richtung Lurengo liegt mitten auf einer Wiese das reizende Kirchlein **S. Martino** mit karolingischen Blendarkaden aus dem 10. Jh. und einem quadratischen, tonnengewölbten Chor. Der kleine Turm stammt aus dem 11. Jh. Im Inneren birgt es spätgotische Fresken: im Chor ist eine Majestas Domini mit Evangelistensymbolen zu sehen, am Chorbogen die Verkündigung, an der Süd-

034te Foto: ns

wand der heilige Martin und an der Nordwand ein Abendmahl.

Südlich von **Catto** (das, ebenso wie Quinto, von Deggio aus zu erreichen ist) liegt die barockisierte Kirche S. Ambrogio mit Stuckaturen im Louis-XVI.-Stil sowie einem reich geschnitzten Tabernakel.

Lurengos Kapelle besitzt im eingezogenen Chor Régencestuckaturen.

Gestrickte Holzbauten aus dem 17. und 18. Jh. prägen den gut erhaltenen Dorfkern von **Ambri Sopra.**

Kurz hinter Ambri ist das Dorf Quinto mit seiner **Pfarrkirche SS. Pietro e Paolo** mit dem romanischen Glockenturm sehenswert. Das Schiff wurde 1681 unter Einbezug von Architekturplastiken des ehemaligen Chors neu gebaut.

Prato

In einer Geländemulde liegt Prato mit seinem homogenen Ortsbild; man erreicht den Ort über Rodi. Seine **Kirche S. Giorgio** ist berühmt für ihren romanischen Campanile. Der Turm ist sechsgeschossig mit zwei Glockengeschossen, quadergefügt; er wird durch Lisenen und vierteilige Blendbogenfriese gegliedert. Die Kirche besitzt Stuckaturen aus dem 17. Jh. und ein Fresko aus dem frühen 16. Jh., das den heiligen Georg mit dem Drachen zeigt.

Höher liegt der **Lago Tremorgio,** einer der schönsten Bergseen des Kantons Tessin.

Quinto

Der Aufstand der Leventiner

Das Valle Leventina, einst ein abgeschiedenes, relativ armes Tal, erlangte mit der Erschließung des St.-Gotthard-Passes zunehmend strategische und wirtschaftliche Bedeutung. So wurde das Tal im Laufe seiner Geschichte immer wieder zum **Gegenstand kriegerischer Auseinandersetzungen.**

Vom 10. Jh. an stand es unter Mailänder Herrschaft; die Bewohner genossen jedoch weitgehende Selbstverwaltung und hatten auch die Zollvollmacht für ihr Gebiet inne. Als ihnen diese im 13. Jh. von den Mailänder Herzögen *Visconti* streitig gemacht wurde, wandten sich die Leventiner Hilfe suchend an die **Eidgenossen,** welche durchaus Interesse zeigten. Endgültig an die Schweiz fiel das Gebiet jedoch erst im Jahr 1478 bei der Schlacht von Giornico. Die eidgenössischen Orte, die die Tessiner Untertanengebiete erobert oder durch Verträge an sich gebunden hatten, beherrschten diese Gebiete als Vogteien. Bestimmte Tessiner Täler oder Talbschnitte wurden von Uri allein oder von Uri, Schwyz und Nidwalden oder auch von allen XII Orten in zweijährigem Rhythmus verwaltet. Das Valle Leventina unterstand fortan den **Urnern.**

Da die Lebensweise der Leventiner derjenigen der Urner bereits sehr ähnlich war (z.B. die gemeinschaftliche Alpbewirtschaftung), respektierten die neuen Herren anfänglich die Selbstverwaltung der Leventina. Sprache und Bräuche blieben erhalten; die Talbewohner genossen einige **Sonderrechte,** so wurden sie beispielsweise nicht zum Kriegsdienst herangezogen.

Diese friedliche Koexistenz war jedoch nicht von Dauer. Im Laufe der Zeit versuchten die Urner mehr und mehr, die Satzungen der Leventina den ihren anzupassen und die Privilegien der Bewohner einzuschränken. Diese nahmen das keineswegs protestlos hin. Versuchten die Urner etwa, das Zivil- und Strafrecht unter ihre Kontrolle zu bringen, ignorierten die Leventiner dieses Ansinnen oder drohten sogar mit Krieg.

1755 eskalierte die Situation. Aus eher nichtigem Anlass (die Urner hatten eine Prüfung der Witwen- und Mündelkasse gefordert und so die Leventiner in ihrem Stolz verletzt) **griffen 3000 Talbewohner zu den Waffen;** der Urner Landvogt wurde verhaftet. Uri reagierte mit großer Härte: Das gesamte Tal wurde besetzt, alle Rechte und Privilegien der Leventiner mit einem Schlag abgeschafft. Die Aufständischen wurden auf den Hauptplatz von Faido zitiert, wo sie öffentlich gedemütigt wurden. Nicht nur mussten sich die Männer, die in den eidgenössischen Kriegszügen immer wieder Auszeichnungen als tapfere Kämpfer errungen hatten, als „armselige und elende Talleute der Leventina“ beschimpfen lassen; auch wurden sie gezwungen, Uri auf Knien den Treueeid zu schwören. Schließlich wurden die **drei Anführer des Aufstandes,** *Orsi, Forni* und *Sartori,* **öffentlich geköpft.** Ihre Köpfe wurden zur Abschreckung an die umstehenden großen Nussbäume genagelt. Andere Aufständische wurden später in Uri hingerichtet.

Die **volle Unabhängigkeit** erlangten die Leventiner erst zur Zeit *Napoleons.* Er zerschlug 1798 die alte Eidgenossenschaft. Uri musste auf seine Vorherrschaft in der Leventina verzichten. Das Tal war nun einige Zeit formell unabhängig, doch die Willkür der französischen Besatzer erwies sich als zu groß; eine Mehrheit der Leventiner suchte bald wieder (wenngleich vergeblich) den **Anschluss an Uri.**

Vielen Tessinern blieben die Ereignisse von Faido dennoch als ein Symbol eidgenössischer Unterdrückung im Gedächtnis.

Dalpe

Auf der gleichen Terrasse wie Prato liegen **Cornone** mit seiner spätmittelalterlichen Kapelle und Dalpe. Dalpe auf 1192 m Höhe ist Ausgangspunkt für **Kletterpartien** auf den Campo Tencia (3072 m) sowie für Wander- und Bergtouren. Im Winter ist Dalpe ein bescheidener **Familienskiort** mit leichten Abfahrtspisten und Loipen. Die Pfarrkirche S. Carlo weist Régencestuckaturen auf. Ein schön geschnitzter Holzrahmen umrahmt eine kleine Muttergottes aus dem Jahr 1437.

Faido

Die Talstraße durch die wildromantische **Piottina-Schlucht** führt 221 Meter hinunter zum alten Hauptort Faido, zu Urner Zeiten zusammen mit Giornico Sitz des Potestas und der Landgemeinde-Versammlung. Faido war auch Warenumschlagplatz. Auf Faidos Hauptplatz fand 1755 der **Aufstand der Leventiner** gegen die Urner Vögte sein blutiges Ende: Drei Anführer wurden hier enthauptet und ihre Köpfe an die umstehenden Nussbäume genagelt (vgl. Exkurs „Der Aufstand der Leventiner").

Am nördlichen Dorfeingang an der Hauptstraße steht die **Casa da Legno,** ein ansehnlicher Strickbau mit drei Reliefs von 1582, welche die Anbetung der Könige, die Kreuzigung und die Muttergottes zeigen.

Die **Kirche S. Andres** hat zwei Kapellenpaare und einen mittelalterlichen Turm, die **Kapelle S. Bernardino** wurde 1595 umgebaut und besitzt ein Renaissancetor. Das Kapuzinerkloster am Südausgang stammt von 1608 und wurde 1786 umgebaut. In der Faido-Ebene finden sich erste Edelkastanien und Reben, am rechten Talhang liegt der Piumogna-Fall.

Mairengo und Umgebung

Von Faido aus führt auf der linken Talseite ein Sträßchen nach Mairengo und ins bescheidene **Skigebiet von Cari-Croce.** In der **Pfarrkirche S. Siro** in Mairengo ist die lombardisch-romanische Fassade erhalten geblieben. Die Kirche, bereits 1170 erwähnt, wurde im Spätmittelalter zur Doppelchoranlage ausgebaut. Ein deutscher Flügelaltar stammt aus dem Jahr 1510. Unter romanischen Blendnischen sind im Vor- und Innenraum spätgotische Wandgemälde aus dem frühen 16 Jh., die den heiligen Cyrus, Maria, den heiligen Sebastian und einen Papst als Sinnbild der kirchlichen Macht zeigen. Beide Chöre sowie die Nordwand des Schiffes wurden 1558 von *Gerolamo Gorla* ausgemalt.

Im zersiedelten **Campello** brechen Sportler zu den Höhen von Cari auf, wo Wintersport angesagt ist. Lifte führen unter anderen auch zu zwei schwarzen Pisten. Cari liegt sehr schön, wer hier jedoch Hotels sucht, ist fehl am Platz, es werden nur Ferienwohnungen angeboten. Unterhalb von Cari ist in der Kirche von **Molare** der prachtvoll geschnitzte Hochaltar von 1733 in Tabernakelform sehenswert.

Rossura

Das Haufendorf Rossura liegt, wie Mairengo, hoch auf der ersten Bergterrasse über dem Tal. Der Ort erinnert mit seinen von Steinplatten gedeckten Häusern an die Zeiten der Säumer. Beim angebauten Beinhaus der romanischen Kirche **SS. Lorenzo e Agata,** die südlich des Dorfes auf einem Felshügel liegt und von einem Kapellenkranz umgeben ist, sind Reste eines Christophorus-Gemäldes aus dem späten 12. Jh. zu sehen. Das heute einschiffige Kircheninnere mit dem vieleckigen Chor beherbergt einen Zyklus bedeutender **Malereien** aus dem 15. Jahrhundert von *Cristoforo* und *Nicolao da Seregno.* An der dem Haupteingang gegenüber liegenden Wand zeigen **Fresken** eines unbekannten Künstlers das Abendmahl, die Geißelung Christi, mehrere Heilige sowie das Fragment einer romanischen Malerei (Mönchskopf). Die Schlüssel sind bei Frau *Marina Alfonso* in Rossura erhältlich (Tel. 091 86 61 239).

Chiggiogna

Mit der **Kirche S. Maria Assunta** mit ihrem sechsgeschossigen romanischen Turm mit Zwillingsblenden und Biforen aus dem 11. Jh. besitzt Chiggiogna im Tal zwischen Bahndamm und Berghang einen bedeutenden Kirchenbau. Er birgt einen süddeutschen spätgotischen Flügelaltar von 1510. Fresken in der südlichen Kapelle zeigen Szenen aus dem Leben des heiligen Karl Borromäus von 1629, in der nördlichen Kapelle sind Malereien aus dem Jahre 1580 untergebracht. Das Beinhaus birgt Fresken von 1530.

Lavorgo und die Dörfer der Bergterrasse

In Lavorgo rauscht rechts der Wasserfall der Cribbiasca. Linker Hand führt eine Straße hinauf auf die **Bergterrasse** mit den typischen Leventiner Strickbauten mit offenen Giebeln zum Haufendorf **Calonico.** In malerischer Lage auf einem Felsvorsprung thront einsam der romanische Glockenturm der Kirche S. Martino mit seinen Zwillingsfenstern. Im Dorf steht die 1641 errichtete Kapelle S. Giovanni Battista mit Wandmalereien aus der Bauzeit.

In **Anzonico** liegt einsam die 1667 gebaute Kirche S. Giovanni Battista. Der Holzaltar ist ein Werk des einheimischen Künstlers *Felice Rigoli* aus dem Jahre 1791; die Kreuzigungsgruppe stammt aus Mailand.

In **Cavagnago,** auf über 1000 m ü. NN, erhebt sich im Ortsteil Segno das Kirchlein **S. Ambrogio** mit dem abseits stehenden gedrungenen Campanile. An der Südmauer beschützt ein großer Christophorus den Reisenden. Teile der Apsis sind spätromanischen Ursprungs, an der Südseite befinden sich Fresken aus dem 15. Jh. Im Zentrum sind die Majestas Domini und die Symbole der Evangelisten zu sehen, unten Heilige sowie eine Kreuzigung. Die spätgotischen Fresken (der heilige Laurentius, Caterina d'Alessandria, Margherita und der Erzengel Michael) werden Malern aus dem

Kreis der *Seregnesi,* der heilige Ambrosius und die thronende Madonna an den Wänden *Nicolao da Seregno* zugeschrieben. Sichtbar sind auch Spuren früherer Malereien und ein teilweise erneuertes Fresko aus dem 15. Jh. Der Schlüssel ist im Restaurant *La Faura* erhältlich. Am vierten Julisonntag findet hier die **Festa Patronale S. Anna** statt.

Chironico

Chironico, das man am besten von Lavorgo aus erreicht, hat malerische kleine Plätze; im Ortsbild wechseln Strickbauten mit gemauerten Häusern. Im Südteil der Ortschaft steht der mittelalterliche **Torre dei Pedrini** aus dem 14. Jh. In der Portalünette findet sich ein Fresko mit Madonna und Kind (Ende 15. Jh.) in der Art der Seregneser. Die kleine zweiapsidale Kapelle **SS. Ambrogio e Maurizio** im alten Dorfkern wurde in einer Bauetappe im 14. Jh. gebaut. Beachtlich sind ihre Fresken aus dem 14., 15. und 16. Jh. Eine erste, fast vollständige Ausmalung des Raumes erfolgte 1338 durch *Petrus Paulus Socus* aus Menaggio: Auf der Südseite der Apsis ist die Majestas Domini mit den vier Evangelistensymbolen zu sehen, darunter die Enthauptung Johannes des Täufers; an den beiden Triumphbögen je eine Verkündigung, an der Rückwand rechts vom Portal das Jüngste Gericht, links Überreste einer Verkündigung und einer Schutzmantelmadonna, an der Südwand Fragmente eines Marienzyklus, an der Nordwand Reste der Vita des heiligen Ambrosius. Jüngere Fresken in der Mandorla datieren um 1400. 1537 entstand in der Südapsis ein Scheitelgemälde mit der Gottesmutter und den Heiligen Johannes und Ambrosius. Die in den 40er Jahren des 20. Jh. nicht fachmännisch restaurierten Fresken wurden in den letzten Jahren nochmals überarbeitet; mittlerweile sollte der Prozess abgeschlossen sein.

Giornico

Durch die Spitzkehren der Biaschina hinab gelangt man ins stattliche Giornico mit seinem malerischen Dorfkern. Zwei alte Rundbogenbrücken führen zum Ortsteil San Nicola. Die **Kirche S. Nicolao** gilt als das **bedeutendste romanische Baudenkmal im Tessin.** Die frühere Benediktinerkirche wurde Anfang des 12. Jh. erbaut. Der Rechteckbau mit quadratischem Chor, halbrunder Apsis und rechteckigem Turm ist mit unterschiedlichen Granitplatten verkleidet. Der Turm hat Blendbogennischen mit Einzel- und Zwillingsfenstern. Die Fassade wird von Lisenen gegliedert, die von Zwillingsbögen überbrückt werden, darüber Giebel mit Zwillings- und Kreuzfenstern. Am Westportal kauern steinerne Löwen. Sowohl das West- als auch das Südportal zeigen **Figuren** an den Kapitellen, das Südportal ist mit bärtigen Kopfreliefs geschmückt. Die Westwand zieren zwei Tierskulpturen. Das Schiff hat einen offenen Dachstuhl, der Chor ein Kreuzgewölbe. Unter dem Chor liegt eine Hallenkrypta mit

035te Foto: ns

grätigen Kreuzgewölben. Die acht Säulen und Wandvorlagen tragen Kapitelle mit pflanzlichen, geometrischen und figürlichen Motiven. Augenfällig sind die Löwen, Hasen, Widder und Steinböcke. Die romanischen Fresken an der Nordwand des Schiffs zeigen Fragmente eines Abendmahls, an der Südwand Christophorus und zwei Heilige, vermutlich aus dem 13. Jh. In der Apsis und im Chorgewölbe finden sich spätgotische Fresken von *Nicolao da Seregno* von 1478: in der Kalotte sind die Majestas Domini mit den Evangelistensymbolen zu sehen, darunter die Hleiligten Godehard, Viktor, Petrus, Nikolaus mit dem Knaben im Bottich. Über dem Mittelfenster sind ein Trivultus, eine Kreuzigungsgruppe, Margaretha und Magdalena erkennbar. Im Kreuzgewölbe des Chors ist das Lamm Gottes dargestellt, am Altarblock die Geburt Christi, links ein heiliger Bischof, rechts die thronende Muttergottes. Die Zeichnungen sind fein und präzise ausgeführt, die Figuren ausgeprägt. Die Kirche ist meist offen, falls nicht: Anschlag am Portal beachten oder Tel. 091 86 41 321 wählen.

Die neben S. Nicolao gelegene **Kirche S. Michele** wurde im Spätmittelalter in eine dreischiffige Anlage umgebaut, 1644 wurde der Chor, 1787 das Schiff neu errichtet. Im Chorgewölbe finden sich Stuckaturen von 1714. Die Antoniuskapelle birgt einen spätgotischen Flügelaltar von 1517.

In Giornico siegten die Eidgenossen 1478 über die **Mailänder,** die Leventina wurde Uri zugesprochen. Die Kirche **S. Maria di Castello** befindet sich im Areal einer großen mailändischen Burg, die die Urner 1518 zerstörten. Im Süden der Kirche sind Mauerreste des Palas erhalten. Im 12. Jh. entstanden der Apsidensaal sowie der südliche Flankenturm, die Kirche wurde etwas später durch einen weiteren kürzeren Apsidenraum nach Westen und nach Süden erweitert. Im 14. Jh. wurde der Nordchor in Form eines tonnengewölbten Rechtecks neu gebaut. 1575 wurden die Kassettendecken in beiden Schiffen erneuert und die Sakristei angebaut. Die südliche Apsis zeigt romanische Lisenen und Zwergarkaden. Am Nordchor finden sich Reste eines spätgotischen Christophorus-Gemäldes. Die Innenräume werden durch Zwillingsarkaden getrennt. Im südlichen Chor sind **vorzügliche Fresken** eines *Seregnesi* zu bewundern: im Gewölbe Majestas Domini mit den vier Evangelistensymbolen, an der Stirnfront kämpft der heilige Georg mit dem Drachen, darunter sieht man zwei Märtyrer. An der linken Wand sind Werke eines anderen Künstlers zu sehen: Sie zeigen die Heiligen Bernhard und Blasius, Nabor, Felix und Luzius. An der rechten Wand stehen der heilige Sebastian mit Stifter, Märtyrer und dazwischen Christus über der Grabkufe. Die Malereien im Nordchor stammen von 1904. **Ach-**

Der Torre dei Pedrini in Chironico

tung: Die Kirche war bei unserem letzten Besuch Ende 2004 noch **einsturzgefährdet!** Sie müsste mittlerweile zwar längst saniert sein, falls der Zutritt aber noch versperrt ist, den Kirchenbesuch auf einen späteren Zeitpunkt verschieben.

Am linken Flussufer steht die winkelförmig um einen Hof angelegte **Casa Stanga** aus dem 16. Jh. Sie diente jahrhundertelang als Gasthaus. 50 Wappen an der Nord- und Ostfassade erinnern an Herzöge, Botschafter und Heerführer, die hier übernachtet haben. Die 1589 entstandenen Fresken stammen vermutlich von *Tarilli* und *Caresana.* Die Casa Stanga ist Sitz des **Museums der Leventina** (s.u.).

Die Fresken der **Friedhofskapelle** von Giornico stammen aus dem Jahr 1563, sie werden den *Tarilli* zugeschrieben. Im Hintergrund sieht man die Madonna auf dem Thron, die Enthauptung Johannes' und des heiligen Laurentius, an der rechten Seitenwand Sant'Anna Metterza, auf der linken Seite eine Skizze in Sepiatusche. Die drei Heiligen stellen die Kirchenpatrone der Orte Anzonico, Sobrio und Cavagnago dar, die früher zur Gemeinde Giornico gehörten.

Altirolo

In Altirolo findet sich unterhalb des Waldes eine Steinbogenbrücke. An der alten Gotthardroute steht die 1345 geweihte **Kirche S. Pellegrino,** die 1589 nach Osten erweitert und ausgemalt wurde. Beim Schwibbogen sind die vier Kirchenväter und die Heiligen Martin und Antonius Eremita dargestellt, im Bogen der Seitenkapelle sechs Prophetenmedaillons mit Inschrift, die *Giovan Battista Tarilli* und *Domenico Caresano* aus Cureglia als Künstler ausweisen. An den Seitenwänden des westlichen Schiffs finden sich Renaissancemalereien aus dem 16. Jh. An der östlichen Rückwand zeigen Fresken von 1589 das Jüngste Gericht und zwischen den Fenstern Apostelfiguren, darunter folgen Illusionsmalereien mit personifizierten Tugenden, an der Südwand befinden sich Grisaillemalereien. Der erhöhte Chor ist mit frühbarocken Stuckaturen und Fresken geschmückt, der Hauptaltar aus Stuckmarmor ist von 1766. Am dritten Sonntag im Mai findet hier die **Sagra di San Pellegrino** statt.

- **Schlüssel** bei *Doris Solari,* Giornico, Tel. 091 86 41 987; Kirche Tel. 091 86 41 321.

Pollegio

Bei Bodio sieht man rechts den einst größten Industriebetrieb des Tessins, die **Eisenwerke Monteforno.** 1000 Menschen fanden allein im Stahlwerk Arbeit, viele kamen bei elektrochemischen und mechanischen Industriewerken dazu. 1996 schloss die Anlage, sie wartet seitdem auf eine neue Nutzungsmöglichkeit.

In Pollegio wurde die **Kirche Santi Innocenti** an der Stelle errichtet, an der die Gefallenen der Schlacht von Giornico (1478) begraben liegen. Das heutige Gebäude stammt größtenteils aus dem 17. Jh.

Praktische Tipps

Information

- **Leventina Turismo,** in Faido an der Hauptstraße, Tel. 091 86 61 615, Di–Fr 8.30–11 und 14–17.30 Uhr, www.leventinaturismo.ch.

Unterkunft

- **Locanda Dazio Grande,** 6772 Rodi-Fiesso, Tel. 091 87 46 066, www. daziogrande. Das Urner Zollgebäude aus dem 16. Jh. am Eingang zur Piottinaschlucht ist heute ein kultureller Treffpunkt mit Galerie, Salon, Restaurants und großem Garten. Es hat fünf DZ auf der Gartenseite. Geöffnet von Mai bis Oktober. DZ mit Dusche/WC inklusive Frühstück sFr. 110.
- **Hotel Defanti,** Strada San Gottardo, 6746 Lavorgo, Tel. 091 86 51 434, www.defanti.ch. Kleiner, einfacher und sehr freundlicher Familienbetrieb in fünfter Generation mit guter Küche in hübschem Restaurant. Nahe der Gotthardbahn gelegen. DZ mit Dusche/WC sFr. 98.
- **Albergo delle Alpi,** 6799 Dalpe, Tel. 091 86 71 424. Älterer Familienbetrieb mit einfachen Zimmern mit Einbaudusche, teils mit Terrasse. Etagen-WC. DZ mit Frühstück sFr. 80.

Camping

- **Campeggio San Gottardo,** 6746 Chiggiogna, Tel. 091 86 61 562.
- **Centro vacanze Piantett,** 6760 Primadengo, Tel. 091 86 61 043.

Essen und Trinken

- **Enoteca Zamberlani Vini,** 6776 Piotta, Tel. 091 86 81 133. Der in einem schönen Holzhaus an der Kantonsstraße gelegene Laden für Tessiner und italienischen Wein sowie Grappa bietet auch eine Weintheke mit Apérohäppchen an.
- **Grotto dei due Ponti,** Giornico, Tel. 091 86 42 030. Lauschig gelegenes Restaurant auf einer Felsinsel im Ticino zwischen zwei Brücken.

Museen

- **Museo Etnografico di Leventina Casa Stanga,** 6745 Giornico, Tel. 091 86 42 522. Geöffnet Juli und August Mi–Sa 14–17 Uhr. Für Besuche des Talmuseums außerhalb der Öffnungszeiten Anmeldung unter oben genannter Telefonnummer oder Tel. 091 86 83 029. Gezeigt werden Werkzeuge, Haushaltsgegenstände sowie Exponate zu Brauchtum und Volkskunst.
- **La Congiunta,** *Fondazione La Congiunta,* 6745 Giornico, Tel. 091 86 42 215. Am Nordeingang des Dorfes, zwischen Ticino und Eisenbahnlinie, steht der Betonbau des Architekten *Peter Märkli* von 1992. Gezeigt werden hier Reliefs und Skulpturen des Bildhauers *Hans Josephson* aus den Jahren 1950 bis 1991. Schlüssel im Restaurant *Giornico.*

Wanderungen

- **Strada Alta:** In drei Tagen durch die Leventina. In mittlerer Höhenlage geht es auf dem alten Maultierpfad der Gotthardroute zwischen Airolo und Pollegio oder Biasca, über 40 Kilometer durch Siedlungen, Dörfer, Seitentäler, Bäche, Flüsse, Wiesen und Wälder. Hier findet man Pilze, geschützte Pflanzenarten wie Helm-Orchideen oder Holunder-Knabenkraut sowie verschiedene Tierarten.

1. Etappe Airolo – Osco (5 Std.): Vom Bahnhof Airolo durch das Val Canaria nach Madrano, über Brugnasco an der Ritom-Standseilbahn vorbei nach Altanca zur Cresta di Sopra (1421 m), dann über Ronco nach Deggio mit der Kapelle S. Martino und von hier über Lurengo nach Osco. Mit Übernachtungsmöglichkeit.

2. Etappe: Osco – Anzonico (ca. 3 Std.): Von Osco durch die Schluchten des Ri di Ri nach Calpiogna, weiter zum Weiler Figgione und zum typischen Rossura mit seiner Kirche SS. Lorenzo e Agata. Vom hübschen Tengia geht es über Calonico nach Anzonico. Mühsamer ist die Variante: Tengia – Berghütte Sorsella – Monti di Co – Anzonico. Übernachtungsmöglichkeit.

3. Etappe: Anzonico – Biasca (4½ Std.): Von Anzonico an der Kapelle vorbei nach Segno mit seiner Kapelle S. Ambrogio, dann weiter über Wiesen nach Cavagnago. Von der schönen Gesamtanlage San Lorenzo von Sobrio durch die Schlucht des Vallone zur Berghütte Bitanengo, von hier nach Dicanengo und Conzanengo; Abstieg nach Pollegio. Entlang der Bahnlinie führt der Weg nach Biasca.

● **Wanderungen zu den Bergseen der Regionen Piora und Cadlimo:** Ausgangspunkt ist der Lago Ritóm (1850 m), erreichbar mit der Standseilbahn von Piotta. Von dort sind die Seen Lago di Cadagno (1923 m), Lago di Dentro (2298 m) und Lago Miniera (2525 m) erreichbar. Verschiedene Wege führen zum Lago Scuro (2451 m) oder zu den Laghi di Taneda (2305 m und 2248 m) und dem Lago di Tom (2021 m). Ein Rundweg führt von Piora in ca. 7½ Std. zum Lago di Ritóm und zum Lago di Tom, von hier zur Geländeterrasse der Laghi di Taneda, weiter hinauf zum Lago Scuro und von hier zur Capanna Cadlimo. Von dieser oberhalb des Lago dell'Isra zu Stabbio Nuovo und weiter über den Pass dell'Uomo zur Capanna di Cadagno nach Piora zurück. Bergausrüstung ist erforderlich. Am Ritomsee gibt es ein Restaurant mit Übernachtungsmöglichkeit. Weitere Möglichkeiten bieten die Berghütten Capanna Cadagno (1987 m) und Capanna Cadlimo (2570 m). Von Piora aus gelangt man über die Pässe Columbe (2380 m) und Sole (2379 m) auf den Lukmanier. Die Pässe Sole und Predelp (2245 m) liegen bereits auf dem Gemeindegebiet von Faido.

● **Wanderungen zu den Bergseen von Tremorgio und Leit:** Der Ausgangspunkt ist Rodi, von hier Aufstieg zum Lago Tremorgio (1830 m) und weiter zur Alpe Campolungo (2086 m). Von hier ist der Aufstieg zum Lago Leit (2600 m) und Lago Varozzeira (2405 m) in drei Stunden möglich, wenn die Seilbahn von Rodi zum Lago Tremorgio benutzt wird. Fünf Stunden benötigt man zu Fuß ab Rodi. Der Höhenunterschied beträgt 1465 m. Bergausrüstung ist notwendig. Berghütten warten in Tremorgio und Leit. Die Capanna Leit ist von verschiedenen Ortschaften aus erreichbar: von Dalpe in viereinhalb Stunden, von Fusio über den Passo Campolungo in drei Stunden, von der Capanna Campo Tencia aus in zwei Stunden. Vom Pizzo Campolungo aus genießt man den Blick auf das Massiv des Campo Tencia. Vom Lago Tremorgio aus kann man den gleichnamigen Berg (2669 m) besteigen, mit prächtiger Aussicht auf die Leventina. Guten Alpinisten vorbehalten bleibt die Besteigung des Pizzo Prèvat (2558 m). Ebenso ist ein Rundgang von Rodi-Fiesso über den Tremorgio-See nach Prato und zurück nach Rodi in 6 Std. denkbar, mit der Luftseilbahn 2 Std. 45 Min. kürzer. Das Gebiet Campolungo – Campo Tencia – Piumogna ist geologisch sehr interessant und wurde in das Inventar der Landschaften von nationaler Bedeutung eingetragen. Man sieht hier Enzian, Anemonen, Männertreu, Rhododendren, Berg-Hahnenfuß, Alpen-Akelei, Gemeinen Seidelbast, Berg-Hauswurz, Alpen-Grasnelke und Hallers Primel. Schmetterlingsliebhaber treffen auf den äußerst seltenen *Erebia flavofasciata,* der auch „Kleiner Schmetterling des Campolungo" genannt wird.

● **Weg der Vergangenheit:** führt in drei Stunden von Altirolo zur Kirche S. Pellegrino und von hier nach Chironico, wo die romanische Kirche S. Ambrogio sehenswert ist. Über Grumo und die Anhöhe von Calasc geht es dann nach Orsino und zurück nach Altirolo.

● **Wanderlehrpfad Ri di Laium:** Diese Rundwanderung (3½ Std.) mit Ausgangspunkt Büiett, erreichbar von Lavorgo, hat 17 didaktische Stationen, markiert durch Kastanienpfähle. Hier erfährt man Wissenswertes über den Schutz- und Naturwald, über Bodenprofile und Steinwege, Bäume, Flechten, Moose und Farne, über verwaiste Häuser, Naturgefahren und Lawinenverbauungen, über die Entwicklung des Waldes und über Tiere wie z.B. den Borkenkäfer. Festes Schuhwerk ist empfehlenswert.

● **Kunstpfad im Föhrenwald** *(Sentiero d'arte in pineta):* Etwas südlich von Cavagnago (erreichbar von Lavorgo und Anzonico) haben Freizeitkünstler in einem geschützten Föhrenwald einen 1,8 km langen Pfad zu den Themen Religion und Toleranz gestaltet.

● **Radwanderungen:** Eine Route führt vom Sankt Gotthard nach Bellinzona (ausgeschildert). Von Bellinzona bieten sich drei verschiedene Routen an: durch das Misox zum San Bernardino, auf dem Veloweg nach Locarno oder nach Chiasso.

Biasca

Biasca ist **kirchliches und politisches Zentrum** der drei Täler Leventina, Blenio und Riviera, die kirchlich bis 1888 zum Bistum Mailand gehörten. 1512 zerstörte ein Bergrutsch Teile des Dorfes, staute den Brenno und verursachte eine große Überschwemmung. Im 19. Jh. verlagerte sich der Dorfkern in die Ebene.

An der Piazzetta, am Kreuzungspunkt der Straßen zu den Alpenpässen Lukmanier und Gotthard, hat sich der Museumssitz **Casa Cavalier Pellanda** von 1586 erhalten. Er wurde im Stil der lombardischen Renaissance von *Giovan Battista Pellanda* erbaut. 1986 wurde das Haus von *Fabio Reinhart* und *Bruno Reichlin* restauriert und in ein **Kulturzentrum** umgewandelt.

1999 gestalteten *Giorgio* und *Michele Tognola* mit einem neuen Gräberfeld den **Friedhof** neu. Früher sah man auf dem Friedhof viele **Atheistengräber,** die mit herzförmig zugeschnittenen Holztafeln gekennzeichnet waren, auf denen nur die Initialen oder die Namen standen. Biasca war im 19. Jh. eine Hochburg der Liberalen, die oft auch Atheisten waren. Ihren Kinder gaben sie fantasievolle, opernhafte Taufnamen wie Othello, Dusnelda oder Aida und ignorierten so die Kalenderheiligen.

Der **Kindergarten** in der Via Visani ist ein Bau von *Aurelio Galfetti* aus dem Jahr 1964. Am nördlichen Ortsrand liegen an der Via ai Grotti verschiedene **Grotti.** Von der Pfarrkirche S. Carlo geht es aufwärts zur romanischen Propsteikirche S. Pietro e Paolo.

Kirche SS. Pietro e Paolo

SS. Pietro e Paolo ist **eines der wichtigsten romanischen Bauwerke der Schweiz,** geschmückt mit Wandmalereien aus dem 12. bis 17. Jh. Die oberhalb von Biasca liegende Kirche geht auf das 11. oder 12. Jh. zurück. Umbauten im 17. und 18. Jh. hatten eine Erhöhung des Bodenniveaus, der Pfeiler, der Fenster und des Gewölbes über dem Mittelschiff zur Folge. Bei Rekonstruktionen im 20. Jh. näherte man sich dem ursprünglichen romanischen Zustand wieder an.

Die dreischiffige Pfeilerstufenhalle mit erhöhtem Mittelschiff ist gegen den Berghang gerichtet und weist eine merkliche Neigung des Fußbodens auf. Die überhöhte Chorpartie mit halbrunder Apsis steht auf dem Felsen, das westliche Schiff auf einem künstlichen Sockel. Verschiedene Steinstrukturen und Außengliederungen kontrastieren miteinander: Lisenen und Zwergbogenfriese an Apsis und Südseite, Blendarkaden an der Nord- und Westseite und im Fassadengiebel Zwillingsfenster, Arkadenfries und Kreuzlucke. Der stämmige **Turm** besitzt Zwillingsfenster im Glockengeschoss unter einem hohen Zeltdach (12. Jh., Zugang zum Turm über eine Steinbrücke). An der Westseite liegen eine Freitreppe von 1685 und eine toskanische Vorhalle von 1772.

Fünf durch Arkaden verbundene Pfeilerpaare unterteilen den Innenraum in drei Schiffe. Das steigende Fußbodenniveau wird durch Stufen am zweiten und vierten Pfeilerpaar überwunden. Die drei Chorkapellen haben Kreuzrippengewölbe auf Konsolen, über der halbrunden Apsis befindet sich ein Kalottengewölbe. Haupt- und Nebenschiff haben flache Felderdecken mit Dekorationsmalereien aus dem 20. Jh.

Zahlreiche **Basreliefs** aus verschiedenen Epochen sind in die Mauern eingelassen. Auch die **Fresken** an den Kirchenwänden stammen aus mehreren Jahrhunderten. Zu den ältesten Fresken zählen der monumentale Christophorus an der Fassade neben dem Eingang sowie die Grissaillemalereien des Hauptchors und des nördlichen Nebenchors (Pferd, Wolf, Hahn, Schmied, Löwe, Schlange, Pfau). Die meisten Wandmalereien sind um 1500 entstanden. Die Fresken am Triumphbogen und die Darstellungen über den beiden Seitenchören sowie einige Apostelfiguren sind in der Art der *Tarilli* gemalt (16. Jh.). Bemerkenswert an der Südwand über dem Portal sind die Szenen aus dem Leben des heiligen Karl Borromäus, *Alessandro Gorla* zugeschrieben: die Schlusszeremonie des Konzils von Trient mit dem heiligen Karl, umgeben von Szenen aus seinem Leben mit Inschriften. Rechts vom Eingang liegt die **Rosenkranzkapelle,** die *G. B. Pellanda* im 17. Jh. bauen ließ; ihre Renaissancestuckaturen zeigen gemalte Engel und Mariensymbole.

Von der Kirche führt ein Kreuzweg von 1779 in 30 Minuten zum **Wasserfall Santa Petronilla** und zur gleichnamigen Kapelle. Die Kreuzwegkapellen wurden 1998 renoviert und mit Mosaiken von *Giuseppe Bolzani, Max Läubli, Giancarlo Tamagni* und *Mauro Vaslangiacomo* geschmückt.

• **Schlüssel** am Eingang der Kirche S. Carlo oder im Verkehrsbüro in der Casa Pellanda, Tel. 091 86 21 139.

Riviera

Die Riviera reicht von Biasca nach Gorduno, wo die San-Bernadino-Passstraße in die Gotthardstraße einmündet. In der Riviera wird das Tal des Ticino (deutsch: Tessin) breiter, die **Vegetation** mit Feigen-, Nuss- und Maulbeerbäumen wirkt schon südlicher. Rebstöcke wechseln mit Wäldern und Wiesen, in 30 **Steinbrüchen** wird u. a. Glimmergneis für den Dachbau abgebaut. Die **Tourismus-Angebote** sind bescheiden.

Die Riviera wurde, wie die Magadino-Ebene, oft von **Naturkatastrophen** heimgesucht. Die verheerendste war wohl die von 1514, als der Damm eines Sees im Bleniotal brach und ungeheure Gesteinsmassen ins Tal des Ticino geschoben wurden. Sie rissen bei Bellinzona die Brücke mit sich; Locarno blieb für Jahrhunderte vom linken Talboden getrennt.

Auf beiden Talseiten der Riviera liegen Dörfer und führen Straßen nach Bellinzona.

Westliche Talseite

Von Biasca über die Brücke links durch Granitsteinbrüche und Mischwald mit Kastanien, Tannen, Lärchen und Kiefern geht es zum Dorf **Iragna,** das wie die folgenden Dörfer auf dem Schuttkegel eines Baches liegt. Der Rathauskomplex wurde 1995 von *Raffaele Cavadini* errichtet, gebaut wurde mit einheimischem Granit. Ebenfalls aus Granit ist die Skulptur auf dem Dorfplatz.

Von Lodrino führt ein Weg nach **Palio** hinauf, wo auf dem Monte Paglio die 1215 erwähnte romanische Kirche S. Martino liegt. Sie ist verputzt und nicht gegliedert. Die Kirche zieren Fresken aus dem 14. und 15. Jh. und in der Apsis Wandmalerien von 1583, die den *Tarilli* zugeschrieben werden. Die Fresken an der Nordwand stammen von *Tommaso de Creppa* aus Varese.

Über **Lodrino** mit seinen Granitsteinbrüchen und Grotti, **Prosito** und das am Ausgang eines düsteren Tals liegende **Moleno** mit seiner markanten Kirche führt die Straße in das stattliche **Preonzo** mit seinen Häusern aus dem 15. und 16. Jh. Sie sind durch Rundbogenportale und Außentreppen charakterisiert. Das Portal des Pfarrhauses ziert eine ländliche Malerei des 17. Jh. Ein eingemauertes Muttergottesrelief aus der Mitte des 16. Jh. schmückt ein anderes Haus. Die barockisierte Pfarrkirche ist von 1533, älter ist der verputzte, vermutlich noch romanische Turm. Im Chor gibt es Kreuzgewölbe mit hervorragenden Stuckaturen; Wandmalereien finden sich an Fassade und Chor. Die Kirche birgt einen prachtvoll geschnitzten dreigeschossigen Hochaltar.

An einer Erdölraffinerie vorbei gelangt man zum erhöht gelegenen **Gnosca** mit der kleinen romanischen Kirchenruine S. Giovanni Battista, die auf das 12./13. Jh. zurückgeht und im 15./16. Jh. erweitert wurde. 1992 restaurierten *T. Carloni* und *A. Martella* das nur noch in seinen Grundmauern erhaltene Bauwerk unter Verwendung modernen Baumaterials. Der dachlose Bau dient als Ausstellungsraum für Skulpturen.

Das Dorf **Gorduno** mit intaktem Ortsbild liegt auf einem nach Süden jäh abfallenden Felsplateau. Über **Carasso** führt die Straße über den Ticino nach Bellinzona.

Östliche Talseite

Osogna

Von Biasca kommend, am fast senkrechten Felsen entlang mit Sicht auf einen Wasserfall und rechts das Tal vor Augen, führt die Hauptstraße nach Osogna. Vor dem Ort drehen Knaben Runden auf einer Kartpiste. Osogna wird dominiert von der spätmittelalterlichen Kapelle **S. Maria di Castello,** die auf dem Gebiet einer abgegangenen Burg liegt. Sie hat einen eingezogenen Chor und ein Schiff mit offenem Dach und birgt Fresken des 15. und 17. Jh. sowie einen vorzüglichen schwäbischen Flügelaltar von *Yvo Striegel* von 1494. In der Nähe stürzt ein schöner Wasserfall ins Tal.

Osogna hat ein weitgehend intaktes Dorfbild, im Ort hatte bis 1798 die Landvogtei Riviera der Urkantone ihren Sitz. In der barockisierten **Pfarrkirche** zeigt der Chor beachtliche Stuckaturen von 1719. Am Berghang südöstlich des Dorfes liegt die Kapelle **S. Maria Addolorata** mit einem schönen Barockaltar von *Franz Josef Kraus* aus dem Jahre 1706.

Cresciano

In Cresciano erhebt sich der romanische Turm der spätmittelalterlichen **Kirche S. Vincenzo** beherrschend über dem Dorf. Das oberste der fünf Geschosse wurde im 19. Jh. neu gebaut. Der Ort wird gnadenlos von Bahn und Straße durchschnitten.

Claro

Claro liegt auf einem von zwei Flüssen gebildeten Schwemmkegel. Hoch über Dorf und Tal thront das nur zu Fuß durch einen Kastanienwald erreichbare **Benediktinerinnenkloster,** 1490 gegründet. Der auf das 15. Jh. zurückgehende Rechteckbau der Kirche erfuhr 1684 eine Verlängerung, der Kirchturm wurde 1783 in der oberen Hälfte neu gebaut. Im Inneren finden sich spätgotische Wandmalereien, in der Kapelle vorne rechts die Pietà von einem süddeutschen Meister um 1500. *Pia Durisch* und *Aldo Nolli* haben den Klosterkomplex von 1996 bis 2004 einfühlsam restauriert.

Weinbau in Ludiano im Valle di Blenio

Castione

Wo heute das Dorf Castione liegt, gab es bereits in der Bronzezeit eine Siedlung, wie zahlreiche Grabfunde belegen. Seit Jahrhunderten wird hier **Marmor** gebrochen.

Lumino

Am Taleingang des Misox liegt Lumino. Seine spätgotisch wirkende **Pfarrkirche S. Mamete** enthält spätgotische Fresken. Der Chor hat ein Kreuzgewölbe mit stuckierten Rippen und eine Relieffigur aus dem späten 16. Jh. In der Nordwand findet sich ein beachtliches Wandtabernakel in Form einer Arkade aus weißem Marmor mit ländlichen Reliefs (um 1530). Sehenswert sind auch die zwei Weihwasserbecken aus Granit und Marmor.

Praktische Tipps

Information

- **Biasca e Riviera Turismo,** 6710 Biasca, Tel. 091 86 23 327.

Unterkunft/ Essen und Trinken

- **Al Giardinetto***,** Via Pini 21, 6710 Biasca, Tel. 091 86 21 771, www.algiardinetto.ch. Ein neueres Haus mit Pizzeria und Restaurant mit netter Terrasse; DZ mit Dusche/WC sFr. 145–185.
- **Nationale**,** Via Bellinzona 24, 6710 Biasca, Tel. 091 86 21 331, www.albergonationale.ch. In der Nähe des Bahnhofs. Renovierte, einfache kleine Zimmer, zum Teil mit Balkon (Zimmer nach hinten verlangen). Mit schönem Restaurant; DZ mit Dusche/WC sFr. 140–180.
- **Grotto Pini,** Via ai Grotti 34, Biasca, Tel. 091 86 21 221. Ein sehr beliebtes Grotto.

036te Foto: ns

Valle di Blenio

Das nach Süden gerichtete, auch als **Sonnental** (Val del Sole) bezeichnete Valle di Blenio lässt sich sowohl von Biasca aus als auch über den **Lukmanier-Pass** (Passo del Lucomagno) erreichen. Mit 1916 m ist der Lukmanier der niedrigste Alpenpass der Schweiz.

Der „Luggiam" diente schon den Kelten und Römern als Transitweg; *Otto der Große,* Begründer des Heiligen Römischen Reiches, zog drei Mal über den Pass und räumte mit den Sarazenen auf, die damals das Bleniotal und Dissentis mit ihren räuberischen Horden unsicher machten.

1182 gelobten die Männer der Leventina und des Bleniotals im „Pakt von Torre", einem **Vorläufer des Rütlischwurs** von 1291, dass ohne ihre Erlaubnis keine Burg mehr in ihren Tälern gebaut werden dürfe und sie keine kaiserlichen Vögte mehr akzeptieren wollten. Profitieren konnte von diesem Bund vor allem das Domkapitel Mailand, das in den drei ambrosianischen Tälern (eingeschlossen Riviera) den Podestà stellte, bis 1403 der Graf von Misox und Lugnez, *Alberto Sacco (Sax),* und später die Eidgenossen die Herrschaft über die Täler übernahmen.

Im Laufe der Jahrhunderte verlor der Lukmanier durch den Ausbau der Gotthardroute an Bedeutung, wodurch das Tal viel von seinem Wohlstand einbüßte. Nun abseits der wichtigen Verkehrswege, blieb den Söhnen des Tals oft nur die **Emigration.** Einige Auswanderer kamen zu Wohlstand und zogen weitere Dorf- und Talleute in ihre europäischen oder überseeischen Unternehmungen und Fabriken nach. In der zweiten Hälfte des 20. Jh. versuchte auch hier die Talschaft die Abwanderung zu bekämpfen. So bezweckt etwa der **Bund zwischen Riviera, Blenio- und Leventinatal „Tre Valli"** eine moderne, ökologische Entwicklung der Region. Neben Fremdenverkehr und Alpenwirtschaft setzt das Tal heute auf den Anbau von **Heilkräutern.** In Olivone wie auch in anderen Dörfern wird ihr Anbau unter wissenschaftlicher Begleitung betrieben.

Rundfahrt durch das Tal

Nach Biasca zwängt sich die Straße mit dem Flüsschen **Brenno** durch einen Engpass, und unvermittelt weitet sich das Tal. Hinter dem Reisenden liegt das Bergsturzgebiet der Biasca von 1512.

Semione

Bei der Abzweigung nach Loderio gelangt man auf einer Nebenstraße nach Semione, ein stattliches Dorf über dem rechten Ufer des Brenno mit herrschaftlichen Häusern. Die 1731–36 neu erbaute **Pfarrkirche S. Maria Assunta** bildet mit dem Kapellenkranz, der Friedhofssäule und dem Beinhaus eine malerische Anlage. Das Beinhaus, ein niedriges, nach Westen offenes Gebäude mit doppeltem Tonnengewölbe, zeigt an der Fassade ein Barockfresko der Auferstehung. Innen sind beachtliche Fresken der *Seregnesi* aus dem 15. Jh. zu sehen, an der Chorfront die Kreuzigung mit den Heiligen Johannes der Täufer und Antonius Eremita, im Gewölbe die Majestas Domini mit den vier Evangelistensymbolen sowie die Kirchenväter, links eine Epiphanie, rechts die Heiligen Christophorus, Luzius, Sebastian, Margaretha, Mamette und Dominika.

Die 1606 gebaute **Kapelle S. Carlo** mit einem Fassadenfresko des heiligen Karl birgt Wandmalereien der Brüder *Tarilli* von 1608. Das kleine **Dorfmuseum** gibt Auskunft über heimische Fossilien und Mineralien (geöffnet von Ostern bis Oktober, Mo–Do 14–17 Uhr).

Kurz vor dem Dorf Ludiano (bei einer kleinen Kapelle in einer Kurve) führt ein Weg talabwärts zur **Burg Serravalle,** die auf einem Felsensporn in einem Kastanienhain den Talriegel überwacht. Von ihr sind eindrucksvolle Überreste erhalten: beim nordwestlichen Eingang Grundmauern eines Rundturmes sowie ein Palas mit Torgebäude an der Ostseite. Drei gemauerte Rundpfeiler gehören zu einer Halle, die in einen Längsraum mit Ofenanlage führt. An seiner Westseite steht ein halbrunder Wehrturm mit tonnengewölbtem Wachraum. Die umschließenden Mauern, die auch den Hügel einschlossen, sind teilweise erhalten. Die Anlage wurde 1162 durch den kaiserlichen Vogt des Tals, *della Torre,* gebaut, 1176 hielt sich *Friedrich I. Barba-*

Die Gatti aus Dongio – ein Erfolgstrio in London

In Olivone im Bleniotal verraten etliche Grabsteine, dass die Verstorbenen zwar hier geboren, aber in London bestattet oder gestorben sind. Warum London?

Das Bleniotal war einst bekannt für seine **Schokoladenhersteller,** die sich ihr Handwerk in Mailand bei den Spaniern abgeguckt hatten. Noch bis ins 20. Jh. stellte in Dongio eine Fabrik die süße Leckerei her.

Die Bleniesi trugen ihr Wissen in alle Winkel Europas, wo sie ihre Schokolade in Tee- oder Kaffeestuben anboten und sich auch dem Handel mit Kakao, Kaffee, Zucker und anderen Kolonialprodukten verschrieben. Mitte des 19. Jh. brachen die Brüder *Carlo, Giuseppe* und *Giovanni Gatti* von Dongio nach London auf. Hier eröffneten sie mehrere Konditoreien, die neben Backwaren auch Eis anboten. Die Nachfrage war so groß, dass die Brüder innerhalb von zehn Jahren acht Schokoladenfabriken errichteten.

In Paris, wo die *Gattis* ihren Vater besucht hatten, der dort mit Früchten handelte, hatten die Brüder die mondänen Pariser Etablissements kennen gelernt; Ähnliches schwebte ihnen nun für London vor. Sie eröffneten verschiedene Lokale, in denen man Musik hören konnte. Ihre Restaurants hatten wie die Bistros Glasveranden und Tische auf den Gehsteigen. Hier waren auch Damen gern gesehene Gäste, ganz im Gegensatz zu den herkömmlichen Londoner Pubs und zu den ehrwürdigen Altherren-Clubs. Ball- und Konzertsäle und die bekannte Gatti-Music-Hall rundeten das Angebot ab.

Giovanni brachte es im weiteren Verlauf seiner Karriere zum Musikimpresario und zum Besitzer verschiedener Theater und Luxusrestaurants mit französischer Küche. Einer der Brüder führte den Eiswagenverkauf ein; so konnten die Eisprodukte mobil auf der Straße an die Kunden gebracht werden. Bald gliederten die *Gatti* ihren Geschäften auch einen Eisbarren-Handel an. 20 Schiffe transportierten das weiße Gut von den norwegischen Fjorden nach London, wo es auf 400 Karren verladen wurde.

Ihre Heimat vergaßen die drei Brüder aber in der Fremde nicht: Drei Bräute aus dem Bleniotal vertrieben ihnen das Heimweh, und viele Verwandte und weitere Dorf- und Talbewohner aus dem Bleniotal und aus der Leventina fanden dank der erfolgreichen *Gattis* in London Arbeit und oft auch eine neue Heimat.

rossa hier vier Tage lang auf. Durch seine Niederlage bei Legnano fiel Serravalle an Mailand. 1181 wurde die Anlage zerstört, im 13. Jh. durch die *Visconti* wieder aufgebaut und 1402 durch die Talbewohner abermals zerstört. Die Ruine wurde 1932 gesichert.

Am Südrand der Burganlage liegt die **Kapelle S. Maria del Castello,** 1339 erwähnt. Die über einen Meter dicke Südwand soll die Ringmauer der Burg enthalten. Der Chor wurde von *Giovanni Battista* und *Domenico Tarilli* ausgemalt.

Navone

Im malerischen Weiler Navone bei Semione steht die reizvolle **Barockkapelle S. Maria Bambina,** 1667 gebaut. Die Kuppel wurde von *G. Solvia* und

G. Soldati vollständig ausgemalt. Das Altargemälde entstand um 1500. Durch die Rebhänge führt die Straße zum Dorf **Ludiano** mit seiner stattlichen **Barockkirche** von 1780.

Dongio

Vor der Brücke nach Motto steht in Motto di Dongio einsam die **Kapelle S. Pietro.** Ihr romanischer Apsidensaal wurde 1581 erhöht und nach Westen verlängert, der Turm ist im Unterteil ebenfalls noch romanisch. Der Quader-Altbau ist sorgfältig gearbeitet, im Inneren finden sich Fresken des 13. bis 15. Jh. sowie ein bemerkenswerter Altar und Gräber. Die Hauptstraße führt weiter nach Dongio, dessen Kirche und ein Teil des Dorfes 1758 durch einen Bergrutsch zerstört wurden. Zwei Jahre später wurde die spätbarocke **Kirche SS. Luca e Fiorenzo** von *Stella* gebaut.

Über dem Dorf liegt die mittelalterliche **Höhlenburg Casa di Pagani** („Heidenhaus"). Von diesen sicheren Felsburgen aus plünderten einst räuberische Horden von Sarazenen wohlhabende Reisende.

Boscero

Gleich nach der Brenno-Brücke liegt links in Boscero in einsamer Lage in der Talsohle die romanische **Kapelle S. Remigio** mit beachtlichen Fresken der Romanik und des Manierismus. Der südliche Saal der unverputzten Zwei-Apsiden-Anlage stammt aus dem 11. Jh. Er wurde im 12. Jh. nach Norden erweitert, wobei ein ähnlicher, aber kleinerer Raum entstand, der im Barock in eine Sakristei und eine Kapelle umgewandelt wurde. Die Wandmalereien aus dem 13. Jh. stammen von einem ländlichen Maler: in der Apsis eine Majestas Domini mit den Evangelistensymbolen, darunter die 12 Apostel in Dreiergruppen, am Chorbogen die Verkündigungsgruppe, an der Südwand Christophorus und Nikolaus von Myra. Links des Chorbogens ist Remigius dargestellt, Maria über dem Sakristeiportal. Im Schiff und in der Kapelle finden sich abgelöste Wandbilder der *Tarilli* von 1600 mit identischen Motiven der romanischen Fresken, zusätzlich eine Abbildung des heiligen Michael als Seelenwäger. Am Blockaltar stehen zwei romanische Apostelfiguren und Reste von Pilastern aus Stuck aus dem 13. Jh.

● Der **Schlüssel** ist bei Herrn *Conceprio* erhältlich, erstes Haus rechts (Richtung Acquarossa); oder Angaben beim Kirchenportal beachten.

Corzonesco

Casserio westlich von Corzonesco ist ein hübscher intakter Weiler mit einer kleinen rechteckigen Kapelle. Unterhalb des Dorfes Corzonesco bildet die **Kirche** mit der Friedhofsmauer mit Kapellenkranz, dem Beinhaus und dem Pfarrhaus ein eindrucksvolles Ganzes in beherrschender Terrassenlage. Der Friedhof bietet eine schöne Sicht talaufwärts. Neben dem Westportal der Kirche steht eine Außenkapelle, die 1587 von den Brüdern *Tarilli* ausgemalt wurde. Die Marienkapelle besitzt Stuckaturen von *Gio Rezia*. Die Fresken an der Südwand der Sakristei

037te Foto: ns

stammen aus der Werkstatt der *Seregnesi:* Kreuzigung, Beichte mit Schriftrolle, rechts San Vittore.

Am alten Saumpfad, der von der Kirche nach Scarada hinunterführt, liegen zwei kleine, tonnengewölbte Wegkapellen mit Fresken von *da Tradate* aus dem Jahr 1510.

Leontica

Das hoch gelegene Leontica besuchen Gäste vor allem wegen der berühmten romanischen Kirche S. Ambrogio, besser bekannt unter dem Namen S. Carlo Negrentino. Leontica gehört zur Gemeinde Prugiasco. Der Kern dieser Gemeinde hat sich seit Langem ins Tal verschoben. Auch im Tal, in Prugiasco, gibt es eine schöne Kirche mit dem Namen S. Ambrogio; sie stammt aus dem Jahre 1700. Ein Abstecher nach Leontica ist aber auf jeden Fall lohnenswert, schon allein aufgrund der Lage des Dorfes; auch das Dorfbild ist sehenswert. Die vom hohen Campanile von 1925 überragten Häuser haben gestrickte Wohngeschosse. Das Auto kann man im Dorf stehen lassen; in der kleinen Locanda nach dem Schlüssel der Kirche fragen und den gut beschilderten Weg über den Bach durch den Wald hinunter wandern zur einige Minuten entfern-

Kapelle San Remigio in Boscero

ten **Kirche San Carlo Negrentino.** Auch in der Dorfgaststätte von Prugiasco kann man einen Kirchenschlüssel bekommen.

Auf dem Weg zur Kirche kommt man etwas oberhalb von Leontica an der Sesselbahntalstation vorbei, die zum **Wander- und Skigebiet Bassa di Nara** führt. Im Winter warten hier zwei Sesselbahnen, drei Skilifte, 30 Kilometer Piste, sieben Kilometer Loipe und fünf Kilometer Rodelbahn auf Gäste. Im Sommer locken viele Wanderwege. An der Zwischenstation Cancori kann man geführte Pferdetouren buchen, sich im Restaurant verpflegen, im Winter auch an der Skibar auf dem Pian Nara einen Drink genehmigen (1937 m ü. NN).

Kirche S. Ambrogio (auch S. Carlo Negrentino)

Die Kirche thront in unvergleichlicher Lage am ehemaligen Saumpfad zum Nara-Pass über dem Tal und gilt als das authentischste Zeugnis **lombardischer Romanik** in der Schweiz; ausgestattet ist sie mit romanischen und ganz vorzüglichen spätgotischen Wandmalereien. Die Anlage, erwähnt 1214, ist in zwei Bauetappen entstanden. Der romanische Apsidensaal vom

San Carlo Negrentino

Ende des 11. oder Anfang des 12. Jh. erfuhr im 13. Jh. eine südliche Erweiterung durch einen schmaleren, aber sonst gleichen Raum. Die Eingänge wurden ins Südschiff verlagert. Im 12. Jh. entstand der Campanile, aus späterer Zeit sind die Sakristei und die Fenster in den Apsiden.

Die Halbrundapsis hat verschieden große und farbige Quaderlagen und wird durch Lisenen und Zwergarkaden gegliedert. Sie zeigt ein romanisches Pfauenrelief. Der Turm hat Zwillingsarkaden und ein Zeltdach, an der Ostwand prangen zwei Kreuzwappen der Leventina, darüber das von Uri. In der Lünette ist ein Fresko, darüber der heilige Michael, entstanden um 1500. Der flach gedeckte Innenraum wird durch ein Arkadenpaar über einem Rundpfeiler geteilt. Die romanischen Wandgemälde stammen vermutlich aus dem späten 11. Jh. An der Westwand des Nordschiffes steht Christus in der Tunika vor einem Kreis, seitlich sind eine Lanze und ein Essigschwamm erkennbar, links und rechts flankiert von Aposteln, darüber liegt ein Mäanderfries mit Lämmern und einem Polypen. Die spätgotischen Fresken sind in der Art der *Seregnesi* gemalt, sie stammen aus der zweiten Hälfte des 15. Jh. In der Nordapsis findet sich eine Majestas Domini, darunter die 12 Apostel in Dreiergruppen und Draperie über romanischen Fresken, am Chorbogen sieht man Verkündigungsfiguren, darüber ein romanisches Mäanderfries. In der Arkade sind die Heiligen Stephanus und Katharina sowie 12 Prophetenbüsten zu sehen. Die Nordwand zeigt eine Kreuzigungsgruppe und eine thronende Muttergottes mit Antonius Eremita und Bernhardin von Siena sowie darunter zwei weitere Muttergottesfiguren. Links ist der heilige Ambrosius abgebildet. Die Gemälde im Südschiff stammen vermutlich von *Antonio da Tradate* (16. Jh.). In der Apsis sieht man eine Krönung Mariä, in der Südwand die Vertreibung Joachims aus dem Tempel sowie die Verkündung, die Begegnung unter der goldenen Pforte und die Geburt, Kindheit und Verlobung Marias. Den Triumphbogen zieren Heilige und musizierende Engel. An den Zwillingsarkaden sieht man die Geburt Christi und Prophetenmedaillons, im Zwickel eine Himmelfahrt Mariä. An der Westwand reitet der heilige Ambrosius zu Pferd in die Schlacht zwischen den Heiligen Gervasius und Prothasius.

Das Fresko über dem südlichen Kircheneingang zeigt Jesus als Schmerzensmann; darüber der Seelen wägende Erzengel Michael.

Castro

In seinem Heimatort Castro hat der Maler *Carlo M. Biucchi* 1732 den Chor der **Kapelle S. Antonio** illusionistisch ausgemalt. Neben der Kapelle befindet sich die so genannte **Casa dei Landvogti** von 1660, einst Sitz der Landvögte, ein dreigeschossiger Steinbau mit Holzbalustrade unter einer Traufe, deren originelle volkstümliche Fassadenmalerei Tiere, Landsknechte und die Wappen des Blenio-Tales und der Urkantone zeigt.

039te Foto: ns

Beim Weiler **Traversa** kann man nach **Marolta** mit der Casa Romagnoli (Fassade mit Heiligen, Wappen und Kreuzigung) abbiegen oder nach **Ponto Valentino** mit seiner schönen Aussicht, der stattlichen Barockkirche und dem eigenartigen Beinhaus weiterfahren. Im Bergdörfchen **Largario** bildet die Kirche von 1776 mit dem Beinhaus eine malerische Baugruppe.

Aquila

Aquila

Der Hauptort des mittleren Blenio-Tals wirkt stattlich mit seinen alten Häusern, z.T. mit Außentreppen und Balkonen. Hier finden sich viele Fresken des 16. bis 18. Jh. und Bildstöcklein, u.a. vom hier beheimateten Künstler *Degiorgi* ausgemalt. Die eindrucksvolle **Pfarrkirche S. Vittore Mauro** mit dem markanten Glockenturm, dem Beinhaus, der Via Crucis und der Friedhofssäule war ursprünglich romanisch und wurde 1730 barock umgebaut. Die Kirche birgt ein originelles Chorgestühl.

Hinter einer kleinen Talenge zeigt sich das vom Sosto dominierte Olivone, im Westen steigt die Straße zum Lukmanier-Pass hinauf.

Olivone

Olivone hatte seine Blütezeit im Hochmittelalter, als der Lukmanier oft überquert wurde. Es war relativ unabhängig und durfte Wegzoll erheben; bis 1823 besaß es sogar ein eigenes Maßsystem.

Die barockisierte romanische **Pfarrkirche S. Martino,** erwähnt 1136, wurde im 17. Jh. völlig umgebaut und besitzt einen romanischen Campanile. Der Chor zeigt frühbarocke Stuckaturen mit Putten und personifizierten Tugenden. Auf dem Friedhof liegt eine Barockkapelle; auch die Grabdenkmäler für *d'Albert* und *G. M. Soldati* sind hier zu finden.

Das **Talmuseum Cà da Rivöi** (s.u.) ist ein Pfrundhaus aus dem 17. Jh. mit gestricktem Holz- und gemauertem Sockelteil. Der moderne Anbau von 2000 stammt von *Raffaele Cavadini.* Er verbindet den Schulkomplex der 1960er Jahre mit dem Pfarrhaus aus dem 17. Jh. und dem Cà da Rivöi.

Das in Olivone ansässige *Istituto Alpino di Fitofarmacologia* kontrolliert die Qualität der **Heilkräuter** aus dem Blenio-Tal.

Auf dem Gemeindegebiet von Olivone stehen etliche reich ausgestattete Kapellen. Zum Teil wurden die Kunstschätze in den Museen des Blenio-Tals in Olivone und Lottigna untergebracht.

In **Lavòrceno** steht neben der Kapelle S. Giuseppe mit Fresken aus dem 17. Jh. die Casa Hemma, Sitz einer gleichnamigen Notablenfamilie, mit verschiedenen Wappen.

Campo-Tal

Hinter dem Weiler Scona führt ein 1,5 km langer Tunnel ins Campo-Tal. Links von der Straße liegt der kleine **Wintersportort Campo-Blenio** mit der 1225 erwähnten Pfarrkirche SS. Maurizio e Agata. Bei Aquilesco führt eine Straße in vielen Windungen zum **Luzzone-Stausee** hinauf. An seiner Staumauer ist eine 165 m hohe **Kletterroute** installiert, geöffnet von Mai bis Oktober. Über Ghirone mit seiner Barockkirche mit einem großen Fassadengemälde und der Friedhofskapelle verläuft ein Sträßchen ins **Val Camadra,** welches in einen Pfad mündet, der über den **Greina-Pass** ins bünderische Somvix führt.

Zum Lukmanier-Pass

Die Lukmanierstraße führt von Scona ins Valle Santa Maria nach **Camperio** mit seiner Kapelle und seinem Hospiz, über Plan Segno und **Acquacalda** mit seinem Ökozentrum *Uomo-Natura* (s.u.) durch eine alpine Parklandschaft mit ausladenden Arven und weiß ausgewaschenen Kalkformationen zum Passo del Lucomagno.

Torre

Zurück in Aquila, fährt man zunächst nach **Dangio** mit der ehemaligen Schokoladenfabrik *Cima Norma* und seinen Häusern mit den Muttergottesfresken aus dem 15. bis 16. Jh. In **Grumarone** wurde die Kapelle S. Anna von 1624 von einem unbekannten Meister in Einzelbildern ausgemalt.

In Torre war das bedeutendste **Herrschergeschlecht** des Bleniotals zu

0401e Foto: tt

Hause, die *delle Torre*. Sie standen auf der Seite *Barbarossas* und verloren nach seiner Niederlage bei Legnano ihren Einfluss und ihre Besitztümer, darunter die Burg Serravalle. Auf der Anhöhe bildet die barocke **Pfarrkirche** mit dem schlanken romanischen Turm und dem kleinen Beinhaus sowie dem Pfarrhaus ein weiteres schönes Bauensemble. Die Kirche birgt zwei bedeutende Verkündigungstafeln aus dem 16. Jh. In einer ehemaligen Schokoladenfabrik hat die **Gesellschaft für die Verarbeitung von Heilpflanzen** ihren Sitz.

Casa dei Landvogti in Lottigna

Lottigna

Von Torre geht es hinab in den ehemaligen Hauptort Lottigna. Die **Pfarrkirche SS. Pietro e Paolo** geht auf die romanische Zeit zurück und wurde 1632 erweitert und barock umgestaltet. Im Inneren zeigen die Fragmente des romanischen Wellenbandfrieses die ursprüngliche Höhe des flach gedeckten Gebäudes an.

Die zu Beginn des 16. Jh. errichtete **Casa dei Landvogti** mit schöner Sicht auf S. Carlo Negrentino und Leontica ist zusammen mit dem Landvogteihaus in Bironico das **bedeutendste heraldische Baudenkmal des Kantons Tessin.** Der quadratische Bau mit Steindach und zwei Giebeln wurde der Vogtei Blenio als Sitz der Landvögte überlassen. Die Talfassade zeigt zahlreiche Wappen der hier im 16. und 17. Jh. tätigen Landvögte. Über den Wappen hängen die Schilder des Blenio-Tals und der Urkantone Uri, Schwyz und Unterwalden. An der Rückfront des Hauses sind weitere Wappen und ein Kreuzigungsgemälde zu sehen. Im Palazzo ist das **volkskundliche Museum** (s.u.) des Blenio-Tals untergebracht, mit einer großen Sammlung religiöser Kunst sowie einer Waffensammlung.

Von Lottinga fährt man in Richtung Acquarossa, biegt beim ausgeschilderten Zeltplatz ab und fährt an diesem vorbei; man gelangt zu einem Reitstall, auf dessen Pferdekoppel die kleine, unscheinbare **Cappella del Piano** liegt. Diese birgt bedeutende signierte Fresken der Spätgotik, der Chor eine Kreuzigungsgruppe. Im Gewölbe ist Christus als Weltenrichter mit Evangelistensymbolen zu sehen, rechts der heilige Bernhardin von Siena und eine Inschrift von 1455, die *Christoforo da Seregno* und *Lombardus von Lugano* als Künstler angibt.

Acquarossa

Acquarossa ist heute die größte Gemeinde im Tal; hier hatte einst die Bleniobahn ihre Endstation. In einem Park liegt das ehemalige Kurhaus, das die Dorfbewohner gern aus seinem Dornröschenschlaf küssen möchten; hierfür wurden schon verschiedene Projekte ins Leben gerufen, aber zurzeit fehlt noch ein finanzkräftiger Investor. Gebaut wurde das Kurhaus wegen der zwei hier entspringenden eisenhaltigen **Quellen,** die schon die Römern genutzt haben sollen.

Val Malvaglia

Über Motto gelangt man nach Malvaglia, von wo eine Straße ins einsame, für seine Schafzucht bekannte Val Malvaglia abzweigt und eine andere ins ebenso urtümliche **Val Pontirone** mit dem einst blühenden Pfarrdorf Pontirone in schöner Aussichtslage, das eine einheitliche Steinplattenbedachung aufweist. Die Dörfer des Val Malvaglia sind großteils von eindrücklicher Geschlossenheit. Die Blockhäuser stehen auf Sockeln, besitzen Rückwände aus Trockenmauerwerk und haben Steinplattenbedachung. Zum Teil sieht man noch Heustadel mit Rundhölzern. In den Weilern am Südhang haben sich frei stehende Trockengitter *(rescane)* erhalten, die vom früheren Gerstenanbau zeugen. Bei der Brücke in Dandrio steht eine zerfallene Mühle. Den Schlüssel gibt es bei der Osteria.

Das langgestreckte Streudorf **Malvaglia** war einst bedeutender Stapelplatz am Lukmanier-Passweg. Infolge des Crenone-Bergsturzes 1512 bildete sich am Talausgang ein See, der das Dorf immer wieder überschwemmte. Am Dorfplatz steht die kunsthistorisch interessante **Pfarrkirche S. Martino** mit einem der höchsten romanischen Türme des Tessins. Der fünfgeschossige Turm wurde im 12. Jh. in Quaderstruktur mit Rundbogenfenstern gebaut. Lisenen, Zwergarkaden und Sägefriesen gliedern ihn, an der Westseite zeigt er Überreste eines romanischen Christophorus. Die Kirche wurde in drei Etappen gebaut: im 13. Jh. als zweischiffige Apsidenanlage, wobei der nördliche Apsidensaal älter scheint; nach der Überschwemmungskatastrophe von 1512 wurde sie im Westen erweitert und 1603 erneut vergrößert. Die asymmetrische Fassade zeigt Fresken aus der Mitte des 16. Jh.: Rechts vom Portal stehen der imposante Christophorus sowie Maria zwischen den Heiligen Rochus und Sebastian, darunter weitere Figuren wie Bernhardin von Siena und Hieronymus. Beachtliche Wandmalereien zeigt die südliche Turmwand des Schiffes, so die Heiligen Martin und Bernhardin mit Stifterfigur in der Nische (Mitte des 16. Jh.). An der Nordwand findet man Szenen der Verkündigung: die Heimsuchung, die Darbringung im Tempel, eine Epiphanie, der Hauptmann von Kapernaum und die Erweckung des Lazarus. Die Bilder wurden 1510 von *Antonio da Tradate* gemalt. An der Südseite ist ein Abendmahl aus dem 16. Jh. zu sehen. An der Chorbogenwand, im Gewölbe und an den Wänden finden sich barocke Darstellungen von *Bernardion Serodine* aus Ascona, um 1650. Im Chor sind drei Glasgemälde aus dem 16. Jh. zu sehen.

Nördlich der Kirche steht die **Kapelle SS. Enrico e Appolinare** mit Kreuzgewölbe, ausgemalt im Jahr 1551.

Bemerkenswert sind die Kapellen in den Ville; Ville nennt man die einzelnen Siedlungen im Tal, jede hat ihre eigene Kapelle. Am bedeutendsten ist sicher die zwischen den wenigen Häusern von **Madra** versteckte Kapelle S. Giacomo mit originellen Fresken aus der Werkstatt der *Seregnesi* (15. Jh.), leider in einem stark beschädigten Zustand. Der Schlüssel liegt bei *Carlo Saglini* im Tal in Malvaglia, Tel. 091 87 01 721. Auch die übrigen Kapellen sind ausgemalt, wenn auch mit weniger wertvollen Bildern.

Praktische Tipps

Information

- **Blenio Turismo,** Olivone, Tel. 091 87 21 487, www.vallediblenio.ch oder www.lucomagno.ch.

Unterkunft

Im Blenio-Tal bis zum Lukmanier hinauf gibt es eine ganze Reihe von akzeptablen *alberghi* zu vernünftigen Preisen. Informationen über das Touristenbüro.

- **Hotel UomoNatura,** *Centro Ecologico UomoNatura,* Strada del Lucomagno, 6718 Acquacalda, Tel. 091 87 22 610, www.uomonatura.ch. Ökohotel, führt Zimmer unterschiedlicher Qualität von einfach bis komfortabel, auch Gruppenräume; die Preise differieren entsprechend; DZ mit Dusche/WC inkl. Frühstück sFr. 130.
- **Albergo Olivone e Posta***,** 6718 Olivone, Tel. 091 87 21 366/67, Fax 091 87 21 687. Familienhotel, Zimmer im Holzstil der 1960er Jahre, jedoch gut erhalten und gepflegt; Restaurant mit guter Butterküche; 25 DZ mit Dusche/WC sFr. 140.
- **Osteria Centrale,** Via alla Chiesa, 6718 Olivone; Tel. 091 87 21 107. Fünf relativ große freundliche Zimmer. Der lokale Gasthof bietet eigene Wurstwaren und Pasta; DZ ohne Dusche/WC sFr. 80, mit Dusche/WC sFr. 90.
- **Ristorante Valsole,** 6716 Acquarossa, Mobil-Tel. 076 46 00 685. Straßenhotel bei der Post, moderne Zimmer mit Blick auf Fluss, Tal und das ehem. Kurhaus (Zimmer auf Fluss-Seite verlangen). Mit Pizzeria, Gartenrestaurant, Grotto; DZ mit Dusche/WC sFr. 130.

• **Stazione,** 6716 Acquarossa, Tel. 091 87 11 123. Sehr einfache, saubere Zimmer; Restaurant. DZ mit Dusche/WC sFr. 110.

• **Ferienhäuser:** *Blenio Rustici,* 6716 Leontica, Tel. 091 87 11 971, www.rustici.ch. Preise ab sFr. 20/30 pro Person.

Camping

• Das **Ökozentrum UomoNatura** hat auch einen Campingplatz, am Ufer des Baches Brenno, Adresse s.o.

Essen und Trinken

• **Grotto al Sprüch,** Ludiano, Tel. 091 87 01 060. Unter mächtigen Granitfelsen gibt es hier noch die richtige Grotto-Atmosphäre.

• **Grotto Milani,** Ludiano. Eine gute Alternative zum berühmteren *Grotto al Sprüch,* nur einige Hundert Meter von diesem entfernt gelegen (Wegmarkierungen beachten).

Museen

• **Museo di Blenio,** Casa dei Landvogti, Lottigna, Tel. 091 87 11 977. Themen: Bäuerliches Handwerk, Landwirtschaft, Weinanbau, Bienenzucht, Forstwirtschaft, Trachten, Emigration, sakrale Kunst, Milizenfeuerwaffen vom 15. Jh. bis heute. Von Ostern bis November geöffnet, Di–Fr 14–17 Uhr, Sa und So sowie an Feiertagen 10–12 und 14–17 Uhr.

• **Museum San Martino** im Cà da Rivöi/Casa d'Olivone, Olivone, Tel. 091 87 21 056. Mobiliar und Gegenstände des täglichen Lebens, Brauchtum im Blenio-Tal: Gerätschaften und Werkzeuge, Brotofen, Bekleidung, religiöse Kunst, Truhen, Goldschmuck, Kultgegenstände, Votivtafeln. Geöffnet von Ostern bis November, Di–So 14–17 Uhr.

Aus den Felskellern entstanden die Grotti, hier das Grotto Milani in Ludiano

Veranstaltungen

- **Marienfeste** im Bleniotal: Die Marienfeste in Aquila und Ponto Valentino sind wegen der teilnehmenden napoleonischen Milizen einzigartig. Die Offiziere, Fahnenträger, Füsiliere und Trommler in ihren alten Uniformen marschieren an den religiösen Feiern in einem Festumzug mit. Der Ursprung liegt im Jahr 1812: Damals kamen 6000 Schweizer Söldner während des katastrophalen Russlandfeldzugs unter dem Kommando *Napoleons* ums Leben. Auf den Schlachtfeldern legten die Soldaten aus dem Bleniotal im Angesicht des Todes ein Gelübde ab: Sollten sie davonkommen, wollten sie jedes Jahr in Uniform am Fest der Madonna Dienst leisten. Nach ihrer Rückkehr aus Russland hielten sie dieses Versprechen bis auf den heutigen Tag. Das Fest der Rosenkranzmadonna in Aquila findet nach altem Brauch am ersten Sonntag im Juli statt, während das Fest der Madonna del Carmine in Ponto Valentino am 16. Juli oder dem darauf folgenden Sonntag gefeiert wird. Die Milizen begleiten auch das Fest des heiligen Johannes in Leontica am 24. Juni oder dem vorausgehenden bzw. nachfolgenden Sonntag.

Wanderungen

- **Sentiero dei Fiori** (Blumenweg): Campo Blenio – Acquacalda (4 Std.). Die Wanderung beginnt hinter der Kirche von Campo Blenio und folgt bei der Brücke von Calcarida eine kurze Strecke dem Wasserlauf der Orsaira, dann geht es hinauf zur Alpe Pradasca und durch die Ebene von Cantonill nach Anvéuda. Abstieg ins Alpgebiet Dötra. Über Croce Portera gelangt man nach Acquacalda.
- **(Rund-)Wanderung am Lukmanierpass** (ca. 3 Std. 45 Min): Vom Hospiz Santa Maria (1914 m) zum Val Termine und durch dieses zum Pass dell'Uomo (2218 m), dann leicht abwärts zur Verzweigung Piano dei Porci und wieder hinauf zum Passo delle Colombe (2381 m). Bei der Alpe Gana (1814 m) geht es entweder über Campo Solario nach Acquacalda oder über die Alpe Casaccia zurück zum Hospiz Santa Maria. Normale Bergausrüstung ist notwendig. Verpflegungs- und Übernachtungsmöglichkeiten im Hospiz auf dem Lukmanier-Pass und in Acquacalda. Abseits der Strecke liegen die Berghütten Cadagno und Cadlimo.
- **Sentiero Basso von Olivone nach Loderio** (ca. 7 Std.): Von der Kirche S. Martino Richtung Sallo über Pinadee, Ponto Aquilesco nach Aquila. Aufstieg nach Dangio und Torre, über den Weiler Grumo nach Lottinga und durch den Wald nach Acquarossa. Nach 1 km führt der Weg auf die rechte Talseite zum sehenswerten Kirchlein S. Remigio mit seinen Fresken und weiter zur Kirche S. Maria nach Ludiano. Über die ehemalige Burg Serravalle nach Semione und Loderio.
- **Rundwanderung in Semione** (2 Std. 15 Min.): Gegenüber der Pfarrkirche das Gässchen hoch und dann links bis zur Markierung, zum Weiler Scarp und Navone mit seiner hübschen Barockkapelle, ausgemalt von *Solvia* und *Soldati*. Durch einen Wiesenpfad und Waldpartien hinab zur verlassenen Siedlung Sülapièna, und von hier nach Ludiano mit seiner Kirche und seinen Grotti. Der markierten Talroute folgt man zur ehemaligen Burg Serravalle und zurück nach Semione.
- Das **Ökozentrum UomoNatura** (s.o.) bietet geführte Wanderungen an.

Wintersport

- **Langlauf** in Campra oder Campo Blenio, s.o., **Alpiner Skisport** in Campo Blenio und v.a. in der Bassa di Nara, s.o.

Bellinzona

Das „Tor nach Italien" war schon in prähistorischer Zeit besiedelt (Funde im Museo Civico). 590 erstmals erwähnt, besaß Bellinzona für die Alpenpolitik der Römer und Franken, der deutschen Kaiser und der Eidgenossen eine Schlüsselfunktion. Bis ins 13. Jh. von Como beherrscht, ab 1242 von Mailand und unter diesem im 14. und 15. Jh. zu einer „uneinnehmbaren" Festung ausgebaut, errichteten 1503 die Urkantone hier eine Vogtei.

Im Mittelalter bestanden die von den *Visconti* und *Sforza* gebauten Festungsanlagen der Stadt Bellinzona aus drei Burgen, einer Ringmauer und einer imposanten Wehrmauer, die sich vom Castelgrande bis zum Fluss Ticino (Tessin) hinzog. Sie dienten dazu, den Zugang ins Ticino-Tal abzuriegeln, die Straße zum Gotthard, zum San Bernardino und zum Lukmanier, und damit den Einzug der Wegzölle zu sichern. Mit der Übernahme durch die Eidgenossenschaft und der späteren Gründung des Kantons Tessin verloren die alten Festungsanlagen ihre Verteidigungsaufgabe. Viele dieser Bauten existieren nicht mehr, so die Porta Tedesca, die Porta Locarno und der dreistöckige Portone Visconteo, einst der einzige Mauerdurchgang; er wurde im Jahre 1869 abgerissen.

Eine primitive Festungsanlage mag schon früher auf den Hügeln Bellinzonas bestanden haben, ähnlich wie in Balladrume oberhalb Asconas oder im Berggebiet oberhalb Giornicos.

Unter der napoleonischen Herrschaft entstanden 1798 während der Helvetik im heutigen Gebiet des Tessins **zwei Kantone** mit den Hauptstädten Lugano und Bellinzona, nach der Mediationsakte von 1803 bestand das Tessin nur noch aus einem Kanton, dessen Hauptstadt alle sechs Jahre im Turnus zwischen Bellinzona, Lugano und Locarno wechselte.

Seit 1878 ist Bellinzona die alleinige **Hauptstadt des Kantons.** Im 19. Jh. war es neben Locarno und Lugano Schauplatz der erbitterten und auch blutigen Kämpfe zwischen den Liberalen und Konservativen. Am 11. September 1890 stürmten die Liberalen zum letzten Mal das Zeughaus und das Regierungsgebäude in Bellinzona. Nun hatte Bern endgültig die Nase voll: Bundestruppen rückten in das Städtchen ein, der Bund setzte eine Mischregierung ein. Der Kanton Tessin akzeptierte das Prinzip der Proporzvertretung; die erhoffte Ruhe im Kanton trat ein.

Die Festungsanlagen

Die drei Burgen von Bellinzona, Castelgrande, Montebello und Sasso Corbaro, sind mit ihren Festungsanlagen von der UNESCO als **Weltkulturerbe** anerkannt worden. Sie sind das besterhaltene Beispiel mittelalterlicher Festungsarchitektur am Alpenrand. Riesige Mauerschalen umfassen die beiden Burghügel und bilden die eigentlichen Zitadellen. Eine nördliche und eine südliche Stadtmauer riegeln die Stadt quer zum Tal ab, die noch erhaltenen

♨	1	Badeanstalt
★🍴	2	Palazzo Sacchi, Rest. Orico
★	3	Palazzo del Governo/ Regierungspalast
🎭	4	Stadttheater
Ⓜ	5	Historisches Museum,
🍴		Restaurant Castelgrande
⛪	6	S. Rocco
⛪	7	Kollegiatskirche SS. Pietra e Stefano und Oratorium S. Marta
★		Palazzo Civico
ℹ✉	8	Tourismusbüro und Post
🏠	9	Jugendherberge Montebello
🍴	10	Grotto Malakoff
⛪	11	S. Maria delle Grazie und S. Biagio
🏨🍴	12	Grotto Paudese
🏨🍴	13	Osteria Locanda Brack
🐖	14	Agriturismo Fattoria dell'Amorosa
🏨	15	Rosa delle Alpi
🏨	16	Ostello Curzutt

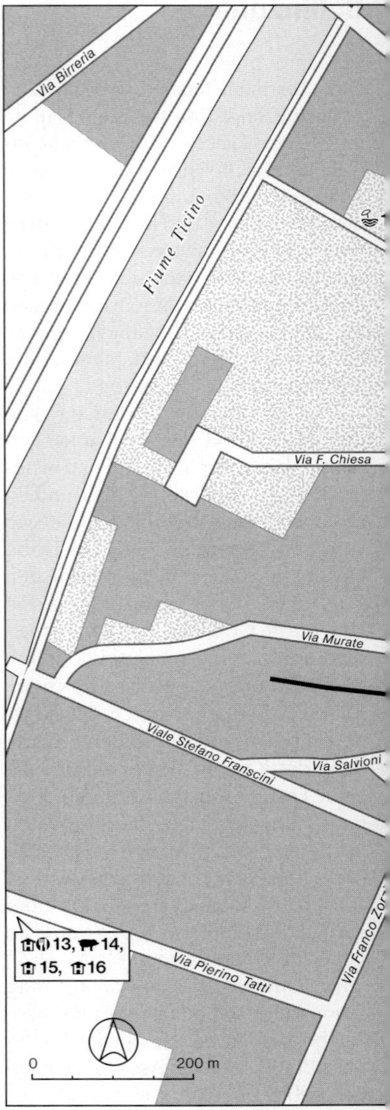

Teile weisen viereckige, innen offene Wehrtürme, Maschikulikränze (Gussöffnungen im Boden des Wehrgangs) und Kerbzinnen auf. Im östlichen Teilstück blieb der Torbogen erhalten. Das Tor im Wehrturm südlich des Municipio mit einem spätgotischen Relief mit dem Schlangenwappen von Bellinzona stammt aus dem Jahr 1925. Die Talsperre (Murata) verläuft vom Castelgrande in die Ebene, wo sie die 1515 vom Hochwasser zerstörte Tessinbrücke erreicht. Die Mauer wurde 1486–89 unter der Leitung von *Burato (Pietro Bescapè), Maffaeo da Como, Gabriele Ghiringhelli* und *Camus da Mortara* massiv ausgebaut. Die von zwei Rundtürmen verstärkte Murata trägt einen Wehrgang von 4,70 m Breite, beidseitig von Zinnen über einen Pechnasenkranz eingefasst. Im Inneren finden

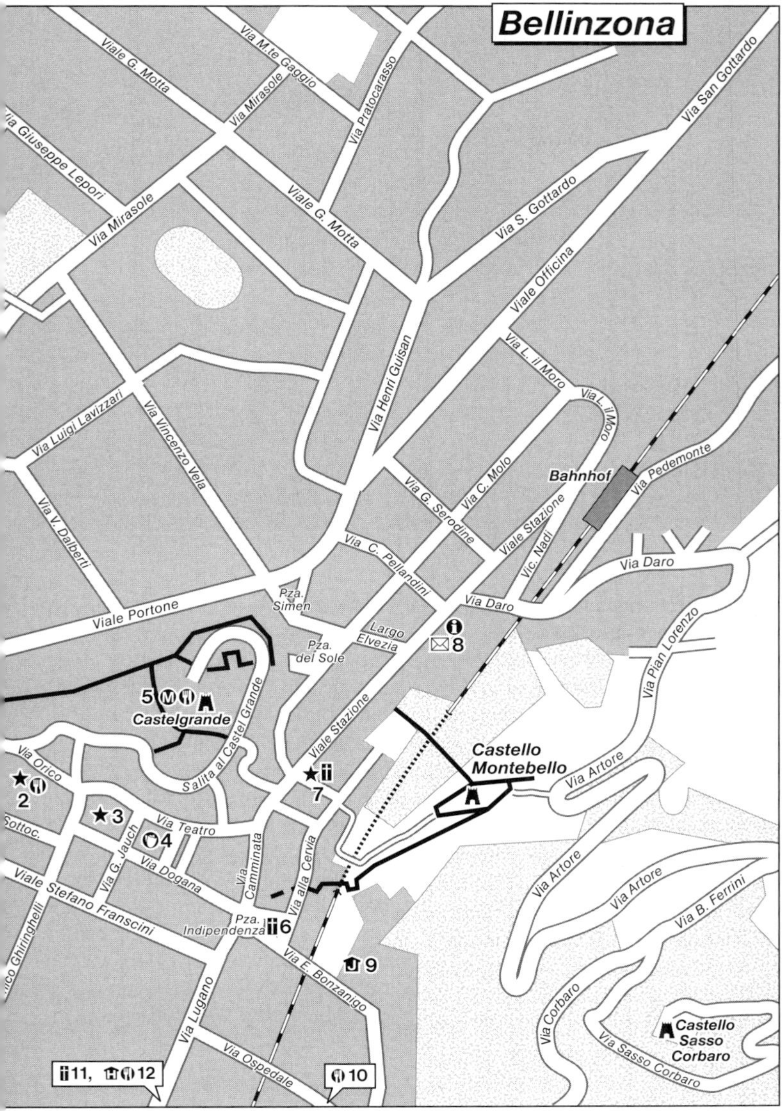
Bellinzona
Viale G. Motta
Via M.te Gaggio
Via Mirasole
Via Pratocarasso
Via San Gottardo
Via Giuseppe Lepori
Via S. Gottardo
Viale Officina
Via Henri Guisan
Via L. il Moro
Via Luigi Lavizzari
Via Vincenzo Vela
Via C. Molo
Bahnhof
Via Pedemonte
Via G. Serodine
Viale Stazione
Via V. Dalberti
Via C. Pellandini
Vic. Nadi
Via Daro
Viale Portone
Pza. Simen
Largo Elvezia
Pza. del Sole
8
Via Pian Lorenzo
5
Castelgrande
Salita al Castel Grande
Castello Montebello
Via Orico
7
2
3
Via Artore
Via Teatro
4
Sottoc.
Via G. Jauch
Via Camminata
Via alla Cervia
Via Dogana
Viale Stefano Franscini
Pza. Indipendenza
6
Via B. Ferrini
Via E. Bonzanigo
9
Via Corbaro
Via Lugano
Castello Sasso Corbaro
Via Sasso Corbaro
Via Ospedale
11, 12
10
Das nördliche Tessin

042te Foto: tt

sich zwei übereinander liegende Galerien mit Tonnengewölben.

Castello Sasso Corbaro

Zu Fuß kann man die Burgen und Mauern am besten erkunden. Das Castello Sasso Corbaro, 46 m ü. NN (vom Bahnhof mit dem Postauto erreichbar), wurde 1479 im Laufe von nur sechs Monaten an Stelle eines Turmes von *Maffeo, Danesio de Manieri* und *Benedetto da Firenze* erbaut; es bildete den obersten Punkt des Befestigungsrings, der die Stadt umgab. Das Tempo drängte sich wegen des Sieges der Eidgenossen bei Giornico auf: Die Mailänder befürchteten, dass die Eidgenossen die Festung auf dem Höhenweg umgehen wollten.

Der quadratische Bau war ein typischer Defensivbau gegen die neuen Feuerwaffen. Die Nordmauer erreichte eine Dicke von beinahe fünf Metern, an der Nordostecke erhebt sich ein niedriger Turm unter einem Walmdach, an der Südwestecke steht ein schlanker Wartturm mit zinnenumschlossener Wehrplatte. Umgestaltete Wohngebäude liegen an der westlichen und südlichen Hofinnenseite, neben dem Turmeingang stehen die Kapelle S. Barbara und ein rekonstruierter Sodbrunnen. Seit 1503 war die Burg der Sitz des Vogtes von Nidwalden, heute birgt sie ein **Museum.**

Castello Montebello

Castello Montebello

Zu Fuß steigt man ab zum Castello Montebello, der malerischsten der drei Burgen und eine der eindrucksvollsten der Schweiz. Ihr Ursprung liegt im 12. oder 13. Jh., sie wurde 1460–70 ausgebaut; später war sie Sitz der Vogtei Schwyz, weshalb sie auch „Schwyz" genannt wird. Die Burg erhebt sich an der Ostflanke des Tals, etwa 90 Meter oberhalb der Stadt. Der Baukomplex wird charakterisiert von Maschikulis und einem Ring zinnenbewehrter Mauern, verbunden mit anderen, zur Stadt hinunterführenden Mauern.

Die Baugruppe gliedert sich in drei Wehrbezirke: Die hangwärts gerichtete **Schildmauer** mit einem kleinen, polygonalen Wehrturm bildet nach Norden einen spitzwinkligen Zwinger mit Falltür. Im Süden liegt eine mächtige **Zitadelle** mit einem zur Stadt gerichteten Wartturm. Ein polygonaler innerer **Mauerring** weist an der West- und Südecke je einen halbrunden Turm auf und bildet so talwärts ein Scharnier zu den Ringmauern. Der viereckige Turm an der Nordostecke ist durch einen Graben vom Zwinger getrennt und hat ein Tor mit Fallbrücke. Den Kern bilden der trapezförmige Bergfried, der Hof und der heute zum Museum umgebaute Palas, der von einer Mauer umschlossen ist. Auf der Ostseite, zwischen den beiden Mauern, hat eine kleine, einfache, dem heiligen Martin geweihte Barockkapelle aus dem 17. Jh. mit kreuzgewölbtem Schiff und Chor Platz gefunden.

Das Castello Montebello wurde in den Jahren 1971 bis 1974 von *Mario Campi, Franco Pessina* und *Niki Piazzoli* restauriert; es beherbergt das **Städtische und Archäologische Museum.**

Castelgrande

Ein Treppenweg an der alten Stadtmauer entlang führt auf die Piazza della Collegiata. Hier beginnt der Aufstieg über die Scalinata San Michele zum Castelgrande, das nach Plänen von *Aurelio Galfetti* 1981–91 restauriert wurde. Er wandte kühne architektonische Lösungen an, so einen Aufzug durch den Felsen, der von der Piazza del Sole auf den Burghügel führt, und eine flügelförmig gewölbte Rampe bis zum höchsten Punkt, der Piazza Mario della Valle. *Galfetti* bezog den ganzen Burghügel in die Neugestaltung ein. Es entstand ein städtischer Park. In einem Flügel des Castelgrande richtete er das **Historische Museum** mit einer archäologischen und einer geschichtlich-künstlerischen Abteilung sowie ein Restaurant mit Weinstube ein.

Die mittelalterliche Burg, die auch die alte Pfarrkirche S. Pietro sowie die Kapellen S. Maria und S. Michele, das bischöfliche Palais und die Kanonikerhäuser umschloss, soll im 13. Jh. entstanden sein. Der Turm wurde erstmals 1198 erwähnt, das Vorwerk (Zwinger) entstand in der zweiten Hälfte des 15. Jh. und war von 1503 bis 1798 Sitz des Landvogts von Uri, es wurde deshalb auch Schloss Uri genannt. 1881 wurde die Anlage zum kantonalen Arsenal umgestaltet. 1883 baute man eine spiralförmige Straße, die die Zwingmauern zweimal durchbrach.

043te Foto: tt

Die ausgedehnte Anlage umfasste den ganzen Hügel mit einem System von Mauern und Vorwerken mit insgesamt fünf Wehrabschnitten: auf der östlichen Hügelflanke die nördliche Vorburg, rechts die Torre Bianca, der stärkere Bergfried, links die Torre Nera, verbunden mit einer Schildmauer mit Wehrgang und Zinnenkranz. Beide Türme haben bekrönende Zinnen und Zeltdach. Im tiefer gelegenen Ostabschnitt des Innenhofs (heute für Freilichtvorstellungen benutzt) lag der Kirchenbezirk, wo die alte Pfarrkirche S. Pietro und die Priesterwohnungen lagen. Vom westlichen Zwinger gelangt man auf die Murata. Von der Höhe der alten Burgmauern hat man einen grandiosen Blick auf die Stadt.

Vom Castelgrande geht es weiter über die ebenfalls restaurierte **Wehrmauer,** die früher bis zum Fluss Ticino führte. Eine Passerelle überbrückt den seinerzeit abgebrochenen Teil und führt zum **Viale Portone.** Der Blick fällt auf moderne Bauten, die von Tessiner Architekten errichtet wurden. Im Hintergrund liegen die Grünanlagen des Sportzentrums, des städtischen Schwimmbads und der Tennisplätze am Ufer des Ticino. Von der Passerelle kann der Rückweg durch die Altstadt von der Via Orico aus, durch das Viale Portone oder die Via Mirasole angetreten werden.

Altstadt

Kollegiatskirche SS. Pietra e Stefano

Vom Castel Grande aus gesehen, ragt die Kollegiatskirche SS. Pietra e Stefano an der Piazza Collegiata aus dem Häusergewirr heraus. Der 1424 erwähnte, bedeutende Renaissancebau mit barocker Ausstattung wurde 1517 unter *Tommaso Rodari* (Bauherr des Doms in Como) weitgehend neu gebaut. Der Turm ist von 1583, die Fassadenverkleidung aus Castione-Marmor von 1654, der Umbau des Chores zog sich von 1684 bis 1764 hin. Die Kirche steht auf einem künstlichen Gelände, das später die großzügige Freitreppe zum Platz ermöglichte.

Die durch Lisenen gegliederte Fassade hat ein Hauptportal mit Säulenpaar, gesprengtem Giebel und Nischenfigur des heiligen Petrus, datiert auf 1640, darüber ein Radfenster im Stil der Gotik mit Renaissance-Reliefs. Im Inneren gibt es reiche **Stuckaturen.** Die Evangelisten, Propheten und Sibyllen in den Arkadenzwickeln und die Putten auf den Gebälkstücken der Kapellen sind Werke des Italieners *Giovanni Barberini.* Am Chorbogen zeigen sich Rokokostuckaturen. Bemerkenswert sind auch das Marmor-Weihwasserbecken von 1460, das vielleicht aus einem Schloss der *Sforza* stammt, sowie das Taufbecken mit dem hölzernen Ziborium (Hostiengefäß) von *Gaspare Mola* aus Colderio von 1610.

Nördlich über der Marthakapelle, an die Collegiata angebaut, liegt das **Bruderschaftsoratorium S. Marta,** ein Rechteckbau des 17. Jh. mit vorgeblendeter Loggia aus dem 18. Jh. Im Stichkappengewölbe findet sich illusionistische Architekturmalerei von *Baroffio.*

Castelgrande

Piazza Collegiata

Auf der Piazza Collegiata haben sich vornehmlich Bauten aus dem 18. Jh. erhalten, vor allem Häuser der Chorherren, z.T. mit schmiedeeisernen Balkonen. Nr. 1, das alte Pfarrhaus von 1724, zeigt über den Fenstern Männerbüsten in Nischen, Nr. 2 unter der Traufe Portraitmedaillons von *Michelangelo, Fontana, Albertolli, Leonardo, Canonica, Vela, Ciseri und Raffael,* alle im 19. Jh. angebracht. Die Häuser zwischen der Piazza Collegiata und Piazza Nosetto sind größtenteils neu, teilweise wurden die Fassaden beibehalten. Der dreieckige Platz hat an der Nordseite Arkaden aus dem 15. Jh. Der **Palazzo Civico** mit Loggienhof und Turm wurde 1924 im Stil der Renaissance von *Aldechi Maina* am ehemaligen Standort des alten Rathauses aus dem 15. Jh. erbaut.

Via Magoria und Via Camminata

In der Via Magoria ist die herrschaftliche **Casa Magoria** (Nr. 12) aus dem 18. Jh. sehenswert. Sie hat einen Außenhof, eine merkwürdige Treppe, gewölbte Korridore, eine Beletage mit Säulenkapitellen des 15. Jh. und im Erdgeschoss einen Steinkamin aus der Mitte des 16. Jh.

In der Via Camminata zeigt die Nr. 1 ein Renaissance-Tor mit zwei Pilastermedaillons, Löwenkopf und Windrose, einen Loggienhof und überwölbte Treppen.

Via del Teatro

In der Via del Teatro Nr. 9 steht die **Casa Cusa;** sie hat ein Renaissance-Kapitell an der Laube mit Fuchswappen der Familie und einen Loggienhof mit Kapitell aus dem 15. Jh., das das Wappen Rusca zeigt. Das spätklassizistische **Stadttheater** ist von 1847. Der **Palazzo del Governo,** erbaut um 1740, war zuerst Ursulinerinnenkloster, dann Mädchenerziehungsanstalt. Die Klosterkirche wurde 1889 abgerissen, der Südwestflügel 1920 in neoklassizistischem Stil neu gebaut; um die Mitte des 20. Jh. folgten weitere Bauten. Im Großratssaal finden sich Gewölbemalereien von *Aldechi Maina* aus dem Jahr 1889, in einer neueren Halle ein Fresko von *Serge Brigioni.*

Via Orico

In der Via Orico steht der **Palazzo Sacchi** (Nr. 9). Der Dreiflügelbau aus dem 18. Jh. hat drei schmiedeiserne Balkone und einen trapezförmigen Hof mit einer sich zum Schlosshügel öffnenden Treppenanlage. An der Straße zum Castello Sasso Corbaro steht die 1686 und 1750 erweiterte Kapelle der Madonna della Neve mit Fresken und Gemälden aus dem 18. Jh.

Kirche S. Rocco

Im südlichen Stadtteil liegt die Kirche S. Rocco, ein 1478 weitgehend neu errichteter Rechteckbau mit kleinem Turm neben der Fassade und gefluchteter Sakristei mit dem Bruderschaftsoratorium im Obergeschoss. Es ist ein dreijochiger, kreuzgewölbter Einheitsraum mit einfachen Stuckaturen (18. Jh.) und teils beachtlichen Gemälden aus dem 17. Jh.

S. Maria delle Grazie

Die Kirche besitzt zusammen mit S. Maria degli Angioli in Lugano die besten **lombardischen Renaissance-Malereien** im Tessin; sie haben einen Brand in der Neujahrsnacht 1997 unbeschadet überstanden. Die 1505 geweihte Rechteckanlage hat im Norden drei polygonale Kapellen, die durch Bögen miteinander verbunden sind. Das flach gedeckte Schiff wird durch eine Lettnerwand vom quadratischen, kreuzrippengewölbten Mönchschor getrennt. An der Lettnerwand befindet sich ein Renaissancefresko aus der zweiten Hälfte des 15. Jh. Es zeigt in

Kollegiatskirche SS. Pietra e Stefano, im Hintergrund das Castello Montebello

044te Foto: tt

der Mitte den Kalvarienberg, umgeben von 15 Szenen aus dem Leben und Leiden Christi. In den mittleren Bogenzwickeln sind Stuckaturen aus der ersten Hälfte des 17. Jh. zu sehen. In der südlichen Kapelle zeigt ein Gemälde von 1508 (vermutlich von *Gaudenzio Ferrari)* den Tod Mariä im Kreis der Apostel. In der ersten Seitenkapelle ist ein Fresko des heiligen Bernhardin von Siena mit den Heiligen Rochus und Sebastian aus der Umgebung von Bramantiono zu sehen. Von gleicher Hand stammen die Sinopien an den Wänden mit Szenen aus dem Leben Bernhardins. Im Mönchschor sind gute Wandbilder des Verkündigungsengels und der Jungfrau Maria erhalten, darunter verblasst die Heiligen Franziskus und Bernhardin. Das Gewölbe ist mit Sternen und dem Monogramm Christi ausgemalt, in der Bogenleibung sind Prophetenmedaillons zu sehen, und die Gewölbekappen des Altarhauses zieren die vier Kirchenväter. Die Konventgebäude wurden mehrfach umgebaut und erweitert, der Kreuzgang teilweise vermauert. Am Ost- und Nordflügel sind 36 rustikale, z.T. übermalte Wandbilder sichtbar.

Kirche S. Biagio

Nicht weit von S. Maria delle Grazie in Ravecchia steht die Kirche S. Biagio mit beachtlichen Wandmalereien; eine der ältesten Kirchen von Bellinzona, gebaut im 13. Jh. auf den Überresten eines älteren Gebäudes. Die Fresken stammen von verschiedenen Künstlern und sind mit Ausnahme derer im Chorgewölbe im 15. Jh. entstanden, die meisten vor 1450. Die dreischiffige frühgotische Pfeilerbasilika mit geflüchtetem Chorjoch zeigt in der Lünette des Westportals Halbfiguren Marias, Biagios und Petrus'. In der Rechteckrahmung darüber sind die Verkündigung und im Scheitelmedaillon Gottvater dargestellt. Daneben ein monumentales Fresko des heiligen Christophorus aus dem späten 16. Jh. von einem anonymen Künstler, der als „Maestro di San Biagio" bekannt wurde. Der Innenraum hat drei gleich breite Schiffe mit flacher Holzdecke. Neben den Wandmalereien sind auch die Säulen mit Fresken verziert. An der Rückwand über dem Portal ist Maria zwischen den Heiligen Laurentius und Johannes, Antonius und Katharina zu sehen. Unten links ist ein Heiliger abgebildet, rechts die Heiligen Laurentius und Antonius. Im Südschiff zieren Heilige die Wand, darüber Fragmente einer Loretodarstellung; ebenfalls fragmentarisch erhalten ist eine Darstellung des heiligen Sebastian. An der Nordwand sind Maria, Antonius Eremita, der heilige Laurentius, der Kopf des heiligen Ludwig von Toulouse und ein weiterer Heiliger dargestellt. An der Südwand findet sich eine Muttergottes und eine Kreuzigungsgruppe sowie zwei weitere Kreuzigungsgruppen. An den Pfeilern sind zahlreiche Fragmente erhalten, besonders gut die Heiligen Katharina und Bartholomäus, Letzterer vermutlich von *Nicolao da Seregno.* Der Triumphbogen zeigt eine Verkündigung und eine große Schutzmantelmadonna, teilweise zerstört. Im

Chor sind an der Stirnwand Fragmente einer ausgezeichnet gearbeiteten Kreuzigungsgruppe (um 1400) erhalten, an den Seitenwänden Apostelköpfe, im Gewölbe wurden die Evangelisten vom Meister von San Biagio gemalt. Ein Renaissancegemälde von Surnicus aus dem Jahr 1520 zeigt an der Nordwand die Muttergottes mit den Heiligen Blasius und Hieronymus. Das im gleichen Jahr entstandene Ölgemälde die Jungfrau mit Kind; gemalt wurde es von *Domenicus di Lugano*. Das Weihwasserbecken aus Granit stammt aus dem 16. Jh. An der Süd- und Westwand sind Grabsteine aus dem 16. Jh. zu sehen. Öffnungszeiten: Sa/So 8.30–11.30 und 14.30–16 Uhr.

Neben der Kirche beherbergt die klassizistische **Villa dei Cedri** die **Kunstgalerie** *Civica Galleria d'Arte* mit italienischen und schweizerischen Kunstwerken des Realismus und Symbolismus. Öffnungszeiten: Di–So 10–12 und 14–18 Uhr.

Weitere Sehenswürdigkeiten

Ein interessanter **zeitgenössischer Bau** (Gratisbroschüren sind im Tourismusbüro erhältlich) ist z.B. die **Scuola Media** an der Via Lavizzari 28, ein Schulzentrum, das 1958 von *Alberto Camenzind* gebaut wurde. Die **Denkmäler** von 1974 an der Salita ai Castelli 4 sind von *Mario Campi, Franco Pessina* und *Niki Piazzoli*, das an der Collina di San Michele (1980) stammt von *Aurelio Galfetti*. Die **Chiesa del Sacro Cuore** an der Via Varrone 12, eine Klosterkirche, wurde 1936 von *Rino Tami* und *Carlo Tami* gebaut. Das **Centro Tennistico** von 1985 an der Via Brunari ist von *Aurelio Galfetti*. Vom gleichen Architekten zusammen mit *Angelo Bianchi* und *Renzo Molina* entworfen ist auch das **Centro Postale** an der Viale Stazione 18, ein Verwaltungsgebäude. Die **Casa Rotalinti,** ein Einfamilienhaus von 1961 an der Via Sasso Corbaro 5, ist ein Werk *Galfettis*. Das **Bagno Pubblico** an der Via Mirasolevon wurde 1970 von *Aurelio Galfetti, Flora Ruchat, Roncati* und *Ivo Trümpy* errichtet, das **Archivo Cantonale** an der Viale Stefano von *Franscini*, das **Centro Culturale** (1997) von *Luca Ortelli*. Die **Piazza del Sole** wurde 2000 neu konzipiert.

Kirche S. Paolo in Arbedo

Die Kirche S. Paolo, auch **Chiesa Rossa** genannt, liegt in einer Industriezone in Arbedo, einem Vorort Bellinzonas. Hier mussten die Eidgenossen 1422 eine verlustreiche Niederlage gegen mailändische Truppen einstecken. Daher der Name Chiesa Rossa, „Rote Kirche". Begraben wurden die eidgenössischen Soldaten auf dem Friedhof der Kirche. Diese wurde in drei Etappen gebaut, von der zweiten, der romanischen, sind noch der ungegliederte Turm, das Rundbogenportal und ein Kreuzfenster in der Fassade erhalten. Die heutige Kirche entstand kurz nach der Schlacht. In der Lünette des Westportals ist ein Christus-Fresko aus dem 15. Jh. in der Art *da Tradates* zu sehen. Das Schiff besitzt eine Balkendecke von 1540, der Chor ein Kreuzgewölbe. Der Stuckaltar (1678) links des Chorbogens stammt von *G. Rezia*. Rechts steht der Nikolausaltar von *Beltramello* aus dem Jahr 1698. An der Stirnwand ist ein auf Leinwand übertragenes Kalvarienbild aus dem 15. Jh. zu sehen, in der östlichen Gewölbekappe ein Evangelist (frühes 16. Jh.), am Chorbogen Überreste einer Verkündigung und dekorative Bemalung aus der zweiten Hälfte des 15. Jh. in der Art der *Seregnesi*. An der Südwand ein Gnadenstuhl aus dem 15. Jh., in der Mitte ein Abendmahl von *Nicolao da Seregno*, darunter der heilige Antonius Eremita und drei Szenen aus dem Leben Sebastians; an der Nordwand ist u.a. die Muttergottes mit dem heiligen Antonius von Gorla abgebildet (1549), an der Südwand finden sich zwei Epitaphe, auch aus dem 16. Jh.

Das Westportal der **Pfarrkirche S. Maria Assunta** ist aus Castione-Marmor, die Kirche birgt gute Stuckaturen und Reste spätgotischer Fresken sowie dekorative Ausmalungen im Stil des Neurokoko.

Praktische Tipps

Information

- **Bellinzona Turismo,** 6500 Bellinzona, Tel. 091 82 52 131, www.bellinzonaturismo.ch.

Unterkunft

- **Hotel, Osteria & Locanda Brack,** Via delle Vigne, 6515 Gudo Progero, Tel. 091 85 91 254. Am Hang gelegen, umgeben von Weinbergen, mit mediterranem Garten und kleinem Swimmingpool; in dritter Generation geführtes Lokal mit pfiffigen Pastagerichten und sechs stilvollen Zimmern mit schöner Aussicht. DZ mit Dusche/WC sFr. 185.
- **Hotel Cereda,** Via Locarno 10, 6514 Sementina, Tel. 091 85 18 080, www.hotelcereda.ch. Neu renoviertes, farbenfrohes, freundliches Hotel, Gartenanlage mit Platanen und kleinem Swimmingpool auf der anderen Straßenseite; Restaurant, Bar. DZ mit Dusche/WC sFr. 180.
- **Agriturismo Fattoria dell'Amorosa,** Via Moyar, 6514 Sementina/Gudo, Tel. 091 84 02 950, www.delea.ch. Zwischen den zwei Dörfern, etwas erhöht inmitten der eigenen Weinberge gelegen, besticht dieses kleine Hotel nicht nur durch die Lage, sondern auch durch sein hübsches Restaurant mit Gartenterrasse und die acht stilvollen Zimmer der Weinproduzenten-Familie *Delea*. Saisonküche, eigene Produkte (Wein, Grappa, Öl und Essig). DZ mit Bad/WC sFr. 240.
- **Grotto Paudese,** 6582 Pianezzo-Paudo, Tel. 091 85 71 468. Am Anfang des Valle Morobbia. Dieses sympathische Grotto mit Aussichtsterrasse auf die Magadino-Ebene und den Lago Maggiore bietet vier individuelle Zimmer (zwei mit Dusche/WC) für sFr. 70–110. Dazu wird Saisonküche angeboten.
- **Rosa delle Alpi,** Via San Gottardo 109, 6596 Gordola, Tel. 091 73 09 518, www.rosadellealpi.ch.vu. In einem geschickt renovierten Tessinerhaus aus dem 19. Jh. in der Nähe des alten Dorfkerns bietet dieses Hotel garni sechs freundliche Zimmer mit Dusche/WC, DZ inkl. Frühstück sFr. 100–120. Unbedingt telefonisch anmelden, sonst steht man vor verschlossener Tür.
- **Ostello IYHF Montebello,** Via Nocca 4, 6500 Bellinzona, Tel. 091 82 51 522, www.youthhostel.ch. Jugendherberge in imposantem Gebäude mit Park am Fuß des Schlosses Montebello, zehn Minuten vom Bahnhof entfernt. Duschen und Toiletten auf jedem Stockwerk. DZ sFr. 84, Mehrbettzimmer sFr. 35 pro Person, inkl. Frühstück.
- **Ostello Curzutt,** Fondazione Diamante, San Bernardo, Caselle Postale, 6513 Monte Carasso, Tel. 091 97 28 686 oder 82 53 884, www.montecarasso.ch, www.f-diamante.ch. Als Jugendherberge geplant, will die Stiftung *Diamante* ab Sommer 2005 die Zimmer (bis zu sechs Personen mit Dusche/WC) v.a. in den Schulferien auch Familien und Individualreisenden zur Verfügung stellen. Neben ei-

nem Mehrzweckraum für 70 bis 90 Personen entsteht neu eine Küche in einem Rustico. Neben einer hübschen Außenterrasse mit schönem Blick ist auch ein Kiosk vorhanden, bei dem man den Schlüssel für die romanische Kirche mit ihren vorzüglichen Fresken erhält. Das Ostello liegt bei Curzutt, der Mittelstation der Seilbahn Monte Carasso-Mornera. Hier lag einst der alte Siedlungskern von Monte Carasso. Die Stiftung *Diamante* bietet Themenbroschüren zu Geschichte, Bauweise, Flora und Fauna an (auch in deutscher Sprache), stellt alte Wege und Mauern wieder her und belebt alte Bräuche, z.B. rund um die Kastanie. Erwachsene sFr. 20, Kinder sFr. 12, Gedeck sFr. 3 (zeitweise kocht eine Behindertenwerkstätte für die Gäste, sonst ist eine Kochnische mit Küchenmaterial vorhanden).

Camping

- **Bosco di Molinazzo,** 6500 Bellinzona, Tel. 091 82 91 118; TCS-Campingplatz, ruhig gelegen.

Essen und Trinken

- **Ristorante Castelgrande,** Salita al Castello, Tel. 091 82 62 353, auf dem Gelände des Castel Grande. Gestylt, eher teuer, Fisch- und andere Spezialitäten. Mo Ruhetag. Im selben Lokal: **Grotto San Michele,** Tel. s.o. Schön gestaltetes Grotto mit weitem Blick über die Magadino-Ebene; bietet Snacks an.
- **Bar Viale,** Viale Stazione, Tel. 091 82 57 303. Tagsüber geöffnet, So geschlossen. Beliebte Snackbar.
- **Orico,** Via Orico 15, Tel. 091 82 51 518. Hervorragendes Lokal mit einem Michelin-Stern in der Altstadt. Mediterrane und französische Küche; Reservierung ratsam.
- **Osteria Nord,** Via alle Torri, Carasso bei Bellinzona, Tel. 091 82 62 095. Sympathische, typische Osteria mit guter Küche und schönem Gartenrestaurant unter Platanen.
- **Grotto Malakoff,** Carrale Bacilieri 10, Tel. 091 82 54 940. Typische Pasta-Spezialitäten unweit des Kantonsspitals.
- **Grotto Torcett,** Giubiasco-Pedevilla, Tel. 091 85 73 719.

Museen

- **Schloss Sasso Corbaro,** Collina di Artore – Castello di Untervaldo, Tel. 091 82 55 906. April bis Ende November Di–So 10–18 Uhr. Temporäre thematische Ausstellungen. Im Emma-Poglia-Saal: Herrschaftsraum aus dem Blenio-Tal aus der zweiten Hälfte des 17. Jh.
- **Städtisches Museum Castello di Montebello,** Via Artore 4, Tel. 091 82 51 342, Di–So 10–18 Uhr. Im Hauptturm und im Palazzetto: Fundstücke aus archäologischen Ausgrabungen, Steinmetzarbeiten des 15. Jh., Werke von Tessiner Künstlern, Waffensammlung aus dem 15. bis 19. Jh.
- **Museo di Castelgrande,** Tel. 091 82 58 145, tägl. 10–18 Uhr. Piazza del Sole, Lift bis zur Schlossterrasse. Das Museum liegt im Südflügel des Castelgrande. Zeugnisse der 6500 Jahre menschlicher Präsenz auf dem Burghügel. Münzen des 16. Jh., Überreste einer Münzprägestätte.

Kultur und Feste

- **Cinema a Castelgrande,** Castelgrande, Tel. 091 82 52 131. Großleinwand, im Sommer Open-Air-Kino, 700 Sitzplätze.
- **Teatro del Chiodo,** Via Varesca, Daro, Infos und Vorbestellung Tel. 091 82 52 131; Bellinzonas Kleintheater.
- **Teatro Sociale,** Piazza Governo 1, Infos und Vorbestellung Tel. 091 82 02 444. 1997 wurde das Theater wieder in seine ursprüngliche Gestalt umgewandelt. Musik, Theater, Cabaret und Tanz.
- **Castellinaria – Internationales Jugend-Filmfestival,** Espocentro, Via Cattori 3, Tel. 091 82 52 131. Das Festival des Jungen Films mit Beiträgen aus der ganzen Welt findet im November im Espocentro statt.
- **Rabadan – Karneval:** Bellinzona ist bekannt für seinen Karneval, der nach römischem Ritus am Donnerstag mit der Übergabe der Stadtschlüssel an Faschingskönig Rabadan beginnt. Am Freitag findet ein Umzug mit Buben und Mädchen statt. Guggenmusik aus dem Tessin und aus der deutschen Schweiz erheitert den Samstag, und am Abend steigt auf der Piazza Collegiata eine bunte Veranstaltung mit Musik und Folklore. Am Sonntag gibt es wieder einen großen

Umzug mit Tanzveranstaltungen bis in den Morgen hinein.

• **Bacchica – Winzerfest:** Beim traditionellen Winzerfest im September auf der Piazza Nosetto und Piazza del Sole erfreuen Weindegustationen der Kellereien aus dem Sopraceneri, Folklore, ländliche Trachten, Theater und viel Musik das große Publikum.

• **Piazza Blues,** auf der Piazza Governo. Das Festival findet im Juni statt. Für drei Tage treten internationale Musiker auf einer großen Bühne auf.

Einkaufen

• **Markt** in der Altstadt von Bellinzona, Sa 7–12 Uhr. Tessiner Produkte wie Wurstwaren, Formaggini und Alpkäse, Tessiner Brot, Blumen, Kleider und Kunsthandwerk.

• Die Region um die Kantonshauptstadt ist reich an **Weinbergen,** die von Familienbetrieben geführt werden, welche bei geringen Mengen auf eine gute Qualität achten. Adressen siehe Weinführer im Kap. „Praktische Reisetipps A–Z, Essen und Trinken".

Aktivitäten

• **Hallenbad Piscina Coperta Bellinzona,** Via Mirasole, Tel. 091 82 57 334. Di/Mi/Fr 12–18 Uhr, Sa/So/Mo/Do ab 10 Uhr geöffnet. Das einzige öffentliche Hallenbad im Kanton Tessin und für Kinder an einem Regentag eine Alternative.

• **Biking:** Von Bellinzona bieten sich drei verschiedene Fahrradrouten an: durch das Misox zum San Bernardino, auf dem Veloweg nach Locarno oder Richtung Chiasso.

Ausflüge

• **Funivia Monte Carasso – Mornera,** Tel. 091 82 52 131. Über Curzutt und Piantina gelangt man in 12 Minuten mit der Sesselbahn nach Mornera auf 1400 m. Von hier kann man zur Berghütte Albagno hinaufsteigen (1½ Std.), mit dem Gleitschirm ins Tal fliegen oder in der Felslandschaft des Sasso Torrasco herumklettern. Oder man wandert von Mornera nach Baltico (1000 m), wo eine Seilbahn nach Carasso führt.

• **Funivia Carasso – Baltico,** Tel. 091 82 56 565, führt von Carasso nach Baltico auf dem Monte di Carasso, wo viele Wandermöglichkeiten mit schönen Ausblicken warten.

• **Funivia Camorono – Monti Croveggia,** Tel. 091 85 76 148 (Herr *Augusto Rota),* führt zwei Kilometer südlich von Giubiasco auf 1021 m Höhe. Auch hier gibt es zahlreiche Wandermöglichkeiten.

• Das **Oratorium S. Bernardo** mit seinen bedeutenden Fresken in Monte Carasso lohnt einen Besuch.

• Ins **Valle Morobbia** (s.u.) mit seinen Wandermöglichkeiten.

• Die Region um die Kantonshauptstadt ist reich an **Weinbergen,** die von Familienbetrieben geführt werden, welche bei geringen Mengen auf eine gute Qualität achten. Adressen siehe Weinführer im Kap. „Praktische Reisetipps A–Z/Essen und Trinken".

Castello Sasso Corbaro

045te Foto: tt

Valle Morobbia

Das landschaftlich reizvolle und steile Valle Morobbia führt zum Passo di San Jorio, der das Sopraceneri mit dem Comer See und Bellinzona mit dem italienischen Dongo verbindet, wo einst die Partisanen *Mussolini* bei seinem Fluchtversuch in die Schweiz aufspürten. Der Pass war früher ein Schmuggler-Paradies. Ausgangspunkt ist der südliche Ortsteil Motti von Giubiasco mit seiner hübschen Kapelle S. Rocco. Die Straße schlängelt sich kurvenreich hinauf nach Pianezzo ins enge Tal.

In **Pedevilla** steht die Casa Tatti, ein Rechteckbau mit ummauertem Park aus dem 17. Jh., sowie die Privatkapelle der Familie. Die Straße steigt und gibt den Blick auf die Magadino-Ebene und den Lago Maggiore frei. Durch Rebhänge gelangt man zum auf einer Hangterrasse liegenden Dorf **Pianezzo** mit der spätmittelalterlichen Kirche. An die Fassade sind Christophorus und die Heiligen Jakobus und Philippus gemalt.

Dem Dorf **Carmena** liegt der Fels des Camoghè gegenüber. Ein Wanderweg führt durch das wilde Valmaggina-Tal.

Die stattliche barocke Talkirche von **S. Antonio** hat Reste spätgotischer Malerei über dem Portal. Von **Melera** führt die Straße nach **Carena,** das wie die anderen Dörfer Bruchsteinhäuser mit Steinplattendächern und Holzlauben hat. Von Carena (985 m ü. NN) führen Pfade hinauf zum **Jorio-Pass** (3½ Std.).

Magadino-Ebene

Nicht nur die oben mehrmals erwähnte Katastrophe von 1514, die die Brücke über den Tessin fortriss und Locarno jahrhundertelang von der Gotthardroute trennte, stiftete in der Magadino-Ebene (Piano di Magadino) Unheil. Immer wieder traten der Ticino und andere Zuflüsse über die Ufer; ein großes Sumpfgebiet begünstigte das Auftreten der Malaria. Im Jahr 1885 wurde die Magadino-Ebene nach mehreren vergeblichen Anläufen melioriert; fruchtbares Agrarland entstand, welches heute allerdings durch Industriebetriebe und eine zersiedelte Bauweise viel von seinem Reiz verloren hat.

Die Südseite entlang

Hier mischen sich Industriebauten mit Food- und Einkaufspalästen und Sporthallen, der Reisende erhält einen Vorgeschmack auf das Mendrisiotto und die italienische Industrielandschaft der Po-Ebene.

Giubiasco

Giubiasco ist ein Industrieort mit altem Dorfkern am Hang. Die barockisierte **Pfarrkirche Assunta** besitzt einen romanischen Turm mit Zwillingsfenstern und Zeltdach. Die Kirche wurde am Anfang des 17. Jh. umgebaut, das Christophorusbild stammt aus dem späten 19. Jh., es ersetzte ältere, völlig zerstörte Malereien. Im Chor weist das Kreuzgewölbe reiche Stuckaturen auf. Das gute Stuckretabel mit Putten und einer Muttergottes sowie einem Gemälde der Himmelfahrt Mariä stammt aus der zweiten Hälfte des 17. Jh. An der Nordwand, der nördlichen Chorwand und an der Südwand sind spätgotische Wandmalereien aus der Mitte des 15. Jh. bis Anfang des 16. Jh. zu sehen. Die **Kapelle S. Anna,** angebaut an die Kirche S. Giobbe, birgt ein Fresko der Madonna um 1500 und im Gewölbe eine Himmelfahrt Mariä sowie die vier Evangelisten aus der zweiten Hälfte des 16. Jh. Über eine Steinbogenbrücke erreicht man die auf einem Hügel liegende altertümliche romanische **Kirche S. Bartolomeo.** Sie ist in Lisenen gegliedert und hat einen unverputzen Turm mit Zwillingsfenstern und Zeltdach. An der Fassade finden sich Überreste eines spätgotischen Freskos.

Neben den markanten Kirchen erheben sich über die Rebhügel ein paar wuchtige runde Türme, die **Fortini delle Fame.** Sie wurden 1853–55 gebaut, als das österreichische Herrschaftsgebiet bis ans Tessin reichte. Die Lombarden versuchten mehrmals, sich zu befreien, so auch 1853. Österreich erhob die Beschuldigung, der Aufstand sei von der Schweiz angezettelt worden, wies als Gegenmaßnahme 5000 Tessiner aus Norditalien aus und verfügte eine Grenzsperre gegen die Schweiz. Die Schweizer zeigten sich mit den Tessinern solidarisch und spendeten Geld. Als Arbeitsbeschaffungsmaßnahme wurden die Türme mit Schießscharten gebaut. Die meisten wurden abgerissen, einige wieder instand gesetzt.

San Antonio, Cadenazzo

Von einer Hügelterasse herab grüßt in **Camorino** die Kirche S. Martino, ihre Umfassungsmauern sind aus dem Mittelalter. In San Antonio hat sich bei der barockisierten **Pfarrkirche** der Turm aus dem 12. Jh. erhalten. Das vorzügliche Fresko aus der Mitte des 15. Jh. an der Mensa, das Christus im Grab zeigt, stammt vermutlich von *Nicolao da Seregno.* In Cadenazzo besitzt die spätklassizistische **Kirche S. Pietro** ein Altargemälde mit dem heiligen Petrus von *Baldassare Orelli.*

Die Nordseite entlang

Monte Carasso

In Monte Carasso, auf der Bellinzona gegenüber gelegenen Ticino-Seite, hatten die *Sforza* ein Vorwerk errichtet. Der Siedlungskern des Ortes lag einst auf dem Berg, wie der Name verrät. Die **Pfarrkirche SS. Bernardino e Girolamo** weist auf der Fassade Wandmalereien aus dem 16. Jh. sowie auf der Südseite einen Christophorus aus dem 15. Jh. auf.

Neben der Kirche liegt das von *Luigi Snozzi* Anfang der 1990er Jahren renovierte Kloster **Monastero delle Agostiniane** aus dem 15. Jh. Bereits 20 Jahre zuvor hatte *Snozzi* Teile des Ortes neu gestaltet.

Die an eine Burg erinnernde Kirche **S. Trinità** liegt auf einem Felssporn, die Kapelle **S. Maria di Loreto** (17. Jh.) malerisch im Tal. Die Straße führt über die Brücke der Sementina. Die sich hier das Ufer entlang ziehende Zin-

046te Foto: ns

nenmauer gehörte nicht zum Vorwerk der *Sforza,* sondern ist ein Teilstück der Talmauer von 1854, die zur Abschreckung der Österreicher gebaut worden war.

Das sehenswerte Kirchlein **Oratorium S. Bernardo** befindet sich in schöner Lage oberhalb von Monte Carasso; es ist sowohl mit der nach Mornera führenden Seilbahn (Haltestelle Curzutt) als auch in 30 Minuten zu Fuß von der Seilbahnstation erreichbar. Das schon im 12. Jh. erwähnte Kirchlein wurde später mehrmals umgebaut und birgt eine Reihe sehenswerter Freskenmalereien des 15. bis 17. Jh. Aus dem 16. Jh. stammen die Darstellungen an der Fassade: Gottvater, die Himmelfahrt Christi, links die Heiligen Mauritius und Bernhard, rechts Bernhardin und Maria Magdalena. Die große Christophorusfigur beim südlichen Eingang geht auf das 15. Jh. zurück. Im Kircheninneren sieht man an der Westseite die Grablegung Christi mit zwei Engeln, links die Heiligen Mamertus, Margaretha und Guido, rechts Sebastian, Nazarius und Celsus, aus der Handwerkstatt der *Seregnesi.* An der Nordwand sind die Heiligen Theodo-

Oratorium S. Bernardo in Monte Carasso

lus und Bernhardin sowie ein Letztes Abendmahl von *Cristoforo da Seregno* (1450) abgebildet. Aus dem Jahr 1427 stammen die Anbetung der Könige, die Heiligen Anna, Michael und Mauritius und eine Kreuzigungsgruppe. Darunter entdeckt man originelle Monatsbilder in Röteltechnik sowie einen heiligen Bischof (15. Jh.). An der Südwand finden sich die ältesten Fresken: vorne die Heiligen Bernhard, Nikolaus, Antonius und Franziskus sowie eine Dreifaltigkeit im Stil der *Seregnesi.* Über dem Südeingang zeigt eine lebendige Darstellung das Martyrium der heiligen Apollonia (ca. 1480, vielleicht ein Werk *Nicola da Seregnos)* sowie eine Madonna auf dem Thron aus dem 14. Jh. Die Fresken in der rechten Seitenkapelle sind aus dem Jahr 1565; sie zeigen die Heiligen Georg und Rochus, Christus, eine Himmelfahrt Mariä und drei Szenen aus dem Leben des heiligen Nikolaus. Weiter hinten an der Südwand sind Heilige in der Art der *Seregnesi* dargestellt. Am Chorbogen findet sich eine Verkündigung: Magdalena, Niklaus, Agnus Dei und Christophorus. An der Stirnwand die Kreuzigung und Szenen aus dem Leben des heiligen Bernhard aus dem Jahr 1607.

● **Schlüssel** bei der Station der Seilbahn Monte Carasso, Tel. 091 82 58 188, oder beim Kiosk der Mittelstation Curzutt, Tel. 091 82 53 884.

Wanderung

● **Sentiero delle Vigne** (so ausgeschildert), fünf Kilometer wandert man durch Weinreben, von Monte Carasso bis Cugnasco.

Von Sementina bis Gordola

Das Dorf **Sementina** mit der barocken Pfarrkirche hat am Hang eine spätmittelalterliche Kapelle, im 17. Jh. umgestaltet, mit zwei spätgotischen Fresken an der südlichen Außenwand. Hinter Sementina öffnet sich das schroffe, düstere Val Sementina.

Bei **Gudo** beginnen die großen Rebberge, die sich bis Tenero ziehen. Die Barockkirche des Ortes birgt Fresken aus der Mitte des 17. Jh. und Stuckfiguren. Westlich auf einem Felssporn liegt zwischen gut erhaltenen Bauernhäusern ein kleine Kapelle aus dem 17. Jh.

Im nächsten Ort, **Progero,** liegt die romanische Kapelle S. Maria in einem prähistorischen Siedlungsgebiet. In der Apsis sind gute hochgotische Fresken in der Art des Meisters von S. Biagio erhalten: eine Majestas Domini, darunter Köpfe eines Apostelzyklus aus der zweiten Hälfte des 14. Jh.

Von **Cugnasco** mit seiner Barockkirche und seiner spätmittelalterlichen Kapelle mit einem Fresko der Muttergottes führt eine Straße in vielen Biegungen nach **Monti di Ditto** (810 m). Hier suchten früher zur Sommerzeit die Bewohner der Magadino-Ebene Schutz vor der Malaria. In der **Kapelle S. Martino** finden sich vorzügliche spätgotische Fresken. In der Apsiskalotte sieht man eine Majestas Domini, darunter eine Apostelreihe, am Triumphbogen eine Verkündigungsgruppe. An der südlichen Schiffswand sind in zwei Reihen folgende Figuren zu sehen: oben die Heiligen Laurentius und Petrus, ein Bischof, eine thronende

Muttergottes, Johannes der Täufer, Maria, ein weiterer Bischof, Johannes Evangelista, unten ein Gnadenstuhl, ein Heiliger mit Schwert zwischen zwei Bischöfen, Johannes der Täufer und Sebastian. An der Nordwand ist ein Letztes Abendmahl abgebildet, in der westlichen Verlängerung des Schiffes finden sich Wandbilder von 1603, gemalt von *Alessandro Gorla;* eine Kreuzigungsgruppe, der heilige Martin, die Flucht nach Ägypten, Rochus und der Ölberg.

Fast mit S. Martino identische spätgotische Wandmalereien in der Art der *Seregnesi* hat die mittelalterliche Kapelle SS. Anna e Cristoforo in **Curogna** vorzuweisen. In der Apsis ist Christus in der Mandorla mit den vier Evangelistensymbolen abgebildet, darunter eine Apostelreihe, den Triumphbogen ziert eine Verkündigung. An der Nordwand eine Abendmahl-Darstellung, an der Südwand erkennt man den heiligen Laurentius mit zwei Päpsten, Agatha, Johannes den Täufer, eine thronende Muttergottes und Antonius Eremita. Im hinteren Teil sowie an der Westwand befinden sich Fresken, 1601 von *Alessandro Gorla* gemalt. Sie zeigen eine Kreuzigung und mehrere Heilige.

Von Ditto führt die Straße weiter hinauf zu den **Monti Motti** mit Blick auf die Magadino-Ebene. Eine kleine Panoramastraße zweigt bei Agarone links ab und folgt den Weinbauerndörfchen in der Höhe bis **Gordola** mit seinen guten Weinlagen. Gordolas Kirche besitzt zwei hübsche Gemälde von *Pedrini* (Ecce homo und die Verspottung Christi). Bei Gordola zweigt die Straße ins Verzasca-Tal ab.

Bolle di Magadino

Das **Delta der Flüsse Ticino und Verzasca,** der Bolle di Magadino, ist das einzige Mündungsgebiet am südlichen Alpenrand, das in natürlichem Zustand erhalten geblieben ist. Es ist reich an **Biotopen,** beherbergt eine vielfältige Flora und Fauna und bietet einige **Naturlehrpfade.** Hier leben über 250 Vogelarten. Die Bolle bilden den Rest eines großen Überschwemmungsgebiets, das einmal hundert Mal größer war. Der südliche Teil der Bolle ist auf markierten Wegen von Magadino aus, der nördliche Teil von Gordola aus zugänglich. Eine Beschreibung Magadinos, welches dieser Gegend ihren Namen gab, findet sich im Kapitel „Gambarogno".

Praktische Tipps

Unterkunft

Die Hotels sind in der Ortsbeschreibung Bellinzona aufgeführt.

Biking

- **Agrotouristische Velotour in der Magadino-Ebene:** Zwischen Bellinzona und dem Lago Maggiore erstreckt sich auf 2000 ha eine der besten Landwirtschaftszonen des Kantons. Der agrotouristische Lehrpfad ist mit besonderen Wegweisern versehen. Besuche auf den Bauernhöfen geben Einblick in die moderne Landwirtschaft. Picknickmöglichkeiten am Ufer des Ticino sowie auf einigen Bauernhöfen. Infos: Tel. 091 85 02 791, www.veloland.ch, www.ticino-tourism.ch.

Tenero

Tenero, zu Füßen stark zersiedelter Hänge am Ufer des **Lago Maggiore** gelegen, besitzt zahlreiche **Grotti,** in denen man den einheimischen Nostrano probieren kann. Es hatte früher einen großen Hafen und war wichtiger Stapel- und Umschlagplatz. Heute ist es, genau wie Gordola und Minusio, Vorort von Locarno.

Hier kommen vor allem Campingfreunde auf ihre Kosten. Auf zehn teils luxuriös eingerichteten Plätzen (unten eine kleine Auswahl) reihen sich Wohnmobile, Wohnwagen und Zelte aneinander. Hinter den Plätzen bietet ein Sportzentrum zahlreiche Aktivitäten an.

Camping

- **Camping Lido Mappo,** Via Mappo, 6598 Tenero, Tel. 091 74 51 437, www.lidomappo.ch. Guter Platz an der Uferpromenade. Früh buchen.
- **Campofelice Tenero,** Tel. 091 74 51 417, www.campofelice.ch. Mit 400 m Sandstrand am Lago Maggiore, Tennisplätzen, Surfschule, Robinsonspielplätzen, Freilichtkino etc.

Essen und Trinken

- **Grotto Scalinata,** 6598 Tenero, auf der Strecke Tenero – Contra (Verzasca-Tal) in der Nähe der Kirche, Tel. 091 74 52 981, Di Ruhetag. Sehr gute Küche, gekocht wird von drei Schwestern, teilweise mit Zutaten aus eigener Produktion.

Museum

- **Weinmuseum Tenero,** Matasci Fratelli, Via Verbano, Tenero, Tel. 091 73 56 011, Di–So 14–18 Uhr, Eintritt frei. Umfassender Einblick in Rebbau und Weinproduktion: Fässer, Kufen, Tragfässer, Traubenpressen, Flaschen und Korbflaschen sowie Apparate zur Abfüllung und Verkorkung. Die wichtigsten Phasen des Weinbaus, von der Pflege der Reben bis zur Schnapsbrennerei, werden vorgestellt.

055te Foto: tt

Der Schweizer Lago Maggiore und sein Hinterland

056te Foto: ns

057te Foto: ns

Hinterhof in Brione (Verzasca)

Corippo (Verzasca)

Ascona

Minusio und Brione

Minusio am Lago Maggiore mit einer spätbarocken Kirche und einer frühbarocken Kapelle ist praktisch völlig mit der Doppelstadt Locarno-Muralto zusammengewachsen. Zum Ort gehört das ehemalige **Fischerdörfchen Rivapiano** mit der malerisch über dem See liegenden Barockkirche S. Quirico mit einem spätromanischen Campanile, der einst als Wachturm diente.

Umgeben von einer großen Grünfläche, die sich ursprünglich bis an den See erstreckte, weist **La Baronata** zwei Villen auf. Die untere ist älter, sie stammt aus dem 17. Jh. Sie diente dem russischen Anarchisten *Bakunin,* der sie 1873 gekauft hatte, als Wohnsitz. Er richtete hier einen Landwirtschaftsbetrieb ein. Die Villa beherbergte zahlreiche außergewöhnliche Persönlichkeiten, Agitatoren wie Utopisten (nachzulesen bei *Riccardo Bacchelli* in seinem Roman „Il diavolo al Pontelungo"). Die obere Villa ließ *Bakunin* als Wohnsitz für seine Familie und die zahlreichen Freunde bauen.

Am Seeufer steht die **Kaserne Cà di Ferro,** erbaut um 1560, später als Umschlagplatz für Getreide benutzt. Sie ist zweigeschossig und hat einen Innenhof, einen vorspringenden Turm mit Wehrgang, einen weiteren kleinen Turm und ein Glockentürmchen. Im Erdgeschoss war einst das Auffanglager für Söldner, oben lagen die Herrschaftsräume. Vor dem Gebäude steht eine barocke Privatkapelle.

Auf dem Friedhof in Minusio liegt der deutsche Dichter *Stefan George* begraben, der hier Zuflucht vor den Nationalsozialisten suchte.

Der alte Ortskern von **Brione sopra Minusio** mit den typischen, steil in die Höhe führenden Gassen weist spätmittelalterliche Elemente auf, z.B. Sträßchen mit in der Mitte ausgehobenen Granitgräben für den Wasserablauf, Portale und Häuser mit rohen Blockfenstern, Holzbalkonen, gusseisernen Rauchfängen und horizontalen Maueröffnungen neben den Haustüren für die Kellerlüftung. Auf dem kleinen Platz hinter der Kirche stehen das alte Waschhaus und der sechseckige Brunnen aus dem Jahre 1861. Die Kirche wurde 1559 geweiht, das Querschiff und der halbrund geschlossene Chor wurden 1848 neu gebaut.

Locarno

Die Altstadt Locarnos ist S-förmig am ehemaligen Uferverlauf des **Lago Maggiore** angelegt. Sie besteht aus dem unteren Teil mit der Piazza Grande und der auf einer Terrasse gelegenen oberen Stadt. Das Schloss und die alten Kirchen befinden sich im alten Ortskern. Im 19. Jh. dehnte sich die Stadt in Längsrichtung aus. Locarnos Häuser haben eher unspektakuläre Fassaden; dafür überraschen oft die Innenhöfe mit Loggien und üppiger Vegetation. Die hübschesten Winkel befinden sich zwischen der Piazza Sant' Antonio und der Via Cittadella, in der Via Borghese, an der Piazza delle Corporazioni und an der Piazzetta de' Capitani.

Schweizer Teil des Lago Maggiore und Hinterland

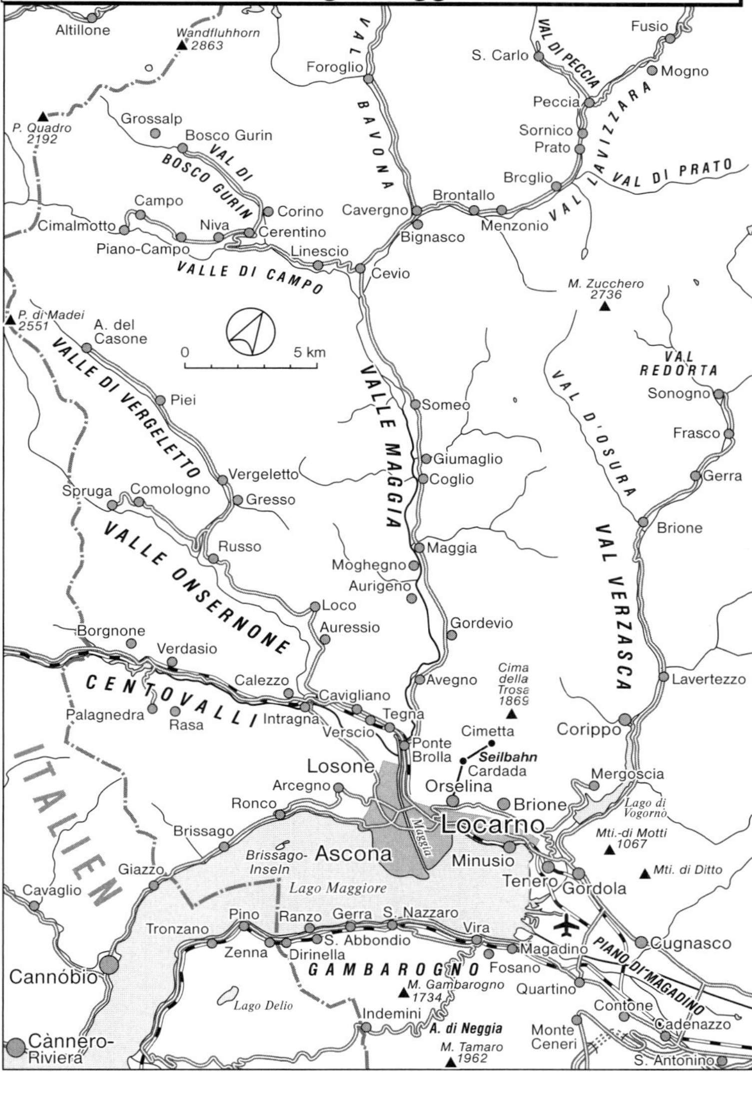

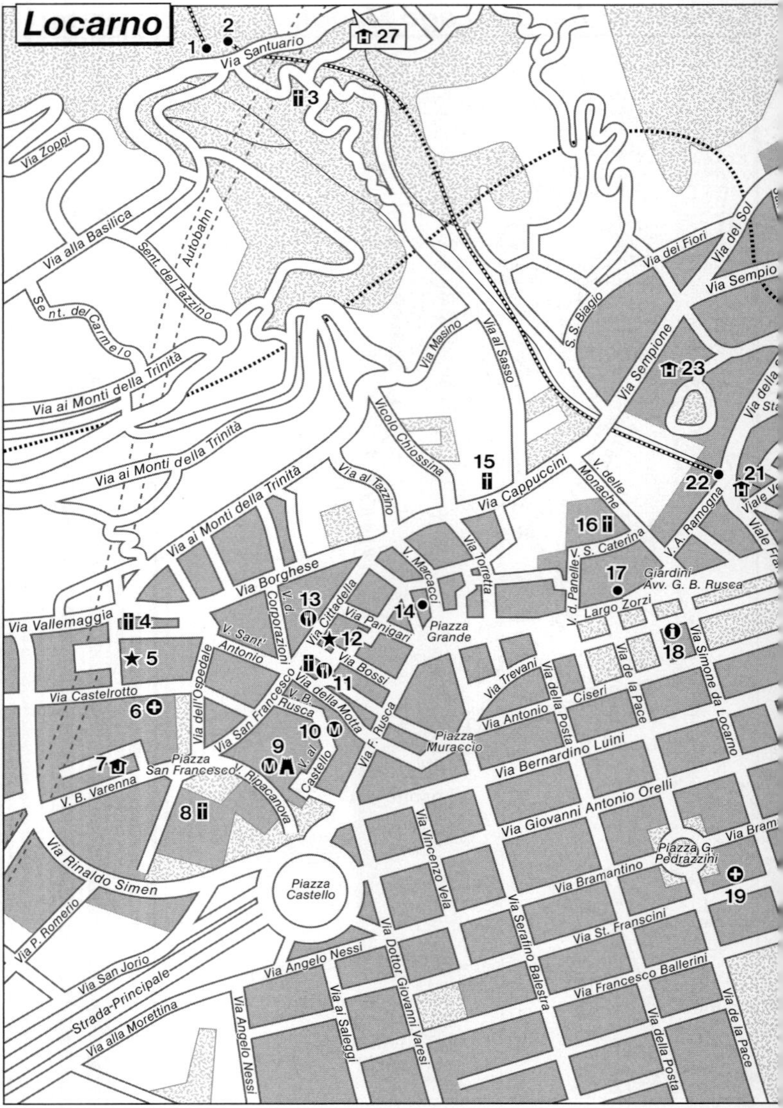
Locarno
Via Santuario
Via Zoppi
Via alla Basilica
Sent. del Tazzino
Autobahn
Sent. del Carmelo
Via ai Monti della Trinità
Via ai Monti della Trinità
Via ai Monti della Trinità
Via Masino
Via al Sasso
Vicolo Chiossina
Via al Tazzino
Via Cappuccini
S. S. Biagio
Via dei Fiori
Via del Sol
Via Sempione
Via Sempione
Via della Sta
Viale Ve
Viale Fra
V. delle Monache
V. A. Ramogna
V. S. Caterina
V. d. Panelle
Giardini Avv. G. B. Rusca
Largo Zorzi
Via Borghese
Via Marcacci
Via Torretta
V. d. Corporazioni
Via Cittadella
Via Panigari
Piazza Grande
Via Vallemaggia
V. Sant' Antonio
Via Bossi
Via della Motta
V. B. Rusca
Via F. Rusca
Via Castelrotto
Via dell'Ospedale
Via San Francesco
V. al Castello
Piazza Muraccio
Via Trevani
Via della Posta
Via Antonio Ciseri
Via de la Pace
Via Simone da Locarno
Via Bernardino Luini
Piazza San Francesco
V. Ripacanova
V. B. Varenna
Via Giovanni Antonio Orelli
Via Vincenzo Vela
Via Rinaldo Simen
Piazza Castello
Via Bramantino
Piazza G. Pedrazzini
Via Bram
Via P. Romerio
Via San Jorio
Strada-Principale
Via alla Morettina
Via Angelo Nessi
Via Angelo Nessi
Via ai Saleggi
Via Dottor Giovanni Varesi
Via Serafino Balestra
Via St. Franscini
Via Francesco Ballerini
Via della Posta
Via de la Pace
1
2
3
4
5
6
7
8
9
10
11
12
13
14
15
16
17
18
19
21
22
23
27

•	1	Talstation Bergbahn Carda
•	2	Bergstation Bergbahn
	3	Madonna del Sasso, Kirche und Kloster
	4	Chiesa San Antonio
★	5	Casa Rusca/ Städtische Pinakothek
	6	Spital
	7	Jugendherberge Palagiovani
	8	Klosterkirche San Francesco
	9	Castello Visconti, Museo Civico e Archeologico
	10	Casorella
	11	Santa Maria Assunta, Rest. Boccalino
★	12	Casa dei Canonici
	13	Rest. Citadella
•	14	Municipio/Rathaus
	15	S. Rocco
	16	Monastero Agostiniane u. Chiesa Santa Catarina
•	17	Casino
	18	Touristeninformation
	19	Spital
	20	Hotel Arcadia
	21	Hotel Zurigo
•	22	Talstation Bergbahn
	23	Grand Hotel Locarno
✉	24	Hauptpost
	25	Stiftskirche S. Vittore
	26	Hotel Esplanade
	27	Hotel Orselina

Geschichte

Der Name der Stadt geht auf das keltische Wort *Leukera* („die Weiße", in Anspielung auf den wild schäumenden Fluss Maggia) zurück. Locarno ist seit der Römerzeit besiedelt. Funde lassen vermuten, dass Locarno ein Zentrum römischer Glasherstellung war.

Bis um das Jahr 1000 gehörte das Locarnese politisch zur Lombardei, kirchlich zum Bistum Mailand. Vor 1152 wurde es dem Bistum Como einverleibt, die weltliche Herrschaft blieb bei den kaisertreuen *Orelli,* ging dann 1342 an die *Visconti,* die 1439 von der Kultur liebenden Familie der *Rusca* abgelöst wurden. Locarno bildete eine Art **Adelsrepublik.** Mailänder Herzöge bauten eine Burg, die zu den größten der Lombardei gehörte. Das Castello war von 1503 bis 1798 Sitz der eidgenössischen Vögte der XII Orte (ohne Appenzell), die sich im Turnus alle zwei Jahre ablösten. Im Nord-Südverkehr war Locarno ein wichtiger **Umschlagplatz.**

In der Reformationszeit wurden die Protestanten, die geistige Elite der Stadt, vertrieben, was zum **wirtschaftlichen Niedergang** führte. Der Seidenhandel, der Locarno über Jahrhunderte Wohlstand beschert hatte, verlagerte sich nach Zürich. Zusätzlich fehlte seit der Zerstörung der Brücke über den Tessin in Bellinzona (1514) ein direkter Zugang zur Gotthardstrecke. Locarno versank mehr und mehr in Provinzialität.

1803–78 war die Stadt zusammen mit Bellinzona und Lugano im Wechselrhythmus von sechs Jahren **Regierungsresidenz** des Kantons Tessin.

Um 1900 entwickelte sich die Stadt zu einem mondänen **Ferienort** mit Hotelpalästen. 1925 fand im Gerichtsgebäude die Friedenskonferenz u.a. zwischen Frankreich und Deutschland statt, deren Resultate als **Locarnopakt** in die Geschichte eingingen. Deutschland stand danach der Einzug in den Völkerbund offen. Angriffskriege wurden verboten, die deutsche Westgrenze garantiert, das Rheinland entmilitarisiert. *Gustav Stresemann* und *Aristide Briand* erhielten 1926 den Friedensnobelpreis.

Nach dem Zweiten Weltkrieg setzte eine intensive **Bebauung** des östlichen Maggia-Tales, des Seeufers und der Hänge ein.

Altstadtrundgang

Piazza Grande

Die Piazza Grande ist eine großzügige Platzanlage mit durchgehenden Arkaden an der Hangseite. Hier steht der **Torre del Comune** aus dem 14. Jh. An der Südseite gab es früher einen direkten Seezugang, heute liegen hier Geschäfts- und Verwaltungsbauten sowie der Park aus dem 19. Jh., der **Giardino Pubblico.** Im Kursaal von 1910 ist neben einem Theater und dem Kasino das Tourismusbüro untergebracht. Die älteste Bausubstanz des Platzes findet sich im Westen, wo er sich verengt. Das **Municipio,** ehemals Palazzo Marcacci, ist seit 1854 Gemeindehaus, es wurde 1897 umgestaltet. Der **Palazzo**

050te Foto: tt

Piazza Grande

Governativo, Nr. 47, gegenüber dem Municipio, wurde 1838 von *Pioda* gebaut; er war bis 1878 kantonaler Regierungs- und Verwaltungssitz. Der **Palazzo delle Poste** von 1996 ist von *Livio Vacchini*. In der südlich vom Platz abgehenden Via delle Pace (Friedensstraße) tagte die internationale Konferenz 1925.

Leider dient die Piazza Grande noch immer als **Pkw-Parkplatz;** nur am Markttag und während des Filmfestivals werden die Autos verbannt.

Castello Visconti

Durch die Via Franchino Rusca gelangt man zum Castello Visconti, dem bedeutendsten Schloss des Tessins, heute **Museo Civico** (Städtisches und Archäologisches Museum). Der Ursprung der Burg liegt im Hochmittelalter. Im Jahre 1342 wurde das Castello vom Mailänder *Luchino Visconti* erobert und ausgebaut. Im 15. Jh. folgte ein großzügiger Ausbau als Festungsanlage, die bis ans untere Ende der heutigen Via Franchino Rusca reichte; sie sollte nicht nur das Schloss, sondern auch den eigenen Hafen schützen. Die Eidgenossen, deren Landvögte hier hausten, schleiften aus finanziellen Gründen im Jahre 1532 die Burg. Von den vier Türmen ist nur einer übrig geblieben sowie der Palas. Die von einem Schanzengraben gesäumte Westmauer geht an der Nordwestecke in einen Turm über. Zum Teil besitzt sie einen Wehrgang. Das Castello wurde 1923 restauriert, so dass es jetzt zum Platz hin im Renaissancestil in Erscheinung tritt.

Der Besucher gelangt durch den westlichen Eingang (15. Jh.) in eine Kaserne und das östlich vorgebaute Atrium. Hier öffnet sich der Arkadenhof mit dem Spitzbogenportal und einer darüber liegenden, malerischen Loggia. Im Treppenhaus gibt es ein Renaissancefresko lombardischer Schule. Die Wände und Decken der Säle sind zum großen Teil mit den Wappen der Vögte verziert (17. Jh.), beginnend mit dem Berner *Sebastian von Stein*. Die zahlreichen Kassettendecken tragen gotische Dekorelemente.

Casorella

Nordöstlich an das Schloss gebaut steht die Casorella, erbaut Ende des 16. Jh., umgebaut unter den *Orelli*. Sie hat eine Fassade mit rustizierten Lisenen und ein Portal mit Volutengiebel sowie Dichterbüsten aus dem 19. Jh. Am Westende findet sich eine Loggietta mit Fresko, im Obergeschoss ein Deckengemälde von *Orelli*. Heute wird die Casorella für **Kunstausstellungen** benutzt.

Klosterkirche S. Francesco

Weiter geht es zur Piazza S. Francesco und hier zum Grabmal des *Giovanni Orelli* von 1347. Die Klosterkirche S. Francesco ist ein Beispiel nachmittelalterlicher **Bettelordensarchitektur,** neu gebaut im 16. Jh. von *Giovanni Bereta*. Das Kloster wurde 1848 aufgegeben. S. Francesco ist eine Basilika mit Steinplattenbedachung, quadratischem Hauptchor und zwei polygonalen Seitenchören. Fünf Säulenpaare mit Arkaden scheiden im Inneren das mit Balkendecke versehene Mittelschiff von den kreuzgewölbten Seitenschiffen. Die Kirche birgt eine Verkündigungsgruppe und Aposteldarstellungen aus dem 16. Jh. An den Seitenwänden gibt es gute illusionistische Architekturmalerei (18. Jh.) von *Antonio Orelli*.

Rechts von der Apsis gelangt man zum ehemaligen Klostergebäude (heute ein Lehrerseminar), im Südflügel wurde das Refektorium 1716 von *Baldassare Orelli* mit illusionistischer Malerei ausgestaltet.

Friedhof

Weiter südwestlich an der Straße liegt rechts der Friedhof *(cimiterio)* mit dem für das 19. Jh. typischen Grabmälern und der runden **Grabkapelle Rusca,** 1845 von *Pioda* gebaut, sowie die ehemalige Kirche, heute **Friedhofskapelle S. Maria in Selva.** Sie birgt **bedeutende Wandgemälde** von etwa 1400. Die 1400 gebaute Kirche war vollständig ausgemalt und wurde trotz heftiger Proteste 1884 mit Ausnahme des quadratischen Chors und des spätmittelalterlichen Turms abgerissen.

In der äußeren Chorfront sind oben Keramikschalen eingelassen, innen findet man ein Kreuzrippengewölbe auf

Konsolen. Die ältesten Fresken stammen vom Meister von S. Maria in Selva und seinen Gehilfen: im Chorbogen 12 Prophetenbüsten, an der Chorfront über dem Fensterpaar eine Schutzmantelmadonna, begleitet vom Verkündigungsengel und der Jungfrau Maria. Von anderer Hand an der Nordwand ist die Geburt Christi in byzantischer Art. Das schmale Kreuzigungsbild zwischen den Chorfenstern wurde 1401 gemalt. In der südlichen Lünette gibt es eine Madonna (um 1450) von *da Velate,* an der Nordwand die Darbringung im Tempel (16. Jh.) von *Antonio da Tradate.*

Via Sant'Antonio

Der Weg führt zur Piazza Sant'Antonio in die Via Sant'Antonio zurück. Am Haus Nr. 3, der **Casa Simona,** fallen ein Madonnenfresko von *G. Orelli* sowie ein rosa Granitportal ins Auge, im Hof liegt ein dreigeschossiger Loggientrakt. Links von der Kirche steht die **Casa Rusca,** heute die **Städtische Pinakothek,** mit einem kleinen schmiedeeisernen Balkon über dem barocken Granitportal. Der Innenhof wirkt spanisch. Die **Casa Rusca Bellerio** (Nr. 11) hat ein antikes Portal in einer nüchternen Fassade, dahinter verbirgt sich ein hübscher Garten mit kleinen Treppen.

Chiesa Nuova

In der Via Cittadella liegt bei der Piazzetta delle Corporazioni die Casa Rusca, der Eckbau ist im Kern mittelalterlich. Die Kirche S. Maria Assunta, meistens Chiesa Nuova genannt, besitzt reiche frühbarocke Stuckdekorationen. Die überlebensgroße Stuckfigur an der Fassade zeigt den heiligen Christophorus. Der einschiffige, vierjochige Kirchenraum mit Tonnengewölbe ist reich mit Stuckaturen ausgestattet, vom selben Künstler sind auch die Chorfresken. Auf dem linken Seitenaltar steht eine recht makabre, mit Stoff verkleidete Statue des San Germano, in einer Marmornische auf der rechten Seite eine Holzstatue der in den Himmel aufgenommenen Muttergottes aus dem 17. Jh. Die Chiesa Nova wurde vor 1630 von *Cristoforo Orelli* gebaut.

Via Borghese

In der Via Borghese Nr. 14 befindet sich die **Casa del Negromante.** Das alte Wohnhaus aus dem 14. Jh. wurde kürzlich restauriert, im Atrium sind Fresken aus dem 16. Jh. zu sehen: ein Schweizer Kreuz und ausgelöschte Wappen aus der frühesten Zeit der eidgenössischen Besetzung. Der Innenhof hat einen Portikus und eine von Holzsäulen getragene Galerie.

Der **Palazzo Morettini** (Nr. 12) aus dem frühen 18. Jh., umgebaut 1870, hat eine elegante Gartenfront und eine Deckenmalerei von *Giovanni Antonio Vanoni.* Das **Collegio S. Eugenio** ist das ehemalige Kapuzinerkloster SS. Rocco e Sebastiano; die Kirche von 1602 zeigt ein Gemälde der Kreuzigung von *Enea Salmeggia.* Gegenüber der Kirche steht der **Palazzo Franzoni,** ein bemerkenswerter Barockbau aus dem 17. Jh. mit Deckenmalereien von *Caldelli.*

Zurück auf der Straße bis zur Höhe der Via al Sasso, liegt im Park das **Albergo Belvedere,** erbaut im 16. Jh., 1884 zum Hotel umgebaut. Der Ehrensaal hat eine Spiegeldecke mit Lünette in kräftiger Stuckrahmung aus der Bauzeit.

Kloster S. Catarina

In der Via delle Monache liegt das Frauenkloster S. Catarina, dessen Gründung durch den Humiliatenorden ins 13. Jh. zurückreicht. 1571 wurde der Orden aufgehoben und in das Spital eingegliedert. Ein Neubau der Kirche erfolgte 1616. Der Chor hat Rokoko-Stuckdekor, im Gewölbe ist ein Gemälde des heiligen Augustinus von *Giuseppe Orelli* zu sehen. Der Konvent ist ein Dreiflügelbau mit toskanischen Säulenarkaden aus dem 17. Jh.

Stiftskirche S. Vittore

Muralto war der römische Siedlungskern, heute ist es vollständig mit Locarno verschmolzen. Unweit des Bahnhofs in nordöstlicher Richtung liegt die römische Stiftskirche S. Vittore, zusammen mit S. Nicolao in Giornico die **bedeutendste romanische Kirche im Tessin,** gebaut 1090–1110, der Glockenturm stammt aus dem Jahr 1527, erhöht wurde er 1932. Das Kircheninnere wurde im 17. und 19. Jh. umgestaltet.

S. Vittore ist eine **Pfeilerbasilika** ohne Querhaus mit drei halbrund geschlossenen Chorarmen mit Hallenkrypta unter dem Hauptchor, gebaut in Quaderwerk aus einheimischem Granit, vereinzelt mit Marmorsteinen. An der Südseite steht der Renaissanceturm von 1527. In der Südwand prangt ein Relief mit Wappen von Muralto (1524) sowie ein Marmorrelief des heiligen Viktor als Reitergestalt (1462). Bemerkenswert sind die drei bärtigen Köpfe auf der Standarte, eine im Konzil verbotene Darstellung der Heiligen Dreifaltigkeit. An der Westseite des Turms sind drei Preisangaben von Lebensmitteln eingemeißelt, die die Teuerung von 1527 veranschaulichen sollten, welche zum Abbruch der Bauarbeiten am Turm geführt hatte.

An der Südwestecke steht das Beinhaus von 1745, dahinter die Bruderschaftskapelle des Heiligen Sakraments aus dem 17. Jh. Stufen, die 1859 erneuert und erhöht wurden, führen zum Presbyterium und zum Chor. Die vor einigen Jahren begonnenen, umfassenden Restaurierungsarbeiten haben die Struktur der Kirche wieder in ihren ursprünglichen Zustand versetzt, die Auffrischung der Fresken ist noch im Gang.

Unter dem Presbyterium befindet sich die **dreischiffige Krypta,** eine der besterhaltenen Krypten der Schweiz mit **einzigartiger Kapitellenplastik.** Sie besteht aus zehn Freisäulen und zwölf Wandsäulen, Kreuzgewölbe und Gurtbogen. Die Säulen sind mit Kapitellen aus unterschiedlichem Material versehen. Keines der 22 Kapitelle gleicht dem anderen, so dass sich ein wahres Musterbuch der lombardischen Kunst der damaligen Zeit ergibt, sowohl hinsichtlich der fantasievollen Gestaltung als auch der handwerklichen Techniken. Geflechte, Blätter des

051te Foto: tt

Akanthus (Bärenklau), Vögel sowie Tier- und Menschenköpfe sind zu entdecken.

Das erste Gewölbejoch hat spätgotische **Fresken** mit vier Heiligen (um 1500) von *Antonio da Tradate*. Zahlreiche Fresken aus verschiedenen Epochen zieren die Apsiden und die Wände der drei Schiffe, der älteste und bedeutendste Freskenzyklus ist während der Restaurierung der Kirche (1977–89) ans Licht gekommen. Er stellt Szenen aus der Genesis dar und geht etwa auf das Jahr 1150 zurück. An der Südwand der Gegenfassade ein romanisches Fresko eines Christus mit Stock sowie Blumendekorationen. Die Fresken in der Wölbung der kleinen Apsis des südlichen Kirchenschiffs sind aus dem 13. Jh.: Majestas Domini mit Engeln und Apostelgesichter, die im Kreuzgewölbe des vorhergehenden Bogens erkennbar sind. Im unteren Teil des Chors hinter dem Hochaltar ist das Fragment einer Verkündigung mit Gottvater zu erkennen, umrahmt

Locarno ist der größte Ort am Lago Maggiore

von einer Inschrift, datiert auf 1467 und mit Stifternamen aus der Werkstatt der *Seregnesi.*

Die große Pfingstszene in der Wölbung der größeren Apsis (1583) stammt vom deutschen Maler *Hans Schmidt.* Die Figuren von Propheten oberhalb dieses Freskos entsprechen dem Manierismus des späten 16. Jh. In der zentralen Arkade sind undeutlich Dekorationen mit Heiligen und Figuren in damastbesetzten Kleidern zu erkennen. Sie werden Malern aus dem Kreis um *Antonio da Tradate* (1500) zugeschrieben.

Sehenswertes in anderen Stadtteilen

Solduno

Im Ortsteil Solduno wurden Grabstätten der Eisenzeit gefunden. Hier steht die spätbarocke Kirche **S. Giovanni Battista** von 1789. Die Kirche **S. Trinità,** gebaut um 1621, zeigt gute Votivgemälde verschiedener Korporationen, großteils von *Baldassare Orelli* gemalt.

Orselina

Oberhalb von Locarno in Orselina zieht die wunderbar gelegene und immer wieder fotografierte Wallfahrtskirche **S. Maria Assunta** (Madonna del Sasso) Besucher an. *Frà Bartolomeo d'Ivrea,* ein Franziskanerbruder des Klosters von Locarno, wollte nach einer Erscheinung im Jahre 1480 auf dem „Sasso" einen Ort der Andacht schaffen und baute hier zwei kleine Kapellen. Diese wurden bald erweitert, später kam ein Kloster hinzu. Am Weg, der von Locarno zum „Sasso" hinaufführt, wurden zahlreiche Kapellen gebaut bzw. geplant. Geblieben sind zwei **Skulpturengruppen** in Terrakotta, die *Francesco Silva* zugeschrieben werden; sie stellen das Letzte Abendmahl und die Ausgießung des Heiligen Geistes in unverwechselbarem Barockstil dar. Beachtlich ist auch eine geschnitzte Beweinungsgruppe in der Cappella Von Roll, ein Werk des lombardischen Realismus aus dem 15. Jh., das die Grablegung Christi darstellt.

Die heutige Wallfahrtskirche, die auf einem künstlich terrassierten Felssporn liegt, geht auf das 16. und 17. Jh. zurück; danach wurde sie nach und nach ausgestaltet und 1903–25 weitgehend umgestaltet. Das Kreuzgewölbe hat Stuckaturen aus dem 17. Jh. Das spätgotische Gnadenbild der Madonna auf dem Hauptaltar stammt aus dem Jahr 1480. Die Flucht aus Ägypten im südlichen Seitenschiff ist ein berühmtes Werk des *Bramantino,* um 1520. Das Wandbild mit den Heiligen Martin und Viktor stammt von *Gorla.* Die monumentale Grablegung in der dritten Seitenkapelle hat *Antonio Ciseri* 1870 gemalt. Eine reiche Sammlung von Votivtafeln findet sich an den Kirchenwänden und in anderen Räumlichkeiten. Jeweils am 1. September findet das **Fest der Madonna del Sasso** statt. Im Museo Casa del Padre sind kirchliche Gegenstände sowie Votivbilder, Gemälde und Skulpturen ausgestellt (s.u.).

Praktische Tipps

Information

●**Ente turistico Lago Maggiore,** 6600 Locarno, Tel. 091 79 10 091.
●**Navigazione Lago Maggiore,** Lungolago Motta, 6600 Locarno, Tel. 091 75 11 865 und 75 16 140.

Unterkunft

Die Hotels am Lago Maggiore sind in der Hochsaison, insbesondere während des Filmfestivals, z.T. unverfroren mit ihren Preisen. Man sollte sich frühzeitig erkundigen.
●**Hotel Orselina****,** Via Santuario 10, 6644 Orselina-Locarno, Tel. 091 73 57 350, www.orselina.com. Tolles Ferienhotel mit schönem Garten am Südhang oberhalb Locarnos, DZ ab sFr. 356 (Halbpension).
●**Hotel Esplanade****,** Resort & Spa, Via delle Vigne 66, 8848 Minusio-Locarno, Tel. 091 73 58 585, www.esplanade.ch. Renoviert in einem exotischen Park mit Blick auf den See. Wellness, Fitness, Beauty auf 1600 m², Golfpauschalen. DZ ab sFr. 280.
●**Grand Hotel Locarno,** 6600 Locarno, Tel. 091 74 30 282. Abseits im Park; ein Hotelpalast aus der Gründerzeit mit entsprechenden Hallen, Lüstern und Mosaikböden. DZ sFr. 200–350.
●**Hotel du Lac garni***,** Via Ramogna 3, Tel. 091 75 12 921, www.du-lac-locarno.ch. Gutes Hotel garni, sehr zentral gelegen (nahe Piazza Grande und See), 31 DZ mit Dusche/WC, einige mit Balkon, sFr. 140–234.
●**Ramada Hotel Arcadia****,** Lungolago G. Motta, 6600 Locarno, Tel. 091 75 61 818. Gutes Haus direkt am See mit Swimmingpool. 90 geräumige Zimmer mit Bad/WC, sFr. 260–350.
●**Ramada Hotel La Palma****,** Via Verbano 29, 6600 Lugano-Muralto, Tel. 091 73 53 636, www.ramada-treff.ch/palma. Ein sehr schön am See gelegenes Haus mit 68 z.T. sehr geräumigen Zimmern, DZ sFr. 230–380.
●**Villa India,** Via ai Monti 62, 6600 Locarno, Tel. 091 75 11 210. Originelles einfacheres Hotel mit sehr schöner Aussicht oberhalb Locarnos, DZ sFr. 100–156 (November bis Ende Februar geschlossen).
●**Pensione Olanda,** Via ai Monti, 139a, Tel. 091 75 14 727, www.pensione-olanda.ch. Zehn teilweise mit Dusche/WC ausgestattete Zimmer, teilweise mit Seesicht, DZ mit Dusche/WC und Frühstück sFr. 130 (Dezember bis Ende Februar geschlossen).
●**Casa Lumino,** Via del Tiglio 36, 6605 Locarno Monti, Tel. 091 75 11 028, www.casalumino.ch. Hotel des Bibellesebunds in schöner Lage oberhalb Locarnos. Mit Schwimmbad. 28 einfache, aber saubere Zimmer, meist mit Dusche/WC; inkl. Frühstück sFr. 162–174. Es gibt günstige Pauschalrabatte für Familien.
●**Jugendherberge Locarno „Palagiovani“,** Via Varenna 18, 6600 Locarno, Tel. 091 75 61 500, ganzjährig geöffnet. Im einzigartigen „Jugendpalast“ residieren neben der Jugendherberge auch das Lokalradio, ein Jugendbüro, die Musikschule und eine Presseagentur für Jugendliche. Es ist immer was los im stattlichen Haus, das am Rand der Locarneser Altstadt liegt. Zweier-, Vierer- und größere Zimmer, z.T. mit Dusche/WC, Richtpreis in Gruppenzimmer sFr. 35 p.P.

Camping

●**Camping Delta,** Via Respini 7, 6600 Locarno, Tel. 091 75 16 081, www.campingdelta.com. Guter, komfortabler Platz im Delta der Maggia direkt am See. Frühzeitige Buchung empfohlen.

Essen und Trinken

●**Cittadella,** Via Citadella 18, Tel. 091 75 15 885. Im Obergeschoss gibt es gute Fischgerichte.
●**Villa Pauliska,** Via Orselina 6, Tel. 091 74 30 541, Mo geschlossen, nur abends. In einem Palazzo inmitten eines Parks mit Aussicht auf den See.
●**Il Boccalino,** Via della Motta 7, Tel. 091 75 19 681. Bioküche mit Kräutern, Gemüse und Fisch.
●**Antica Osteria,** Via dei Pescatori 8, Tel. 091 74 38 794. Gute Osteria zu vernünftigen Preisen, Di Ruhetag.
●**Centovalli,** in Ponte Brolla bei Locarno, Tel. 091 79 61 444. Sympathische Osteria mit ausgezeichneten Tessiner Spezialitäten. Man

versuche unbedingt das herrliche Risotto mit Lughanine. Bietet auch einfache Zimmer an.

Nachtleben

- **Festival Café Bar,** Viale Balli 2, Tel. 091 75 21 259, 7.30–1 Uhr. In-Treff mit Latino- und House-Music.
- **Bar Sport,** Via delle Posta, Tel. 091 75 12 931, täglich bis 1 Uhr. In-Treff der Jugend-Szene.
- **Palm Arte Bar,** Viale Verbano 29, Tel. 091 73 53 636. An der Seepromenade.
- **Casino di Locarno,** Largo Zorzi 1, Tel. 091 75 11 535, Mo–Do 12–2 Uhr, Fr/Sa 12–4 Uhr. Spiellokal, Zutritt ab 20 Jahren.

Museum

- **Pinacoteca Comunale Casa Rusca,** Piazza S. Antonio, Tel. 091 75 63 185, Di–So 10–12 und 14–17 Uhr. Schenkung *Marguerite* und *Jean (Hans) Arp,* Schenkung *Nesto Jacometti,* Schenkung *Giovanni Bianconi,* Schenkung *Rudolf Mumprecht:* Depositum der Stiftung *Fillippo Franzoni,* bedeutende Sammlung seiner Werke.
- **Museo Casa del Padre,** Madonna del Sasso - Via Santuario 2, Orselina, Tel. 091 74 36 265, So 10–12 und 14–17 Uhr, Mo–Fr 14–17 Uhr. Kirchenschatz: Votivbilder, Paramente, Kultgegenstände, Darstellungen der Madonna del Sasso sowie Zeichnungen und Bilder des Malers *Antonio Ciseri* (1821–91), Vorstufen zu seinem großen Gemälde „Die Grablegung Christi" in der Wallfahrtskirche.
- **Museo Civico e Archeologico** im Castello Visconti, Tel. 091 75 63 180, Öffnungszeiten: April–Oktober Di–So 10–17 Uhr. Sammlung römischer Gläser, Skulpturen und Fragmente der Kirche S. Vittore, Möbel, Kunsthandwerk.
- **Casorella,** das hübsche Patrizierhaus ist nur zugänglich, wenn gerade Kunst- oder Fotoausstellungen stattfinden; Informationen erteilt das Tourismusbüro.
- **Sanctuarium Artis Elisarion,** Minusio, Via Rinaldo Simen 3, Tel. 091 74 36 671, Öffnungszeiten: Februar–Dezember Di 14–17 Uhr. Kunstsammlung und Bibliothek des Balten *Elisar von Kupffer* („Klarwelt der Seligen") und des deutschen Klarismus-Vertreters *Eduard von Mayer.*

Kultur und Feste

- **Internationales Filmfestival Locarno,** Piazza Grande e Sale Cinematografiche, Tel. 091 79 10 091 (Infos). Locarnos Filmfestival, das in den ersten zwei Augustwochen stattfindet, ist nicht das größte, aber sicher eines in unvergleichlicher Umgebung. Wer einmal auf der Piazza Grande war und die einmalige Stimmung erlebt hat, kommt immer wieder. Frühzeitig Unterkunft reservieren.
- **Concerti di Locarno,** Kirche S. Francesco, Innenhof des Castello Visconteso, Kirche S. Vittore (Muralto), Casa Rusca, Saal des Ex-Regierungsgebäudes auf der Piazza Grande, Tel. 091 75 10 333. Kammer, Chor- und Orchestermusik, Mitte März bis Juni.
- **Fischfest Muralto,** Piazzale Burbaglio, 6600 Muralto, Tel. 091 79 10 091. Findet immer am zweiten Sonntag im März statt.

Einkaufen

- **Markt,** Piazza Grande, Tel. 091 75 63 311 (Municipio), Do 8–13 Uhr. Angeboten werden Landprodukte wie Käse, Eier, Früchte, Gemüse, Blumen usw. Vom 14. April bis 31. Okt. auch Sa 8.30–13 Uhr (Via S. Francesco und Via Cittadella).
- **Brocante** (Antiquitätenmarkt), in der Città vecchia, Tel. 091 79 10 091 (Infos)

Biking

- **Locarno - Bellinzona** mit dem Fahrrad: Ein Veloweg verbindet die Tessiner Hauptstadt mit Locarno.

Ausflüge

- Mit der Drahtseilbahn nach Orselina, dann mit Kabinenbahn nach Cardada und mit dem Sessellift nach **Cimetta.** Es gibt ein Geologisches Observatorium, einen Spielweg, der sich durch den Wald schlängelt, und eine Passerelle, die zu einer Plattform mit prächtigem Ausblick auf den See und die Berge führt. In einer Stunde steigt man von der Cimetta zur Cima della Trosa (1871 m) mit großartiger Rundsicht.
- Schiffsfahrt zu den italienischen **Isole Borromeo.** Täglich fahren Schiffe und schnelle Tragflügelboote von Locarno zu den Inseln.

Auf der Isola Bella und Isola Madre sind botanische Gärten angelegt, die Isola Pescatori hat ein reizendes Fischerdörfchen.

- In die Wandergebiete der **Bergtäler** des Verzascatals, des Maggiatals und des Centovalli mit ihren Nebentälern.

Wanderungen

- **Sentiero della Collina bassa** – Hügelweg oberhalb von Locarno: ein Spaziergang am Hang über dem Lago Maggiore zwischen Orselina und Tenero, ca. 1½ Std. Beide Orte können mit öffentlichen Verkehrsmitteln erreicht werden.
- **Höhenweg im Hügelgebiet Locarno Monti:** Der beliebte Höhenweg im Hügelgebiet oberhalb von Locarno führt von Locarno Monti nach Contra (6 km). Die Wanderung dauert 2 Std. 15 Min.; Busverbindungen von Locarno oder Tenero.
- **Wanderung auf die Cimetta** (1671 m), s.a. „Ausflüge": Auf- und Abstieg zu Fuß in 7 Std. 45 Min.; der Weg kann durch Busse und Bergbahnen beliebig verkürzt werden. Aufstieg zur Kirche in Orselina über die Via Pattocchi und die Via Eco, an deren Endpunkt der alte Saumweg nach San Bernardo liegt. Von hier kann man über die Alpe Cardada (1 Std.) auf die Cimetta steigen. Abstieg entweder über Cardada, Miranda, Monte Brè zur Madonna del Sasso oder über die Alpe Cardada, Chiodo, Cordonico nach Muralto.
- **Wanderung von Locarno nach Mergoscia** (im vorderen Teil des Verzascatals), 4 Std. Von Locarno über Brione sopra Minusio, hier das links bei der Kirche abgehende Sträßchen nach Mergoscia einschlagen, beim *Hotel della Valle* beginnt der Fußweg. Weiter über die Weiler Tendrasca, Viona und durch den Kastanienwald nach Monti di Legno (1121 m) mit seiner betörenden Aussicht. Abstieg nach Al Passo und ins enge Val di Mergoscia über die Brücke in die hübschen Orte Busada und Mergoscia (hier fahren auch Postautos).

Ascona

Von Locarno ist es nur ein Katzensprung über das Maggia-Delta nach Ascona, für viele nördlich der Alpen der Inbegriff der „Sonnenstube Tessin". Als eine der ältesten Siedlungen am Lago Maggiore war Ascona im Mittelalter ein von drei Burgen bewachter Marktfleck, der nach der Eroberung durch die Eidgenossen eng mit dem Schicksal Locarnos verbunden war. 1518 wurden die Burgen von den Eidgenossen zerstört, außer einer romanischen Kapelle auf einem Hügel nordöstlich von Ascona ist von ihnen nichts übrig geblieben. Ascona war Heimat berühmter Künstlerdynastien wie der *Serodine, Abbondio, Pisoni* und *Pancaldi*. Hier vertrödelten Aristokraten ihre Zeit, Utopisten erprobten neue Lebensformen, Künstler ließen sich inspirieren. Schließlich wurde es zu einer Hochburg des Tourismus, was sich an den unzähligen Bauten in der Maggiaebene und an der Collina ablesen lässt.

Der Altstadtkern und die engen Gassen, verträumte Winkel und die Lage am See locken immer wieder Besucher an.

Sehenswertes

Seepromenade Piazza G. Motta

Ein beliebter Treffpunkt ist die Seepromenade Lungolago G. Motta mit ihren Platanen. Das Municipio (Rathaus) wurde im 16. Jh. für *Bartolomeo Papio* gebaut, welcher als junger Mann nach Rom ausgewandert und

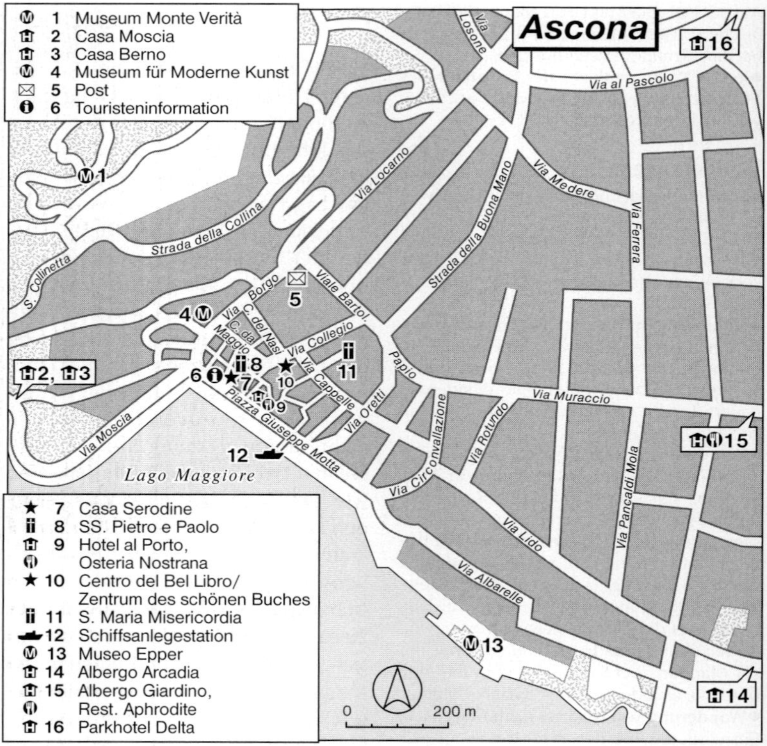

als reicher Mann nach Ascona zurückgekehrt war.

Casa Serodine

Ende des 16. Jh. wurde die Casa Serodine oder Borrani für die Künstlerfamilie *Serodine* gebaut, mit einer der bemerkenswertesten Fassaden der Schweiz. Sie wurde mit stuckverziertem Piano nobile vom Künstler *Cristoforo Serodine* – dem Bruder des Malers *Giovanni Battista* – und seinem Sohn *Giovanni Battista* gestaltet. Auf den Segmentgiebeln der seitlichen Fenster finden sich Figurenpaare in Anlehnung an *Michelangelo*. Das obere Fries zeigt Adam und Eva, die Madonna mit Kind, David und Bethseba und über der Balkontür ist eine Muttergottes mit zwei Engeln zu sehen. Im hübschen Innenhof befindet sich das Tourismusbüro.

Pfarrkirche SS. Pietro e Paolo

Gegenüber der Casa Serodine birgt die dreischiffige Säulenbasilika aus dem 16. Jh. mit dem hohen Campanile SS. Pietro e Paolo drei berühmte Gemälde von *Serodine:* die „Marienkrönung", die „Jünger in Emmaus" und die „Söhne des Zebedäus".

S. Maria Misericordia

Die Kirche S. Maria Misericordia besitzt den umfangreichsten **Freskenzyklus** der Spätgotik in der Schweiz. Sie wurde 1442 geweiht, seit 1584 ist sie an ein Kollegium angegliedert. Der Chor hat Außendekorationen mit grün glasierten Schalen. Über dem Westportal findet sich ein Lünettenfresko der Schutzmantelmadonna (15. Jh.). Im kreuzgewölbten Chor sind an der Nordwand 60 Bildfelder mit Szenen aus dem Alten Testament zu sehen, an der Stirnfront eine Schutzmantelmadonna und eine Kreuzigung, an der Südwand 36 Szenen aus dem Neuen Testament. Im Gewölbe erkennt man Christus in der Mandorla mit den vier Evangelisten, den heiligen Petrus als Papst mit zwei Bischöfen und eine Verkündigung. Den Chorbogen zieren 14 Propheten, an der Triumphwand ist oben eine Verkündigung zu sehen, links Christus in der Mandorla sowie

Ascona ist nur durch das Maggia-Delta von Locarno getrennt

Dominikus, Petrus und Maria. Rechts ist die Kreuzabnahme dargestellt, signiert 1466 von *Cristoforo* und *Nicolao da Lugano* (Seregnesi). An der Südwand des Schiffes sind eine Muttergottes und Heilige, datiert auf 1455, erkennbar. An der nördlichen Schiffswand finden sich Christophorus und die Madonna di Loreto mit Sebastian und Rochus aus dem Jahr 1514.

Der Choreingang weist ein großes, auf Holz gemaltes Renaissancepolyptichon von 1519 auf, von *de Lagaia* aus Ascona, mit Schutzmantelmadonna, den Heiligen Dominikus und Petrus, darüber Himmelfahrt und Verkündigung sowie zwei Engel: **eines der schönsten Altarwerke** der lombardischen Schule in der Schweiz. Über dem Hauptaltar hängen Altartafeln aus dem Jahre 1519: die Aufnahme Mariens in den Himmel, vom Asconeser *Antonio Gaia*. Das **Collegio Papio** besitzt einen der schönsten Renaissancehöfe der Schweiz mit einem zweigeschossigen Säulenhof toskanischer Ordnung. Über dem Nordeingang prangt ein Marmorrelief von *Beretta* (1602).

Kapelle S. Materno

Von den oben erwähnten drei Burgen ist praktisch nur die romanische Kapelle auf einem Hügel nordöstlich von Ascona erhalten, ein zweigeschossiger, turmartig überhöhter Bau mit Apsis. Außen ist die Kapelle durch Lisenen und Zwillingsarkaden gegliedert. In der oberen Apsiskalotte ist ein romanisches Fresko der Majestas Domini aus dem 12. Jh. erhalten.

Teatro di S. Materno

Gegenüber der Kapelle baute *Carl Weidemeyer* 1928 für die Ausdruckstänzerin *Charlotte Bara* ein Theater im Bauhausstil; es bedarf mittlerweile dringend der Renovierung.

Madonna della Fontana

Am nördlichen Abhang des Monte Verità liegt im Wald die Wallfahrtskapelle Madonna della Fontana. 1677 geweiht, wurde sie nach einem Brand 1789 wiederhergestellt. Es ist ein hoher Rechteckbau mit eingezogenem Chor, der vom Wohngebäude der Einsiedelei umschlossen wird. Der Chor weist Stuckaturen auf, am Triumphbogen sieht man eine Verkündigung und die Himmelfahrt Mariä, gemalt 1637 von *Bernardino Serodine*. Vor der Fassade fasst ein überkuppeltes Grottenheiligtum die Quelle ein. Ein Mädchen soll hier im 15. Jh. für seine durstigen Schafe gebetet haben, worauf eine Quelle zu sprudeln begann.

Praktische Tipps

Information

- **Ente turistico Lago Maggiore,** 6612 Ascona, Tel. 091 79 10 091.

Unterkunft

- **Albergo Giardino*******, Via Segnale, 6612 Ascona, Tel. 091 78 58 888, www.giardino.ch. Das Haus gilt als eines der bestgeführten Hotels der Schweiz, es genießt geradezu Kultstatus. Ab sFr. 570.
- **Park Hotel Delta,** 6612 Ascona, Tel. 091 78 57 785, www.delta-ascona.ch. Ferien- und Familienhotel im Maggia-Delta mit Hallenbad, Freibad, Golf Driving Range, Minigolf, acht Tennisplätzen, betreutem Kindergarten,

Kanebo-Kosmetikstudio und zahlreichen weiteren Aktivitäten. DZ ab sFr. 525.

● **Hotel Casa Berno,** 6612 Ascona, Tel. 091 79 13 232, www.casaberno.ch. Zwischen Ronco und dem Monte Verità in wunderbarer Höhenlage mit spektakulärer Sicht; unansehnliches, aber komfortables Hotel. DZ ab sFr. 390.

● **Hotel al Porto,** Piazza G. Motta, 6612 Ascona, Tel. 091 78 58 585, www.alporto-hotel.ch. Besteht aus vier typischen Tessinerhäusern mit romantischen Zimmern zur Piazza oder zum malerischen Innenhof. DZ ab sFr. 205.

● **Hotel Arcadia,** Via Orelli 5, 6612 Ascona, Tel. 091 79 11 015, www.arcadia.li. Nahe der Seepromenade beim Golfplatz gelegen; ein Hotel für Familien mit kostenloser Kinderbetreuung, Kindermenüs, Gratisfahrrädern und Kanus, Kinderthemenzimmern. Ein- und Zweizimmerappartements, DZ sFr. 170–220.

● **Casa Moscia,** Via Moscia 89, 6612 Ascona, Tel. 091 79 11 268, www.casamoscia.ch. Christliches Kurs- und Ferienzentrum direkt am Lago Maggiore; saubere, einfache Zimmer, DZ inkl. Frühstück sFr. 104–156.

Essen und Trinken

● **Aphrodite,** Tel. 091 79 10 101, im *Albergo Giardino*. Im Sommer Garten, Marktküche, gutes Preis-Leistungsverhältnis.

● **Hotelbar im Albergo Giardino,** Via Segnale, Tel. 091 79 10 101. Stilvolle Pianobar.

● **La Brezza,** im Hotel *Eden Roc,* Tel. 091 78 57 171 (Mo Ruhetag). Gourmet-Lokal mit Panoramasicht.

● **Ristorante Borromeo,** Tel. 091 79 19 281. Mit Hinterhofgarten, Regionalküche, Pasta.

● **Osteria Nostrana,** Lungolago G. Motta, Tel. 091 79 15 158, täglich 9–24 Uhr. An der Seepromenade, für Pizzaliebhaber.

Am Lungolago, der Uferpromenade

Lungolago mit der Kirche SS. Pietro e Paolo im Hintergrund

● **Grott dal Mött,** Monti di Parcassone, Tel. 091 79 13 565, Mo Ruhetag. Terrasse mit herrlicher Aussicht; einfache Tessiner Küche.

Nachtleben

● **Bar Lago,** Via Moscia 2, Tel. 091 79 11 065. House und Techno mit bekannten Gast-DJs.

Museen

● **Museum für Moderne Kunst,** Palazzo Pancaldi, Via Borgo 34, Tel. 091 78 05 100, Di–Sa 10–12 und 15–18 Uhr, So 16–18 Uhr. Gemälde von *Jawlensky, Amiet, Klee, Marianne Werefkin, Helbig* und *Niemeyer, Otto van Rees, Arthur Segal,* Aquarell von *Hermann Hesse.* Werke von *Bissier, Nicholson, Valenti, Marini* etc. Die Sammlung der Werefkin-Stiftung mit etwa 70 Gemälden und 160 Skizzenbüchern ist das Herzstück des Museums.

● **Museo Epper,** Via Albarella 14, Tel. 091 79 11 942, Mitte Nov. bis Mitte April geschlossen, Do/Fr 10–12 und 15–18 Uhr, Sa/So 15–18 Uhr. Atelierhaus des Schweizer Expressionisten *Ignaz Epper* und seiner holländischen Frau *Mischa.*

● **Percorso Museale Monte Verità,** Fondazione Monte Verità, Tel. 091 79 10 181 oder 79 10 327 (Casa Anatta), April–Okt. Di–So 14.30–18 Uhr. Geführte Besichtigung nach Anfrage. Casa Anatta: Wohnhaus der Gründer der Naturistenkolonie von 1902. Casa Selma: typische Luft-und-Licht-Hütte von 1901, mit doppelt abgeschrägten Dachräumen für zwei Mitglieder der Vegetariergenossenschaft, bewohnt bis 1940. Klarwelt der Seligen: 1986 errichteter Holzpavillon auf den Fundamenten des alten Solariums. Mit Rundbild (3,45 x 25,30 m), 1923 von *Elisar von Kupffer.* Albergo Monte Verita: Hotel- und Seminargebäude, 1928 von *Emil Fahrenkamp* im Bauhausstil errichtet.

Die Geschichte des Monte Verità

Auf dem Hügel oberhalb von Ascona gründeten zu Beginn des 20. Jh. verschiedene Persönlichkeiten unter der Leitung von *Ida Hofmann* und *Henri Oedenkoven* eine Kolonie. Sie vertraten eine **neue Lebensphilosophie,** die auf der Rückkehr zur Natur, der Befreiung von allen Fesseln, der vegetarischen Ernährung, der Bewegung in der freien Natur, dem Sonnenbad, dem Nudismus und der Theosophie beruhte. Die Kolonie wurde als **Sanatorium Monte Verità** bekannt und stand allen Besuchern offen. Zu den Gästen zählten viele Persönlichkeiten des Kulturlebens der damaligen Zeit, einer der Ersten war der Schriftsteller und Publizist *Erich Mühsam,* der seine Eindrücke in der Broschüre „Ascona" von 1905 festhielt. Weitere Gäste waren der Locarneser Maler *Filippo Franzoni,* die Schriftsteller *Hermann Hesse* und *Erich Maria Remarque,* der Anarchist *Raphael Friedeberg* und der Psychoanalytiker *Otto Groß.*

Auf dem legendären Hügel, auf dem schon im letzten Viertel des 19. Jh. eine unglaubliche Zahl von alternativen Kulturformen erprobt wurde, sind heute nur noch wenige Spuren der „Ballabiotti" (Nackttänzer) zu finden, wie die Einheimischen die exzentrischen Persönlichkeiten nannten. Um den damaligen Bewohnern des Monte Verità nachzuspüren, empfiehlt sich ein Besuch des **Museums Casa Anatta,** eingerichtet in der einzigen erhaltenen Lichthütte.

Nach einer Bankkarriere kam der deutsche Baron *Eduard von der Heydt* 1926 nach Ascona und erwarb den Monte Verità. Der reiche Bankier war seit seiner Jugend von der asiatischen Kunst begeistert und wandte viel Energie und Geld auf, um den Monte Verità in ein Kulturzentrum internationalen Ranges zu verwandeln. Von 1929 bis zum Ausbruch des Zweiten Weltkriegs organisierte er in Ascona Seminare, an denen die bedeutendsten Kenner der asiatischen Kunst teilnahmen. *Von der Heydt* gründete eine Stiftung für philosophische und religiöse Studien. Er veröffentlichte etliche seiner Studien über chinesische Kunst und stellte seine reichen Sammlungen den wichtigsten schweizerischen Museen zur Verfügung. 1956 trat er den Monte Verità an den Kanton Tessin ab und legte in der Schenkungsurkunde fest, dass dieser Ort ein **Zentrum der künstlerischen und kulturellen Tätigkeit** bleiben müsse. *Baron von der Heydt* liegt auf dem Friedhof von Ascona begraben.

Kultur und Feste

- **New Orleans Jazz Ascona,** Centro – Lungolago, Tel. 091 79 10 091. Das bedeutendste europäische Festival für Hot Jazz. Zehn Tage im Juni oder Juli mit den besten Stars der internationalen Szene. Ein Programm aus Swing, Blues, Gospel und Mainstream.
- **1.-August-Feuerwerk.**
- **Musikwochen,** im Collegio Papio Ascona und in der Kirche S. Francesco in Locarno. Die Musikwochen von Ascona im August und Oktober sind das bedeutendste klassische Musikfestival der italienischen Schweiz. Seit über 50 Jahren ist Ascona für das hohe Niveau seiner Konzerte bekannt. Sinfoniekonzerte, Soirées mit Kammermusik und Rezitalen von Soloinstrumenten.
- **Teatro del Catto,** Via Murraccio 21, Tel. 091 79 22 121, www.teatrogatto.adhoc.ch. Tanzspektakel, Theater.

Ausflüge

- **Schiffsfahrt zu den italienischen Isole Borromeo:** Täglich fahren Schiffe und schnelle Tragflügelboote von Ascona zu den Inseln. Auf der Isola Bella und Isola Madre sind botanische Gärten angelegt, die Isola Pescatori hat ein reizendes Fischerdörfchen.

Von Losone nach Brissago

Losone

In Losone hinter dem Monte Verità sind nicht nur die vielen Grotti und der neue Golfplatz einen Besuch wert, sondern auch die **Kirchen** S. Lorenzo und S. Rocco, 1860 ausgemalt von *Giovanni Vanoni,* und die auf einem Geländevorsprung liegende Kirche S. Giorgio mit den spätgotischen Fresken im alten Chor. Im Gewölbe ist eine Majestas Domini mit den vier Evangelistensymbolen zu sehen, an der Stirnfront eine Kreuzigung mit Muttergottes und dem heiligen Johannes, seitlich die Heiligen Georg und Viktor (frühes 16. Jh.).

Die **Casa Bianda** (Via Ubrio 6) wurde 1989 von *Mario Botta* erbaut. Das **Kulturzentrum** „La fabbrica" wurde von *Giorgio* und *Michele Tognola* entworfen. Es besteht aus einer umgewandelten ehemaligen Spielwarenfabrik und einem Neubau, der einer Schreinerei, einem Architekturbüro, einer Kunstgalerie und einer Bar Platz bietet.

Zwischen Losone und Arcegno liegt die 1692 erbaute, hübsche **Barockkapelle Madonna della Valle,** gestiftet von Emigranten in Florenz.

Arcegno

In einer Waldlichtung liegt Arcegno mit der Kirche S. Antonio Abate, erbaut Mitte des 14. Jh., mit einem Gemälde von *G. Orelli* und spätgotischen Freskenfragmenten.

Ronco

An einem Hang mit wunderbarem Ausblick über den Lago Maggiore liegt Ronco, der Geburtsort des Malers *Antonio Ciseri.* In schmalen Gässchen, oft verbunden mit Schwibbögen, stehen hohe Bauten aus dem 17. Jh. Auf einer Geländeterrasse östlich des Dorfes steht die **Pfarrkirche S. Martino,** erwähnt 1498, umgebaut Ende des 17. sowie Anfang des 19. Jh., mit klassizistischem Erscheinungsbild. Im Stichkappengewölbe des Chors gibt es gute Stuckaturen und Bildfelder mit Szenen aus dem Leben des heiligen Martin aus der zweiten Hälfte des 17. Jh. An den Chorwänden finden sich spätgotische Fresken, datiert auf 1492, von *Antonio da Tradate.*

Das verwinkelte Haus mit Türmchen gegenüber der Kirche ist die **Casa Ciseri;** hier wohnte der Maler *Antonio Ciseri,* bevor er in Florenz sein Domizil errichtete. Ronco war auch die Wahlheimat des Malers *Richard Seewald* sowie vieler weiterer Künstler.

Die **Barockkapelle S. Maria delle Grazie** stammt aus dem 18. Jh. Die Fresken in der Chorkuppel stammen von *Giuseppe A. F. Orelli.* Ihre Vorhalle eröffnet ein eindrucksvolles Panorama.

Ein steiler Treppenweg mit zwei Wegkapellen, als **„Himmelsleiter"** bezeichnet, verbindet Ronco mit Porto Ronco.

Porto Ronco ist auch am Seeufer entlang von Ascona erreichbar. Von hier kann man sich zu den Brissago-Inseln mit dem sehenswerten Botanischen Garten übersetzen lassen. *Erich Maria Remarque,* dessen Roman „Im Westen nichts Neues" von 1929 Weltruhm erlangte, verbrachte die letzten Jahre seines Lebens in einer Villa in Porto Ronco, zusammen mit seiner Frau *Paulette Goddard,* der Schauspielerin und früheren Ehefrau von *Charlie Chaplin. Remarque* starb 1970 in Locarno und liegt auf dem Friedhof von Ronco begraben.

Eine Wanderung von 3½ Std. auf die **Corona dei Pinci** eröffnet eine prachtvolle Rundsicht auf den Lago Maggiore, ins Centovalli, ins Onsernonetal bis ins Val di Vergeletto.

Brissago-Inseln

Die kleinere Insel, **Isola di Sant'Apollinare,** ist von einer urwüchsigen Vegetation bedeckt, die in ihrem natürlichen Zustand belassen wird. Auf ihr befindet sich die romanische Kirche S. Apollinare, die im 12. Jh. auf den Überresten eines Gebäudes aus der Römerzeit errichtet wurde.

Auf der **Isola Grande** oder Isola di San Pancrazio wurden vor allem Pflanzen (sub-)tropischen Ursprungs kultiviert. Die russische Baronin *Antoinette Saint-Léger* hatte als dritten Ehemann den wohlhabenden irischen Baron *Richard Saint-Léger* geheiratet und lebte zuerst mit ihm in der Villa Baronata. 1885 wählte das Ehepaar die Inseln zu ihrem Wohnsitz. Die Ehe scheiterte. Die intelligente und gebildete Frau lud nun häufig Maler, Bildhauer, Musiker und Schriftsteller ein und organisierte auf den Inseln internationale Tagungen. Sie verarmte im Alter, musste zuerst die Inseln und später ihren Schmuck verkaufen und starb mittellos in Intragna. Heute ist sie auf der Insel begraben, die sie zu einem exotischen Garten verwandelt hatte. 1927 ließ der neue Besitzer *Max Emden,* ein Geschäftsmann aus Hamburg, das jetzige Inselpalais, den Hafen und das Römische Bad vom Berliner Architekten *Breslauer* bauen und erweiterte die Anpflanzung von exotischen Gewächsen. 1949 ging die Insel in staatlichen Besitz über; heute beherbergt sie den **Botanischen Garten** des Kantons Tessin. Er ist reich an tropischen und subtropischen Pflanzen.

Brissago

Die Uferstraße entlang, folgt das reizvolle Brissago, das im Mittelalter eine eigene Minirepublik bildete, die sich auch unter den Eidgenossen behaupten konnte. Bis 1798 stellte die Familie *Orelli* den Bürgermeister. Berühmt wurde der Ort durch die 1848 eingeführte **Tabakindustrie** und seine legendären, geruchsintensiven Zigarillos, die Brissagos. Der historische Dorfkern liegt in einem Bachdelta, einst dominiert von Reben. Leider gab es hässliche Eingriffe ins Dorfbild.

Die Renaissance-Kirche **SS. Pietro e Paolo** wurde 1526 bis 1610 von *Giovanni Beretta* und seinem Sohn *Pietro* gebaut. Sie besitzt eine oktogonale

Tampourkuppel und birgt eine hübsche Orgel mit einem gut geschnitzten Barockprospekt aus dem frühen 18. Jh.

Der **Palazzo Branca** oder Baccalà ist eines der aufwendigsten Barockgebäude des Sopraceneri, neu errichtet um 1745 unter Einbeziehung eines Vorgängerbaus. Seeseitig hat er eine siebenachsige Schaufront mit Säulenloggia und ein Mezzaningeschoss mit stuckierten Löwenmasken, dazwischen mythologische Figuren und Wasserspeier in Form von Drachen. Auf der Bergseite hat er zwei vorspringende Bautrakte und einen Innenhof.

Die **Casa Bianchini** ist ein turmartiges Haus mit Vorhangbogen und Fresko der Immakulata (18. Jh.). Auf einer Rampe liegen die Häuser oberhalb der Durchgangsstraße, sie weisen Balkongitter und Loggien auf. An der **Casa Conti-Rossini** finden sich drei spätgotische, beschädigte Fresken. Die alten Gebäude haben teilweise beachtliche Portale aus dem 17. und 18. Jh. Die **Casa Dürr** wurde 1995 von *A. Galfetti* gebaut.

Südlich des Dorfkerns, direkt am See, steht die Kirche S. Maria del Ponte, ein **Höhepunkt der lombardischen Renaissance** in der Schweiz, 1528 von *Giovanni Beretta* gebaut und Ende des 16. Jh. von seinem Sohn *Pietro* umgestaltet. Es ist ein Längsbau mit Chor und dominanter Vierungskuppel, dessen säulenumstellter Tambour mit Laterne an S. Maria delle Grazie in Mailand erinnert. Der Turm wird von Lisenen gegliedert, das Renaissanceportal hat korinthische Säulen und eine gebrochene Giebelbekrönung. An der Chorfront ist ein Fresko von Mariä Himmelfahrt zu sehen (um 1600). In der neuen Kapelle steht ein prachtvoller Barockaltar in Buntmarmor von 1686.

Bei der Post führt die Straße Costa di Mezzo zur barocken Wallfahrtskapelle **S. Maria Addolorata** in Sacro Monte. 1767 erbaut, birgt sie Fresken von *Giuseppe Orelli.* Der gegenüberliegende imposante Kreuzweg – in Anlehnung an die Heiligen Berge von Madonna dell Sasso und Varese – wurde vom Bauherr der Villa Branca gestiftet; er entstand ebenfalls im 18. Jh.

Piodina

Im gut erhaltenen Dorf Piodina mit seiner einheitlichen Steinplattenbedachung gibt es zahlreiche originale Kaminhütten sowie die Kapellen S. Macario und Di Taia. Bei Valmara erreicht man die **italienische Grenze,** hinter der sich viele hübsche Orte ans Ufer des Lago Maggiore schmiegen.

Praktische Tipps

Information

- **Ente turistico Lago Maggiore,** 6614 Brissago, Tel. 091 79 10 091.

Unterkunft

- **Pensione Eden,** 6613 Porto Ronco, Tel. 091 79 21 968. Oberhalb der Seestraße mit verwunschenem Garten, Privatvilla mit viel Patina und Gartenrestaurant; DZ sFr. 148–189.
- **Hotel Mirto Al Lago***,** Lungolago 2, 6614 Brissago, Tel. 091 79 31 328, www.hotel-mirto.ch. Gutes Hotel direkt am See;

DZ mit Bad/WC auf der Seeseite inkl. Frühstück SFr. 180–280.

Camping

- **Camping Zandone,** 6616 Losone-Ascona, Tel. 091 79 16 563, in Losone am Fluss Melezza, wenige Autominuten von Locarno und Ascona entfernt. Natürliche Grünanlagen, schöne und ruhige Lage mit herrlicher Aussicht auf die Tessiner Berge.

Essen und Trinken

- **Osteria del l'Enoteca,** Contrada Maggiore 24, Losone, Tel. 091 79 17 817 (Mo und Di Ruhetag). In einem alten Tessinerhaus mit Garten und Pergola, täglich zwei Menüs, guter Weinkeller.
- **Grotto Raffael,** Vicolo Canaa 21, Losone, Tel. 091 79 11 529 (Mo Ruhetag). In einem ehemaligen Steinbruch unter mächtigen Platanen; einfache Tessiner Gerichte.
- **Grotto La Risata,** Arcegno, Tel. 091 79 21 514 (Mo geschlossen). Auf dem Weg von Losone nach Arcegno am Dorfeingang zwischen zwei Bächen und unter Bäumen. Küche für ein Grotto überdurchschnittlich.
- **Grotto Mulin di Cioss,** Arcegno, Tel. 091 79 13 200.
- **Grotto Borei,** Via Ghiridone, Brissago, Tel. 091 79 30 195. Hoch über Brissago in Piodina mit großer Terrasse und wunderbarem Blick; Tessiner Küche.

Museen

- **Tabakfabrik Brissago,** Anmeldung für Führungen Tel. 091 78 68 181. Legendär ist die dünne, lange, knorrige Brissago-Zigarre, die noch immer nach dem Originalrezept aus aromatischem Virginia- und Kentucky-Tabak hergestellt wird. Die Fabrik liegt am See.
- **Museo Ruggero Leoncavallo,** im Palazzo Branca, www.leoncavallo.ch. Der napoletanische Komponist *Ruggero Leoncavallo* (1857–1919) lebte einige Jahre in Brissago und wurde Ehrenbürger des Ortes. Seine bekannteste Oper war „I Pagliacci" („Der Bajazzo"). Das Museum zeigt Briefe und Partituren, Möbel und persönliche Gegenstände des Künstlers. Geöffnet von März bis Oktober, Mi–Sa 10–12 Uhr und 16–18 Uhr.

Ausflüge

- **Schiffsfahrt** zu den Brissago-Inseln ab Porto Ronco, Tel. 091 79 14 361, April bis Ende Okt. Sa und So 9–17 Uhr.

Val Verzasca

Das 29 km lange Verzasca-Tal ist, abgesehen von der Hochsaison, ein relativ unberührtes, landschaftlich reizvolles Tessiner Tal. Der untere Teil ist eng und steil, der obere breit und eben. Die Schlucht der Verzasca bei der Mündung des Hochtals versank 1959 im Stausee Lago di Vogorno. Sehenswert sind die **Gletschererosionen** und die bizarren **Felsformationen** bei Lavertezzo und die **Wandmalereien** im Giotto-Stil in der Kirche von Brione.

Die bescheidene Landwirtschaft des Verzascatals konnte die Bewohner nicht ernähren. Jahrhundertelang fand ein **Exodus** junger Männer statt (s.a. Exkurs „Emigration aus den Tessiner Tälern"). Auch heute zieht es die Jungen trotz gut gemeinter Initiativen in die größeren Zentren der Ebenen.

Kulinarisch interessierten Fernsehzuschauern mag das Tal vielleicht ein Begriff sein durch **Kathrin Rüegg,** die im SWR in der Sendung „Was die Großmutter noch wusste ..." den Kochlöffel schwingt und neben anderen Schweizer Rezepten auch solche aus dem Tal in die deutschen Küchen bringt.

Nicht zu übersehen sind die vielen **Warnungen,** die **Bäche** betreffend. Harmlose Rinnsale können sich in Minuten in reißende Wildwasser verwandeln. Schleusen von Kraftwerken sollen zum Teil ohne Vorwarnung geöffnet werden; zumindest behauptet das die Presse, wenn Bäche wieder einmal Todesopfer gefordert haben. Also aufpassen und das Wasserniveau im Auge behalten. Erhöht es sich, das Fluss- oder Bachbett unverzüglich verlassen!

Die Ostseite talaufwärts

Lago di Vogorno

In **Gordola** zweigt die Straße ins Verzasca-Tal ab. Die Straße steigt zur 220 m hohen **Staumauer** des Lago di Vogorno an (Parkplatz vor dem Tunnel). Nicht nur der Stuntman von James-Bond-Darsteller *Pierce Brosnan* lässt sich hier von der Mauer fallen, Bungee-Springer aus der ganzen Welt können auf diesen Nervenkitzel nicht verzichten.

Die Bischofskapelle, **Cappella del Vescovo,** befindet sich oberhalb des Verzasca-Staudamms im Ortsteil Selvatica von Gordola. Die Wegkapelle wurde kürzlich restauriert und weist ein schönes Kreuzigungsbild auf. Der Bischof *Torriani von Como* soll bei einer Pastoralvisite vom Pferd gestürzt und in die Schlucht gefallen sein. Wie durch ein Wunder blieb er unverletzt und ordnete daraufhin den Bau einer Kapelle an.

An den steilen Seeufern des Lago di Vogorno entlang kommt man an Berzona vorbei nach **Vogorno** mit den am Fuß des Pizzo di Vogorno gelegenen Dorfteilen Pregossa und S. Bartolomeo. Vogorno spielte im Leben des Tals eine führende Rolle und war Gerichtsort. Die Barockkirche stammt aus dem 17. Jh. Die Pfarrkirche in S. Bartolomeo war Mutterkirche des Tals, gegründet nach 1225. Im 17. Jh. wurde sie völlig umgebaut. Sie birgt mittelalterliche Fresken aus dem 13. Jh. an der Nordwand und reiche Stuckaturen (17. Jh.) in den Seitenkapellen.

Zwei Kilometer nach Vogorno zweigt ein Sträßchen nach **Corippo** ab (das ursprüngliche Dorf wird unter der Westseite des Tals beschrieben, ist aber mit dem Auto nur von hier erreichbar). Parkplätze sind im Dorf beschränkt, Wendemöglichkeiten praktisch nicht vorhanden. Im Frühjahr, Sommer und Herbst bitte das Auto beim großen Parkplatz des **Grotto al Bivio di Coripp** lassen und hinaufwandern. Die Mühe lohnt sich. Das Grotto ist lauschig gelegen.

Lavertezzo

Vor Lavertezzo beginnt sich das Tal zu weiten, und oberhalb mündet ein Seitental mit weiteren Nebentälern ein, die zahlreiche Wandermöglichkeiten eröffnen. Die Kirche und die Häuser liegen malerisch am gemächlich dahinströmenden Fluss, der sich durch eine Schicht von kristallinem Schiefer, Gneis und weißem Granit gefressen und eine eigene Flusslandschaft geschaffen hat. Die **Steinbrücke Ponte dei Salti** ist eine elegante mittelalterliche Doppelbrücke.

Brione Verzasca

Durch Wiesen und Kastanienhaine gelangt man zur Schlucht von Brione und über die durch einen Bergsturz geschaffene Talstufe zum Hauptort

058te Foto: ns

Brione Verzasca. Kurz vor Brione mündet im Westen das Val d'Osura oder Val d'Osola ein, ein romantisches Bergtal mit verlassenen Alpenweilern.

Brione besitzt einen stimmungsvollen Kirchplatz und in der **Pfarrkirche S. Maria Assunta** einzigartige hochgotische **Fresken.** Die Fassade hat rechts des Barockportals eine mosaikartige Bemalung der Lünette vom gleichen Meister, der auch den Innenraum gestaltete, daneben Christophorus mit Krone und zwei Stifterfiguren (14. Jh.). Innen ist am südwestlichen Mauerwinkel ein Freskenzyklus erhalten (14. Jh.), die Malereien sind der Giotto-Schule verpflichtet. Sie zeigen eine Verkündigung, eine Epiphanie, die Darbringung im Tempel, die Taufe im Jordan, der Einzug in Jerusalem und ein Abendmahl. An der Südwand sind die Heiligen Michael und Viktor abgebildet. Seitlich des Chorbogens zeigen Freskenfragmente die Geburt Christi und die thronende Muttergottes. An der Südwand des Chores ist eine große Epiphanie dargestellt, vermutlich aus dem 16. Jh. In der nördlichen Seitenkapelle findet man die Heiligen Domenikus und Luzia.

Lavertezzo im Verzasca-Tal

Das verspielte barocke **Castello Marcacci,** erbaut in der zweiten Hälfte des 17. Jh., das einst der gleichnamigen, einflussreichen Locarneser Adelsfamilie als Sommersitz diente, erinnert mit den vier Ecktürmen und der Ringmauer mit vier Eckpavillons an mittelalterliche Wehrbauten.

Gerra Verzasca

In Gerra Verzasca stehen einige bemerkenswerte **Hofgruppen.** Viele Verzascer besitzen in Gerra-Piano in der Magadino-Ebene Talgüter, sie pendeln je nach Jahreszeit zwischen dem Verzasca-Tal, den Maiensäßen und der Magadino-Ebene. Hier betreibt die oben erwähnte *Kathrin Rüegg* ihren Laden „El bothegin".

Frasco

In Frasco mit seinen typischen Talhäusern und einer Barockkirche mit beachtlichem Hochaltar aus buntem Marmor (17. Jh.) mündet das **Val d'Efra** ein. In der Nähe der Brücke ließ der Museumsverein eine alte **Mühle** mit doppeltem Schaufelrad und ein kleine Elektrizitätszentrale, die ab Beginn der 1920er Jahre zur Stromversorgung diente, funktionstüchtig instand setzen.

Sonogno

Im Dorf Sonogno mit einem gut erhaltenen Dorfkern teilt sich das Verzasca-Tal in die Seitentäler **Val Redorta** mit dem gleichnamigen Pass, der ins Val Lavizzara führt, und ins **Val Vogornesso,** das über den Passo di Piatto nach Chironico führt; beides sind mögliche Wanderrouten. In Sonogno befinden sich das **Museum des Verzasca-Tals** (s.u.) mit einem heute noch öfters in Betrieb gesetzten Brotbackofen und die **Wollzentrale** der *Pro Verzasca,* in der Wollprodukte angeboten werden.

Die Westseite talaufwärts

Contra

Bei Tenero führt eine Straße zur westlichen Talseite. Bei Costa vor Contra mündet die Höhenstraße von Locarno ein. An der Nordseite der Pfarrkirche von Contra, deren Gewölbe 1863 von *Vanoni* ausgemalt wurde, liegt die reich stuckierte Rosenkranzkapelle (17. Jh.) mit spätgotischen Fresken an der Südwand.

Mergoscia

Hinter Contra gelangt man ins Verzasca-Tal und hier zuerst nach **Fressino** und durch das Valle di Mergoscia zum früher abgeschiedenen und erst 1900 durch eine Straße (und neu mit einem 1,3 km langen Tunnel) angebundenen Mergoscia. Hier fallen die Weiler steil zum Stausee ab, Rebhänge und Kastanienhaine wechseln sich ab. Die spätbarocke Kirche, das Pfarrhaus und das Beinhaus bilden eine malerische Gruppe um einen Hof, in der sich eine Friedhofssäule von 1715 erhebt. Auch dieses Kirchengewölbe ist von *Vanoni* ausgemalt worden. Mergoscia ist sehr schön gelegen mit Blick auf die Bolle di Magadino und den Lago Maggiore. Von Mergoscia geht es nur zu Fuß weiter nach Corippo.

Corippo

Über dem westlichen Ufer des Vogrono-Stausees liegt inmitten von Kastanien Corippo mit einem der besterhaltenen Ortsbilder des Tessins. Die Häuser sind aus Bruchsteinmauerwerk und haben eine einheitliche Steinplattenbedachung, überragt vom barocken, frei stehenden Campanile. Im unter Denkmalschutz stehenden Dorf leben heute 30 Einwohner. Corippo besitzt eine Straßenanbindung zur östlichen Talseite mit Postautoanschluss.

Das malerische Corippo

Praktische Tipps

Information

- **Ente turistico Tenero e Valle Verzasca,** 6598 Tenero, Tel. 091 74 51 661, E-Mail: info@tenero-turism.ch.

Unterkunft

- **Ristorante al Lago,** Berzona, 6632 Vogorno, Tel. 091 74 53 232. Einfache, saubere Doppelzimmer mit Dusche/WC und schönem Blick auf den Stausee, ein Zimmer mit Balkon; DZ sFr. 120.
- **Hotel Vittoria,** 6633 Lavertezzo, Tel. 091 74 61 581, Fax 091 74 61 008. Beim Fluss, leicht zurückversetzt von der Straße. Älteres Tessinerhaus, renoviert 1999. Restaurant mit Pergola. Freundliche, einfache Zimmer mit schöner Holzdecke. Hier werden keine Kreditkarten akzeptiert. DZ mit Dusche/WC sFr. 120.

0601te Foto: ns

Bekam erst 1900 eine Straßenzufahrt: Mergoscia

- **Ristorante ai Piee,** 6634 Brione Verzasca, Tel. 091 74 61 544, Fax 091 75 61 588. Kurz vor Brione an der Straße gelegen, verfügt über vier moderne, ansprechende Zimmer; DZ mit Dusche/WC sFr. 110.
- **Hotel Ristorante Froda,** 6635 Gerra, Tel. 091 74 61 452, www.altea.ch. Stattlicher Familienbetrieb, Restaurant mit Terrasse und schönem Blick ins Tal. Die meisten Zimmer haben Dusche/WC, einige auch einen Balkon. Die Zimmer zur Talseite sind am schönsten, aber auch die seitlichen Zimmer sind ok. EZ liegen leider zur Straße. DZ mit Bad/WC auf Gang sFr. 100, DZ mit Bad/WC sFr. 110.
- **Ristorante Alpino,** 6637 Sonogno, Tel./Fax 091 74 61 163. Freundlicher Familienbetrieb, vermietet einfache, zweckmäßige Zimmer mit Dusche/WC und solche mit Dusche/WC auf dem Gang. DZ mit Dusche/WC sFr. 100.

Essen und Trinken

- **Grotto Redorta,** in Sonogno neben der Kirche, Tel. 091 74 61 334.

Museum

- **Museo della Valle Verzasca,** Casa Genardini, Sonogno, Tel. 091 74 61 777, Mai bis Okt. Sa/So 11.30–16.30 Uhr. Das Museum befindet sich am Anfang der Straße, die ins Val Redorta führt. Die Casa Genardini ist ein typisches Verzasceser Haus mit Originalküche, Milchverarbeitung, Wildheuet (Heumahd an schwer zugänglichen Hängen über 2000 m), Verarbeitung von Wolle und Hanf.

Einkaufen

- Die **Azienda Agricola,** zwischen *Restaurant ai Piee* und Brione gelegen, verkauft in einem Seitental Käse, Konfitüre und Honig.

Wanderungen

- **Der Weg der Kunst im Verzasca-Tal:** Brione – Lavertezzo, 2½ Std., 4,5 km. An der Strecke sind insgesamt 34 Werke von Künstlern aus der Schweiz, Italien und Deutschland zu bewundern.
- **Sentierone des Verzasca-Tals,** 6½ Std., Ausgangspunkt Gordola oder Mergoscia (mit dem Postauto zu erreichen), dann geht es über Corippo nach Sonogno. An mehreren Bushaltestellen kann man auf das Postauto warten und so die Wanderung erheblich verkürzen.
- **Wanderung Berzona – Monti di Motti – Gordola,** 3 Std. 40 Min. Vom *Ristorante al Lago* in Berzona am Lago di Vogorno das Sträßchen hinauf bis zum Fußpfad nach Fontöbbia und Lignasca. Weiter hinauf nach Corte di sopra, bei Chingnolo rechts zu den Monti di Motti (1062 m). Abstieg über Bazzadde nach Monte San Sassalto, steiler und steiniger Abstieg nach Sotto Sassalto, von hier geht es gemächlicher nach Gordola. Postauto und Busverbindung.
- **Wanderung im Val d'Osura zu den Alpe d'Osura,** 2½ Std., Rückweg 2 Std. Von der Kirche in Brione geht es über die Weiler Bolastro und Aghei zu den Alpe d'Osura. Der reizvolle Talgrund wird vom Monte Zucchero beherrscht.
- **Wanderung Cimetta – Cima della Tossa – Mergoscia,** 3 Std. 20 Min. Von der Bergstation Cimetta über die Alpe di Pietri, Faedo und Busado nach Mergoscia.
- **Wanderung zum Lago d'Efra,** Hinweg 3 Std. 15 Min., Rückweg 2 Std. 10 Min. Der Wanderweg beginnt bei der Kirche in Frasco und führt ins Tal der Efra, zu den Maiensäßen Efra und Montada, nach Chingnolo zu den Alpe d'Efra und von hier zum Lago d'Efra. Übernachtungsmöglichkeit in der Efra-Hütte auf der Corte di Cima (2039 m), erreichbar vom See in 45 Min.
- **Wanderung von Locarno nach Mergoscia** s. u. Locarno.

Valle Maggia und Seitentäler

Das Maggia-Tal, das zweite große Längstal, reicht vom Lago Maggiore bis weit in die alpine Zone hinein. 65 km lang, stellt es mit seinen Seitentälern ein **Fünftel der Gesamtfläche des Tessins.** Im unteren Teil erheben sich steile Felsen; der Talboden mit dem Fluss Maggia ist bis Bignasco eher flach und breit. Dort zweigen das Lavizzara-Tal und das Bavona-Tal ab, enge V-Täler mit größerem Gefälle und alpinem Charakter. Hier trifft man auf Nadelwald und Wiesen, während im Tal Kastanien-, Birken- und Eichenwälder mit Rebbergen abwechseln. Oben errichteten die Bauern mit Holz Block- und Strickhäuser in Art des Gotthard- oder Walserhauses, unten bauten sie Bruchsteinhäuser mit Holzgalerien.

Der karge Boden trieb auch hier die jungen Männer zur **Emigration,** einige blieben für einige Monate, andere für immer weg. Die *Spazzacamini,* Kaminfeger, waren 8- bis 14-jährige Buben, auf die in den norditalienischen Städten ein trauriges Schicksal wartete. Zurück blieben die Frauen und Mädchen, die im Haus und auf dem Feld Männerarbeit verrichten mussten.

Der knappe Boden führte, wie der aus dem Tal stammende Schriftsteller *Plinio Martini* zu erzählen weiß, auch zu Streitigkeiten und Gewalt. So zeigt eine Statistik von 1650 bis 1700, dass das Lavizzaratal bei einer geschätzten

Tessiner Häuser und ihre Baugeschichte

Das Baumaterial der Tessiner Häuser ist – von den Walsersiedlungen abgesehen – der **Stein.** Im Sopraceneri waren die Häuser traditionell mit **Granitplatten** bedeckt, im Sottoceneri von **Rundziegeln,** den *coppi.* Sie wurden dort hergestellt, wo der Boden reich an lehmigen Ablagerungen war. In der ersten Hälfte des 20. Jh. verdrängten jedoch Ziegel die *coppi.*

In den engen Straßen der Städte schlendert der Besucher in **Laubengängen,** die Schutz vor der Sonne bieten. Etwas unter dem Straßenniveau befindet sich der **quadratische Hof** der Häuser, umgeben von **Loggien** mit kraftvollen Säulen, oft mit einem Brunnen in der Mitte. Die Fenster öffnen sich zum Hof, die Fassaden an der Straßenseite wirken meist abweisend. Auf steinernen, in den Loggien verborgenen Treppen steigt der Hausbewohner in die Obergeschosse. Ursprung dieses Haustyps ist das Mendrisiotto. Hier umschließt das Bauernhaus einen Innenhof mit Loggien.

In den abgelegenen Tälern des Sottoceneri, etwa im Malcantone, im Val Colla oder Isone-Tal, sowie im Sopraceneri im Maggia- und Verzasca-Tal wird die Architektur von einem **einfachen Bauernhaus-Typ** mit oft nur einem Raum dominiert: der Wohnküche, Cà (für *casa*) genannt. Den Mittelpunkt bildet der **Ofen,** dessen Rauch früher durch die Lücken des Steindachs entwich. Erst später rückte er an die Wand und erhielt einen Kamin. Der Wunsch nach einem rauchfreien Raum ließ die Besitzer oft die Mauern erhöhen und einen Kastanienboden einziehen, so entstand ein zweiräumiges Haus, das oft noch zusätzlich einen Estrich erhielt. Die oberen Geschosse waren nur über die Außentreppe erreichbar. Wegen Bodenmangels rückten die Häuser eng aneinander, so dass sie heute wie zusammenhängende Baukomplexe wirken. Auf den Balkonen trocknete der Bauer Mais, Holz und Heu.

Die für das Tessin so typischen **Grotti** sind **rustikale Lokale,** meist an abgeschiedenen und schattigen Orten gelegen. Sie verfügen über eine eigenständige Küche und einen geräumigen Vorplatz mit Tischen und Bänken aus Granit, wo der Gast unter freiem Himmel geschützt von Bäumen einheimische Gerichte genießen kann: Wurstwaren aus eigener Produktion, z.B. Salami und Mortadella, Minestrone, Risotto, marinierte Fische, *vitello tonnato,* kalte oder warme Braten mit Salat und Bratkartoffeln, Kaninchen, Pilze, verschiedene Hart- und Weichkäse, als Dessert Zabaione, Brotkuchen und Pfirsiche in Wein. Dazu trinkt der Tessiner Merlot, Nostrano oder Barbera, oft gespritzt mit Gazzosa.

061te Foto: ns

Einwohnerzahl von 2000 zwei **Ermordete** pro Jahr aufwies, fast Washingtoner Verhältnisse. (Heute bevölkern übrigens noch 600 Menschen das Tal). Allerdings lebten damals die von den Eidgenossen eingesetzten Podestà vor allem von den juristischen Streitigkeiten ihrer Untertanen, sie konnten kein Interesse an einem friedlichen Zusammenleben der Bewohner haben. Um die Wende vom 19. zum 20. Jh. soll ein Verbrecher aus der Valmaggina am Stammtisch die Klagen eines Bauern über seinen Nachbarn gehört haben, der ihm auf dem Weg zum Stall ständig seine Wiese zertrete. Der Ortsfremde bot für 20 Franken sofortige und endgültige Hilfe an: Am nächsten Tag fand man die Leiche des Graszertreters. Man sieht, hier wurde nicht lange gefackelt.

Ein Indiz für das große Misstrauen in der Bevölkerung ist sogar die Straßenführung im Lavizzaratal: Die Dörfer Brontallo und Menzonio sind heute nur mit Stichsträßchen erreichbar, die Gemeinde hatte eine größere Straße abgelehnt, zu groß war die Furcht vor Banditen und fremden Einflüssen.

Neben menschlichen Tragödien gab es auch **Naturkatastrophen** in Form von Lawinen, Rüfen und Überschwemmungen, oft begünstigt durch hemmungslosen Holzschlag, mit dem man die Überfahrten der jungen Dorfbewohner in die überseeischen Länder beglich. 1958 entstand das das Hochwasser regulierende Maggiakraftwerk; es setzte den vielen verheerenden Überschwemmungen ein Ende, veränderte aber auch die Landschaft: Aus der einst mächtigen Maggia wurde zeitweise ein Rinnsal.

Neben dem urtümlichen Bavonatal, dem Valle di Bosco, Valle di Campo und Val Lavirazza sind auch die **Kirchen** S. Maria delle Grazie mit ihren wunderbaren Renaissancefresken in Campagna bei Maggia, S. Maria del Ponte in Cevio mit ihren gekonnten, fröhlichen Rokoko-Stuckaturen und die eindrucksvolle Kirche S. Giovanni Battista von *Mario Botta* in Mogno sehenswert.

Avegno

Von Locarno führt die Straße nach **Ponte Brolla,** hier zweigt sie ins Maggia-Tal ab. Die Maggia hat sich tief in die enge **Schlucht Orrido di Ponte Brolla** eingegraben und Gletschermühlen und Strudellöcher geformt. Über sie führt eine 33 Meter hohe mittelalterliche Brücke. In der Nähe der Straßenbrücke ist die Maggia ein beliebtes Ziel für Badegäste; Vorsicht ist im Frühjahr vor Hochwasser geboten.

Die Hauptstraße führt an den Dörfern vorbei nach Bignasco. Hinter der Schlucht weitet sich das Tal, und die beiden Dorfteile von Avegno mit ihren Wein-Grotti und Kastanienhainen rücken rechts ins Blickfeld. Mit seinen Häusern aus Bruchsteinmauern und mit Steinplattenbedachung wirkt Avegno im Kern wie ein Bergdorf.

Gordevio

Bei Gordevio weitet sich das Tal wieder. Das intakte Bergdörfchen liegt in sonniger Hanglage oberhalb der Hauptstraße. Hier steht die mit Fresken und Gemälden ausgestattete **Pfarrkirche SS. Giacomo e Filippo** und ein malerisches Beinhaus mit Säulenvorhalle, ausgemalt von *Giovanni Antonio Vanoni.*

Am Nordeingang des Dorfes steht ein **Landhaus** mit Säulenarkaden und einer Holzstützengalerie, der Bildstock in der Gartenmauer wurde von *G. Orelli* ausgemalt.

Aurigeno

Den Talhang entlang sieht man auf der westlichen Seite das verträumte Dorf Aurigeno mit teils herrschaftlich wirkenden Häusern aus dem 19. Jh. Hier hat der Maler *Vanoni* gelebt, sein Grab ist auf dem örtlichen Friedhof zu finden. Zahlreiche Bildstöcke wurden von ihm gestaltet. In der Pfarrkirche S. Bartolomeo sind seine gekonnte Rokoko-Ausmalung sowie die Orgel beachtenswert; auch das Beinhaus lohnt einen Blick.

Von Moghegno nach Ronchi

Moghegno besitzt einen hübschen Dorfplatz und eine Kirche, die auf das 16. Jh. zurückgeht. Westlich davon steht das Haus Ramelli mit einem Arkadenhof von 1740. Bei **Ronchi** gibt es etliche Grotti mit Steinplattenbedachung und hohen Eingängen. Im Weiler Ronchini besitzt die Kapelle di Antrobio Fresken aus der zweiten Hälfte des 15. Jh.

Maggia

In Campagna bei der Abzweigung nach Maggia steht die **romanische Kapelle S. Maria delle Grazie** mit bedeutenden Renaissance-Fresken von 1528 und Werken von *Giovanni Vanoni.* Die Kirche ist romanischen Ursprungs, der Apsidensaal wurde im Spätmittelalter und im 19. Jh. verlängert. Sie besitzt eine Holzbalkendecke mit Sparrenbemalung. In der Apsiskalotte ist eine Krönung Mariä in der Mandorla zu sehen, umgeben von den vier Evangelistensymbolen, gemalt 1528. Darunter ist eine Apostelreihe sichtbar, an der Stirnwand eine Verkündigung, datiert auf 1525. Darunter sieht man die Heiligen Martinus und Markus. Die Südwand zeigt die Heiligen Rochus, Viktor und Bartholomäus, über dem Fenster einen Christusknaben mit Kreuz aus dem 17. Jh. Daran anschließend sind in zwei Reihen 17 Szenen aus der Annenlegende und dem Leben der Muttergottes (Joachim im Tempel bis Kindermord) dargestellt. Die untere Reihe ist von einem talentierten Maler in der Art *Luinis* gemalt, am Sockel sind Überreste von Monatsbildern sichtbar. Die Nordwand zeigt zwei thronende Madonnen sowie Johannes den Täufer, einen unbekannten Heiligen, eine Schutzmantelmadonna, die Geburt Christi und drei Figuren eines zerstörten Abendmahls. Die manieristischen Fresken in der Seitenkapelle stammen aus den Anfängen des 17. Jh. Geöffnet von Mai bis Oktober Di–Sa 14–16 Uhr, im Winter auf Anfrage, Tel. 091

Emigration aus den Tessiner Tälern

Die alten Friedhöfe der Tessinerdörfer geben viel über die Dorfgeschichte preis. Grabsteine zeigen, dass viele Menschen, die im Dorf geboren wurden, in Mailand, Paris, London, Brüssel, St. Petersburg, San Diego, Buenos Aires oder sogar Melbourne gestorben sind. Kapellen und Kirchen tragen Inschriften, auf denen als Spender kalifornische, australische, argentinische oder ungarische Auswanderer auftreten. Imposante Bauten in den hintersten Winkeln der Täler sind Ausdruck ihres fern der Heimat errungenen Wohlstandes. Warum aber zieht es Generation um Generation in die Ferne?

Zerstückelte und winzige Agrarflächen, Hungersnöte, Naturkatastrophen in Form von Erdrutschen, Überschwemmungen oder Lawinen, die geistige Enge der Bergtäler sowie die politische Verfolgung durch gegnerische Parteien zwingen jahrhundertelang Tessiner Männer zur temporären oder definitiven Auswanderung. Wie Zugvögel folgen sie ihren Vorfahren ins Ausland, seit der zweiten Hälfte des 19. Jh. auch nach Übersee, und sie wählen nicht nur die gleichen Wohn- und Arbeitsorte, sondern auch die gleichen Berufe. In Genua, Livorno oder in der Toskana (1631) erben Dorfbewohner **Berufsmonopole.** Jedes Tal, jede Gemeinde hat „sein" Metier. Das Bleniotal exportiert Kastanienverkäufer in die Deutschschweiz, die es später zum Teil sogar zum Großhändler bringen. Seine Chocolatiers haben ihr süßes Handwerk in Mailand von Spaniern erlernt und bringen es nach ganz Europa; später handeln sie auch mit Kakao, Kaffee und Zucker. Glaser aus Giornico ziehen in die Städte Frankreichs, Belgiens und nach Preußen. Dienstmänner aus dem Pedemonte haben das Berufsmonopol in der Toskana.

Aus dem Centovalli und dem Verzascatal ziehen Hunderte Kaminfeger, die **Spazzacamini,** in die Städte Norditaliens. Sie sind schmächtige, unterernährte Knaben im Alter von 8 bis 16 Jahren. Eng auf Barken gepfercht, erreichen sie das Südende des Lago Maggiore, von wo sie zu Fuß in die Städte eilen. Hier leben sie oft obdachlos, erbetteln ihr Essen, und leiden unter dem strengen Regiment ihrer Padroni. Turiner und Mailänder Damen der Gesellschaft versuchen ihr Los zu mildern, auch in der Deutschschweiz empört man sich über ihr erbärmliches Schicksal. Einige wenige Kaminfeger machen Karriere als Ofensetzer, die später in Holland, Ungarn und Polen arbeiten.

Lastträger aus dem Centovalli und Onsernonetal schuften im Hafen von Livorno und in Rom, das Onsernonetal schickt seine geschickten Strohhutflechter in die Fabriken Norditaliens. In Mailand dominieren Köche und Gastwirte aus Brissago den Markt. Losone ist bekannt für seine Scherenschleifer, im Gambarogno brechen Maler und Hafner auf. Im Colla- und Cavargnatal schließen sich Schmiede und Kesselflicker dem Auszug an. Im Malcantone ziehen vor allem Ziegelbrenner in die Lombardei. Das gleiche Ziel haben jedes Jahr 800 Spinnerinnen, darunter viele junge Mädchen, aus dem Mendrisiotto. Die Adresse der Barometerhersteller ist das Muggiotal.

In vielen europäischen Städten schließen die Zünfte die Einwanderer aus; was ihnen bleibt, sind unbeliebte Jobs mit wenig Sozialprestige wie Latrinenreiniger, Lastträger, Kellner, Stallknecht oder Krämer. Jahrhundertelang wandern aber auch hoch **qualifizierte Arbeitskräfte** aus, namhafte Architekten wie *Domenico Fontana, Carlo Maderno* und *Francesco Borromini,* Ingenieure, Stuckateure und Schokoladenhersteller.

Kommende und Gehende reichen sich die Hand. Im Winter ziehen die Männer des Blenio- und des oberen Maggiatales sowie der Leventina los, im Frühjahr kommen sie gerade rechtzeitig für den Alpaufzug zurück. Im Luganese und Mendrisotto ist der Sommer Aufbruchszeit, vor allem auf italienische, aber auch andere europäische Bauplätze. Im Locarnese mit seinen landarmen steilen Tälern ist Winter wie Sommer **Auswanderungszeit.** Manchmal steht ein Drittel, im Luganese und im Mendrisiotto sogar die Hälfte der männlichen Bevölkerung für einen Reisepass an. In manchen Gemeinden bleiben nur Frauen, Kinder und alte Männer als Arbeitskräfte zurück. Einige der Fortgezogenen bleiben drei, vier, fünf Monate, andere ein, zwei, drei oder fünf Jahre weg. Von Übersee werden die Männer erst nach 5, 10 oder 20 Jahren zurückkommen; viele werden sich in der räumlichen und geistigen Enge der Bergtäler nicht mehr zurecht finden und bald definitiv in die neue Heimat auswandern.

Das **19. Jh.** ist im Tessin sowohl eine Epoche der Aus- wie der Einwanderung. Es ist das Jahrhundert, in dem alte Privilegien und erworbene Vorteile wegfallen: Monopole werden aufgehoben, Korporationen aufgelöst. Die Industrielle Revolution tilgt viele der traditionellen Berufe, so z.B. den der Stuckateure. Die Bauarbeiter frieren und schwitzen jetzt auf den Eisenbahn-Baustellen in Ungarn, Russland, Algerien und am Suezkanal. Mitte des 19. Jh. wird sowohl in Kalifornien als auch in Australien **Gold** gefunden, zu einer Zeit, in der in Europa Armut herrscht. Auswanderungsagenturen heizen vor allem im oberen Tessin das Goldfieber an. Für die Überfahrten werden Hypotheken auf den Grundbesitz erhoben, was die zurückgebliebenen Familienangehörigen in Schwierigkeiten bringt. Manche Gemeinden schießen den Auswandern das Geld vor, indem sie sich verschulden oder Raubbau an ihren Wäldern betreiben. In kurzer Zeit verlassen 4500 Tessiner ihre Täler in Richtung USA und Australien. Einige Gemeinden im Maggiatal verlieren die Hälfte ihrer Männer, junge im heiratsfähigen Alter fehlen ganz. Großflächige Überschwemmungen und Verwüstungen im Tal des Ticino bringen 1868 die zweite Auswanderungswelle ins Rollen. Diesmal brechen ganze Familien auf, 1868 sind es 1200 Personen, 1869 1500, in den nächsten fünf Jahren geht es in dieser Größenordnung weiter. Die Menschen aus dem Mendrisiotto schiffen sich nach Argentinien ein, wo schweizerische landwirtschaftliche Kolonien gegründet werden. Die Tessiner ziehen die Städte vor, wo sie Gasthäuser und Restaurants betreiben.

Die Auswanderungswelle wird von den Behörden unterstützt, sie werden so elegant die Katastrophenopfer los und können zudem auf Geldsegen aus Übersee hoffen. Die Ausgewanderten halten den Kontakt mit der alten Heimat; bis 1900 kehrt die Hälfte von ihnen zurück, der eine oder andere bleibt jedoch in der neuen Heimat und holt nach und nach seine Familie und andere Dorfbewohner über den Teich.

Viele werden ihr Leben lang nicht in der Lage sein, ihre Vorschüsse für die Überfahrt zu bezahlen. Einige der 7000 Tessiner in Argentinien werden wie Sklaven leben. Anderen jedoch ist das Glück hold, oft weil sie schon von Haus aus die besseren Karten hatten. Die *de Marchi* bauen mithilfe der *Soldati* in Argentinien eine pharmazeutische Industrie auf, dazu kommen Gas- und Kunsteisfabriken, später auch Textilfabriken, Immobiliengeschäfte und Versicherungsgesellschaften, der Ausbau der argentinischen Häfen, die Gründung von Banken, darunter auch der Volksbank von Lugano. Die Brüder *Soldati* besitzen riesige Ländereien und bauen in Buenos Aires ein ganzes Quartier auf. Zurück im Tessin, bauen sie die Eisenbahn Lugano – Ponte Tresa, investieren in Luganeser Hotels, errichten moderne Landwirtschaftsbetriebe im Malcantone und beteiligen sich an Institutionen zum Wohle Tessiner Kinder. Dem Schumacher *Bernasconi* aus Coldrerio gelingt der Aufstieg zu einem führenden Unternehmer, indem er mit Fellen und Schuhen aus Europa handelt. Er kauft Tausende von Hektar Land für seine Viehzucht. Die Brüder *Chiesa* aus Chiasso eröffnen einen Eisenwarenladen, werden erfolgreiche Immobilienhändler und beteiligen sich an einer Tabakfabrik. Zurückgekehrt, gründet einer der Brüder die landwirtschaftliche Schule in Mezzana, ein Kinderspital in Mendrisio sowie Kurhäuser; weiterhin investiert er in sanitäre Einrichtungen des Tessins. *Carlo Pelegrini* aus Ponte Tresa wird Staatspräsident von Argentinien, *Alfredo de Marchi* aus Astano argentinischer Landwirtschaftsminister. In Paraguay gründet der Naturalist *Mosè Bertoni* aus dem Bleniotal am Ufer des Paranà den landwirtschaftlichen Versuchsbetrieb „Guillermo Tell", der ihn in seiner neuen Heimat berühmt macht. *Giuseppe Guggiari* aus Savosa wird Präsident der Republik Paraguay. In Mexico besitzt der aus dem Maggiatal stammende *Giovanni Pedrazzini* große Viehfarmen, Silber- und Goldminen. Nach seiner Rückkehr 1900 nach Locarno betreibt er Immobilien- und Bankengeschäfte, engagiert sich beim Eisenbahnbau und in diversen Industriezweigen.

In den USA schürfen Tessiner nicht nur Gold, sie betätigen sich auch u.a. als Gastwirte, Bügler, Schleifer, Kaffeehändler, Zuckerbäcker, Fabrikbesitzer, Juristen, Ärzte, Bankdirektoren und, wen sollte es überraschen, als Architekten und Ingenieure. *Lorenzo Delmonico* aus Mairengo in der Leventina ist der Starkoch in seinem Feinschmeckerlokal am Broadway und Liebling der New Yorker Prominentenszene. Der Familienbetrieb umfasst mehrere Lokale und beschäftigt 1881, im Todesjahr *Lorenzos,* 200 Kellner und 30 Köche. In Fresno besitzt ein Tessiner das höchste Haus. Der aus einer Bankenfamilie stammende *E. C. Palmeri* wird Senator in Kalifornien. Die Tessiner haben sich hier in den Counties Cayoucos, Gonzales und Soledad niedergelassen. Noch in den 30er Jahren des 20. Jh. wohnen in den Täler um San Louis Obispe und Salinas fast nur Tessiner. Sie betreiben Viehzucht, bauen Getreide an, unterhalten künstliche Hühnerbrutkästen und besitzen ausgedehnte Obstkulturen. Die Golden State Milk Products Company, der Branchenführer, ist 1927 fest in Tessiner Händen. Die von Schweizern betriebenen Weinkellereien in Kalifornien, die an Größe die anderen bei weitem übertreffen, erleiden während der Prohibition Schiffbruch.

Wenig Glück haben die Goldschürfer in Australien, sie plagen sich mit Dieben herum, werden übers Ohr gehauen, so dass viele nach Kalifornien weiterreisen. Ein Drittel bleibt zurück und wendet sich anderen Berufen, etwa in Melbourne, zu.

Die Emigration gefährdet durch den Aderlass der Bevölkerung einerseits die Landwirtschaft, andererseits durch die große Hypothekarverschuldung die Familien. Der Exodus lässt aber auch beträchtliches Kapital ins Tessin fließen, das für die Modernisierung des Kantons, den Bahnbau, den Aufbau von Elektrizitätswerken und für den Tourismus eingesetzt werden kann. Dank des Know-Hows der Zurückgekehrten entstehen Banken; Aktien, Obligationen, Immobiliengeschäfte gehören nun zum Tessiner Vokabular. Die Ex-Emigranten kennen die Regeln des modernen Kapitalismus. Sie investieren in das Eisenbahnnetz, in Industrien, in die Hotellerie, in Sozial- und Bildungsinstitutionen.

In der ersten Hälfte des 20. Jh. verhindern die zwei großen Kriege die Auswanderung; aus dem einstigen Auswanderungskanton wird nun ein Einwanderungskanton.

75 31 242, oder Anschlag an der Tür beachten.

Maggia besitzt einen schönen Dorfplatz, Arkaden und Gassen. Außerhalb des Dorfes auf dem Hügel liegt die älteste Talkirche, die **Pfarrkirche S. Maurizio;** der heutige Bau stammt aus dem 17. Jh. Die Kirche wurde 1855 verlängert, der Glockenturm erhöht und die Fassade nach Zeichnungen des einheimischen Architekten *M. Pedrazzini* erhöht. Der imposante Treppenaufgang stammt von 1881. In den chornahen Seitenkapellen sind gute Stuckaturen aus dem 17. Jh. erhalten, die Kreuzigung und die Rosenkranzmadonna sind von *Isidoro Bianchi,* der auch in der Kirche Madonna del Ponte in Cevio wirkte. Die Kirche wurde bis 1998 von *Guido Tallone* renoviert; der Chor erhielt einen schlichten Altar aus weißem Peccia-Marmor, die neue Empore bildet mit der Orgel und dem Altarkreuz eine Einheit.

Die Kapelle **S. Maria della Pioda** befindet sich auf einer Felsterrasse über einem Wasserfall am Eingang zum Valle del Salto, an einem alten Saumpfad ins Verzascatal. Der spätmittelalterliche Bildstock erhielt 1713 eine offene Vorhalle. Die Fresken von 1492, eine Mariendarstellung mit Heiligen im Stil der *Seregnesi,* wurden 1998 restauriert.

Von Coglio nach Someo

In Coglio überrascht das **Beinhaus** mit Säulenvorhalle von 1765 mit seinen Todessymbolen und Sinnsprüchen. An Giumaglios **Wasserfall** vorbei gelangt man nach Someo, das am Fuß von Rebbergen liegt; es wurde 1924 durch eine Unwetterkatastrophe teilweise zerstört.

Cevio

Cevio ist der **Hauptort des Bezirks Valle Maggia.** Es war abwechselnd mit Sornico Sitz der eidgenössischen Vögte der XII Orte, ihre Wappen schmücken das Vogteigebäude **Pretorio** (17. Jh.) an der Piazza. Die Casa Respini war Wohnsitz der Vögte, das Prunkportal wird von Säulen und einem gesprengten Giebel umrahmt (17. Jh.). Die Mauer hat turmartige Pavillons, hinter dem Hof steht ein großes Kehrgiebelhaus aus zwei Bauetappen mit teils gewölbten Räumen. Hier und im Palazzo Franzoni aus dem 17. Jh. befindet sich das **Ethnographische Museum** des Maggiatals.

Die stattliche **Pfarrkirche S. Maria Assunta e Giovanni** in Cevio Vecchio geht auf das 16. Jh. zurück, früher stand hier eine romanische Kirche. Gegen die Straße durch Stützmauern abgerückt, liegt sie auf einer leicht terrassierten Ebene. Flankiert vom Beinhaus und der neoklassizistischen Fassade liegt zurückversetzt die Friedhofsmauer mit dem gedrungenen Campanile. Das Beinhaus zeigt Rokokofresken, ein ungewöhnliches Memento Mori von ortsansässigen Künstlern.

Im Ortsteil Rovana am gleichnamigen Fluss in der Nähe der Steinbrücke liegt die **Wallfahrtskirche S. Maria del Ponte;** sie ist eine der an Stuck reichsten Kirchen des Sopraceneri und steht unter **Denkmalschutz.** Besucher werden von einer Flut fröhlicher weißer Engel und Putten empfangen, die teilweise gewagt auf Gesimsen, Kapitellen oder stuckierten Rahmen sitzen. Symmetrisch zu ihnen sind verschieden große Bildfelder angeordnet mit Szenen aus dem Leben Marias, des heiligen Johannes und anderer Heiliger. Am Chorbogen sind die Heiligen Rochus und Sebastian zu sehen, darüber Mariensymbole und das Wappen der Familie *Franzoni,* welche die Kirche 1615 errichten ließ. Die Fresken an den Wänden und dem Gewölbe des Chores sowie die vier Heiligen an den Pfeilern des Triumphbogens stammen von *Isidoro Bianchi* (1581–1662) aus Campione und seinen Gehilfen. Die übrigen, ebenfalls aus dem 17. Jh. stammenden Fresken können nicht zugeordnet werden. Eine Vorgängerkapelle soll an gleicher Stelle gestanden haben, gestiftet von den Menschen, die sich hier vor einer Überschwemmung hatten retten können und um Hilfe gebetet hatten. Eine weitere Legende rankt sich um die vielen Stuckaturen. Ein alter Mann mit einer Hutte voller Engel habe die Kirche mit ihren nackten Wänden betreten. Maurer hätten dann die Engel an den Wänden befestigt. Der alte Mann habe sich später als Johannes der Täufer entpuppt.

In Cevio zweigt die Straße ins **Tal der Rovana** ab, ins **Valle di Campo** und **Valle di Bosco** (s.u.).

Bignasco

Auf Cevio folgt im Maggia-Tal bald Bignasco. Das charaktervolle Dorf liegt am Zusammenfluss der Maggia mit der Bavona und bildet den Endpunkt des Maggia-Tals; von hier zweigen die Seitentäler Val Lavizzara und Val Bavona ab. Beide Flüsse werden je von einer Bogenbrücke überspannt. **Mittelalterliche Häuser** sind in Bignasco Vecchio zu sehen. Bei der Brücke über die Maggia liegt die barockisierte **Kapelle S. Rocco** von 1597. In erhöhter Lage steht die kleine kreuzgewölbte Kapelle **S. Maria del Monte,** erbaut 1512, mit Fresken an der Stirnfront. Das Maggia-Tal wird in Bignasco enger und steigt merklich an. Es heißt ab hier Val Lavizzara (s.u.).

Praktische Tipps

Information

- **Vallemaggia Turismo,** 6673 Maggia, Tel. 091 75 31 885.

Unterkunft/ Essen und Trinken

- **Uno Più,** 6672 Gordevio, Tel. 091 75 31 012. Renoviertes Patrizierhaus mit modernem Design im alten Dorfkern, Hof mit Loggia, gutes Restaurant. Voranmeldung ratsam. DZ sFr. 136–176.
- **Ristorante Unione,** 6672 Gordevio, Tel. 091 75 32 598, ist ein farbenfrohes Tessinerhaus im Grünen, an einem Fluss gelegen. Farbiges, helles Restaurant, schönes Gartenrestaurant mit Pergola. Der Familienbetrieb besitzt fünf moderne DZ, Dusche/WC sind auf dem Gang. DZ inkl. Frühstück sFr. 95.
- **Villa d'Epoca,** 6677 Aurigeno, Tel. 091 75 65 000, www.villaepoca.ch. Jugendstilvilla mit individuellen Zimmern mit Dusche/WC,

20 Betten, DZ inkl. Frühstück sFr. 100–180 (für die Suite).

- **Ca'Serafina,** Hotel Pension Garni, Lodano bei Coglio, Tel. 091 75 65 060, www.caserafina.com. Im hübschen Lodano in einem renovierten Haus; Zimmer aus dem 19. Jh. mit steinernen Treppen und Holzverkleidung. Fünf DZ mit Dusche/WC, TV, Minibar und Safe, sFr. 180.
- **Pension Garni Doris Remund,** 6675 Cevio, Tel. 091 75 42 164. Im ursprünglichen Dörfchen Boschetto bei Cevio; ein gemütliches Haus mit einem rustikalen Esszimmer und einer Bibliothek. Individuelle, originelle Zimmer. Reichliches Frühstück, auf Wunsch wird ein Abendessen zubereitet. Es gibt ein Familienzimmer für fünf Personen auf drei Ebenen mit Dusche/WC sowie zwei DZ mit Dusche/WC, sFr. 140.
- **Backpacker Baracca Ostello CP 13,** 6677 Aurigeno, Tel. 079 20 71 554. Neben der Kirche, einfacher Backpacker mit zehn Betten, sFr. 25 pro Person. 1. April bis 31. Okt. geöffnet.
- **Grotto Mai Morire,** Avegno, Tel. 091 79 61 537.

Camping

- **Piccolo Paradiso,** 6670 Avegno, Tel. 091 79 61 581, Mobil 079 27 76 950. Schöner Platz in der wilden Maggia-Landschaft.
- **Bella Riva,** Gordevio, Tel. 091 75 31 444, www.campingtcs.ch, im Maggia-Tal

Museum

- **Museo Etnografico di Valmaggia,** Palazzo Franzoni, Casa Respini-Moretti, 6675 Cevio, Tel. 091 75 41 340, im Ortsteil Cevio Vecchio. Dazu gehören zwei weitere Ruralbauten: das Grotto del Sole am Fuß des nahen Berges und die Torba (Kornspeicher) aus dem 16. Jh. in Sonlerto im Val Bavona. Im Museumshof steht eine riesige Traubenpresse. Kunsthandwerkliche Produkte aus dem Maggia-Tal sind am Südeingang des Dorfes im Negozio dell'Artigiano erhältlich, Tel. 091 75 41 816.

Valle di Bosco und Valle di Campo

Bei Cevio mündet das steil abfallende Tal der Rovana in das Maggia-Tal ein, das sich nach der ersten Talstufe in zwei Seitentäler teilt, das Valle di Bosco (mit dem deutschsprachigen Walserdorf Bosco Gurin) und das Valle di Campo.

Valle di Campo

Bei Pretorio zweigt die Straße links ab und steigt den Talhang empor, unten liegt die sehenswerte **Schlucht Goda della Rovana.** In einem Kastanienhain liegt das Dorf **Linescio** mit seiner 1640 gebauten Kirche und seinen weit in die Höhe terrassierten Hängen. **Cerentino** ist eine Gemeinde mit weit verstreuten Weilern, die auf verschiedene Familiensippen zurückgehen. Außerhalb der Siedlungen steht auf einer kleinen Terrasse die barocke Baugruppe der Pfarrkirche S. Maria; an der Rückwand des Schiffes wurden Renaissancemalereien mit dem heiligen Sebastian aus dem 16. Jh. freigelegt.

Über den auf einer Wiesenterrasse gelegenen Weiler **Niva** mit seiner Barockkirche S. Rocco geht es weiter nach **Piano.** Von hier führt die Straße zu dem in einer Mulde eingebetteten **Campo** mit reizvollem Dorfbild in imposanter Berglandschaft. Die Palazzi Pedrazzini von 1746 und 1748 sind zwei durch Straße und Bach getrennte Häuser von stattlichen Ausmaßen. Die Alterssitze sollten vor allem der Repräsentation der im Ausland reich gewordenen Familie dienen. Beide Bauten weisen Satteldächer mit Steinplatten auf. An der Ostecke steht die Privatkapelle S. Giovanni Battista, ausgemalt von *Giuseppe Borgnis.* Die Kapelle ist durch einen Torbogen und eine Galerie mit dem Wohnhaus verbunden. Die barocke **Pfarrkirche S. Bernardo** hat beachtliche Barockmalereien: in der Chorverlängerung Engel, illusionistisch gemalte Nischenfiguren an den Wänden und personifizierte Tugenden und Heilige in den Lünettenfenstern. Die Auferstehung Christi, Propheten, Kirchenväter und Engel zieren das Gewölbe; alles wird von lebhaften Stuckprofilen unterteilt. Im alten Chor sind links eine Epiphanie und ein Letztes Abendmahl, rechts Christi Geburt und der Ölberg sowie einzelne Heilige zu bewundern, alles in ältere Stuckrahmen des späten 17. Jh. eingefasst. Im Gewölbe sind der heilige Bernhard und die Dreifaltigkeit sowie die vier Evangelisten zu sehen, weitere Malereien neben der Kapelle, in der Taufnische und an der Fassade.

Auf dem alten Kirchweg ins Dorf sind Kreuzwegstationen, die Bildstöcke wurden im 18. Jh. ausgemalt.

Das Bergdorf **Cimalmotto** liegt auf einer Terrasse und besitzt ein malerisches Dorfbild, vor allem mit Holzhäusern in der Art der Walser. Die Pfarrkirche geht auf das 16. Jh. zurück, sie zeigt Fresken und Gemälde von *Giuseppe Borgnis.*

Unterkunft

●**Ristorante Porta,** 6684 Campo, Tel. 091 75 41 254, www.ristoranteporta.ch. 2004 renoviert. Einfache, zweckmäßige Zimmer mit Dusche/WC, inkl. Frühstück DZ sFr. 116, DZ mit Dusche/WC, Frühstück und Abendessen sFr. 168.

Valle di Bosco – die deutschsprachige Enklave

Von Cerentino, auf der ersten Talstufe der Rovana, steigt die Straße steil ins Valle di Bosco auf. Beim Weiler Corino mit Steinbogenbrücke und Kapelle führt ein Weg zur Terrassensiedlung Camanoglio mit der 1602 unter *Casserini* gebauten Kapelle S. Antonio di Padova.

Durch Tannenwälder, Wiesen und Trümmerfelder führt die Straße nach **Bosco Gurin,** mit das höchstgelegene (1506 m) und **einzige deutschsprachige Dorf** des Tessins. Empfangen wird der Gast am Dorfeingang von einem weiten Parkplatz und einer großen Hotelanlage. Im 13. Jh. siedelten sich hier Walser aus dem Goms an. Zu Zeiten des napoleonischen Feldzuges störten österreichische Truppen den Dorffrieden. Am 17. August 1799 mussten die Bewohner von Bosco Gurin österreichischen Truppen sechs Kühe, 500 Laib Roggenbrot, 12 Pfund Käse und ein Kalb aushändigen. Die 6000 Mann unter Befehl des Obersten *Gottfried Strauch* waren von französischen Truppen von der Grimsel nach Bosco Gurin verdrängt worden.

Im typischen Siedlungsstil der Walser bietet Bosco Gurin ein hübsches Dorfbild auf einem Bergsturzkegel. In der nordwestlichen Mulde stehen gestrickte Wohnhäuser mit Zangen und Schwertkeilen sowie Heustadeln mit Rundholzwandungen auf Mäusesteinen, auf der südlichen Gegenseite gemauerte Häuser im Tessiner Stil des 18. und 19. Jh.

Nordöstlich des Dorfes steht eine geschlossene Gruppe von Heustadeln, die auch als Schutz vor Lawinen gedacht war. Gepflasterte Fußpfade führen an modern ausgemalten Bildstöcken (von *Tomamichel*) vorbei. Die barockisierte Pfarrkirche, gebaut 1581, besitzt einen Turm mit elegantem Glockengeschoss und Oktogon von 1779 sowie in der Kapelle ein Rokokoretabel mit beachtlicher Madonnenstatue.

Das **Museum im Walserhaus** unterhalb der Kirche zeigt eine Sammlung von Möbeln, landwirtschaftlichen Geräten und Volkstrachten der Walser. Geöffnet ist es von April bis Oktober, Di–Sa 10.15–11.30 und 13–17 Uhr, So 13.30–17 Uhr.

Im Jahr 2004 entbrannte zwischen einem Deutschschweizer-Radiosender, einigen Zeitungen und der Bosco Guriner Bevölkerung ein Streit, ob heute im Ort überhaupt noch **Walserdeutsch** gesprochen werde. Einige Bosco Guriner empörten sich wegen dieser, wie sie fanden, unzutreffenden Verdächtigung. Tatsache ist aber, dass man sogar in der Nebensaison die Ohren spitzen muss, um überhaupt walserdeutsche Laute zu hören. Der Name des Priesters tönt ebenfalls italienisch. Einzig auf dem Friedhof scheinen die Walsernamen noch zu dominieren.

Bosco Gurin scheint vor allem für **Familien** interessant, nicht zuletzt wegen seines Preisniveaus.

Unterkunft

- **Hotel Walser,** 6685 Bosco-Gurin, Tel. 091 75 90 202, www.bosco-gurin.ch. Am Dorfeingang beim großen Parkplatz gelegen; 15 DZ mit Dusche/WC, dazu Restaurant, Pizzeria, American Bar, Fitness- und Saunaräume. DZ sFr. 140– 205.
- **Residenza Ostello Giovanibosco,** Tel. 091 79 50 202, www.bosco-gurin.ch. Neben *Hotel Walser;* 40 Zimmer mit vier bis fünf Betten, Konferenzraum, Spielzimmer, Küche mit Kochgelegenheit. Pro Person mit Frühstück: Erwachsene sFr. 30, Jugendliche bis 15 Jahre sFr. 25, Kinder unter 5 Jahren gratis.

Ski- und Wanderegion Grossalp

Fünf Lifte führen im Winter zu acht Pisten (mittel und schwierig) zwischen 1900–2300 m, also auf schneesichere Höhe. An der Talstation finden sich drei Loipen. Im Winter 2005 wird das große neue Restaurant *Rossboda* eröffnet. Die Hütte Capana ist nur im Winter in Betrieb. Im Sommer ist die Grossalpregion ein Wandergebiet.

Val Lavizzara

Der bewohnte Oberlauf des Valle Maggia von Cavergno bis Fusio wird Val Lavizzara genannt. Broglio liegt 250 m höher als Bignasco, aber noch im Talgrund. In diesem malerischen Talabschnitt liegen zwei Dörfer auf Höhenterrassen. **Brontallo** hat eine Speichergruppe in Mischbauweise mit aufgemauerten Seitenwänden und eingeschobenen Balkenfronten. Viele der Gebäude dienen heute als Ferien-

wohnungen. Die Osteria mit kleinem Garten eröffnet einen schönen Blick ins Tal. Die Kirche hat eine hübsche Balkendecke und einen schönen Marmoraltar.

Menzonio mit unverfälschtem Ortsbild liegt in sanfter Hanglage. In **Broglio,** der Heimatgemeinde des Tessiner Dichters *G. Zoppi,* ist die Casa Pometta mit ihrem malerischen Arkadenhof sehenswert. Der Nordflügel wurde 1623 von *d'Orella* gebaut, er weist Reste heraldischer Bemalung auf. Das Erdgeschoss ist gewölbt und teilweise holzvertäfelt. Oberhalb des Straßendorfs liegt eines des schönsten Maiensäße des ganzen Tales, die **Monti di Riva.** Das urtümlichste Gebäude ist das des Dichters *Zoppi.* Die Stadel auf Mäusesteinen verraten den Einfluss der Walser.

Durch Kastanienmischwald fahrend, entdeckt man einen Felsblock, den **Sasso del Diavolo,** mit dem einer Legende nach der Teufel die Kirche von Broglio zerstören wollte, was durch eine gottesfürchtige Frau verhütet worden sei.

Vor **Prato** öffnet sich das landschaftlich überwältigende Prato-Tal. Das Maiensäß Monti di S. Carlo wirkt noch völlig intakt. Das schöne Prato am linken Flussufer besitzt herrschaftlich wirkende Häuser, seine Kirche wurde

Waschhaus in Brontallo
mit Speichergruppe

Marmorsteinbruch Peccia

1761 gebaut und sein eleganter Barockturm schaut auf den Palazzo Berna hinter der Kirche hinab.

Oberhalb von Prato liegt **Sornico,** wo sich alte Häuser an der schönen Piazza um die Kirche und den 35 m hohen Campanile scharen. Die Pfarrkirche war die Mutterkirche des Lavizzara-Tals, erwähnt 1372, der heutige Bau stammt aus dem Spätmittelalter. Im Chor sind beachtliche Stuckaturen aus der Mitte des 17. Jh. zu sehen. Zusammen mit Cevio war die westlich der Kirche gelegene **Casa Moretti** aus dem 17. Jh. zeitweise Sitz des Landvogtes. Sie zeigt Pellonini-Wappen und eidgenössische Standeswappen an der Fassade sowie einen Pranger mit Kette und Halbeisen.

Peccia wurde im 19. Jh. zweimal überschwemmt und musste neu gebaut werden. Die Kirche des Dorfes geht auf das Mittelalter zurück, sie wurde barockisiert; über dem Hochaltar befindet sich ein prachtvoller Holzaufbau in Form eines Tempels. In Peccia wird grobkörniger **Marmor** in Weiß-, Grau-, Blau- und Grüntönen gebrochen. Überall im Dorf stößt man auf Werke von Künstlern und der Bildhauerschule, die seit mehr als 20 Jahren hier ansässig ist (Tel. 091 75 51 304, www.steinbildhauen.ch.).

Links zweigt die Straße ins kurze **Valle di Peccia** mit seinen gut erhaltenen Weilern und Marmorbrüchen ab und gewinnt an Höhe. Sie führt erst am intakten Weiler **Veglia** mit der sehenswerten Kapelle S. Maria del Carmine vorbei zum 1017 m hohen **Cortignelli** mit Kapelle und von hier weiter nach **S. Antonio.** Bemerkenswert ist die Friedhofssäule mit dem rustikalen Steinkruzifix, datiert auf 1690.

Am Maggia-Kraftwerk vorbei geht es zum schön gelegenen Weiler **Piano di Peccia.** Hier gibt es in der Kapelle S. Maria della Neve im Chor Renaissancefresken zu sehen.

Hinter Peccia wird das Val Lavizzara wieder breiter und steigt gemächlich an bis zur Abzweigung zur Terrassenstreusiedlung **Mogno** mit gestrickten Holzhäusern in Walserart. Mogno wurde immer wieder von Hochwasser und Erdrutschen heimgesucht, eine Lawine zerstörte 1986 die Kirche. Nach Plänen von *Mario Botta* wurde 1996 die moderne Gedenkkirche **S. Giovanni Battista** gebaut, ein in seiner Schlichtheit eindrucksvoller Sakralbau. In Mogno steht auch einer der ältesten Stadel, die Jahreszahl 1651 ist noch deutlich zu lesen.

In steiler Hanglage liegt auf 1278 m das mit seinem kompakten Ortskern geschlossen wirkende Dorf **Fusio;** es bildet optisch einen eindrucksvollen Abschluss des Tals. Typisch sind die Schindeldächer aus Lärchen- oder Tannenholz auf einigen Ställen. 200 m höher liegt der **Stausee Lago di Sambuco** sowie das gleichnamige Tal.

Essen und Trinken

- **Antica Osteria Dazio,** Fusio, Tel. 091 75 51 162. Tief im Lavizzara-Tal, preiswerte und gepflegte Regionalküche, einfache, originelle Gästezimmer mitten im Dorf. Ab Sommer 2005 unter neuer Führung.
- **Grotto Pozzasc,** Peccia, Tel. 091 75 51 604. Nicht leicht zu finden, aber schön am Bergsee gelegen. Einfache, gute tessinische Spezialitäten.

Val Bavona

Bei Bignasco beginnt das felsige und urtümliche Bavona-Tal mit zahlreichen Wasserfällen, Felsbrocken und idyllischen Weilern, Terre genannt. Seit den 1950er Jahren ist es durch eine Straße erschlossen; am alten Maultierweg liegen viele qualitätsvoll ausgemalte Bildstöcklein. Im stattlichen **Cavergno** mit seiner spätbarocken Pfarrkirche und seinem Beinhaus wurde der Schriftsteller *Plinio Martini* geboren, wo er 1979 auch starb. Hinter dem Ort beginnt ein Trümmerfeld von Granitblöcken, dann wechseln Weiler mit Kastanienwäldern und Wiesen ab, von den Felswänden sprudeln die Wasserfälle.

Nach Mondada, Fontana, Aluedo, Sabbione und Ritorto folgt **Foroglio,** dessen kompakte Häusergruppe mit der kleinen spätmittelalterlichen Kapelle S. Maria Assunta und dem grandiosen Wasserfall eine wunderbare Kulisse abgibt. Die Kapelle birgt ein deutsches spätgotisches Flügelaltärchen von 1553.

Jetzt wird das Tal wilder und steiler, die Seitenbäche bilden markante Schutthügel. Auf Foroglio folgen die

Weiler Rosed, Fontanellata, Faedo und der reizvollste des Tales, **Sonlerto.** Einsam gelegen ist in **Gannariente** die Kirche S. Maria delle Grazie mit Fresken aus dem Marienleben und guten Einzelgemälden. Hier findet alljährlich eine Wallfahrt statt, die von Cavergno hinaufführt.

Nach einer kurzen Steigung folgt **San Carlo,** wo die Seilbahn nach **Robei** eine großartige Hochgebirgswelt mit hochalpinen Stauseelandschaften erschließt: Zahlreiche Bergtouren führen ins Basodino- und Christallina-Gebiet. Unweit von San Carlo in **Preda** liegt in völliger Waldeinsamkeit eine Kapelle mit niedrigem Campanile und spätgotischen Fresken.

Die **Stiftung Bavonatal,** 1990 gegründet, ist Hüterin eines außergewöhnlichen Landschaftsraum-Schutzprogramms: Die Zweitwohnungsbesitzer mähen gegen Entschädigung die Wiesen und verhindern so das Vordringen des Waldes, Expertengruppen überprüfen Baugesuche, wobei sehr auf Detailtreue und Baugeschichte geachtet wird.

Unterkunft/ Essen und Trinken

- **La Froda,** 6690 Foroglio-Cavergno, Tel. 091 75 41 181. An einem Wasserfall gelegen; leckere tessinische Küche auf Holzfeuer in einfacher Umgebung, bekocht wird man von einem ehemaligen Journalisten.
- **Albergo e Ristorante Robiei,** 6685 Bosco Gurin, Tel. 091 75 65 020, www.robiei.ch. Das achteckige Hotel in 1891 m Höhe ist mit 30 Zimmern und 47 Betten das größte des Tals. Am besten zu erreichen von San Carlo im Bavonatal mit einer Kabinenbahn, ist es Ausgangspunkt für viele Wanderungen zu den Stauseen und zu vielen anspruchsvollen Bergtouren. Es gibt zwei Restaurants. Angeschlossen ist auch ein Touristenlager mit 33 Betten, sFr. 25. 12 Zimmer haben Dusche/WC auf dem Gang, sFr. 80. 12 weitere DZ mit Dusche/WC sFr. 110.
- **Grotto Pozzasc,** Peccia, Tel. 091 75 51 604.

Wanderungen im Maggia-Tal

- **Ponte Brolla – Gordevio,** 4 Std.: von Ponte Brolla (Absteig zur Maggiaschlucht möglich) nach Tegna und, dem Sentiero di Montagno folgend, zum Oratorio S. Anna; von hier Anstieg zum verlassenenen Weiler Streccia, von hier geht es hinunter nach Dunzio, bei Terra di Fuori weist der Wegweiser nach Ronchini und Gordevio.
- **Von Bosco Gurin ins Valle di Campo,** 4 Std., 10 Min.: anspruchsvolle Passwanderung. Von der Post an den Ställen vorbei auf einem Sträßchen dem Talgrund der Rovina entlang bis zum Fußpfad bei Zum Schwarza Brunna. Weiter bis zum Wasserfall und rechts Aufstieg, nach 100 m links und Aufstieg zur Chumma (1855 m), von hier zum Pass Quadrella (2137 m) mit Blick auf Campo und Cimalmotto. Abstieg über Cava und Cimalmotto nach Campo. Achtung: die kleinen Geröllbäche in dieser Gegend schwellen manchmal rasant an!
- **Zweitägige Wanderung von Someo ins Vergelettotal,** 8½ Std.: bis zum Lago d'Alzasca 5 Std. 10 Min. (dort Berghütte), bis hier auch für ungeübte Bergwanderer möglich, nachher anspruchsvolle Route ins Vergelettotal. Von der Bushaltestelle in Someo über den Talboden rechts zur Hängebrücke und wieder rechts bis zu einer Wegkapelle, hier Aufstieg zu den Alpen des Val di Soladino über einen Treppenweg und über Serpentinen nach Corte di Sotto und von hier zur Alphütte Corte di Fondo und zur Capanna d'Alzasca (1734 m) sowie zum gleichnamigen See. Von hier weiter Anstieg zur Bocchetta di Doia (2057 m) und Abstieg zur Alpe di Doia, nach felsiger Hangpartie steiler Abstieg zum Talboden des Valle di Fümegn, zu den Hütten Fümegn und Passo, hinunter zu den

064te Foto: ns

Tälern Camagna und Vergeletto und dort zum Ort Vergeletto.

● **Wanderung durchs Lavizzara-Tal, von Bignasco über Peccia nach Fusio,** 5 Std. 50 Min: Dem linken Talhang bis Ronco auf einem Sträßchen folgen, bald beginnt der alte Saumpfad. Bei der alten Steinbrücke Ponte della Merla auf die rechte Talseite, Aufstieg nach Menzonio und Pianezza. Bei der Abzweigung Monti di Rima entweder nach rechts über Broglio und auf dem linken Talhang über Vedlà nach Prato oder links über Monti di Rima. Von Prato führt der Weg nach Peccia, wo man oberhalb der Kirche nach links in Richtung Mogno abbiegen muss. Hier wartet die Kirche von *Mario Botta* auf Besuch. Fusio ist jetzt nicht mehr weit.

● **Rundwanderung von Prato nach Broglio,** 2½ Std.: Von Prato steigt ein Sträßchen nach Monti di Rima mit seiner Kapelle, das ursprünglichste Maiensäß hier ist das Rima des Dichters *Giuseppe Zoppi*. Der Weg führt hinab nach Broglio, *Zoppis* Heimatort. Rechts der *Osteria Zoppi* führt eine Treppe zur Maggia, links geht es zum linken Ufer und zur Kapelle in Vedla; hier überquert man ein Zuflüsschen und steigt hinab nach Prato.

● **Rundwanderung von Fusio zum Lago di Mognola,** 4 Std. 40 Min: zuerst auf der Umgehungsstraße, nachher auf einem Bergweg zum Maiensäß Corte dell'Ovi und weiter zur Alp Corte Mognola und zum Wasserfall des Ri di Mognola und zum gleichnamigen See (2003 m). Hinab über Corte della Sassina zum Bächlein Ri di Vacarisc unterhalb der Alphütte Cana. Über Corte dell Sasso und Corte di Mezzo nach Vacarisc di Fuori. Von hier auf Aufstiegsroute nach Fusio zurück oder als Variante auf dem Sträßchen über Portol di Fuori.

Im Bavonatal

Das Pedemonte

Von Locarno den Monte Brè entlangfahrend, wo die Zistrose wächst, gelangt man nach **Ponte Brolla.** Links hinter der Brücke beginnt das Pedemonte, eine **fruchtbare Gartenlandschaft** auf Schwemmland, zu dem die Orte Tegna, Verscio und Cavigliano gehören.

Tegna

Auf einem Felssporn über dem Dorf Tegna liegt eine **keltische Burganlage.** Das Castello besteht aus einem quadratischen Hauptgebäude mit Innenhof, einer Zisterne, einem Sodbrunnen und Resten der Umfassungsmauern und Türme. Nordwestlich des Hauptgebäudes liegt das Fundament einer mittelalterlichen Burg.

Die **Kirche** in Tegna wirkt barock, ist aber im Kern älter und besitzt Stuckaturen aus der ersten Hälfte des 17. Jh. sowie eine Louis-XVI.-Balustrade mit farbigen Marmorintarsien.

An der quadratischen Piazza mit Brunnen liegt das **Ristorante alla Cantina** mit Säulenarkaden an der Hofseite aus dem 17. Jh. und einem Wandgemälde der Pietà, 1753 von *G. Orelli.*

Weiterhin finden sich in Tegna die **Kunstgalerie Mazzi** sowie ein **Klettergarten** oberhalb des Dorfes; dieser bietet verschiedene Schwierigkeitsgrade von 3 bis 5+.

Die letzten Jahre bis zur ihrem Tod 1995 lebte die Autorin des „Mr. Ripley", *Patricia Highsmith,* zurückgezogen in Tegna.

Verscio

Verscio war einst **politisches Zentrum** des Pedemonte.

Es ist die Heimat des berühmten Clowns und Pantomimen *Dimitri.* Er hat hier das **Teatro Dimitri** und die Mimenschule aufgebaut.

S. Fedele liegt am Südrand des Dorfes. Die 1214 geweihte Barockkirche wurde 1748 durch das heutige Gotteshaus ersetzt, wobei der Chor und Teile des Schiffes als Bruderschaftskapelle erhalten blieben. Der Campanile wurde 1720 vollendet. Spätgotische Wandmalereien in der Art *Antonio da Tradates* finden sich im Kreuzgewölbe des ehemaligen Chors. So sind zu sehen eine Majestas Domini mit den vier Evangelisten und eine Christi Himmelfahrt, im Chorbogen Propheten und die Heiligen Sebastian und Rochus, an den Wänden Fragmente von Apostel- und Monatsbildern. Weiterhin gibt es zwei romanische Fragmente, einen Judaskuss und, abgelöst auf einer Leinwand, die Mittelpartie eines Abendmahls. In der Taufnische findet sich ein Wandbild von *G. Orelli.* Die Kirche birgt einen Altar mit Aufbau in Form eines Tempels mit Figuren und Reliefs.

Auf der Piazza steht der Dorfbrunnen von 1811, westlich die **Casa Cavalli** (von *Snozzi,* 1978) mit Pfeilerloggia, nördlich die **Casa Leoni** mit zweigeschossiger Arkadenfront aus dem 17. Jh.; hier zeigt das *Teatro Dimitri* Pantomime, Theaterstücke, Kabarett, Tanz und Musik. Die **Casa Snyder** von 1966 wurde von *Snozzi* und *Vacchini* entworfen.

065te Foto: ns

Cavigliano

Im ländlich geprägten Straßendorf Cavigliano zweigt die Straße ab ins Onsernone-Tal, weiter unten ins Centovalli. Die Häuser sind mit **Fresken** und **Skulpturen** verziert; die spätmittelalterliche Pfarrkirche S. Michele liegt südlich des Dorfes. Man kann hier eine **Hebelpresse** aus dem 17. Jh. betrachten, die Schlüssel liegen im Gemeindehaus bereit. Die mittelalterliche Steinbrücke **Ponte di Cratolo** am Anfang des Onsernonetals, in der Nähe der Postautohaltestelle Cratolo, wurde kürzlich restauriert.

Landgasthaus Cà Vegia in Golino

Praktische Tipps

Unterkunft

- **Albergo Centovalli,** 6625 Ponte Brolla-Tegna, Tel. 091 79 61 444. Am Fuß eines steilen Felsens, mit ausgezeichneter tessinischer Küche, serviert im Restaurant oder unter der Pergola. DZ o. Dusche/WC ab sFr. 126, mit ab sFr. 166. Restaurant Mo/Di geschlossen.
- **Hotel Al Fiume,** 6652 Tegna, Tel. 091 79 62 284, www.alfiume.ch. In schöner Lage in der Nähe des Maggiasandstrandes mit schönem Garten. Sieben Doppelzimmer mit Dusche/WC inkl. Frühstück sFr. 150–220.
- **Barbate,** 6652 Tegna, Tel. 091 79 61 430. Sympathisches kleines Hotel garni, ruhig gelegen, die 12 Zimmer mit Terrasse liegen zum Garten. Geöffnet von März bis Oktober. DZ mit Dusche/WC sFr. 110–160.

Essen und Trinken

- **Ristorante da Enzo,** Ponte Brolla-Tegna, Tel. 091 79 61 475 (Mi und Do bis 17 Uhr geschlossen). Feinschmeckerlokal mit schönem Garten am Hang, regionale Gerichte.

• **Grotto Pedemonte,** Verscio, Tel. 091 79 62 083, täglich geöffnet. Im alten Dorfteil an der Kantonsstraße, mit Weinrebenpergola, serviert Tessiner Gerichte.

• **Ponte dei Cavalli,** Cavigliano, Tel. 091 79 62 705 (Mo und Di geschlossen, nur abends geöffnet). Am Eingang des Onsernone-Tals in einer siebengeschossigen Mühle; vegetarisch mit raffinierten Gerichten, Zutaten aus Bio-Anbau.

Kultur

• **Teatro Dimitri,** Verscio, Tel. 091 79 61 525, www.teatrodimitri.ch. In einem alten Haus inmitten des Dorfes hat der bekannte Clown und Pantomime *Dimitri* sein Theater, eine eigene Theatertruppe und eine Theaterschule. Auch bekannte Gastkünstler treten neben *Dimitri* auf.

Centovalli

Das Gebiet des Centovalli (was „100 Täler" bedeutet) wurde von zahlreichen Wildbächen geformt; diese fallen vor allem auf der Südseite von 2000 auf 200 m hinab. Das Centovalli verbindet Locarno mit Domodossola in Italien; seit 1923 wird das Tal von der **Centovalli-Schmalspurbahn** durchquert. In 90 Minuten fährt sie über 82 Brücken, z.T. in Schwindel erregender Höhe, und durch 31 Tunnel, während draußen die Dörfer des Centovalli, das sich auf der italienischen Seite unter dem Namen Valle Vigezzo (s. Kap. „Val Cannobina und Valle Vigezzo) fortsetzt, vorbeiziehen.

Golino war vor dem Bau der Talstraße der Ausgangsort der Saumpfade ins Centovalli und wichtiger Umschlagplatz; es besitzt einen hübschen, geschlossenen Dorfplatz mit stattlichen Häusern.

Intragna

Intragna liegt auf einem Sporn des alten Talbodens zwischen den Flüssen Melezza und Isorno. Es ist eine große Gemeinde, die mehr als die Hälfte des Centovalli umfasst. Das Dorf selbst wirkt mit seinen schmalen verwinkelten Gassen und seinen Plätzen urban, vor allem der Kirchplatz mit Rathaus, Friedhofssäule und spätklassizistischem Brunnen.

Die **Pfarrkirche S. Gottardo** besitzt den höchsten Campanile des Tessins (65 m). Dieser, 1774 vollendet, ist schon von weitem als Wahrzeichen des Ortes sichtbar. Das Innere birgt eine elegante Rokokobalustrade aus vielfarbigem Marmor und in der zweijochigen Kapelle mit Kreuzgewölbe Renaissancestuckaturen aus dem frühen 17. Jh. mit Putten, Cherubimköpfen und Grotesken.

An der Hauptstraße liegt die barocke **Casa Maggetti** mit fünfjochiger Loggia und Balkonen auf der Gartenseite; sie beherbergt das **Regionalmuseum.** Von Intragna hat man einen schönen Blick auf das Pedemonte und die Locarneser Skiberge Cardada und Cimetta.

Hinter Intragna fällt der Talhang links zur Melezza-Schlucht ab, und eine Straße führt nach **Calezzo** und **Costa** hinauf, beide in schöner Aussichtslage. 100 m hinter dem Grotto du Rii (ausgeschildert) führt in 15 Minuten ein Saumpfad abwärts zur Steinbogenbrücke **Ponte Romano,** die im 16. Jh. über die Melezza gebaut wurde. Unter der Brücke laden **Plätze zum Baden** ein. Ganz anderen Vergnügungen dient die 72 m hohe Eisenbahnbrücke über den Isorno: Sie ist Treffpunkt der **Bungee-Springer.**

Verdasio und Rasa

Verdasio mit seinen schmalen Gassen ist eines der am besten erhaltenen Dörfer des Tessins. Der Ort liegt oberhalb der Talstraße und ist über ein steiles Sträßchen erreichbar. Die **Pfarrkirche** hat nierenförmige Fenster und einen sehr hohen, unverputzten Turm mit Zeltdach. Bei der Kirche liegt die herrschaftliche **Casa Tosetti** aus dem 17. Jh. Sie besitzt einen malerischen Hof. Aus der gleichen Zeit stammen die **Casa Cavalli** und die **Casa de Martini.**

Das unberührte Bergdorf Rasa auf 1000 m ist von der Bahnstation in Verdasio mit einer **Seilbahn** erreichbar. Zusammen mit anderen Dörfern im Tessin besaßen die Bewohner von 1631 bis 1847 das Monopol für Lastenträger im Hafen von Livorno, was Rasa einen bescheidenen Wohlstand sicherte. Das autofreie Dorf, das heute gerade einmal 30 Einwohner zählt, wartet mit einer Barockkirche, hübschen Häusern, einem kleinen Museum, einem Grotto, einem Brotofen, einer Töpferschule und einem christlichen Zentrum auf, welches verschiedene Unterkünfte anbietet (s.u.).

Palagnedra

Palagnedra brachte es bis ins 19. Jh. zu einem gewissen Wohlstand dank der Familie *Mazzi,* die erfolgreich am Hof der *Medici* tätig war. In der **Pfarrkirche S. Michele** sind vorzügliche Fresken erhalten, das Hauptwerk *Antonio da Tradates* (Ende 15. Jh.). Im ehemaligen Chor der Vorgängerkirche sind im Gewölbe die Majestas Domini mit den vier Evangelistensymbolen, die vier Kirchenväter und der heilige Michael zwischen Mauritius und Abbundius zu sehen. An der Ostwand ist der Kalvarienberg dargestellt, an den Seitenwänden stehen zwölf Apostel, darüber der Ölberg und die Kreuztragung mit Veronika, begleitet von Prophetenmedaillons. Darunter befindet sich ein umlaufendes Band mit den zwölf Monatsbildern, die vom täglichen Leben erzählen. Den ehemaligen Chorbogen zieren die Heiligen Agatha und zwei Prophetenmedaillons zu sehen. An der Nordwand des ehemaligen Schiffes sind eine thronende Muttergottes und der heilige Michael zu sehen. In der westlichen Seitenkapelle hängt ein beachtliches Verkündigungsgemälde, 1602 signiert von *L. Crescius.* (Schlüssel beim Pfarramt erhältlich, Tel. 091 79 81 112).

Die **Palazzi** am Nordrand sind klassizistisch oder biedermeierlich mit Dekorationsmalereien. Eine Mühle wurde kürzlich wieder instand gesetzt.

Der Weiler **Bordei** liegt inmitten von Kastanien- und Nussbaumhainen.

Grenzregion

Oberhalb des **Palagnedra-Sees** gelangt man zum Grenzort **Camedo.** Von hier zweigt eine Straße nach Borgnone, Costa und Lionza ab. In **Borgnone** grüßt der hohe, spätmittelalterliche Turm der Pfarrkirche S. Maria Assunta. In **Costa** liegt die Kirche S. Anna in malerischer Lage, sie besticht durch ihr Bruchsteinmauerwerk und Plattendach. In Camedo führt eine weitere Abzweigung zum Weiler **Moneto** auf der anderen Talseite.

Nach Camedo führt die Straße durch das Valle Vigezzo nach Domodossola oder nach zehn Kilometern bei Malesco nach Cannobio im gleichnamigen Tal und von dort weiter nach Brissago.

Praktische Tipps

Unterkunft/ Essen und Trinken

- **Landgasthaus Cà Vegia,** 6611 Golino, Tel. 091 79 61 267, Fax 79 62 407. Patrizierhaus aus dem 17. Jh. mit 24 renovierten Zimmern. Hotel garni, DZ mit Bad ab sFr. 115.
- **Hotel al Ponta Antico,** 6656 Golino, Al Ponte, Tel. 091 78 56 161. Ruhige Lage nahe dem Fluss Melezza (Bademöglichkeit); Zimmer mit hübschen Möbeln, Restaurant, Wintergarten, 12 DZ mit Dusche/WC sFr. 140–240. Geöffnet Mitte März bis Ende Oktober.
- **Stazione da Agnese,** 6655 Intragna, Tel. 091 79 61 212 (täglich offen). Bahnhofsrestaurant mit schöner Aussicht. Man serviert hier nicht nur gute regionale Gerichte, auch die zehn Zimmer sind mit Liebe geschmackvoll eingerichtet. DZ sFr. 150–300.
- **Camporasa,** Bildungs- und Ferienzentrum im autofreien Rasa, erreichbar mit der Seilbahn von Verdasio-Rasa, 6655 Intragna, Tel. 091 79 81 391, www.camporasa.ch. Das Zentrum besteht aus verschiedenen Häusern; **Casa Fonte:** Haupthaus, Büro, Essräume, 12 Einer- und Doppelzimmer. **Casa Rocca:** großer Saal, oben zwei Ferienwohnungen mit fünf DZ und zwei Dreierzimmern. **Cà dal Soo:** fünf Zimmer, Bibliothek, Lesezimmer mit Internetanschluss, Cafeteria, Gruppenraum, Hof mit angrenzendem Mehrzwecksaal. **Casetta:** kleines Haus für zwei Personen mit Wohnküche und angebauter Dusche/ WC, Schlafzimmer oben. Man kann auch Halb- oder Vollpension buchen. Mehrbettzimmer mit Frühstück sFr. 46, DZ mit Frühstück sFr. 55 p.P., Einzelzimmer sFr. 70, Casetta als DZ sFr. 67 p.P., als EZ sFr. 82.
- **Ristorante Madonna,** Golino, Tel. 091 79 61 695 (Di Ruhetag). In altem Tessinerhaus mit Garten, mediterrane Küche.
- **Grotto du Rii,** Intragna, Tel. 091 79 61 861 (Di und Mi geschlossen). Ehemalige Mühle am Dorfausgang mit Terrasse am Wasserfall.
- **Restaurant Centrale,** Intragna, Tel. 091 79 61 284. Liegt an einem hübschen kleinen Platz, mit kreativer Küche.
- **Ristorante al Pentolino,** Verdasio, Tel. 091 78 08 100. Sympathisches Lokal mitten im Dorf.

Museum

- **Museo regionale delle Centovalli e del Pedemonte,** Casa Maggetti, Intragna, Tel. 091 79 62 577, geöffnet Mitte März bis Ende Oktober Di–Sa 14–18 Uhr. Regionalmuseum, im Hof eine Presse zur Herstellung von Nussöl und ein Brotbackofen, Herstellung der charakteristischen Stoffschuhe, Sammlung von Gerätschaften des alltäglichen Gebrauchs, Kaminfeger-Leben, Archiv des Basler Fotografen *Rico Jenny,* auch Sonderausstellungen.

Ausflüge

- **Seilbahn Intragna-Pila-Costa,** mit der Centovalli-Bahn (Abfahrten vom Bahnhof Locarno alle 1½ Std.) nach Intragna, dann mit der Seilbahn nach Pila und Costa mit vielen Wandermöglichkeiten.
- **Seilbahn Verdasio-Rasa,** mit der Centovalli-Bahn nach Verdasio, mit der Seilbahn nach Rasa mit guter Rundsicht. Wandermöglichkeiten.

Wanderungen

●**Wanderung durchs Centovalli,** von Intragna nach Camedo über Monte di Camino nach Camedo, 5 Std. 40 Min. Nach Calezzo beginnt der Saumweg nach Slönga, von hier geht es in Serpentinen nach Monte di Camino. Über Wiesen führt der Weg zum Kirchlein Madonna della Segna (1166 m), vor der Kirche führt der Weg links hinunter nach Verdasio. 60 m unter dem Dorf führt der Weg in den Wald und in den Tobel des Ri di Verdasio. Bei einer Kapelle führt ein Weg direkt nach Borgnone, man kann aber auch den Weg über das hübsche Lionza wählen. Vor Borgnone folgt der alte Saumweg dem Tobel des Ri di Mulitt, Abstieg nach Camedo auf der Straße.

●**Wanderung nach Rasa,** das autofreie hübsche Bergdörfchen mit Grotto ist sowohl von Palagnedra in 30 Min. als auch von Intragna aus erreichbar. Eine Seilbahn von Verdasio bringt Wanderer in kurzer Fahrt nach Rasa, von wo weitere Wanderrouten ausgehen.

●**Von Verdasio im Centovalli ins Onsernonetal,** 3 Std. 50 Min. Von der Station der Centovallibahn Verdasio geht es auf dem kleinen Sträßchen ins schöne Dorf Verdasio; vor dem Dorf führt ein Weg in Serpentinen in die Mulde des Monte di Comino und von hier auf ebenem Weg auf die Passhöhe Madonna della Segna (1166 m). Durch einen Buchenwald hinunter ins Onsernonetal, (Achtung: der Weg wird zunehmend steiler!) an Pign vorbei zur Ponte Nuova über die Schlucht des Isorno. Kurzer steiler Aufstieg über Mosogno di Sotto nach Mosogno, hier gibt es einen Postautoanschluss. Diese Wanderung ist zum Teil sehr steil. Sie verkürzt sich erheblich, wenn man den Aufstieg mit der Seilbahn Verdasio – Monte di Camino umgeht.

●**Von Loco im Onsernonetal nach Intragna im Centovalli,** 2 Std. Bei der Post in Loco führt ein Wanderweg zum verlassenen Weiler Niva und von dort durch Wiesen und Wald in Serpentinen zur Isorno-Schlucht. Über die 50 m hohe Brücke geht es auf die andere Talseite. Ein alter Saumpfad führt an Wegkapellen vorbei und nach einem kurzen Anstieg nach Scherpia und Vosa. Hier erreicht man das Centovalli. Weiter geht es nach Pila, wo sich ein schöner Blick eröffnet. Abstieg nach Intragna.

●**Wanderung über den Garina-Pass,** von Intragna im Centovalli nach Aurigeno im Maggiatal, 5½ Std. Bei der Kirche am Dorfende von Intragna beginnt der alte Saumpfad ins Onsernonetal, in Serpentinen steigt man nach Pila auf; Abstieg über Vosa und Vosa di Dentro über die hohe Brücke und relativ steiler Anstieg nach Niva zum Westrand des Dorfes Loco. Talauswärts am östlichen Dorfende zur Kirche S. Remigo abbiegen. Ein Wanderweg führt durch Kastanienwald in das Seitental des Ri del Vò. Aufstieg bei der Wegkapelle Sasièl zu den Maiensäßen Ighelon und Mulegn. Über die Mulde von Campo erreicht man den Passo della Garina. Steiler Abstieg ins Valle di Lareccio. Nach zwei kurzen Gegensteigungen bietet sich bei einer Kapelle ein schöner Ausblick. Rechts Abstieg am Westhang des Maggiatals, über den Talboden und die Maggia zur Bushaltestelle Aurigeno-Moghegno. Die Wanderung ist aufgrund des steilen Abstiegs bei feuchtem Wetter nicht zu empfehlen.

Val Onsernone

Das Onsernone-Tal ist wie das ebenfalls von Cavigliano ausgehende Centovalli landschaftlich reizvoll mit malerischen Dörfern am steilen Südhang. Die südliche Talseite ist praktisch unbesiedelt und von dichtem Wald bedeckt, hie und da öffnet sich eine Waldlichtung mit einem verlassenen Maiensäß.

Im 18. und 19. Jh. war das Tal bekannt für seine **Produkte aus Stroh.** In mühsamer Heimarbeit entstanden Hüte, Körbe und andere Gegenstände des täglichen Bedarfs, welche bis nach Südamerika exportiert wurden. Wie in anderen Bergtälern auch, findet man im Onsernonetal die Paläste der in der Emigration reich gewordenen Heimkehrer.

In Cavigliano verlässt man das Pedemonte und gelangt durch einen Kastanienmischwald aufsteigend ins Onsernone-Tal. Über Brücken erreicht man **Auressio,** wo malerische Gässchen zur Kirchenterrasse mit der barockisierten Kirche führen. **Loco** war lange Zeit der Talhauptort und einst Zentrum der Strohflechterei. Malerisch ist hier der Kirchplatz mit den toskanischen Säulen. Durch die gewölbte Vorhalle des Beinhauses von 1680 gelangt man zur Pfarrkirche S. Remigo. Westlich der Kirche liegt der Dorfkern mit verwinkelten Steilpfaden und vielen bemerkenswerten Fassaden mit Loggien. Hier ist auch das Talmuseum, dem eine Mühle angeschlossen ist.

Oberhalb der Straße liegt **Berzona** mit seinen von Steinplatten bedeckten Häusern. S. Defendente wurde 1564 neu gebaut, der hohe Campanile mit oktogonalem Abschluss ist von 1676. Hinter dem kreuzgewölbten Chor liegt das 1713 angebaute Pfarrhaus. Berzona war zeitweise Wahlheimat der Schriftsteller *Max Frisch, Golo Mann* und *Alfred Andersch.* Letzterer fand hier zusammen mit seiner Frau *Gisela* seine letzte Ruhestätte.

Mosogno ist zweigeteilt: oben die um 1600 erbaute Kirche, vergrößert 1817, mit einem Verkündigungsgemälde von 1653. Westlich von San Bernardo liegt die Casa Grassi, ein eleganter Bau mit Loggien und Balkonen des 17. bis 18. Jh. **Mosogno Sotto** ist ein intakter Weiler mit ländlichen Bauten mit den typischen Holzbalkonen. Hier steht die Kapelle S. Maria Addolorata mit einem monumentalen Beweinungsgemälde von 1691.

Russo besitzt einen malerischen Dorfplatz, der vom Postgebäude mit fünf stichbogigen Arkaden auf toskanischen Säulen aus der Mitte des 18. Jh. beherrscht wird. Die Kirche S. Maria Assunta geht auf das 14. Jh. zurück. Das *Centro Sociale,* 1989 von *Franco* und *Paolo Moro* entworfen, beherbergt unterhalb der Straße ein Altersheim und ein kleines Spital.

Die Straße zweigt hinter Russo ins unberührte **Valle di Vergeletto** mit seinen vielfältigen Wandermöglichkeiten ab. Über eine Brücke, unter welcher der Ribo-Fluss schäumt, gelangt man zu einer Abzweigung, die ins hoch gelegene **Gresso** führt.

In **Vergeletto** wartet oberhalb des Dorfes die malerische Casa Garbani mit dreiteiligen Loggien, erbaut um 1750, sowie eine Steinbogenbrücke. Die alte Mühle neben der Kirche wird zurzeit renoviert. Etwa zwei Kilometer außerhalb des Dorfes führt eine **Seilbahn** von April bis Ende Oktober von Vergeletto nach **Salei.**

Das Tal des Ribo war früher eine Kaminfeger-Export-Hochburg; noch heute finden die Bewohner ihren Arbeitsplatz weit abseits des Tales.

Crana auf einer sonnigen Geländeterrasse hat eine reich stuckierte Kirchenfassade.

Palazzo in Comologno

0666te Foto: ns

Comologno

Comologno tritt mit seinen herrschaftlichen Bauten fast patrizierhaft auf. *General Carlo Francesco Remonda,* der aus dem Dorf stammt, stand im Dienste *Napoleons.* Sein **Palazzo della Barca** entstand 1770. Der dreigeschossige Rechteckbau erhebt sich auf einer künstlichen Terrasse, umgeben von einer hohen Mauer. An der Rückseite steht ein Treppenturm mit zwei überhöhenden Geschossen, Zeltdach und Dachreiter. Der Palast hat eine kostbare Ausstattung sowie bemalte Wände und Decken. Zeitweise war es der Wohnsitz der Schriftstellerin *Aline Valangin* und ihres Ehemanns, des Staranwalts *Wladimir Rosenbaum,* die hier in den 1930er und 40er Jahren von Emigranten besucht wurden, darunter *Max Ernst* und der Schriftsteller *Ignazio Silone.*

Auch **Kurt Tucholsky** war Gast im Palazzo della Barca. Er reiste mit diversen Anzügen und 120 Hemden an, die nach Zürich geschickt werden mussten, weil die Dienstboten aus dem Tal sie nicht sorgfältig genug plätteten. Er setzte hier seine in Tarasp begonnene Diät fort. Nach dem Morgenbad im Schwimmbecken pflegte er als Erster ein reichliches Frühstück einzunehmen, was er dann mit jedem neu zum Frühstück eintreffenden Gast vollständig von A bis Z wiederholte – ein Prozedere, das er auch bei den Hauptmahlzeiten fortsetzte, sehr zum Leidwesen der Gastgeberin, die sich für seine Diät verantwortlich fühlte.

Östlich der Kirche steht die **Casa Remonda,** gebaut 1767, ein dreigeschossiger Rechteckbau mit Loggien und gemalten Fensterbekrönungen. Die **Kirche S. Giovanni** wurde 1697 eingeweiht, sie besitzt fünf Altäre mit Scagliola-Frontale von 1730–50, in der Art *Pancaldis.* Zusammen mit dem Beinhaus, der Missionssäule, dem Friedhof sowie den unterhalb der Kirche am Steilhang gelegenen Kreuzwegkapellen bildet sie ein eindrucksvolles Ganzes. Die Wegkapellen wurden 1952 unter anderem von *Pietro Salati, Carlo Salvioni* und *Emilio Beretta* neu ausgemalt.

- **Buchtipp:** „Geschichte zweier Leben. Wladimir Rosenbaum, Aline Valangin" von *Peter Kamber,* erschienen im Limmat Verlag, ISBN 3-85791-342-8.

Spruga

Das letzte Dorf des Tales ist Spruga, ein Bergweiler mit ländlichen Häusern, den typischen Balkonen und einer Barockkapelle. Von hier senkt sich eine Straße, nur zu Fuß begehbar, zu den verfallenen **Bagni di Craveggia** hinab. Dort ist die italienische Grenze. Der hintere Teil des Tals ist italienisch, allerdings nur über Bergpfade mit dem Mutterland verbunden.

Praktische Tipps

Unterkunft/ Essen und Trinken

- **Palazzo Gamboni,** 6663 Comologno, Tel. 091 78 06 009, www.palazzogamboni.ch. Es gibt sowohl Zimmer mit antiken Möbeln im historischen Palast aus dem 18. Jh. (Dusche/ WC im Neubau nebenan) als auch einfache, komfortable Zimmer mit Dusche/WC im Neubau. Halb- und Vollpension werden in der nahen *Osteria Palazign,* ebenfalls ein sympathisches Lokal, serviert. Suite sFr. 260, DZ im historischen Haus mit Frühstück sFr. 200, im Neubau DZ mit Dusche/WC inkl. Frühstück sFr. 160.
- **Ristorante Locanda Zott,** 6664 Vergeletto, Tel. 091 79 71 098, www.locandazott.ch. Sechs einfache, saubere Zimmer, z.T. mit eingebauter Dusche, WC auf dem Gang, Restaurant mit Terrasse, DZ mit Dusche sFr. 100.

Museum

- **Museo Onsernonese,** Casa Degiorgi, 6661 Loco, Tel. 091 79 10 091. Trachten, Werkzeuge, Dokumente zur Strohverarbeitung, alte Uniformen, Fahnen, Gewehre. In der Mühle: Gerätschaften für die Verarbeitung von Getreide. Geöffnet von April bis Oktober, Di–So 14–17 Uhr.

Blick auf Lago Maggiore und Gambarogno von Mergoscia

067te Foto: ns

Das Gambarogno

Das Gambarogno, eine viel unberührtere Gegend als die großen Touristenzentren auf der anderen Seeseite, umfasst das **Ostufer des Lago Maggiore** bis zum 1962 m hohen Monte Tamaro und zum 1734 m hohen Monte Gambarogno.

Quartino, das noch zur Magadino-Ebene gehört, liegt am Fuße des Monte Ceneri; ein alter gepflasterter Römerweg führt in eineinhalb Stunden auf den Monte Ceneri (554 m), wo sich ein schönes Panorama eröffnet.

Magadino (welches von den Gambarognesen zum Teil auch noch zur Magadino-Ebene gerechnet wird) liegt an der Mündung des Ticino in den Lago Maggiore. Nachdem 1515 durch eine Naturkatastrophe die Brücke bei Bellinzona weggerissen wurde und Locarno auf dem Landweg nicht mehr erreichbar war, war Magadino eine Zeit lang Ersatzhafen und Umschlagplatz. In seiner Kirche findet alljährlich das internationale Orgelmusik-Festival statt. Nördlich des Dorfes beginnt der markierte Weg durch die Bolle di Magadino (Beschreibung s.u. „Magadino-Ebene, Nordseite").

Vira besitzt eine intakte Seefront; früher war hier ein Hafen, und der Ort besaß das Zollrecht. Einige Häuser zeigen abstrakte Fresken von 1970. Die Pfarrkirche S. Pietro steht auf einer künstlichen Terrasse am Seeufer, sie geht ins Frühmittelalter zurück; ihr

068te Foto: ns

heutiges Aussehen erhielt sie im 17. Jh. und im Jahr 1804. Im Chor und in der Muttergotteskapelle hat sie Stuckaturen aus der zweiten Hälfte des 17. Jh. Der Renaissancetaufstein ist von 1589.

Von hier zweigt ein Sträßchen nach **Fosano** ab, das durch Rebberge, Wiesen und Wälder zu den Alpe di Neggia (1395 m) und hinab zum Grenzort Indemini führt. In Fosano ist die Kapelle S. Maria di Loreto, ein barockisierter spätmittelalterlicher Bau, wegen der spätgotischen Fresken aus dem Kreis *da Tradates* sehenswert. Im Kreuzgewölbe des Chors sieht man paarweise die Evangelisten und Kirchenväter, an der Stirnwand eine Kreuzigung, an der Südwand Maria mit Kind (als Maria di Loreto), an der Nordwand die Verkündigung Mariä, eine thronende Muttergottes und Heilige, in den Chorleibungen Propheten, am Triumphbogen sind die Heiligen Rochus und Sebastian zu sehen.

Die **Alpe di Neggia** dient im Winter als kleines Skigebiet, im Sommer ist sie Ausgangspunkt für schöne Wanderungen zum **Monte Tamaro** oder zur Alpe di Cedullo. Hier liegt die Kapelle SS. Maria e Anna, ein Rechteckbau aus dem 15. Jh., der im 19. Jh. erweitert wurde. Der Altar besitzt ein spätgotisches Fresko aus dem Kreis *da Tradates,* Maria mit Kind. Im hinteren Teil ist heute eine Massenlager für Wanderer eingerichtet. Am 26. Juli pilgern die Leute von Indemini aus zum Kirchlein hinauf.

Gasse in Indemini

Indemini mit seinen steinplattenbedachten Häusern liegt einsam auf 945 m im obersten Teil des weitgehend italienischen Veddasca-Tals. Es besitzt verwinkelte Gassen und malerische Durchgänge. 1870 hatte es 441 Einwohner, 1996 waren es noch ganze 64. Um 1800 versuchten die Tessiner, Indemini im Tausch mit Campione an die Cisalpinische Republik abzutreten. Das Dorf erhielt erst 1917 eine Verbindungsstraße mit dem Gambarogno. Noch bis in die 1950er Jahre arbeiteten die Männer vorwiegend als Lastenträger im Mailänder Bahnhof, die kamerascheuen Frauen lebten praktisch allein im Dorf unter der Obhut eines strafversetzten Priesters, der früher als Missionar in China gewirkt hatte.

Westlich des Dorfes liegt die **Kirche S. Bartolomeo;** vom Altbau um 1500 hat sich nur der Chor erhalten, das Langhaus wurde 1859 neu gebaut, die Kuppel 1873. In der Chorverlängerung liegt das Pfarrhaus, an dessen Nordseite steht der unverputzte Turm von 1817.

Weiter entlang der Riviera del Gambarogno am Lago Maggiore folgt **San Nazzaro** mit einem frei stehenden Campanile auf dem Kirchplatz. Oberhalb des Dorfes blühen Ende Juni im **Parco Eisenhut** (auch Parco di Gambarogno genannt) 900 Kamelien- und 600 Magnolienarten. In **Gerra-Gambarogno** kann an der Fassade der Kirche der Wasserstand des Sees vom Oktober 1868 abgelesen werden. In **Ronco** zeigt die spätmittelalterliche Kapelle S. Bernardino spätgotische Fresken in der Art *da Tradates,* sie sind

069te Foto: ns

allerdings durch Einzug des Tonnengewölbes und durch neue Fenster teilweise zerstört. An der Nordwand sind der heilige Sebastian, Maria mit Kind, Rochus (dies ist nicht ganz sicher), eine thronende Muttergottes, eine Inschrift, die heilige Agatha und weitere Heilige zu sehen. Im Chor sieht man eine Kreuzigung mit Maria und Bernhardin aus dem 17. Jh. Das Kreuzgewölbe zeigt Gottvater, von Engeln umgeben.

Von **Ranzo** führt die Straße in das auf einer Hangterrasse des Paglione im Gambarogno-Massiv liegende **Sant'Abbondio.** Es besitzt eine prachtvolle Aussicht auf den See und das gegenüberliegende Ufer sowie Kreuzwegkapellen, die 1972 von verschiedenen Künstlern ausgemalt wurden. Von Ranzo führt die Straße zum Grenzort **Dirinella.**

In seinem1957 erschienen Buch „Ein Balkon über dem Lago Maggiore" erzählt *Jonny Rieger* von dem über Dirinella gelegenen idyllischen Ort **Cento Campi.** Zu den mit Steinplatten bedeckten Häusern führte keine Straße. Die zufriedenen Bewohner tranken den Wein aus Suppentellern, sie hatten zuvor in Kanada und der Deutschschweiz gearbeitet und genossen nun in völliger Abgeschiedenheit ihr hart verdientes Geld. *Rieger* beneidete sie, weil sie mit einem Bein in der Schweiz, mit dem anderen in Italien standen, und träumte von offenen Grenzen, was ihm damals unerreichbar schien.

Praktische Tipps

Information

- **Gambarogno Turismo,** 6574 Vira, Tel. 091 79 51 866.

Unterkunft/ Essen und Trinken

- **Hotel Bellavista***,** 6574 Vira Gambarogno, Tel. 091 79 51 115, www.bellavista.ch. Oberhalb von Vira gelegen, mit schöner Sicht auf den See und das gegenüber liegende Ufer. Zum Teil Hotelzimmer, teils Bungalows. Alle Zimmer haben einen Balkon oder eine Terrasse. Schöner Garten mit Swimmingpool, elegantes Restaurant, gepflegter Service. DZ mit Dusche/WC sFr. 200–220, verschiedene Spezialangebote für Familien, Kurzaufenthalt (zwei Nächte) etc. Geschlossen von November bis 20. März.
- **La Campognola,** 6575 San Nazzaro, Tel. 091 78 52 500, www.campagnola.ch. Oberhalb von San Nazzaro in schöner Aussichtslage, Ferienanlage für Familien mit Restaurant, Grotto, großem Swimmingpool; einfache Zimmer mit Balkon, Dusche/WC, DZ sFr. 144–185.
- **Villa Sarnia,** 6575 San Nazzaro, Tel. 091 79 42 444, www.sarnia.ch. Hübsches renoviertes Tessinerhaus von 1882 mit neun farbenfrohen, freundlichen, modernen Zimmern, teils mit Cheminée, teils mit Balkon, allerdings an der Straße. Liegt dem *Hotel Cedullo* gegenüber, zu dem es gehört. Gäste des *Sarnia* können den Sandstrand des *Cedullo* am See mitbenutzen. DZ mit Dusche/WC sFr. 130–170.
- **Albergo Sass da Grüm,** 6575 San Nazzaro, Tel. 091 79 42 850. Ökologisch betriebenes Hotel in Höhenlage mit schöner Sicht auf das Seeufer von Locarno; Esoterik-Kurse. DZ ab sFr. 200.
- **Rodolfo,** Strada Cantonale, Vira, Tel. 091 79 51 582. In altem Patrizierhaus mit Pergola; gute (Fisch-)Küche.

Kultur

- **Internationales Orgelmusik-Festival Magadino,** Chiesa Parrocchiale di Magadino, Tel. 091 79 51 866. Das malerische Dorf Magadino am nordöstlichen Ufer des Lago Maggiore richtet seit 1963 ein internationales Orgelmusik-Festival in seiner Kirche aus.

Wanderungen

- **Höhenwanderung Monti di Piazzogna – St. Abbondio – Ranzo,** 4 Std. 40 Min. Mit dem Postauto zur Haltestelle Monti di Piazzogna im gleichnamigen Ort; von hier zum Dorf Monti di Gerra und weiter zum Ort Monti di Sant'Abbondio. Über Monti di Caviano und Sant'Abbondio zum Bahnhof in Ranzo. Die Wanderung hat zum Teil sehr steile Abstiege.
- **Von Gerra über den Sant'Anna Pass nach Indemini,** 4 Std. 15 Min. Zuerst das Sträßchen nach Ronco einschlagen, bis beim Valle di Gerra der Saumpfad beginnt. Über Matro gelangt man zu den Monti di Gerra und von hier zum Pass Sant'Anna. Abstieg nach Indemini (Postauto-Haltestelle) Diesen Weg mussten früher die Mädchen und Frauen einmal in der Woche gehen, um in Gerra oder San Nazzaro einkaufen zu können.
- **Von Gerra über Sant'Abbondio nach Dirinella,** ca. 1½ Std.: unter der Bahnhofsunterführung das Sträßchen hinauf über Calgiano nach Sant'Abbondio, hier beim Postplatz Abstieg ins Valle di Sant'Abbondio nach Caviano und Scaiano und dann nach Dirinella.
- **Von der Alpe di Neggia zum Monte Tamara und zur Alpe Foppa,** 3 Std. Über Tamaretto und den Pt. 1843 zum Monte Tamaro (1 Std. 40 Min.) und wieder zurück zu Pt. 1843 zur Capanna Tamaro, der Bergstation des Sessellifts, der nur im Winter in Betrieb ist. Von hier hinunter zur Alpe Foppa und der dortigen Luftseilbahn, die nach Rivera führt. Auf der Alpe Foppa steht die 1996 geweihte außergewöhnliche Kapelle S. Maria degli Angeli von *Mario Botta,* die Gemälde im Inneren sind von *Enzo Cucchi.*

Kirche und Friedhof von Indemini

075te Foto: dt

Der italienische Teil des Lago Maggiore

076te Foto: ns

077te Foto: ns

Bahnhofsbuffet in Luino

Statue des Karl Borromäus in Arona

Arona am Südzipfel des Lago Maggiore

Masera
Druogno
Craveggla
Sta. Maria-Maggiore
Trontano
VALLE VIGEZZO
Domodossola
P. Ragno 2289
M. Togano 2299
M. Zuccaro 1683
Cùrsolo-
-Orasso
Gurro
VAL CANNOBINA
Falmenta
Beura
Villadossola
Cima della Laurasca 2195
M. Zeda 2156
PARCO NAZIONALE DELLA VAL GRANDE
2020
P. Proman 2098
Piedimulera
ITALIEN
Trarego
Il Colle
Vogogna
Premosello
Cigogna
Aurano
Pieve Vergonte
F. Toce
Intragna
Anzola d'Ossola
Pzo d'Oma 1070
Miazzina
Premeno
Ornavasso
Cambiasca
S. Bernardino
Cossogno
Bée
Mergozzo
Vignone
Arizzano
Ghiffa
Lago di Mergozzo
Verbano
M. Rosso 693
M. Massone 2161
Otra
Fondotoce
Verbania
Intra
Gravellona Toce
Feriolo
Pallanza
Autofähre
M. Camoscio 890
Strona
I. Madre
Lago Maggiore
Baveno
Laveno-
-Mombello
I. Superiore
I. Bella
Massa del Turlo 1959
Seilbahn
Stresa
Sta. Caterina-del Sasso
Reno
Omegna
Mottarone 1491
Leggiuno
Gignese
Arolo
Camasco
Nònio
Belgirate
M. Cornaggia 922
Cèsara
Armeno
Varallo
Lesa
Ispra
Lago d'Orta
Civiasco
Ranco
Pella
Orta San Giùlio
Cadrezzate
Sesia
Madonna del Sasso
I. S. Giùlio
Pisano
Mèina
S. Maurizio-d'Opaglio
Angera
Taino
Invorio
Quarona
Arona
Pogno
Gozzano
Olègio-Castello
Soriso
0
5 km
Dormelletto
Castelletto-sopra-Ticino

Überblick

Drei italienische Provinzen grenzen an den Lago Maggiore: Die Provinz **Verbania** mit dem Hauptort gleichen Namens gehört wie **Novara** im Süden zur Region Piemont, die Provinz **Varese** im Osten des Sees gehört zur Lombardei.

Auf die Besucher warten einige der **schönsten Landschaftsszenarien Italiens und ganz Europas:** die Riviera am Westufer des Sees mit den intakten Städtchen Cannobio, Cannero, mit unzähligen prächtigen Villen, mit dem einzigartigen Botanischen Garten der Villa Taranto, dem hübschen Pallanza in Verbania, mit Baveno, Stresa und dem „Weltwunder" der Borromäischen Inseln, mit den Seen Orta und Mergozzo und den Naturparks in den nahen Bergen bis zum Monte-Rosa-Massiv. Aber auch Hässliches aus den letzten 40 Jahren ungezügelten norditalienischen Wirtschaftswunders verschandelt hier die Landschaft, so der lieblose und kaum von raumplanerischen Einschränkungen gezügelte Siedlungsbrei aus Industrie, Großmärkten und Plattenbauten in Gravellona Toce und Omegna, im Süden des Lago Maggiore und in der Provinz Varese zwischen Lago Maggiore und Luganer See. Das tägliche Verkehrschaos tut ein Übriges.

Die zum Piemont gehörende **Westseite** des Sees heißt schon von alters her die **„fette" Seite.** Sie ist touristisch seit den „Grand Tours" der Adeligen ein Muss: *Goethe, Lord Byron,* der Vater *Alexandre Dumas', Gustave Flau-*

bert, aber auch *Queen Victoria* und später *Churchill* oder *Hemingway* flanierten hier. Doch schon viel früher war die Gegend beliebt: Bereits die Römer ließen sich hier nieder, später stritten sich die *Visconti* und *Sforza* um den Besitz. Die *Borromini,* welche als eine Art Schutzschild gegen die nach Süden drängenden Eidgenossen hierher gesandt worden waren, verwandelten die Gegend in ein Kulturjuwel und Naturparadies. Reiche Mailänder Familien, Adelige und Wohlhabende aus ganz Europa bis Russland bauten hier Wohn- und Alterssitze.

Unsere Beschreibung beginnt auf der Westseite, an der Grenze zum schweizerischen Ufer. Mit Abstechern ins Hinterland geht es in südliche Richtung, und am touristisch wenig erschlossenen lombardischen Ostufer entlang kehren wir zur Schweizer Grenze und ins Gambarogno zurück.

Reisevorschlag

Eine ausgezeichnete Art und Weise, die Region mit öffentlichen Verkehrsmitteln in einem oder zwei Tagen zu erkunden, ist die Reise mit dem so genannten **Lago Maggiore Express.** Ein Spezialfahrschein ermöglicht es, mit den Panoramazügen der Centovallibahn, den Zügen von *Trenitalia* und *Cisalpino* sowie den Motorschiffen der *Navigazione Lago Maggiore* das Gebiet (inklusive der Borromäischen Inseln) zu bereisen und die Sehenswürdigkeiten zu ermäßigten Eintrittspreisen zu erkunden. Die Fahrt kann an jedem Stationsort beginnen und enden, auch kann sie jederzeit unterbrochen und nach Besuch einer Sehenswürdigkeit weitergeführt werden. Die Fahrkarten kosten für Erwachsene für einen Tag 27 €, für zwei Tage 32 €, für Kinder jeweils die Hälfte. **Achtung:** Angeblich verlangt dieselbe Gesellschaft an Schweizer Schaltern einen erheblich höheren Preis als auf der italienischen Seite. Informationen an den Schaltern der *Navigazione Lago Maggiore,* Tel. 0039 0322 23 32 00, oder unter www.lagomaggioreexpress.com bzw. www.navigazionelaghi.it.

Cannóbio

Das piemontesische Ufer des Lago Maggiore nach der Schweizer Grenze bei Valmara zeigt kein wesentlich verändertes Landschafts- oder Siedlungsbild. Steil abfallende bewaldete Hänge und kleine Dörfer auf den Plateaus grüßen. Bald ist Cannóbio erreicht.

Das hübsche, ca. 5000 Einwohner zählende Städtchen wurde von den Römern Canobinum genannt. Es war im Mittelalter ein **bedeutender Handelsplatz,** was man den stattlichen Häusern im historischen Ortskern noch anmerkt. Hier findet man auch den romanischen Turm der Kirche S. Vittore und das frühgotische Rathaus, den Palazzo della Ragione (Ende des 13. Jh.), welches ein kleines Ortsmuseum beherbergt.

Unterhalb des Rathauses erreicht man durch schmale Gässchen und über einige Treppen den unteren Teil der Stadt am Seeufer. Hier locken eine lange **Uferpromenade** und viele Restaurants und Cafés unter den Arkaden der schönen Patrizierhäuser aus dem 16. und 17. Jh.

Am Ende dieser Promenade liegt die **Wallfahrtskirche S. Pietà,** ein Renaissancebau (1571), der innen barockisiert wurde. Die Pietà soll im 16. Jh. Blut und Tränen vergossen und infolge dieses Wunders zahlreiche Wallfahrer angezogen haben. Heute besucht man die Kirche wegen des berühmten Gemäldes „Gang nach Golgatha" von *Gaudenzio Ferrari* (um 1475–1546), das den Kreuzweg Christi auf ergreifende Weise darstellt. Leider ist das Bild nach wie vor nicht sehr gut beleuchtet; es entzieht sich deshalb einer genaueren Betrachtung.

Der Sonntag ist **Markttag** in Cannóbio. Die Uferstraße ist mit Händlern aus dem Piemont und der Lombardei belebt, die sowohl regionale kulinarische Spezialitäten als auch Kleider und Schuhe anbieten.

Praktische Tipps

Information

- **Ufficio Turistico „Pro Cannóbio",** Viale V. Veneto 4, 28052 Cannóbio, Tel./Fax 0323 71 595, www.cannobio.net. Hier kann man auch Wohnungen und Fahrräder mieten.

Unterkunft/ Essen und Trinken

- **Hotel Cannóbio****,** Piazza Vittorio Emanuele III. 6, Tel. 0323 73 96 39, www.hotelcannobio.com. Gutes Hotel der gehobenen Klasse am See, DZ mit Bad/WC € 160–250.
- **Hotel Pironi***,** Via Marconi 35, Tel. 0323 70 624, www.pironihotel.it. Hübsches kleines Hotel garni in der Altstadt Cannóbios oberhalb des Sees an einem kleinen Platz. Das Hotel entstand durch Restauration zweier alter Patrizierhäuser. Nostalgisches Interieur. 12 Zimmer mit Bad/Dusche und WC, inkl. Frühstück € 130–145.
- **Antica Stallera,** Via P. Zaccheo 9, Tel. 0323 71 595, www.anticastallera.com. Einfacheres Familienhotel in einer alten Postkutschenstation, im Jahr 2000 renoviert. Schöner alter Garten. DZ mit Bad/WC inkl. Frühstück € 87.
- **Lo Scalo,** Piazza Vittorio Emanuele 32, Tel. 0323 71 840. Zentral am Hauptplatz in Seenähe gelegen; sehr gutes, aber auch hochpreisiges Restaurant; Mo und Di geschlossen; unbedingt reservieren.
- **Osteria Grotto Vino Divino,** Tel. 0323 71 919. Schöne alte Osteria mit typischer Küche. Im Sommer lauschiges Gartenrestaurant mit Steintischen. Zwei Kilometer außerhalb Cannóbios auf dem Weg ins Val Cannobina.

Camping

- **Camping Riviera,** Via Casali Darbedo 2, Tel. 0323 71 360. Von der Grenze herkommend, vor dem Ort seewärts ausgeschildert. Zwischen See und Straße mit Kiesstrand.
- **Cannóbio,** Via Casali Darbedo 20–22, Tel. 0323 70 100. Ebenfalls vor dem Ort seewärts ausgeschildert. Zwischen See und Straße gelegen, mit Kiesstrand.

Val Cannobina und Valle Vigezzo

Im Hinterland von Cannóbio liegen die reizvollen Täler Val Cannobina und Valle Vigezzo. Bei einer Fahrt durch das Val Cannobina hat man immer wieder einen schönen Ausblick auf den Lago Maggiore.

Schon bald nach Cannóbio gräbt sich das Flüsschen Cannobina durch eine tiefe Schlucht, **Orrido di Sant' Anna** (Achtung: Zufahrt beachten!).

Dann führt eine kurvenreiche und enge Straße am Flüsschen entlang bis zur Passhöhe auf 1040 m; links und rechts erschließen noch engere Stichstraßen die an den Hängen klebenden Dörfer mit ihren alten Kirchen und kleinen Plätzen. Viele dieser Dörfer wie das sehenswerte **Falmenta** oder die weiter oben liegenden Orte **Gurro** und **Spoccia** sind heute restauriert; wohlhabende Milanesi haben sich hier ihre Zweitwohnung eingerichtet. Die Einwohner von Gurro behaupten von sich, sie seien Nachkommen schottischer Söldner, die sich nach der Schlacht von Pavia hier niederließen. Darum sind hier eine *Scotch Bar* und ein *Ristorante Scozia* zu finden. In **Orasso** ist die alte romanische Kirche Madonna del Sasso sehenswert.

Kurz nach **Finero** erreicht man die Passhöhe und fährt ins Valle Vigezzo hinunter, wo ab **Malesco** die aus Locarno kommende schmalspurige Centovallibahn gemeinsam mit der Straße Domodossola, dem Hauptort des Valle d'Ossola (Eschental), zustrebt.

Valle Vigezzo

Das Valle Vigezzo, die Verlängerung des schweizerischen Centovalli gegen Westen, verbindet Locarno mit den Valli Ossolani und dem alten Hauptort Domodossola. Das Wanderbuch „Grenzschlängeln" (s. „Literaturtipps" im Anhang) erinnert daran, dass die Bewohner des Tales noch im Jahre 1994 in Demonstrationen den Anschluss an die Schweiz forderten, weil sie so erzürnt waren, dass nach einem Felssturz die italienischen Behörden über Monate nichts unternahmen, um die Straße wieder zu öffnen. Heute hört man nichts mehr von derartigen Sezessionsgelüsten; vielleicht sind die Bewohner des Valle Vigezzo doch ganz froh, dass sie nicht zum „außereuropäischen" Helvetien gehören.

Man ist hier dennoch abhängig von den gut bezahlten **Arbeitsplätzen in der Schweiz.** Etwa 1000 Talbewohner pendeln jeden Tag in Richtung Locarno, um hier ihrem Broterwerb nachzugehen. In Malesco erinnert ein Denkmal an die vielen Kaminfeger, die u.a. aus dem Vigezzotal bis ins 20. Jh. in die norditalienischen Städte zogen.

Talaufwärts im Valle Vigezzo liegt **Re,** ein bekannter Wallfahrtsort; seine Kirche dominiert das gesamte Tal.

Talwärts gelangt man nach **Santa Maria Maggiore,** Hauptort des Valle Vigezzo. Hier zeigt das **Museo della Spazzacamino** eine interessante kleine Ausstellung über die heute fast nicht mehr nachvollziehbaren Lebens- und Arbeitsbedingungen der „Spazzacamini", der Kaminfegerjungen, die sich in Mailand und anderen Städten verdingten (vgl. Exkurs „Emigration aus den Tessiner Tälern"). Im Jahre 1837 sollen in Santa Maria Maggiore von knapp 1000 Einwohnern 500 Kaminfeger gewesen sein!

Von Santa Maria Maggiore sind es nur noch wenige Kilometer bis zum Tal des Toce und zum sehenswerten Handelsstädtchen Domodossola, von wo man über die Autobahn in wenigen Minuten zurück an den Lago Maggiore (nach Stresa) gelangt.

Öffentliche Verkehrsmittel ermöglichen eine schöne und stressfreie **Fahrt durch diese Gegend:** von Locarno geht es mit der Schmalspurbahn durchs Centovalli und das Valle Vigezzo nach Domodossola, von hier mit der Simplonbahn nach Stresa und dann mit dem Schiff zurück nach Locarno oder zu einer anderen Destination am See.

Domodossola

Bevor man zum See zurückkehrt, empfiehlt sich ein Aufenthalt in Domodossola. Das Städtchen ist nicht nur Endpunkt der Schweizerischen Bundesbahnen am südlichen Teil des Simplon und wichtiger Industriestandort; man befindet sich hier im Zentrum der so genannten **Valli Ossolani** (Ossolatäler); der Ort erlangte deshalb schon früh Bedeutung.

Geschichte

Die heute knapp 20.000 Einwohner zählende Stadt mit römischem Ursprung liegt auf der Route des schon von den **Römern** genutzten Simplonpasses zum Lago Maggiore. In der Antike wurde der Ort (nach den Lepontiern) Oscella Lepontiorum, später Domus Ossulae genannt. Die **Eidgenossen** integrierten auf dem Höhepunkt ihrer Macht im 16. Jh. die Stadt und das dahinter liegende Eschental (wie die Täler Antigorio und Formazza damals zusammengefasst hießen) kurzfristig in ihren Einflussbereich.

Mit der Eröffnung der modernen Simplonstraße durch *Napoleon* im Jahre 1805 begann die moderne Entwicklung der Stadt. Mit dem **Bahnbau** durch den 19,8 Kilometer langen Simplontunnel von Iselle nach Brig (1906, der längste Eisenbahntunnel der Welt) wuchs die Bedeutung der Stadt als Durchgangsstation von Nord nach Süd.

Am 10. September 1944 wurde Domodossola für 40 Tage Hauptstadt der **Repubblica dell'Ossola,** der Partisanenrepublik des Val d'Ossola. Im Gebiet zwischen Domodossola, Cannóbio und der Schweizer Grenze vertrieben die Partisanen die Faschisten und riefen eine eigene Republik aus. Bereits am 19. Oktober machten aber die von Cannóbio ausrückenden deutschen Truppen der Republik wieder den Garaus.

Sehenswertes

Herz der Altstadt von Domodossola ist die hübsche arkadengesäumte **Piazza Mercato** mit Häusern aus dem 16. bis 19. Jahrhundert. Hier findet am Samstag ein viel besuchter, lebhafter **Markt** statt, in früheren Zeiten ein beliebtes Wochenendziel der Schweizer, die hier viel billiger einkaufen konnten. Sehenswerte **Gebäude** in Domodossola sind die Collegiata aus dem 18. Jh., die Kirche Madonna della Neve (17. Jh.) und der Palazzo San Francesco (9. Jh.). Im Juni findet das zehntägige Stadtfest **„Giugno Domese"** statt, ein großer Markt mit Lokalprodukten, von Kultur- und Musikveranstaltungen begleitet.

Von Domodossola aus kann man Abstecher zum Beispiel in den kleinen

Naturpark Parco Natura Veglia-Devero an der Schweizer Grenze (www.parcovegliadevero.it) oder in den größten Naturpark Italiens, den zwischen den Ossola-Tälern und dem Lago Maggiore gelegenen **Parco Nazionale Val Grande** (www.parcovalgrande.it), unternehmen.

Praktische Tipps

Information

- **Ufficio Informazioni Turistiche Santa Maria Maggiore,** Piazza Risorgimento 28, Tel. 0324 95 091.
- **Informazioni Turistiche Domodossola,** Piazza Matteotti (am Bahnhof), Tel. 0324 24 82 65.

Unterkunft/ Essen und Trinken

- **Hotel Miramonti***,** 28857 Santa Maria Maggiore, Tel. 0324 95 013, www.miramonti hotels.com. Angenehmes Familienhotel, DZ mit Bad/WC, Halbpension € 160.
- **Casa Barbieri***,** Via Roma 6, 28856 Re, Tel. 0324 97 019. Älteres, im Grünen gelegenes Dreisternehotel im Valle Vigezzo; DZ mit Dusche/WC € 120.
- **Hotel Eurossola***,** Piazza Matteotti (am Bahnhof), Domodossola, Tel. 0324 48 13 26, www.eurossola.com. Im Zentrum gelegenes, angenehmes Hotel mit guter Küche; recht moderne Zimmer mit Dusche oder Bad/WC, DZ € 72–77 (ohne Frühstück).
- **Hotel Edelweiss***,** Viceno, www.albergo edelweiss.com. Angenehmes Berghotel im kleinen Bergdorf Viceno unweit von Crodo, in der Nähe des Parco Veglia-Devero; Hallenbad und Fitnesszone, Restaurant mit guter Pastaküche (Mi Ruhetag), schöne moderne Doppelzimmer, € 68.
- **Pizzo del Frate**,** Foppiano bei Crodo, Gasthof mit ausgezeichneter einheimischer Küche (im Herbst Wildgerichte) und 13 DZ mit Dusche/WC ab € 43.

Camping

- **Traffiume,** Via Valle Cannobina, Traffiume (bei Cannóbio), Tel. 0323 71 249. Parkartiger Platz am Cannobina-Fluss mit Badestellen. Ca. 3 km zum See.

Museum

- **Museo della Spazzacamino,** Santa Maria Maggiore, Öffnungszeiten So/Mo 10–12 Uhr, Di–Sa 15.30–18.30 Uhr.

Cànnero Riviera

Cànnero Riviera ist vor allem wegen seines milden Klimas und der schönen Südlage auf dem Delta des Rio di Cannero am See sehr beliebt. Hier wachsen in den Gärten Zedern, Olivenbäume, Orangen und sogar Bananen.

Der Ort ist schon 985 in einer Schenkungsurkunde erwähnt; seit dem 14. Jh. war er eine autonome Gemeinde; die *Sforza* und *Visconti* stritten sich später um seinen Besitz.

Kommt man von Cannóbio her, so fallen einem kurz vor dem Ort zwei Felsinseln mit Burgruinen auf, die touristisch anziehenden **Castelli di Cannero.** Hier hausten bis ins 15. Jh. berüchtigte Raubritter, die Brüder *Mazarditi. Filippo Visconti* ließ die Burgen 1414 zerstören. Ein *Borromeo* baute eine Burg wieder auf, doch auch von ihr sind heute nur Ruinen übrig; sie wurde unter anderem als Zitrusplantage und Kaninchenfarm genutzt. Die Castelli di Cannero faszinierten so bekannte Persönlichkeiten wie *Garibaldi, Queen Victoria* und *Winston Churchill.*

Der Ort ist zwar weniger pittoresk als Cannóbio, die **schöne Lage** und der **Strand** mit dem kleinen Hafen, dem Strandpark und der abseits des Verkehrs gelegenen schattigen Seepromenade entschädigen aber die Besucher. Im Frühjahr organisiert Pro Cannero eine **Kamelienausstellung.**

In der Umgebung kann man z.B. ausgezeichnet zu den Bergdörfchen **Viggiona, Cheglio** oder bis nach **Trarego** wandern, oder zu den kleinen Sakralbauten, etwa zum Oratorio von **Piancassone** mit seiner bemerkenswerten Holzskulptur der Karmeliter Madonna oder zu den Oratorien S. Rocco, S. Antonio in Cassino oder S. Giovanni in **Donego.**

Von Cannero führt eine kurvenreiche Straße über das hübsch gelegene Dorf Trarego, die beiden Pässe Passo della Piazza und Piancavallo und über Colle nach **Premeno** auf 840 m ü. NN. Die Sommerfrische liegt auf einem breiten Rücken zwischen dem San-Giovanni-Tal und dem Lago Maggiore. Von hier bietet sich die Wanderung zum Punta d'Omo auf 1070 m ü. NN an, wo man einen herrlichen Blick auf den See hat. Von Premeno führt die Straße weiter nach **Intra** und von dort zurück nach Cannero.

Praktische Tipps

Information

- **Pro Cannero Riviera Assoc. Turistica,** Via Roma 37, 28821 Cannero Riviera, Tel./Fax 0323 78 89 43.

Unterkunft

- **Hotel Cannero****,** Tel. 0323 78 80 46, www.hotelcannero.com. In zwei Gebäuden am See gelegenes Hotel gehobenen Standards. Beheiztes Freibad mit Solarium, 55 DZ mit Bad/WC, € 114–246 (Suiten).
- **Il Cortile***,** Via Massimo d'Azeglio 73, Tel./Fax 0323 78 72 13, www.cortile.net. Liebevoll eingerichtetes Hotel nahe dem See mit gepflegter Küche und schönen Zimmern. DZ mit WC/Bad und Frühstück € 100–140.
- **Park Hotel Italia***,** Lungolago delle Magnolie 19, Tel. 0323 78 84 88. Direkt am See gelegenes Hotel mit schönem Garten und 25 charmanten Zimmern, DZ mit WC/Bad € 160.

Camping

- **Camping Lido Cannero,** Viale del Lido 5, 28821 Cannero Riviera, Tel. 0323 78 71 48, www.campinglidocannero.com. Der große Platz (9000 m²) liegt am Strand von Cannero mit Panoramablick über den See.

Einkaufen

- **Enoteca Casa Brava,** Piazza 27–28, ausgezeichnete Weinauswahl.

Oggebbio und Ghiffa

Oggebbio ist eine **Gemeinde aus 15 Fraktionen** (Dörfern), die vom Ufer des Lago Maggiore bis auf die Almhöhen der umliegenden Berge verstreut liegen. Die Dörfer besitzen schöne alte, meist romanische Kirchen, und dazwischen findet man Kapellen mit zum Teil beachtlichen Fresken. In der Fraktion **Novaglio** stehen zum Beispiel die restaurierte Kirche S. Agata (12. Jh.) und die Kapelle della Natività di Maria di Cacessino (15. Jh.) mit sehenswertem Freskenzyklus.

Schon im 19. Jh. zogen die herrliche Lage und das milde Klima **Prominente und Reiche** an, die sich hier prächtige Ferien- oder Alterssitze bauten, so die Villa Anelli, berühmt für ihren Garten, oder die Villa del Pascià. Sie gehörte dem ägyptischen Würdenträger *Pascha Draneht;* ein Aufenthalt dort soll einst *Giuseppe Verdi* zu seiner Oper „Aida" angeregt haben. Heute dient das Gebäude als Appartementhaus.

Auch das Ortsbild von **Ghiffa** mit seinen 2500 Einwohnern ist vor allem durch **Villen** geprägt, besonders auffällig die Villa des Fürsten *Trubetzkoy.* Daneben fällt die **Hutfabrik** Panizza auf; die Hutmacher des Orts genossen einst Weltruhm. Heute beherbergt die Fabrik ein Hutmuseum *(Museo del Capello).* Sehenswert in Ghiffa sind auch die Wallfahrtskirchen **der Heiligen Dreifaltigkeit,** die etwas oberhalb des Ortsteils Ronco liegen, sowie **Sacro Monte della S. Trinità di Ghiffa** auf 360 m ü. NN mit ihrem Kreuzweg, die inmitten eines **Naturschutzgebiets** am Hang des Monte Cargiago liegt (www.sacromonteghiffa.it vermittelt auf Italienisch einen guten Überblick über den Park und die Sehenswürdigkeiten).

Unterkunft

● **Castello di Frino**,** Via Cristoforo Colombo 8, 28823 Ghiffa, Tel. 0323 59 18, www.castellodifrino.com. Einfaches Hotel in einem Castello aus dem 18. Jh., in großem Park mit Swimmingpool und Tennisplatz. 15 DZ, € 86–100.

Verbania

Verbania, 1939 aus dem Zusammenschluss von **Pallanza, Intra, Suna** und **Fondotoce** entstanden, ist heute mit ca. 35.000 Einwohnern die **größte Stadt am Lago Maggiore** und zugleich Provinzhauptort. Der Name Verbania erinnert an die römische Bezeichnung des Sees, Lacus Verbanus. Italiener nennen den See auch heute noch Lago di Verbania.

Von der schweizerischen Grenze bei Brissago herkommend, gelangt man zuerst zum Ortsteil **Intra** zwischen den beiden Bergflüsschen San Giovanni und San Bernardino, die hier in den See münden. Von Intra aus legt die Fähre über den See zum lombardischen Laveno ab. Intra ist – trotz seiner schönen Lage – vor allem von Industrie und Handel geprägt. Der Ort hat wenig historisches Flair erhalten können; der Hafen und das geschäftige Treiben bestimmen sein heutiges Gesicht.

Zwischen Intra und Pallanza liegt der 20 Hektar große Park der **Villa Taranto,** gleich daneben die Gärten der Villa San Remigio, die ganz im englischen Stil gestaltet sind. Der steinreiche Schotte *Neil McEacharn* verwandelte 1931 den 1875 errichteten sechzehn Hektar großen Park der Villa Taranto in einen öffentlich zugänglichen **Botanischen Garten,** der heute eine Freude für alle Besucher der Region ist (April–Okt. 8–18.30 Uhr). *McEacharn* schenkte den Park 1935 dem italienischen Staat *Mussolinis* unter der Bedingung, ihn zu erhalten. 20.000

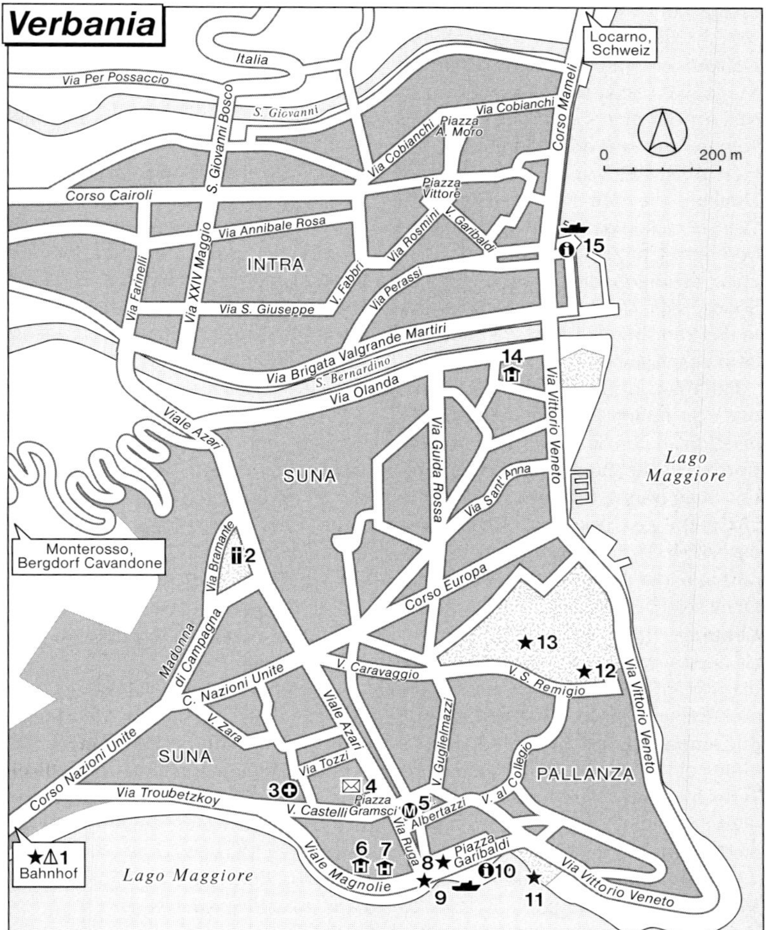

★ 1 Naturschutzgebiet Fondotoce
⚠ und Campingplätze
2 Madonna di Campagna
3 Hospital
4 Post
5 Museum, Palazzo Dugnani
6 Hotel Italia
7 Hotel Pallanza
★ 8 Palazzo di Citta/ Stadtpalast
★ 9 Seepromenade, Pallanza und Schiffsanlegestelle
10 Touristenbüro Intra und Pallanza
★ 11 Villa Biffi-Rusconi-Clerici und Villa Giulia
★ 12 Villa San Remigio
★ 13 Villa Taranto
14 Centro Pastorale San Francesco
15 Touristenbüro und Schiffsanlegestelle

Pflanzenarten sollen heute hier wachsen; berühmt sind die ungezählten Dahlien- und Rhododendrenarten, die Magnolien, Azaleen und Kamelien. Im Mai erfreut man sich an fast 100.000 Tulpen und an den Magnolien, im Herbst sind es vor allem die bunten Dahlien, die den Park beherrschen. Wasserbecken und Springbrunnen geben dem Ganzen Struktur; große Buchen schützen die Blumen vor der Sonne. *McEacharn* ließ sich in der Mitte des Parks ein Mausoleum bauen, in dem er seit seinem Tod 1964 ruht.

Pallanza, der Stadtteil südwestlich der Villa Taranto, liegt auf einer Halbinsel, die in den See hineinragt und die Borromäische Bucht vom Hauptarm des Sees trennt. Pallanza ist ein ruhiger, recht geschlossener Erholungsort mit Villen, Hotels, Cafés und Restaurants an der langen Seepromenade. Dank seiner Lage gegen Süden ist das **Klima** hier noch milder und sonniger als andernorts am See. Sehenswert ist die romanische, im 16. Jh. im Renaissancestil umgebaute **Kirche Madonna di Campagna.** Die ausladende Kirche bildet ein Oktogon, der romanische Turm blieb erhalten. Die Kirche liegt etwas außerhalb des Zentrums an der Straße zum Monte Rosso.

Kunstliebhaber beachten auch das **Museo del Paessaggio** im Palazzo Dugnani mit Plastiken des Bildhauers *Paolo Troubetzkoy* (1866–1938), Sohn eines Fürsten aus Russland und einer amerikanischen Tänzerin; sein künstlerischer Stil erinnert an *Rodin.*

Pallanza besitzt eine ganze Reihe schöner **Villen,** von denen allerdings nur ein Teil der Öffentlichkeit zugänglich ist. Die Villa Biffi-Rusconi-Clerici liegt am See, sie wird heute vor allem für Empfänge und Gala-Diners vermietet. Gleich daneben steht die ebenfalls elegante Villa Giulia Branca, und nicht weit davon die Villa Cadorna aus den 1920er Jahren. Die Villa Giulia wurde 1882 ebenfalls am See gebaut, von ihrer arkadengesäumten Terrasse aus blickt man über den herrlichen Garten zum See. Die Villa San Remigio stammt aus dem frühen 20. Jh.; sie ist von einem acht Hektar großen „Park der Melancholie" umgeben.

In der Umgebung Verbanias ist unbedingt ein Ausflug auf den **Aussichtsberg Monte Rosso** angesagt, der an klaren Tagen eine superbe Aussicht zum Monte-Rosa-Massiv und über den See bietet. Die Wanderung auf einem ca. fünf Kilometer langen Sträßchen dauert über eine Stunde, man kann aber auch fast bis zum Gipfel hochfahren.

Falls man Zeit hat, lohnt sich von hier aus eine Tages- oder Mehrtagestour in den nahen **Nationalpark Val Grande,** der von Intra aus gut zu erreichen ist. Schöne Ausblicke ergeben sich auf Tageswanderungen von den Höhen bei Miazzina oder vom Monte Zeda aus, dem höchsten Gipfel in Seenähe auf 2156 m ü. NN.

Praktische Tipps

Information

- **Ufficio Informazioni ed Accoglienza Turistica,** Corso Zanitello 8, 28048 Verbania, Tel. 0323 50 32 49.

•Assoziazione Turistica Pro Loco di Verbania, Viale Magnolie 1, 28922 Verbania, Tel. 0323 55 76 76, www.distrettolaghi.it.

Unterkunft/ Essen und Trinken

•Pallanza**,** Viale Magnolie 6/8, Tel. 0323 50 32 02, www.pallanzahotels.com. Gutes Hotel der gehobenen Mittelklasse in altem Gebäude, nahe der zentralen Piazza Garibaldi. Seezimmer mit herrlichem Blick auf den Lago; DZ mit Dusche/WC inkl. Frühstück € 120.

•Italia,** Viale Magnolie 10, Tel. 0323 55 73 25, www.fiorenzahotels.org. Nettes kleines Hotel gleich neben dem *Pallanza*. Schöne Zimmer, einige mit Front auf den See. Gute Küche. DZ mit Dusche/WC ab € 70.

•Il Torchio, Via Manzoni 20, Tel. 0323 50 33 52. Gutes Restaurant in altem Gebäude gleich hinter der Piazza Garibaldi; Pasta und einheimische Gerichte. Mi Ruhetag.

•Osteria dell Angelo, Piazza Garibaldi 35. Gutes Restaurant auf dem Hauptplatz in Pallanza. Pasta und italienische Küche. Mo geschlossen.

•Unterkunft findet man auch im örtlichen **Katholischen Zentrum** zwischen Intra und Pallanza nahe dem See: *Centro Pastorale San Francesco,* Via alle Fabbriche 8, Intra, Tel. 0323 40 85 42. Einfache Unterkunft in einem ehemaligen Kloster, v.a. für Jugendliche und Familien.

Camping

•Village Camping Isolino, 28924 Fondotoce/Verbania, Tel. 0323 49 63 00. In einer von Schilf begrenzten Bucht, mit leicht abfallendem Sandstrand und Liegewiesen. Freizeitprogramm und viel Infrastruktur.

Einkaufen

•In den nahen **Outlet-Shops** der Fabriken von Fondotoce, Omegna und Gravellona (Küchenartikel, Kleider usw., s.u.).

•La Casera di Buratti, Piazza Ranzoni 19, Intra. Lebensmittel-Spezialitäten aus der Region, vom Käse bis zu Charcuteriewaren.

070te Foto: ns

•Baudo, Via Ruga 47, Pallanza. Hier gibt es die feinen Amaretti und die „Dolce Camelia" aus Pallanza.

Blick auf den Lago Maggiore von Pallanza aus

071te Foto: ns

Lago Mergozzo und Lago d'Orta

Bald nach dem noch zur Gemeinde Verbania gehörenden **Fondotoce** gerät man in eine der für Norditalien so typischen hässlichen zersiedelten Industrie- und Handelslandschaften, das Gebiet von Gravellona Toce und Crusinello. Anziehungspunkte sind hier die **Outlet- und Fabrikshops** einer ganzen Reihe bedeutender Markenfirmen, die für Italiens Design- und Textilszene stehen. Die *Alessi*-Fabrik befindet sich in Crusinello (deutlich ausgeschildert), mit einem großen, speziell auf Touristen ausgerichteten Fabrikladen, in dem man Originalprodukte zu reduzierten Preisen kaufen kann. Auch *Sergio Tacchini* ist hier vertreten, *Lagostina, Pretti* und *Piazza*. Design gedeiht offenbar besonders gut, wo die Landschaft verschandelt wird.

Zum Glück ist der **Lago Mergozzo** durch Sedimentanhäufungen und die Schilfgürtel des Reservats am Toce-Fluss sowie durch den Mont'Orfano (790 m) vom lärmigen Tocetal getrennt. Der kleine See hat sich deshalb seine Ursprünglichkeit noch weitgehend bewahrt. Das **Dorf Mergozzo** am Westufer des Sees mit dem mittelalterlichen Schloss und den beiden Kirchen besitzt eine schöne Seepromenade, hübsche Gässchen und eine intakte Bausubstanz. Der Mergozzosee ist ein beliebter Bade- und Campingsee, da sein **Wasser** durch die geschützte Lage sowohl wärmer als auch sauberer ist als das der größeren Seen Lago d'Orta und Lago Maggiore.

Wenn man die Autobahn bei Gravellona Toce unterquert und südwärts fährt, passiert man bald Omegna und gelangt zum schmalen, aber mit 13 Kilometern recht langen **Lago d'Orta,** dem westlichsten der oberitalienischen Seen. Wer hier die Ruhe und Abgeschiedenheit eines Bergsees sucht, ist am falschen Ort: Omegna ist eine betriebsame Stadt, und auch am südlichen und südöstlichen Ufer des Sees macht sich Industrie breit; vor allem Badezimmer- und Kücheneinrichtungshersteller haben sich hier angesiedelt.

Trotzdem lohnt sich eine Rundfahrt um den See, überall eröffnen sich hübsche Ausblicke. So z.B. am südlichen Teil des Sees auf die kleine **Insel San Giulio,** einst ein bedeutender Wallfahrtsort mit großem Bischofspalast und einem Priesterseminar. Auf der Insel steht die bemerkenswerte **Basilika di S. Giulio,** dem gleichnamigen Heiligen gewidmet, der die Insel im 4. Jh. von einem Drachen befreit haben soll. Die Basilika ist romanischen Ursprungs, allerdings stark barockisiert; man beachte die schwarze Marmorkanzel aus dem 11. Jh.

Der interessanteste Ort am See ist das auf einer Halbinsel gelegene kleine **Orta San Giulio** am Ostufer. Über kieselsteingepflasterte Gässchen erreicht man den sich plötzlich öffnenden zentralen Platz, die große Piazza Mario Motta mit dem Palazzo della Communità, einem Renaissance-Rathaus aus dem 16. Jh. mit schönen Arkaden und etwas verblassten Fresken an den Außenmauern. Zum See hin ist die Piazza offen, man sieht die Insel San Giulio, die man mit Booten von hier aus erreichen kann.

Im Süden des Sees liegt das Industriegebiet von Gozzano. Wenn man sich dem Westufer des Sees zuwendet und nordwärts fährt, ist man bald wieder in ländlichem Gebiet und hat immer wieder einen schönen Ausblick auf den See und auf die **Wallfahrtskirche Madonna del Sasso.** Falls die Zeit reicht, ist eine Fahrt hinauf zu der kleinen Kirche bei klarem Wetter unbedingt empfehlenswert, das prächtige Panorama des ganzen Seengebietes und der umliegenden Berge ist bestechend.

Blick von Madonna del Sasso auf den Lago d'Orta

072te Foto: ns

Madonna del Sasso

Praktische Tipps

Unterkunft

- **La Quartina***,** Via Pallanza 20, 28802 Mergozzo, Tel. 0323 80 118, www.laquartina.com. Charmantes kleines Hotel am Mergozzo-See mit zehn Zimmern, Restaurant (Mo Ruhetag), Terrasse und Rasenfläche bis zum See. Die meisten Zimmer haben Blick auf den See (aber auch auf den Campingplatz). Gutes „Slow Food"-Angebot. DZ mit Dusche/WC € 88–102.
- **Villa Crespi*****,** Via G. Fava 8/10, 28016 Orta San Giulio, Tel. 0323 91 19 02, www.lagodortahotels.com. Herrschaftssitz eines reichen Industriellen im maurischen Jugendstil (1879). Elegante stilvolle Einrichtung, exklusives Milieu, schöner Blick auf Lago d'Orta oder Park. Restaurant der Spitzenklasse. Etwas Besonderes. DZ mit Bad/WC inkl. Frühstück € 170–480.
- **Hotel San Rocco*****,** Via Gippini 11, 28016 Orta San Giulio, Tel. 0323 91 19 77. Hotel der gehobenen Klasse auf den Grundmauern eines Klosters gleich gegenüber der pittoresken Insel San Giulio am Lago d'Orta. Schlichte, aber komfortable Zimmer, alle mit schöner Aussicht. Schwimmbad. DZ mit Bad/WC € 220–275.
- **La Bussola****,** Via Panoramica 24, 28016 Orta San Giulio, Tel. 0322 01 19 13, www.orta.net/bussola/tedesco1.htm. In erhöhter Lage über dem See und ca. 300 m vom historischen Ortszentrum entfernt, mit Blick auf die Insel und den See. Moderne Zimmer und schönes Schwimmbad, im Sommer isst man auf der Terrasse. DZ mit Bad/WC € 90–130.

- **Contrada dei Monti***,** Via dei Monti 10, 28016 Orta San Giulio, Tel. 0322 90 51 14. Liebevoll gepflegtes Kleinhotel (ohne Restaurant) in einem Gässchen der Altstadt, wo man sich wohlfühlt. 17 DZ mit Dusche/WC € 100 inkl. Frühstück.
- **Orta***,** Piazza Motta 1, 28016 Orta San Giulio, Tel. 0322 90 253. Traditionsreiches Hotel in einem denkmalgeschützten Gebäude, am Hauptplatz mit Blick auf See und Insel. 35 DZ mit Dusche/WC, ab € 100.
- **Hotel Giardinetto***,** Via Provinciale 1, 28028 Pettenasco, Tel. 0323 89 118, www.lagodortahotels.com. Mittelklassehotel am See mit schönem Ausblick, z.T. renovierte Zimmer. DZ mit Dusche/WC und mit Frühstück € 80 (Gartenblick), € 100–110 (Seeblick).

Essen und Trinken

- **Taverna Antico Agnello,** Via Olina 18, Orta, Tel. 0322 90 259. Gutes kleines Restaurant in der Altstadt von Orta San Giulio, feine Pasta und regionale Küche.
- **Al Soriso,** Via Roma 18, Soriso, etwas südlich des Lago d'Orta bei Gozzano, Tel. 0322 98 32 28. Eines der insgesamt vier mit drei Michelin-Sternen ausgezeichneten Lokale Italiens. Übertrifft höchste Ansprüche der Kochkunst. Verlangt allerdings auch entsprechende Preise. Acht Zimmer stehen zur Verfügung, falls man nach dem Essen nicht mehr Auto fahren will. DZ € 180. Unbedingt vorbuchen!

Camping

- **Camping Orta,** 28016 Orta San Giulio, Tel. 0322 90 267. Nördlich von Orta, an steilem Hang, durch Straße zweigeteilt (Fußgängerunterführung). Kurzer Kiesstrand und Liegewiese.

Einkaufen

Haushaltwaren und Einrichtung:

- **Alessi,** Via Privata Alessi 6, Omegna;
- **Lagostina,** Via IV Novembre 39, Omegna;
- **Bialetti,** Via IV Novembre 106/108, Omegna;
- **Piazza,** Via IV Novembre 242, Omegna;
- **Spacci Aziendali Riuniti,** Via 42 Martiri 124, Fondotoce;
- **Minocci Emilio,** Argenteria Via Nuova 118, Gravellona Toce.

Bekleidung:

- **Maglificio Matia,** Via Megolo 2, Anzola d'Ossola;
- **Sergio Tacchini,** C.so Marconi 40, Gravellona Toce (Sportbekleidung);
- **Lanificio Luigi Colombo,** Via Novara 263, Romagnano Sesia (Kaschmirtextilien).

Weine:

- **Francoli Center,** C.so Romagnano 69, Ghemme;
- **Cantina Sociale dei Colli Novaresi,** Via Cesare Battisti 68/70, Fara Novarese.

Die Riviera des Lago Maggiore

Der Teil des Sees, der sich von **Verbania** bis zum Ausfluss des Ticino aus dem Lago Maggiore bei **Sesto Calende** erstreckt, wird oft auch als Riviera bezeichnet, handelt es sich doch um den sonnigsten Teil des Sees. Nur der obere Teil dieser Strecke ist touristisch bedeutend, mit Bavona und insbesondere Stresa als Zentrum. Ab Arona südwärts herrscht wieder Industrie und eine im Übrigen unschöne Zersiedelung vor, die im Süden des Sees mit Einkaufszentren, billigen Diskotheken, Pizzerien, Leisure Parks etc. an irgendeine beliebige amerikanische Vorstadt erinnert.

Feriolo

Von Verbania herkommend, durchfährt man vorerst Feriolo, das für seine

073te Foto: dt

Steinbrüche und Steinmetzbetriebe bekannt ist. Als man 1867 hier eine neue Seepromenade bauen wollte, schwemmte ein **Erdrutsch** das halbe Dorf weg; viele Bewohner kamen dabei im See um. Die versunkenen Häuser liegen noch heute ca. zwei Meter unter der Wasseroberfläche. Feriolo ist ein eher ruhiger Ort an der Hauptdurchgangsstraße. Aus dem rosa **Baveno-Granit** der nahen Steinbrüche wurden die Petersbasilika in Rom und die Galerie Vittorio Emanuele in Mailand gebaut.

Seilbahn auf den Monte Mottarone

Baveno

Das nächste Städtchen, Baveno, liegt eingebettet zwischen dem See und den hier noch recht hohen **Bergen** Monte Camoscio (890 m, hier gibt es viele Steinbrüche), Monte Zucchero (1230 m), Monte Mottarone (1490 m), auf den von Stresa aus eine Luftseilbahn führt, Monte del Falo (1080 m) und Monte Cornaggia (920 m). Der See erscheint hier durch die Borromäische Bucht besonders breit und erinnert an das Meer. Die vorgelagerten Inseln geben der Szenerie einen besonderen Reiz und machen den einzigartigen Charme dieser Gegend aus, die schon in alten Zeiten Bewunderer anzog.

Baveno hat ca. 5000 Einwohner und wird durch große **Villen** und Hotelpaläste beherrscht. *Lord Byron, Queen Victoria* und *Richard Wagner* wählten Baveno zu ihrem Lieblingsaufenthaltsort. Man beachte die Anlegestelle der Schiffe, in reinstem Jugendstil gebaut, aber auch die öffentlich zugängliche **Villa Fedora** mit ihrem großen Park. In diesem Gebäude soll *Umberto Giordano* die Oper „Andrea Chenier“ komponiert haben.

Stresa

Fast ohne Übergang gelangt man von Baveno über den Ortsteil Calciano nach Stresa, wo die riesigen **Hotelpaläste** der Belle Époque und eine ganze Reihe schöner **Villen,** wie die Villa Muggia-Antico Palazzo, die Casa Bolongaro oder die berühmte Villa Pallavicino, das Ufer dominieren.

Stresa ist seit dem 18. Jh. einer der **berühmtesten Erholungsorte Europas;** es hat alle Wirren und Schwierigkeiten politischer oder tourismuswirtschaftlicher Art relativ heil überstanden. Adelige, Künstler, Politiker (Konferenz von Stresa, 1935) und später der Massentourismus erkoren Stresa zu einem ihrer beliebtesten Ziele. Die einzigartige Lage, das Klima, aber auch die gute Verkehrsanbindung sind einige der Faktoren, die eine Rolle spielen (die Simplon-Eisenbahnlinie,

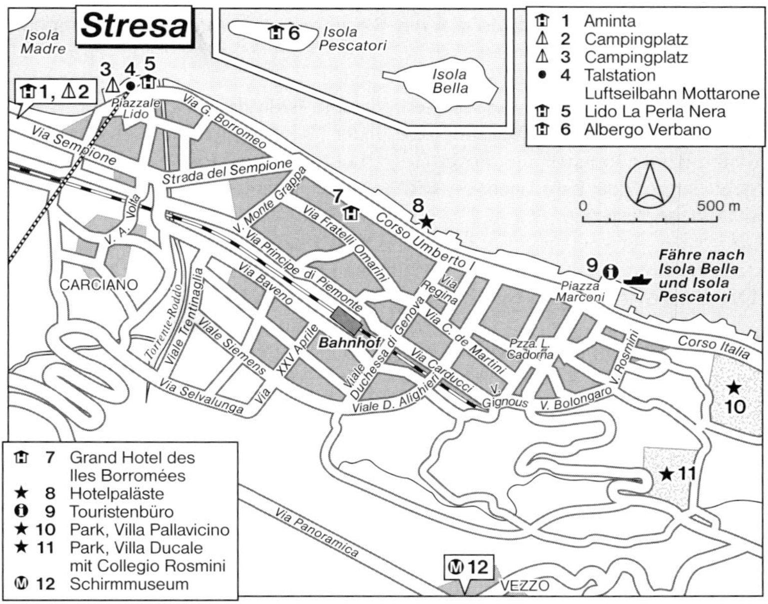

die Autobahn und der internationale Flughafen Milano-Malpensa liegen in unmittelbarer Nähe).

Kurze Spaziergänge führen durch die hübschen Gässchen der Stadt, in den **Park der Villa Ducale** (mit seiner monumentalen Libanonzeder, die 150 Jahre alt sein soll), ins dort gelegene kleine **Museum des Collegio Rosmini** oder in die **Villa Pallavicino** mit dem großen öffentlich zugänglichen englischen Park und dem Zoologischen Garten.

Stresa eignet sich gut als Ausgangspunkt für einen Tagesausflug zu den Inseln, aber auch als Aufenthaltsort für einige Tage, kann man doch von hier aus auch das Wander- und Skigebiet am Mottarone oder die umliegenden Seen besuchen bzw. mit dem Schiff den Lago Maggiore befahren.

Auf der Autostraße zum Mottarone findet man im Dorf Gignese ein recht interessantes **Schirmmuseum;** die Schirmfabrikation stellte in dieser Gegend lange Zeit eine wichtige wirtschaftliche Basis dar.

Die Borromäischen Inseln

Ein Besuch der Borromäischen Inseln gehört sicher zu den Höhepunkten des Aufenthalts im norditalienischen Seengebiet. Da an schönen Tagen im Sommer Tausende von Touristen hier die Sehenswürdigkeiten dieser schon früh als **Weltwunder** gepriesenen Inseln bewundern wollen, empfiehlt sich eher ein Tag mit schlechter Wetterprognose oder ein Tag außerhalb der Saison für einen Besuch. Auch an nebelverhangenen Tagen oder sogar bei Regen haben die Eilande, die Gebäude und Parks ihren Reiz.

Von den vier Inseln ist die kleinste, die **Isola San Giovanni,** in Privatbesitz und deshalb nicht zugänglich. Die anderen Inseln können mit Schiffen angefahren werden.

Die **Isola Madre** ist die größte der vier Inseln und gehört nach wie vor der Adelsfamilie der *Borromeo,* die einst hier als Bollwerk gegen die Eidgenossen Mailand verteidigen sollte. *Vitaliano Borromeo* verwandelte diese Insel im 19. Jh. in das, was sie heute ist: ein riesiger **englischer Garten.** Im bereits im 16. Jh. errichteten **Palazzo** ist eine bemerkenswerte Sammlung von Keramik und Marionetten zu besichtigen (Ende März bis Oktober 9–17.30 Uhr).

Die **Isola dei Pescatori** war, wie es der Name sagt, eine Fischerinsel, die heute noch neben einigen Bewohnern viele Geschäfte, die vom Tourismus leben, und ein kleines Hotel beherbergt. Das Gedränge ist in der Hauptreisezeit groß.

Die **Isola Bella** ist ein Wundermix aus Natur und Gestaltung. Ein Architekt aus dem nahen Ponte Tresa, *Antonio Crivelli,* soll 1632–1672, zusammen mit *Carlo Fontana,* im Auftrag des Fürsten *Carlo Borromeo III.* und seiner Gattin *Isabella d'Adda* aus dem unscheinbaren Inselchen ein Kunstwerk geschaffen haben, das bald als barockes Weltwunder galt. Der Bruder *Carlos, Julius Caesar Borromeo III.,* soll jenem die größere Insel, die Isola Madre,

weggenommen haben. *Carlo* machte jedoch aus der Not eine Tugend; das vorher „Isola Inferiore" genannte Eiland taufte er zu Ehren seiner Gattin „La Bella".

Die Insel liegt wie ein Schiff im See, auf der Südseite die zehnstufig auf Terrassen angelegten **Gärten,** Grünflächen, Blumenbeete, Sträucher und Bäume, Wasserspiele und Brunnen, begrenzt am Südende von den beiden Belvedere-Türmen. Auf der Westseite schmiegen sich ein kleines Dörfchen und das **Amphitheater** an den Hang; der nördliche Teil der Insel wird beherrscht von der **Kirche S. Vittore** und dem **Palazzo Borromeo.** Es war *Vitaliano Borromeo,* der nach dem Tode seines Vaters den Palazzo auf grandiose Weise als Barockmonument ausgestalten ließ. Er war ein Einzelgänger, der so vernarrt in die Insel gewesen sein soll, dass er sie als seine Geliebte bezeichnete und darum bat, sein Herz nach seinem Tode in der kleinen Kirche hinter den Gärten zu begraben. Sein Neffe und Nachfolger, der Vizekönig von Neapel *Karl IV.,* und *Giberto V.* vollendeten das Werk und machten daraus einen Aufenthaltsort für die Großen der damaligen Welt. *Napoleon Bonaparte* und *Josephine,* die Prinzessin von Wales und viele andere mehr weilten hier.

Winterstimmung vor der Isola Bella

Praktische Tipps

Information

- **IAT, Ufficio di Informazione e Accoglienza Turistica,** Piazza Marconi 16, Stresa, Tel. 0323 30 15 03 13 08.

Unterkunft

- **Grand Hotel des Iles Borromées*****L,** Lungolago Umberto I 67, 29838 Stresa, Tel. 0323 93 89 38, www.borromees.it. Grandioses Hotel aus der großen Zeit des Seetourismus, laufend dem neuesten Standard angepasst, mit einzigartigem Blick auf die Inseln und den See. DZ ab € 370.
- **Aminta****,** Strada Statale del Sempione 123, 28838 Stresa, Tel. 0323 93 38 18, www.villa-aminta.it. Einzigartiger Bau, gleich hinter Baveno, mit wunderbarem Ausblick auf die Borromäischen Inseln. 58 liebevoll eingerichtete Zimmer und fünf Suiten (viel Stuck, Lüster, alte Möbel), Swimmingpool und eigener Strand. DZ ab € 250.
- **Lido La Perla Nera***,** Viale Lido 15, Lido di Calciano, 28838 Stresa, Tel. 0323 33 611, www.stresa.net/hotel/lido. Einige Schritte vom See gelegenes Hotel in einem Garten abseits der Hauptstraße, nahe der Talstation zum Mottarone. Kürzlich renoviert, mit eigenem Hallenbad. Esszimmer mit großen Fenstern auf den See. DZ mit Dusche/WC ab € 120.
- **Albergo Verbano,** 28049 Isola dei Pescatori, Tel. 0323 30 408, www.hotelverbano.it. Kleines Fischerhaus auf der einzigartigen Isole dei Pescatori, direkt am Wasser gelegen, Inselromantik pur. 12 einfache Zimmer mit Minibalkon. Gute Küche, v.a. Fisch. DZ mit Dusche/WC und Frühstück € 135.

Camping

- **Camping Holiday,** 28835 Feriolo, Tel. 0323 28 164. Neuerer Platz mit guten Einrichtungen am See. Kleiner Sandstrand mit Liegewiese.
- **Conca d'Oro,** 28835 Feriolo, Tel. 0323 28 116. In Mischwald und Wiesengebiet am See mit Sandstrand und Blick auf Insel.

Essen und Trinken

- **Piemontese,** Via Mazzini 25, Stresa, Tel. 0323 30 235. Typisch piemontesische Küche in ebensolcher Atmosphäre, So/Mo Ruhetag.
- **Triangolo,** Via Roma 61, Stresa, Tel. 0323 32 736. Gutes Lokal mit Garten. Di Ruhetag.
- **Vecchio Tram,** Via per Vedasco 20, Stresa, Tel. 0323 31 757. Empfehlenswertes Restaurant in Panoramalage über dem See. Di Ruhetag.
- **Cafe Bar Gigi,** Corso Italia 30, Stresa. Beste lokale Confiserie mit Gebäcken und Süßigkeiten.

Einkaufen in Stresa

- **Isola del Gelato,** Corso Europeo 43. Mehr als 50 Sorten italienischer Eiscreme.
- **Enoteca da Giannino,** Via Garibaldi 30. Guter Wein, Likör und Grappa.
- **Formaggeria Coppola,** Via de Vit 3. Viele Sorten Käse, Wurst, Schinken.
- **Gigi,** Corso Italia 30, und **Pasticceria Marcolini,** Via Principessa Margherita 29. Hier gibt's die Backwarenspezialität *Stresa Margheritine,* aber auch andere feine Backwaren.

Ausflüge

- **Luftseilbahn auf den Monte Mottarone:** Die Talstation liegt gleich am See bei Carciano. Vom Gipfel aus bieten sich wunderschöne Wanderungen an den Hängen über dem See an.
- **Schifffahrt auf dem See:** Man erkundige sich bei den Schiffsstationen. Besuch der Borromäischen Inseln: Fast alle Schiffsstationen am Lago Maggiore fahren regelmäßig die Borromäischen Inseln an.

Barockkirche in Arona

078te Foto: ns

Von Stresa bis Sesto Calende

Nach Stresa ist die Landschaft weniger beeindruckend als weiter oben am See. Die Ausläufer des Küstengebirges sind weniger hoch, die Po-Ebene kündigt sich an.

Nach **Belgirate** folgt **Lesa,** ein hübscher Fischerort mit Hafen ohne viel Rummel. Auf einem letzten schroffen Felshügel, kurz vor der Handels- und Industriestadt Arona, beherrscht der 1697 errichtete **Colosso di San Carlone** die Szene, die 20 Meter hohe Statue des Gegenreformators **Carlo Borromeo,** der aus Arona stammte. Auf einer Leiter gelangt man bis in den Kopf der Statue, von hier blickt man über den See. Im Priesterseminar gleich bei der Statue ist ein Gedenkzimmer für den Heiligen eingerichtet. *Karl Borromäus* (1538–84) ist der berühmteste Sohn der bekannten Adelsfamilie. Er wählte die kirchliche Laufbahn, wurde Bischof von Mailand und brachte es bis zur Kardinalswürde. Auf dem Konzil zu Trient (1545–63) soll er hauptverantwortlich dafür gewesen sein, dass man sich mit den Reformierten nicht einigen konnte; er löste die Gegenreformation aus. Schon 26 Jahre nach seinem Tod wurde *Karl* heilig gesprochen. Der Bau vieler spätmittelalterlicher Kirchen im Tessin und im ganzen Seengebiet wurde von ihm, offenbar aus Propagandagründen, veranlasst; heute bewundern wir die wundervollen Fresken und Malereien.

079te Foto: ns

Arona ist eine recht bedeutende Handels- und Industriestadt mit knapp 20.000 Einwohnern. Die Altstadt am Hafen hat sich ihren Charme bewahrt, es gibt eine schöne Promenade am See, von wo man auf die **Rocca di Angera** auf der anderen Seeseite herüberblickt. Man besuche auch den verkehrsberuhigten Hauptplatz gleich hinter der ersten Häuserzeile am See und die kleinen, verkehrsfreien Gässchen mit den schicken Geschäften zum Shoppen und Flanieren. Das **Museo Civico** beim Rathaus zeigt Exponate aus der uralten Geschichte der Stadt, die bereits in vorgeschichtlicher Zeit besiedelt war. Drei **Kirchen,** die Pfarrkirche S. Maria Nascente im seenahen unteren Stadtteil, Santi Martiri (Piazza San Graziana) und Madonna di Piazza (1592 geweiht) sind sehenswert.

Sobald man, südlich fahrend, das alte Stadtgebiet Aronas verlässt, durchquert man nun über Kilometer wild wuchernde moderne **Industrie- und Logistikarchitektur;** man wähnt sich schon in den Vorstädten Mailands. Am südlichen Ende des Sees wird dieser Eindruck abgelöst durch ebenso hässliche **Freizeiteinrichtungen:** Nachtklubs, Diskos, Spielklubs, Kartbahnen lösen sich ab mit Pizza-, Kebap- und Hamburgerbuden. Auf einer langen Eisenbrücke überquert man den Tessin und gelangt nach Sesto Calende in der Lombardei.

Praktische Tipps

Information

- **IAT, Ufficio di Informatione e Accoglienza Turistica,** Piazzale Duca d'Aosta, 28041 Arona, Tel. 0322 24 36 01.

Unterkunft

- **Villa Dal Pozzo Dannone,** Strada del Sempione 5, 28832 Belgirate, Tel. 0322 72 55, www.villadalpozzo.com. Wer einmal in einer von *Marchesi* bewohnten und gemanagten Villa übernachten will, kann dies hier tun. Alles ist von höchster Qualität: die Lage, die sechs Suiten, die Umgebung mit Swimming-Pool. Vollpension ab € 340 für eine Junior Suite. Im Winter und an Wochenenden Spezialtarife.
- **Hotel Aries****,** Via Sempione 37, 28040 Lesa, Tel. 0322 77 137, www.arieshotel.net. Gut geführtes, neu renoviertes Hotel mit schönen Zimmern, DZ mit Bad/WC ab € 78.
- **Hotel Concorde***,** Via Verbano 1, 28041 Arona, Tel. 0322 24 93 21. Modernes Hotel, gleich unter dem Felsen, der zum Denkmal führt. Schöner Blick auf den See und Rocca di Angera, unweit des alten Stadtzentrums. 82 DZ mit Dusche/WC ab € 134.

Camping

- **Camping Solcio,** 28040 Solcio di Lesa, Tel. 0322 74 97. Am Ortsrand am See, neben Bahnlinie und Werft.
- **Camping Lago Azzurro,** Via Fermi 5, 28040 Dormelletto (südlich von Arona), Tel. 0322 49 71 97. Wiesengelände am See mit Kiesstrand; Freizeitprogramm.

Essen und Trinken

- **Ristorante Al Camino,** Via per Comnago 30, Lesa, Tel. 0322 74 71. Mitten im Grünen gelegenes, angenehmes Lokal an der Straße nach Comnago; schöne Terrasse mit Panoramablick.
- **Del Barcaiolo,** Piazza del Popolo 20/23, Arona, Tel. 0322 24 33 88. Sympathischer Gasthof in altem Stadthaus im Zentrum; im Sommer isst man im Hof. Gute Pasta.
- **Pescatori,** Lungolago Marconi 27, Arona, Tel. 0322 48 312. Gutes Fischrestaurant an der Seepromenade.

Einkaufen

- **Fratelli Belloli,** Corso Repubblica 16, Arona. Wein und Fleischwaren aus der Region.
- **Luigi Gaffanti,** Via Milano 140, Arona. Riesenauswahl an Käse aus der Region und ganz Italien.
- An jedem dritten Sonntag des Monats findet auf der pittoresken Piazza del Popolo in Arona nahe dem See ein sehr lebendiger und schöner **Antiquitätenmarkt** statt. Auch wenn man nichts kauft, lohnt sich ein Besuch, etwa zum Fotografieren.

Im Zentrum von Arona

Die lombardische Seite des Lago Maggiore

Wenn man vom touristisch insgesamt doch regen piemontesischen Westufer an das **Ostufer** hinüberwechselt, so ist man erstaunt, wie **wenig touristisch erschlossen** die lombardische Seite des Sees ist. Hotels und Restaurants, die von der schönen Lage profitieren, kann man fast an zwei Händen abzählen. Natürlich haben sich auch hier Wohlhabende ihre (eher bescheidenen) Villen gebaut, aber man sucht vergeblich nach Ferienorten wie Baveno oder Stresa.

Einzelne schöne Unterkünfte sind trotzdem vorhanden, und die Durchreisenden werden mit Sehenswürdigkeiten wie der Rocca di Angera oder S. Caterina del Sasso belohnt. Auch das **Valle Veddasca** bis zum eidgenössischen Indemini ist mit seinen urtümlichen Dörfern und den schönen Ausblicken auf den See lohnenswert. Auch der **Mittwochs-Markt** in Luino ist etwas Besonderes. Wer gerne gut isst, kommt hier in der Provinz Varese auf seine Kosten; man ist hier schon im Einflussgebiet des Wirtschaftsraums Mailand, es gibt eine ganze Reihe von **Spitzenrestaurants** der gehobenen Klasse, in welchen hervorragend zubereitete Kreationen zusammen mit den Spitzenweinen Norditaliens kredenzt werden. Das Preisniveau ist allerdings entsprechend, gehört doch Milano zu den Regionen mit dem höchsten Bruttosozialprodukt Europas.

Sesto Calende

Sesto Calende, das Sextuum Calendarum der Römerzeit, liegt nicht direkt am See, sondern am Ausfluss des Ticino aus dem See. Der hübsch am Fluss gelegene Stadtplatz wird deshalb kaum von Touristen besucht, obschon sich hier gut einkaufen und auch essen lässt. Das **Museo Civico** zeigt prominent die Fundstücke der hiesigen so genannten **Golasecca-Kultur** (ein vorrömischer norditalienischer Kulturkreis der Bronzezeit).

Am Ortsausgang Richtung Angera kann man in der Nordapsis der teilweise romanischen **Kirche S. Donato** schöne spätgotische Fresken ansehen (falls die Kirche nicht gerade geschlossen ist). Sesto Calende ist auch Ausgangspunkt für Ausflüge in das Naturreservat **Parco Lombardo della Valle Ticino** im Süden der Stadt, ein intaktes Stück Natur in der Industriewüste der Großstadtumgebung Mailands.

Zwischen Angera und Arolo

Wer sich nun nicht dem nahen Milano oder dem Hauptort der Provinz, Varese, zuwendet, sondern wieder nordwärts am See entlang fährt, gelangt rasch zur Seebucht von Angera, dem ehemaligen Zollhafen Österreichs mit der trutzigen Burg **Rocco di Angera** auf einem Felsen über der Stadt. Das etwas über 5000 Einwohner zählende hübsche Hafenstädtchen gegenüber dem nahen Arona auf der anderen Seeseite liegt etwas abseits der Hauptstraße. Eine Sehenswürdigkeit ist der hübsche **Hafen** mit der eigenartigen, nie vollendeten **Kirche Santuario Madonna della Riva,** einer bedeutenden Marienverehrungsstätte, die auf ein Wunder von 1657 zurückgeht. Das 1980/81 restaurierte Innere birgt insbesondere eine wunderschöne Freske aus dem Jahr 1443 (Maria mit Kind) und einige sehr sehenswerte Bilder lokaler Meister.

Im **Schloss,** der Hauptsehenswürdigkeit Angeras, beeindrucken die gotischen **Wandmalereien** in der Sala della Giustizia (1314). Sie feiern den Sieg der *Visconti* über die Rivalen *Torriani.* Später übernahm die Familie *Borromeo* die Burg; der Sala delle Cerimonie birgt Bilder, die sie aus ihrem Mailänder Palast Ende des 15. Jh. hierher brachte. Das Schloss beherbergt außerdem ein **Puppenmuseum.**

Auf dem weiteren Weg nach Norden kann man am Seeufer entlang durch das ruhige **Ranco** fahren und dann auf der Hauptstraße nach **Ispra,** Sitz von *Euratom,* dem europäischen Kernforschungszentrum. Östlich landeinwärts liegen der kleine, touristisch kaum erschlossene **Lago di Monate** und **Brebbia** mit einer den Abstecher lohnenden romanischen Kirche.

Wallfahrtskirche S. Caterina del Sasso

Fährt man weiter nordwärts am Seeufer entlang, gelangt man bald zur eindrucksvollen Wallfahrtskirche S. Caterina del Sasso, welche abseits der Hauptstraße zwischen den kleinen Orten **Arolo** und **Reno** am Steilufer des Sees am Felsen klebt und aufgrund ihrer einzigartigen Lage Tausende von Touristen und Fotografen anzieht (Hinweistafeln an der Hauptstraße beachten). Für S. Caterina del Sasso gilt dasselbe wie für die Borromäischen Inseln: Am besten kann man sie an einem Frühjahrs- oder Herbsttag besuchen, auf keinen Fall an einem sonnigen Sommertag. Eine Alternative ist ein Besuch früh am Morgen, kurz nach der Öffnung. Auf einem schmalen Felsband zwischen Wasser und Himmel klebend, findet man die heilige Stätte; diese wurde 1170 zuerst von einem **Einsiedler,** *Alberto Besozzi,* bewohnt; er hatte sich hierher aufgrund eines Gelübdes zur heiligen Katharina zurückgezogen, nachdem er ein Schiffsunglück heil überstanden hatte. Die einfache Einsiedelei wurde in den folgenden Jahrhunderten von Dominikanern und Karmelitern ausgebaut. Seit 1914 steht sie unter nationalem **Denkmalschutz.**

Die Stätte umfasst **drei Gebäudekomplexe,** die durch einen gepflasterten Weg miteinander verbunden sind. Das **südliche Kloster** diente ursprünglich als Logierhaus für die Pilger, hier befindet sich auch der schöne Klostergarten. Dann folgt das kleine arkadengesäumte **gotische Kloster** in der Mitte des Komplexes. Es wurde 1315–1320 gebaut und enthält eine alte Küche und einen Brotofen. Als dritter Teil folgt die Kirche **Chiesa di S. Caterina** (1587), die auf mehreren Vorgebäuden aus älteren Zeiten errichtet wurde, was sich im verschachtelten Aufbau mit verschiedenen noch heute sichtbaren Teilen zeigt, darunter dem aus dem 12. Jh. stammenden Schrein. Bemerkenswert auch die goldbemalte neapolitanische Orgel aus dem 18. Jh.

- **Öffnungszeiten** in der Hauptsaison April–Oktober 8.30–12 und 13.30–18 Uhr, außerhalb dieser Zeit am besten anfragen, Tel. 0332 64 71 72.

Laveno

Laveno, eine Stadt mit fast 10.000 Einwohnern, liegt an einer belebten Bucht am Seeufer und ist als Eisenbahnstation, Straßendurchgangsort und Industriestandort von Bedeutung. Hier startet und landet die **Fähre** aus Ispra am westlichen Seeufer. Der belebte Ort ist auch Zentrum der regionalen **Keramikindustrie.** Von der Stadt führt eine **Gondelbahn** hinauf auf den Sasso del Ferro (1092 m), der Blick über See und in die Alpen ist bemerkenswert; ein Wanderweg führt von hier zurück nach Laveno hinab.

Nördlich von Laveno gelangt man zurück in das alpine Gebiet des Lago Maggiore. Man kann über die Hauptstraße oder etwas mehr landeinwärts auf der pittoresken Nebenstraße über **Mucena** und **Brezzo** zum letzten größeren Ort vor der Schweizer Grenze gelangen, der Markt- und Handelsstadt Luino.

Luino

Luino und das damit verbundene Germignaga ist bei Touristen vor allem wegen seines regen **Marktes** bekannt. Seit 1541 findet hier jeden Mittwochvormittag der „Mercantone" statt, der Marktfahrer aus der Lombardei und dem Piemont anlockt und der bei Touristen und Schnäppchenjägern aus nah und fern berühmt geworden ist. Einheimische und Gäste mischen sich, das Verkehrschaos ist sehenswert, und auch wer nicht in Kaufrausch gerät, wird sich an dem Treiben erfreuen. Am Markt werden sowohl regionale Lebensmittel wie auch insbesondere **Schuhe, Lederwaren und Kleider** angeboten.

Daneben besitzt die Stadt zwar eine recht schöne **Seepromenade,** wirkt jedoch im Übrigen wenig touristisch erschlossen, was man auch bemerkt, wenn man ein geeignetes Hotel oder Restaurant sucht.

Von Maccagno bis zur Schweizer Grenze

Das letzte nennenswerte Städtchen vor der Schweizer Grenze ist Maccagno. Der pittoreske Flecken liegt am Einfluss des Veddascaflusses in den See und war offenbar dank der von *Otto I.* verliehenen Privilegien bis ins 18. Jh. reichsfrei. Reizvoll sind von hier **Ausflüge ins Val Veddasca** bzw. zum **Lago Delio** auf 930 m. Man kann durch das Val Veddasca auch zum 20 km entfernten, bereits schweizerischen **Indemini** reisen und von hier auf einer teilweise recht engen, aber wunderschöne Ausblicke bietenden Straße hinunter ins Gambarogno. Auf der Seestraße gelangt man bei **Zenna** an die Grenze des Ostufers.

Praktische Tipps

Unterkunft/ Essen und Trinken

- **Tre Re,** Piazza Garibaldi 25, 21018 Sesto Calende, Tel. 0331 92 42 29. Schöne Zimmer, DZ mit Dusche/WC ab € 130.
- **La Biscia,** Piazza de Cristoforis 1, Sesto Calende, Tel. 0331 92 44 55. Ausgezeichnetes Feinschmeckerlokal im Zentrum des Ortes am Flussufer; originelle Einrichtung, große, erlesene Weinkarte. Nicht billig!
- **Dei Tigli***,** Via Paletta 20, 21021 Angera, Tel. 0331 93 08 36. Angenehmes Hotel (ohne Restaurant) nahe dem Hafen des Städtchens. 31 DZ mit Dusche/WC € 120.
- **Conca Azzurra****,** Via Alberto 53, 21020 Ranco, Tel. 0331 97 65 26. Modernes Hotel der gehobenen Klasse; ausgesuchte Gastlichkeit in herrlicher Panoramalage über dem See, abseits jeden Durchgangsverkehrs. Große Terrasse. DZ mit Bad/WC ab € 140.
- **Il Sole di Ranco,** Piazza Venezia 5, Ranco, Tel. 0331 97 65 07. Spitzengastronomie, im Sommer unter einer Pergola im Freien. Unbedingt vorbuchen. Mo/Di meist geschlossen.
- **Schuman,** Via Piave 5/7, Ispra (ausgeschildert), Tel. 0332 78 19 81. Junger Spitzenkoch kreiert hervorragende lokale Küche zu gar nicht überzogenen Preisen. So abend und Mo geschlossen.
- **Il Porticciolo,** Via Fortino 40, 21014 Laveno, Tel. 03312 66 72 57. Das Restaurant außerhalb des Städtchens führt zehn Zimmer mit gediegener Einrichtung. Im Restaurant isst man gut, aber teuer. DZ mit Dusche/WC ab € 160.
- **Camin Hotel Luino****,** Viale Dante 35, 21016 Luino, Tel. 0332 53 01 18. Eine Villa aus dem 18. Jh. an der Seepromenade wurde in ein gepflegtes Hotel umgewandelt. Stilvolle Räume, schöner Garten, 13 DZ mit Dusche/WC ab € 170.
- **Camin Hotel Colmegna***,** Via A. Palazzi 1, 21016 Luino, Tel. 0332 51 08 55, www.camin-hotels.com. Eine Villa in einzigartiger Panoramalage am See (leider auch an der Hauptstraße), knapp drei Kilometer nördlich von Luino. DZ mit Dusche/WC ab € 135.

Maccagno

080lte Foto: ns

Camping

- **Camping Citta di Angera,** Via Bruschera 99, 21021 Angera, Tel. 0331 93 07 36. Zwischen Sportanlagen und See, mit steinigem Strand.
- **Azur Parkcamping,** Via Corsini 13, 21010 Maccagno, Tel. 0332 56 02 03. Zwischen Häusern, Bach und See mit steinigem Strand.

Einkaufen

- **Rossi d'Angera,** Via Mazzini 93, Angera. Hier bekommt man besten Grappa aus hauseigener Produktion.
- **Pasticeria Frigerio,** Piazza Garibaldi 20, Angera. Seit Generationen wird hier feinste Patisserie angeboten. Im Sommer schöner Platz am See, um ein Eis zu essen.
- **Centro Vini,** Piazza San Francesco 5, Luino. Weine und lokale Leckerbissen wie Trüffel, Saucen, Olivenöl etc.

089te Foto: tt

Im Sottoceneri

Vom Monte Ceneri zum Luganer See

090te Foto: tt

091te Foto: tt

Morcote

Val Colla

Gandria am Luganer See

Der Monte Ceneri und das Val Vedeggio

Der 625 m hohe Monte Ceneri teilte jahrhundertelang das Tessin in das **Sopraceneri** (oberes Tessin) und das **Sottoceneri** (unteres Tessin). Die Wegstrecke galt als eine der gefährlichsten der Schweiz. In den dichten Wäldern lauerten ganze Horden wilder Wegelagerer. Zur Abschreckung wurden die abgeschlagenen Köpfe der Banditen auf Pfähle gesteckt, sie boten den Reisenden einen schauerlichen Anblick. Heute ist der Berg als Standort der Tessiner Radio- und TV-Sender dann doch vergleichsweise harmlos.

Im Val Vedeggio, das sich vom Monte Ceneri bis nach Agno am Luganer See erstreckt, bündelt sich der **Nord-Südverkehr:** Autobahn, Kantonalstraße und Eisenbahnlinien verlaufen mal parallel, mal sich kreuzend, Industriebauten wechseln mit Parkhalden, manchmal taucht unverhofft, wie eine Fata Morgana, ein spätmittelalterliches Kirchlein auf. Sehenswert sind z.B. die romanische Kapelle S. Ambrogio in Camignolo sowie die baugeschichtlich interessante Kirche S. Mamete mit ihren Fresken im hübschen Ort Mezzovico auf der anderen Talseite, beide in schöner Hanglage. Im **Val d'Agno,** wie der Unterlauf des Val Vedeggio auch genannt wird, liegt das hübsche Städtchen **Lamone.** Sehenswert sind auch **Origlio** mit seinem See und **Cureglia.**

Monte Tamaro

Fährt man von Bellinzona oder Locarno kommend über den Monte Ceneri, der die Magadino-Ebene nach Süden hin abschließt, erreicht man bei **Rivera** die Talstation einer Gondelbahn. Sie führt auf die **Alpe Foppa,** den Ausgangsort zum knapp 2000 m hohen Monte Tamaro mit seiner bestechenden Aussicht. Gleitschirmflieger und Mountainbiker genießen das einmalige Panorama, Carver und Snowboarder wedeln im Winter die Hänge hinunter.

Auf der Alpe Foppa liegt die 1992–96 nach Plänen von *Mario Botta* errichtete **Chiesa di S. Maria degli Angeli,** ein Betonbau mit Porphyrverkleidung. Eine 65 Meter lange Rampe führt zur Aussichtsterrasse; von hier fällt der Blick auf die ganze Magadino-Ebene bis zum Talanfang des Misox, auf Lugano und seine Täler sowie auf die Alpengipfel. Bergwärts erreicht man eine Treppe, die zum Kirchplatz führt, oder man steigt zum zylindrischen Kirchgebäude ab. Zwei Trennmauern schaffen hier einen äußeren Korridor und die Dreiteilung des Innenraums. Die gewölbte Decke des Mittelschiffs führt vom Eingang zur kleinen Apsis, die nur vom Tageslicht erhellt wird. Durch schmale Fenster blickt man ins Tal hinunter. Die Intarsien und Malereien stammen vom Italiener *Enzo Cucchi.*

Auf der Alpe Foppa liegt ein Restaurant. Von hier erreicht man in ca. einer Stunde den Gipfel des Monte Tamaro auf 1928 Metern. In der Nähe ist eine

115te Foto: tt

Berghütte mit Ausschank. Von hier führt eine längere Wanderung auf dem Gebirgskamm zum **Monte Lema** mit einem wunderbaren Rundblick auf Berge und Seen.

Bironico

Die an der heutigen Kantonsstraße liegende **Casa dei Landvogti** wurde 1576 gebaut, um der alljährlich erscheinenden eidgenössischen Prüfungskommission vor der Weiterfahrt nach Lugano eine standesgemäße Adresse für Empfänge zu bieten. Die Verbreiterung der Straße im Jahr 1966 bedingte einen teilweisen Abbruch des Gebäudes, wobei an der Straßenfront Arkaden entstanden. Die beiden Loggiengeschosse im Hof sind mit 100 Wappen der Landvögte und Tagsatzungsgesandten aus dem 17. Jh. verziert. Der Saal besitzt eine Kassettendecke und einen Stuckkamin mit Wappen und dekorativen Landschaftsfresken.

Kirche Santa Maria degli Angeli auf dem Monte Tamaro

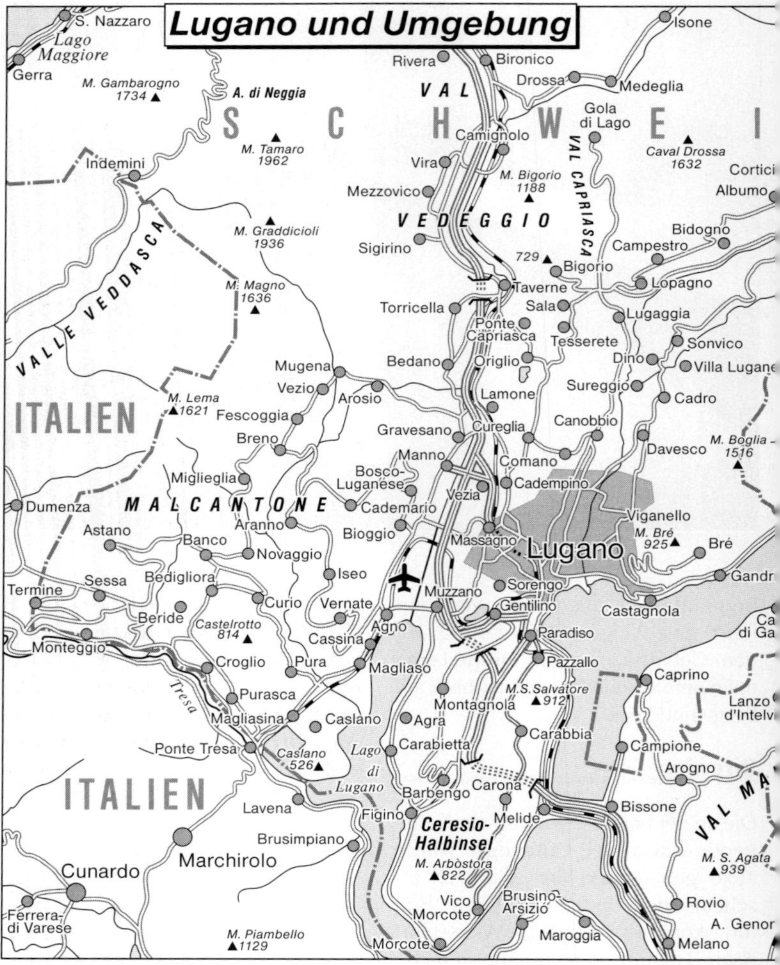
Lugano und Umgebung
S. Nazzaro
Lago Maggiore
Gerra
M. Gambarogno 1734
A. di Neggia
SCHWEIZ
M. Tamaro 1962
Indemini
M. Graddicioli 1936
M. Magno 1636
VALLE VEDDASCA
ITALIEN
M. Lema 1621
Rivera
Bironico
Isone
Drossa
Medeglia
VAL VEDEGGIO
Camignolo
Gola di Lago
VAL CAPRIASCA
Caval Drossa 1632
Vira
M. Bigorio 1188
Mezzovico
Sigirino
Corticiasca
Albumo
Bidogno
Campestro
729
Bigorio
Lopagno
Taverne
Torricella
Sala
Lugaggia
Ponte Capriasca
Tesserete
Sonvico
Bedano
Origlio
Dino
Villa Luganese
Mugena
Vezio
Arosio
Lamone
Sureggio
Cadro
Fescoggia
Breno
Gravesano
Cureglia
Canobbio
M. Boglia 1516
Davesco
Manno
Comano
Bosco-Luganese
Migleglia
Cademario
Vezia
Cadempino
Dumenza
MALCANTONE
Aranno
Viganello
Astano
Bioggio
Massagno
Lugano
M. Bré 925
Bré
Banco
Novaggio
Iseo
Termine
Sessa
Bedigliora
Muzzano
Sorengo
Gandria
Curio
Vernate
Gentilino
Castagnola
Beride
Castelrotto 814
Agno
Cassina
Paradiso
Monteggio
Croglio
Pura
Magliaso
Pazzallo
Caprino
Tresa
Purasca
M.S. Salvatore 912
Montagnola
Lanzo d'Intelvi
Magliasina
Caslano
Agra
Carabbia
Ponte Tresa
Caslano 526
Lago di Lugano
Carabietta
Campione
Arogno
Carona
Barbengo
VAL MARA
Lavena
Bissone
Figino
Melide
Ceresio-Halbinsel
Brusimpiano
Marchirolo
M. Arbòstora 822
M. S. Agata 939
Cunardo
Vico Morcote
Brusino-Arsizio
Rovio
Ferrera-di Varese
Maroggia
A. Genor
M. Piambello 1129
Morcote
Melano

Die spätromanischen Umfassungsmauern der **Pfarrkirche SS. Giovanni Ev. e Martino** sind z.T. mit spätmittelalterlichen und barocken Ausbauten durchbrochen, der romanische Turm wurde 1931 leider durch den heutigen ersetzt. In der Lünette des spätgotischen Westtors ist ein Weihnachtsbild mit Segelschiff zu sehen. Das Kreuzgewölbe des Chors birgt Stuckaturen aus der ersten Hälfte des 17. Jh. und an den Wänden Renaissancefresken aus der ersten Hälfte des 16. Jh.

Val d'Isone

Vom alten Dorfteil in Bironico klettert die Straße die Rebhänge hoch, und nach einer Fahrt durch Kastanienwälder erreicht man das Val d'Isone; weit unten fließt der Fluss Vedeggio. Nach einem Wasserfall erreicht man den Weiler **Drossa** und das auf einem Steilhang gelegenene Dorf **Medeglia.** Die Pfarrkirche S. Bartolomeo birgt Fresken der Renaissance und des 17. Jh. Unweit von **Isone** mit dem romanischen Kirchturm liegt ein **Grenadier-Waffenplatz** der Schweizer Armee, es ist deshalb für Wanderer ratsam, sich über Schießübungen und ähnliche Militäroperationen in der Gegend zu informieren.

Etwas südlich von Bironico zweigt die Straße ab in das am Ausgang des Tals gelegene **Camignolo.** Die um 1600 erbaute Pfarrkirche zeigt beachtliche Gemälde des 17. Jh. sowie gute Stuckaturen aus der zweiten Hälfte des 17. Jh. In einsamer Lage auf einem Hügel steht die **Kapelle S. Ambrogio** mit romanischen Fresken an der östlichen Stirnwand: Sie zeigen Christus in der Mandorla, umgeben von den vier Evangelistensymbolen, darunter eine Apostelreihe, am Triumphbogen sind zwei Engel zu sehen. An der Nordwand ist der heilige Ambrosius abgebildet (frühes 14. Jh.), daneben Rochus aus dem 18. Jh., gegenüber eine thronende Muttergottes mit den Heiligen Antonius und Katharina (Mitte des 15. Jh.).

Vira, Mezzovico, Sigirino

Viras am großen Dorfplatz gebaute Pfarrkirche und die Friedhofskapelle nördlich des Dorfes besitzen qualitativ hochwertige **Barockstuckaturen** mit Putten und Todesemblemen aus dem frühen 18. Jh. An der Straße nach Mezzovico steht die ihr in Form und Maß nachgeahmte **Loretokapelle** aus dem Jahr 1683.

In Mezzovico liegt in beherrschender Höhenlage die **Pfarrkirche S. Abbondio** mit dem aufgestockten romanischen Turm mit Blendarkaden und Zwillingsfenstern und dem angebauten barocken Pfarrhaus. Die Kirche birgt Stuckaturen mit Cherubimpaaren, Heiligen und Engeln sowie Fresken der Jungfrau Maria mit Mönchen des Dominikanerordens (Mitte 15. Jh). Die Kreuzigungsgruppe stammt aus dem frühen 17. Jh.

Östlich des Dorfes liegt die von einer Friedhofsmauer umgebene **Kirche S. Memete** oder **S. Ermete.** Die Bauetappen der Kirche reichen von 1055 bis ins 14. Jh., der Campanile mit Blendnischen, dreiteiligen Bogenfriesen und Zwillingsfenstern wurde im 11. oder 12. Jh. errichtet. Das Ostportal zeigt Mamete und Antonius Abate (1480), in der Art der *Seregnesi* gemalt. An der Stirnfront des Chors ist ein großes Kreuzigungsfresko in der Art *Luinis* aus dem frühen 16. Jh. zu sehen. Die westliche Chorwand zeigt das Jüngste Gericht: Christus als Ecce homo, umgeben von Engeln mit den Arma Christi, links Sebastian, darüber Assunta, darunter die Apostel. Im Gewölbe sind paarweise die Kirchenväter und Evangelisten abgebildet, der Triumphbogen zeigt Prophetenmedaillons, der Chorbogen die Heiligen Antonius und Luzia (um 1500); darunter ist der Rest eines romanischen Freskos sichtbar. In der östlichen Kapelle sind Renaissancestuckaturen mit Szenen aus dem Leben des heiligen Sebastian zu sehen sowie ein Stuckaltar mit qualitativ hochwertigen Renaissancegemälden von 1606.

Die beiden Ortsteile **Vianco** und **Ossignano** von Sigirino liegen über den Rebhängen und unterhalb des bewaldeten Steilhangs des Monte Tamaro. In Vianco bildet die **Kirche S. Andrea** mit dem Beinhaus, der Friedhofsmauer und der Friedhofssäule eine malerische Gruppe. Am Tor der Friedhofsmauer findet sich außen ein Rosenkranz-Muttergottes-Fresko mit den Heiligen Andreas und Abbondio, innen sind der Tod und ein König dargestellt, datiert auf 1660. Im kreuzgewölbten Beinhaus ist Maria als Fürbitterin der armen Seelen zu sehen, 1687 in der Art des G. *Finale* gemalt.

Taverne, Torricella, Bedano

Oberhalb des z.T. im Dorfkern gut erhaltenen Industrieortes Taverne liegt auf dem Hügel das **Castello,** die Überreste einer Burg. Eine weitere stand früher auf dem westlichen Hügel.

Torricella am westlichen Talhang besitzt zahlreiche **Loggienhäuser.** Seine **Kirche** wird vom Friedhof und dem Pfarrhaus umschlossen, im Inneren birgt sie ein Freskofragment des Jüngsten Gerichts (Ende des 15. Jh.) sowie gute Stuckaturen mit Puttenpaaren aus der ersten Hälfte des 17. Jh.

Bedano ist der Heimatort der Familie *Albertolli,* deren berühmtestes Mitglied der Architekt und Bildhauer *Giocondo Albertolli* war. Die **Kirche S. Maria** zeigt an den Wänden Fresken aus dem 14. und 15. Jh. Nördlich des Dorfes steht die 1524 gebaute und später barockisierte **Kapelle S. Rocco** mit einem Fresko der Heiligen Rochus und Sebastian.

Weiter südlich in der Höhe liegen die Dörfer **Gravesano** mit der spätmittelalterlichen Kirche und dem romanischen Turm und **Manno** mit seinen sehr engen Gassen. Die Casa Fraschina wurde 1688 von *Porta* gebaut. Die beiden Dörfer gehören schon zum Malcantone.

Lamone, Monte Zanone, Cureglia

Auf dem Weg von Taverne nach Lugano sollte man einen Abstecher einplanen ins **Val d'Agno** zum reizenden Lamone mit seinen engen Gassen und malerischen Passagen und Plätzen, seinen Tessiner Landhäusern und Palazzi. Südlich des Dorfes steht die stattliche Pfarrkirche S. Andrea, 1472 geweiht, mit romanischem Turm, barock umgebaut, mit guten Stuckaturen in den Seitenkapellen. Der beachtliche Hochaltar stammt von 1632.

Ein weiterer Abstecher führt nach **Origlio** am gleichnamigen See (s. Kap. „Valli di Lugano“).

Auf dem **Monte Zanone** liegt die gleichnamige **Kapelle.** Sie ist sowohl von Lamone auf einem Weg durch Rebberge und Wälder als auch von Origlio erreichbar. Die heutige Kapelle ist spätmittelalterlich, sie wurde mehrmals umgestaltet. Das spätgotische Fresko auf dem Altar wird von Stuckaturen von *Ghezzi* aus Lamone eingerahmt. Die Räumlichkeiten neben dem Oratorium dienten einst als Einsiedlerklause, 854 erwähnt. Gleich neben der Kapelle liegen prähistorische Schalensteine.

In Cureglia steht die Barockkirche S. Cristoforo und das mit Fresken geschmückte **Wohnhaus der Malerfamilie Tarilli;** die Malereien stammen aus den Jahren 1558 und 1612.

Cadempino, Vezia, Massagno

Die **Kirche** von Cadempino hat einen romanischen Turm aus dem 11. Jh. mit Blendarkaden und Zwillingsfenstern.

In Vezia steht der **Palazzo Morosini,** ein zweigeschossiger Rechteckbau mit 16 Achsen, vermutlich aus dem 18. Jh. Er hat Fensterbekrönungen aus Stuck und einen herrschaftlichen Hofeingang mit Arkadengalerie und Loggia. Die **Pfarrkirche** geht auf das 17. Jh. zurück. Im Chorscheitel ist ein Verkündigungsgemälde aus der ersten Hälfte des 17. Jh. zu sehen.

Massagno, ein Vorort von Lugano, zeigt in seiner **Pfarrkirche S. Luccia** ein Ölgemälde von 1530, das die Anbetung der Könige darstellt.

Praktische Tipps

Unterkunft

- **Origlio Country Club,** 6945 Carnago-Origlio, Via Cantonale, Tel. 091 94 54 646. Terrassenartiger Bau im Grünen; Schwimmbad, Tennisplatz, französisches Restaurant, Gartenterrasse; 58 große, helle Zimmer, DZ mit Dusche/WC sFr. 188–330.
- **Locanda del Cigno,** 6945 Carnago-Origlio, Tel. 091 93 09 790, www.locandadelcigno.com. In einem roten Haus aus dem 19. Jh., komplett renoviert. Restaurant mit guter Küche, im Sommer schöne Pergola, Zimmer z.T. klimatisiert, Minibar, DZ mit Dusche/WC inkl. Frühstück sFr. 156–196.

Essen und Trinken

- **Ristorante Motto del Gallo,** Taverne, Tel. 091 94 52 871 (So Ruhetag). In einer Gruppe verwinkelter Häuser aus dem 16. Jh. verbirgt sich in viel Grün das Gourmet-Ristorante mit Garten und großer Tessiner Weinkarte.
- **Grotto dell'Ortiga,** Manno, Tel. 091 60 51 613. Rustikales Restaurant, im Sommer unter Pergola; regionale und italienische Küche, gutes Preis-Leistungsverhältnis.
- **Grotto Ticinese,** Cureglia, Via ai Grotti 2, Tel. 091 96 71 226. Seit 1883 empfängt dieses Grotto Gäste im schattigen Garten oder in den rustikalen Räumen.

Bergbahnen

- **Kabinenbahn Rivera – Alpe Foppa,** Tel. 091 94 62 253. Ende März bis November, täglich durchgehend 8.30–17 Uhr, letzte Bergfahrt 16.30 Uhr. Die Fahrzeiten ändern sich oft. Es gibt Spezialangebote, etwa Kombi-Tickets, die die Benutzung der Seilbahn Funivia Monte Lema einschließen. Von Juni bis Oktober gibt es täglich eine Busverbindungen von und nach Miglieglia, wo die Seilbahn auf den Monte Lema führt.
- **Seilbahn Funivia Monte Lema,** Miglieglia, Tel. 091 60 91 168, www.montelema.ch. Von April bis November täglich 8.30–17.30 Uhr. Die Seilbahn fährt alle 30 Minuten, bei starker Nachfrage ununterbrochen. Von Mitte Juli bis Mitte August Abendfahrten. Die Fahrzeiten ändern sich oft. Es gibt Spezialangebote wie z.B. kombinierte Tickets mit der Kabinenbahn Rivera – Alpe Foppa. Von Juni bis Oktober gibt es täglich eine Busverbindungen von und nach Rivera; von dort führt eine Kabinenbahn auf den Monte Tamara.

Wanderung

- **Wanderung vom Monte Tamaro zum Monte Lema,** 4½ Std. Eine der schönsten Wanderungen im Tessin mit herrlicher Fern- und Rundsicht. Ausgangspunkt ist Rivera, wo die Talstation der Kabinenbahn auf die Alpe Foppa liegt. In etwa einer Stunde ist man auf dem Gipfel des Monte Tamaro. Abstieg zum Sattel (Berghütte), zu Pt. 1843 und hier fast immer auf dem Kamm über Pt. 1723 zum Monte Pola, Abstieg zur Alpe Agario und Aufstieg zum Monte Magno; über Poncione di Breno oder Forcora d'Arasio hinunter zur Seilbahn auf dem Monte Lema mit der Radarstation. Die Meteorologie-Station wurde 1993 von *Pietro Boschetti* gebaut. Die Seilbahn führt nach Miglieglia, wo ein Bus nach Rivera zurückfährt.

Biken

- **Vom Monte Tamaro zum Monte Lema** mit dem Mountainbike, Strecke A 8 km, Strecke B 10 km. Strecke A: vom Ristorante *Alpe Foppa* über Sosta dell'Alpe, Nagra, Monti di Spina di Sopra nach Tornago. Strecke B: vom Ristorante *Alpe Foppa* über Valle Luna, Piano di Mora, Monti di Spina nach Tornago. Die Abzweigung Monte Ceneri oder Tomba wählen über Monti di Sasso und Spada nach Soresina. Abfahrt mit der Gondel.

081te Foto: ns

Lugano

Lugano liegt an einer Bucht des gleichnamigen Sees, flankiert von den Bergen Monte Brè und Monte San Salvatore. Lugano ist drittgrößter Finanzplatz der Schweiz, Standort von Textil- und Hightech-Betrieben und internationaler Urlaubsort mit italienischem Flair. Hier haben Rundfunk und Fernsehen, seit 1996 auch die Universität der italienischen Schweiz ihren Sitz.

Geschichte

Unter dem Namen *Luano* wird die Stadt erstmals 818 erwähnt. Im 9. Jh. war das ursprünglich mailändische Gebiet im Besitz des Bischofs von Como. Seit dem 13. Jh. war es immer wieder Zankapfel der beiden Städte und Schauplatz von Machtkämpfen zwischen den Ghibelinnen und Guelfen. Im 15. Jh. baute der Herzog von Mailand bei der heutigen Villa Ciani eine Burg direkt am See.

Nachdem die Eidgenossen das Tessin erobert hatten, bildeten Lugano und die zugehörige Pieve von 1512 bis 1798 eine Gemeine Vogtei der XII Orte. Lugano wurde mit seiner Herbst-

Typisches Dorf im Sottoceneri

083te Foto: tt

messe ein wichtiges **Zentrum für den Warenaustausch** zwischen Italien und dem Norden. Die Friedenszeit begünstigte nicht nur den Handel, sondern auch den Bau von Kirchen und Patrizierhäusern. Die Padri Somaschi, eine Bruderschaft, die sich vor allem der (Schul-)Bildung verpflichtet sah, und eine im 18. Jh. eröffnete Druckerei machten die Stadt weit über die Grenzen hinaus bekannt. In der Helvetik nahm Lugano eine pro-schweizerische Haltung ein. Befürworter und Gegner bekämpften sich, bis 1803 der selbstständige Kanton Tessin entstand. Bis 1878 war Lugano abwechselnd mit Bellinzona **Hauptstadt** des Kantons.

Zu Zeiten des **Risorgimento** riefen der Schriftsteller *Carlo Cattaneo* und *Giuseppe Mazzini,* ein Wortführer des italienischen Freiheitskampfs und Begründer eines Geheimbundes, ihre

Landsleute von Lugano aus mit Streitschriften zum Widerstand auf: *Manzoni* mit seiner Schrift „Agli Italiani“ (1848), ein Jahr später folgte Cattaneos „Dell Insurrezione di Milaono nel 1848 e della successiva guerra“ („Vom Aufstand in Mailand von 1848 und dem darauf folgenden Krieg“). Ganz sauer stieß den österreichischen Überwachern „Carte segrete e atti ufficali della Polizia austriaca in Italia“ („Geheime (Land-)Karten und offizielle Akten der österreichischen Polizei in Italien“) auf. Die Druckereien *Svizzera Italiana* in Lugano und die *Elvetica* in Capolago mussten auf österreichischen Druck hin schließen.

Nach der Eröffnung der Gotthardbahn 1882 beschleunigte sich der wirtschaftliche Aufschwung, Lugano entwickelte sich zu einem **internationalen Tourismusort.** Die mittelalterliche Stadt wurde modern, wobei man nicht zimperlich mit der alten Bausubstanz umging. Von 1882 bis 1918 entstanden etappenweise die bekannte Promenade und der Parco Civico; das bescheidene Fischerdorf verwandelte sich in eine Hotel- und Geschäftskulisse. Ein hemmungsloses Wachstum setzte aber erst in den 60er Jahren des 20. Jh. ein und zersiedelte auf beklagenswerte Weise eine Bilderbuchlandschaft. Historische Gebäude in der Altstadt erlitten unangemessene Eingriffe, und alte Hotelpaläste, auf die man so stolz gewesen war, wurden durch nichtssagende Bauten ersetzt.

Sehenswertes

Kathedrale S. Lorenzo

Oberhalb der Altstadt auf einer künstlich erweiterten Geländeterrasse steht die Kathedrale S. Lorenzo mit der berühmten Renaissancefassade, reichen Fresken und barocker Ausstattung. Der 818 erwähnte Bau ist im

Blick auf Lugano und den Monte Brè

Kern romanisch und wurde im 13. und 14. Jh. erweitert. Die Fassade entstand 1500–17, eine Umgestaltung und Erhöhung des Turmes fand im 17. und 18. Jh. statt. Auf der Südseite der Kirche liegen die Chorherrenhäuser und der Bischofspalast.

Die dreischiffige, vierjochige Pfeilerbasilika wirkt gedrungen, ihr polygonaler Chor drängt in den Hang, sie hat Steinplattenbedachung. Im Norden steht der Turm mit romanischem Schaft und zwei barocken Glockengeschossen. Ein Meisterwerk ist die vorgeblendete, fast quadratische Fassade aus gefügten Saltrio-Quadern im Stil der lombardischen Renaissance des 16. Jh. Sie wird durch Pilaster, durch ein Zwischengebälk und ein Kranzgesimse harmonisch gegliedert. In der Mittelachse im Obergeschoss liegen Rundfenster in quadratischer Rahmung und geflügelte Puttenköpfchen. Gute Reliefs zieren die Wandpfeiler und Querbalken der Portale, das linke Portal (Portale degli Uccelli) zeigt Vogelmotive, das rechte (Portale dei Giorni brevi) im Fries einen Putto mit Vergänglichkeitsmotiven. Das Haupttor wird durch ein Fries mit Medaillons von Heiligenbüsten bekrönt. Neben den Portalen sind große Halbfiguren der vier Evangelisten sowie von David und Salomon zu sehen, im Fries des Zwischengebälks Propheten, Sibyllen und Hippokampen (fischschwänzige Seepferdchen). Der dreischiffige Innenraum besitzt ein Kreuzrippengewölbe; vier Pfeilerarkaden öffnen sich zu den Seitenschiffen, die von barocken Kapellen begleitet werden.

Der illusionistisch ausgemalte Chor wird durch den Hochaltar geteilt. In der hinteren Kapelle finden sich allegorische Grisaillemalereien von *Torricelli* (um 1760). Zwischen den Säulen sind 20 Fresken mit mariner Symbolik zu erkennen. An der Rückwand des Schiffes finden sich Reste einer Darstellung des Jüngsten Gerichts, ein Mäanderfries, ein Apostelkopf und ein kleiner Teil des Höllenrachen aus dem 13. Jh. Der Chor ist illusionistisch ausgemalt, an der Stirnwand ist die Apotheose des heiligen Laurentius abgebildet, signiert 1764 von *Giuseppe* und *Antonio Torricelli.*

In der Muttergotteskapelle stehen acht Rokokostatuen der personifizierten Tugenden von *Parravicino.* Im vierten Joch ist ein geschnitzter Orgelprospekt aus dem 16. Jh. Die Kathedrale birgt Altäre aus dem 17. Jh.

Altstadt

Die drei ineinander greifenden Plätze Riforma, Rezzonico und Manzoni bilden mit der Fußgängerzone das Herz der Altstadt. Die ursprüngliche Via Pessina mit ihren malerischen Lauben und der typischen Straßenpflasterung mit plattenbelegter Fahrspur sowie die Via Nassa mit ihren Nobeladressen sind die **Hauptgeschäftsstraßen** Luganos. Hier reihen sich Cafés, Restaurants, Geschäfte und Delikatessenläden aneinander, ideal zum Schlendern und Schlemmen. Der Bahnhof ist mit der Altstadt durch eine **Standseilbahn** verbunden, die auf die Piazza Cioccaro führt.

084te Foto: tt

Palazzo Riva

Hier steht einer der **Palazzi Riva** (da der Name Riva in Lugano etwa so häufig ist wie Meyer in Deutschland, gibt es hier mehrere Gebäude, die diesen Namen tragen oder trugen); er weist an zwei Seiten Arkaden auf und besitzt Fenster mit zierlichen Balkongittern, erbaut Anfang des 18. Jh. Der Binnenhof ist mit Glas überdacht, eine zweigeschossige elegante Treppenanlage führt zu den Salons und Zimmern, die z.T. Deckengemälde und Stuckaturen besitzen.

Blick auf die Uferpromenade in Lugano

S. Carlo Borromeo

Durch die Via Nassa gelangt man zur Kirche S. Carlo Borromeo, erbaut 1642, mit dem bekannten Gemälde der Schlüsselübergabe an Petrus (um 1730) vermutlich von *Giovanni Antonio Petrini.*

S. Maria degli Angioli

Am Südeingang der Stadt an der Piazza Luini steht die Kirche S. Maria degli Angioli, erbaut 1499. Sie gehörte zu dem 1490 gegründeten Minoritenkloster und besitzt das **berühmteste Renaissancegemälde der Schweiz.** Der Konvent wurde 1848 aufgehoben, an seiner Stelle baute man 1852 ein Hotel, das 1903 als Hotel Palace um zwei Geschosse erhöht wurde. Ein zweigeschossiger Flügel des Konvents blieb erhalten. Dieser Hotelkomplex wird unter Beibehaltung des Flügels zu einem neuen Kulturzentrum umgebaut.

Von außen betrachtet ist die Kirche eher schlicht, mit einem auffallend niedrigen Längsbau sowie einem vierjochigen Schiff, einem gefluchteten quadratischen Mönchschor und einem eingezogenen Altarhaus. An der Nordflanke des Schiffs liegen vier durch Arkaden verbundene Seitenkapellen. Der hohe Turm hat zwei Glockengeschosse. Das Portal wird von einem halbrunden Giebelfeld mit Relief bekrönt.

Betritt man die Kirche, fällt der Blick auf den wandartigen Lettner mit seinen drei kreuzgratgewölbten Durchgängen. Hier hängt das monumentale **Wandfresko der Passion Christi,** ein Hauptwerk *Bernardino Luinis* (1529). An den Stirnfronten des mittleren Durchgangs sind links der heilige Sebastian, rechts der heilige Rochus zu sehen. Über den Arkaden sind liegende Propheten dargestellt. Darüber der mit Menschen dichtgedrängte Kalvarienberg mit den stark überhöhten Kreuzen von Christus und den beiden Schächern. Das an Details reiche Bild wirkt wie ein spätgotischer Teppich.

Ebenfalls von *Luini* sind das in drei Teilen abgelöste Abendmahlsbild auf der Südwand sowie das Madonnenbild mit Christus und Johannes in der hinteren Kapelle, beide von *Leonardo* beeinflusst. Die Malereien in den Lettnerdurchgängen stammen von anderer Hand. Im rechten Durchgang sind die Heiligen Laurentius und (vermutlich) Stephanus sowie Prophetenmedaillons zu sehen. An der Südwand findet sich ein figurenreiches Bild, vielleicht ein Votivbild für die Befreiung von der Pest. Im mittleren Durchgang sind zwei Lünetten-Malereien mit Darstellungen der Stadt Jerusalem und des Golgathahügels.

Das Bild des heiligen Franziskus in der zweiten Kapelle wurde 1728 von *Petrini* gemalt, die Fresken der vierten Kapelle stammen von *Surnicus.* Es zeigt die Anbetung der Könige und die Flucht nach Ägypten.

Die Kirche ist das ganze Jahr geöffnet. Im Südwesten des Sakralbaus liegt ein kleiner **Skulpturenpark.**

S. Maria di Loreto

Die Kirche S. Maria di Loreto wirkt mit ihrer grazilen Vorhalle wie ein Palazzo. Sie besteht aus einem fünfjochigen Arkadenportikus mit Stuckaturen und innen und außen gemalten Szenen aus dem Leben Marias und aus der Passionsgeschichte. Das Renaissanceportal ist von 1524, in der Lünette eine Madonna mit Kind. Das Schiff hat ein Tonnengewölbe mit Stichkappen. In den Seitenachsen gibt es je eine Kapelle. Hinter dem Chor, durch zwei gewölbte Seitengänge erreichbar, liegt die Casa Santa, eine Nachbildung der Kapelle in Loreto. Am Chorbogen sind Fresken zweier Heiliger und eine Verkündigung Mariä von 1530 sowie Putten und Engel aus Stuck (um 1700) zu sehen, in der nördlichen Schiffswand ist eine ausgemalte Nische mit Christus am Kreuz zwischen Rochus und Sebastian in der Art *Luinis*. In der Gnadenkapelle finden sich im Gewölbe Stuckaturen und marianische Fresken aus dem 17. Jh.

Piazza Riforma

An der Piazza Riforma laufen fast alle Straßen der Altstadt zusammen. Hier und in ihrer unmittelbaren Umgebung findet Dienstag- und Freitagmorgen ein **Gemüse- und Blumenmarkt** statt, während des Sommers am Samstag ein **Kunst- und Antiquitätenmarkt.** Unter den Arkaden der Häuser aus dem 19. Jh. genießen die Luganesi ihren Kaffee oder besuchen eine der schicken Boutiquen.

An der Seepromenade liegt das **Municipio** (Rathaus), 1845 von *Moraglia* als Regierungsgebäude mit repräsentiver Platzfassade gebaut. Im Innenhof finden sich ein toskanischer Säulenportikus und der Ratssaal mit Säulenloggia. Im Durchgang steht Spartakus, eine lebensgroße Marmorfigur von *Vincenzo Vela* in Anspielung an die italienische Freiheitsbewegung. Nicht weit weg liegt in der Via Canova 10 das kantonale **Kunstmuseum.**

Palazzi

An die Piazza Riforma schließt die Piazza Manzoni mit der Brunnenanlage an. Hier steht ein **früherer Palazzo Riva,** heute Sitz der *Banca della Svizzera Italiana,* ein Rechteckbau mit Arkaden und spätbarocken Fensterverdachungen. Der Treppenaufgang im Inneren hat eine Balustrade aus Marmor und Schmiedeeisen und Malereien von den *Orelli* und den *Tarilli.*

In der Riva Giocondo Albertolli stehen die **Palazzi Gargantini,** 1915–18 von *Bonghi* und *Bordozzi* als Hotel gebaut. Das interessante Gebäude mit Eckturm in der Via della Posta, Sitz der **Hauptpost,** ist ein Werk von *G. T. Gohl* (1910).

In der Via Canova, an der Stelle eines früheren Franziskanerklosters, steht der 1816–18 nach einem Entwurf von *Grato Albertolli* erbaute **Palazzo Albertolli,** Sitz der *Schweizerischen Nationalbank.* Die Fassadendekorationen sind in neoklassizistischem Stil gehalten; schön die Stuckaturen.

S. Antonio Abate

Auf der Piazza Dante steht die Kirche S. Antonio Abate von 1652 mit neubarocker Fassade. In den Seitenkapellen sind drei vorzügliche Altargemälde von *Pertini* sowie Fresken der Brüder *Toricelli* zu sehen.

Weitere Sehenswürdigkeiten

Am Corso Pestalozzi steht die **Piccionaia,** ein Haus aus dem 15. Jh. mit Renaissanceornamenten, im Hintergrund das **Kapuzinerkloster** (1759) sowie der **Palazzo Ransila,** ein Geschäftsgebäude (1985, *Mario Botta*). An der Piazza della Funicolare steht der **Palazzo Ghioldi,** ein hufeisenförmiger Spätbarockbau mit schmiedeeisernen Balkongeländern und einem Gartenpavillon. Auch dieses Gebäude trug früher den Namen Riva.

Parco Civico

Im Parco Civico am See stehen zwei Statuen von *Vincenzo Vela* und die **Vil-**

la Ciani, Sitz des Museo Civico di Belle Arti. Sie wurde Ende des 17. Jh. erbaut und 1840 nach den Plänen des Architekten *Luigi Clerichetti* im neoklassizistischen Stil umgestaltet. Im Park liegen auch das **Kongresshaus,** ein Werk von *Rolf Otto* (1965–75), und die **Biblioteca Cantonale;** das Gebäude an der Via Cattaneo 4 wurde 1940 von *Rino* und *Carlo Tami* gebaut und 1973 erweitert.

Geschäftsviertel

An der Piazzale ex-Scuola wurde 2002 die **Busstation Centro** mit einem 90 m langen Plattformdach auf vier Paar schlanken Säulen von *Mario Botta* eingeweiht. Hier treffen alle fünf Linien der Stadt zusammen.

Die City von Lugano ist jener Teil der Stadt, der mit Banken, Versicherungen, Finanzinstituten, Agenturen und Büros aller Art hauptsächlich auf den Dienstleistungssektor ausgerichtet ist. Dieses an die Altstadt anschließende Quartier, ein ehemaliges Villenviertel, weist **Neubauten** interessanter Architekten auf:

- Der **Palazzo Botta,** Via Ciani 16, ist ein Mehrfamilienhaus und das Architekturbüro von *Botta,* 1991 von *Mario Botta.*

Im Parco Ciani

- An der Via Lambertenghi 4 befindet sich das Schulgebäude **Scuola Comunale,** 1972 von *Alberto Camenzind, Bruno Brocchi* und *Roberto Sennhauser.*
- An der Via Pretorio 13 steht der **Palazzo Macconi,** ein Geschäftsgebäude von 1975 von *Alberto Tibiletti* und *Livio Vacchini.*
- An der Via Trevano stehen die Wohnhäuser **Palazzi Garzoni,** 1966 von *Tita Carloni.*
- Die Kirche **Chiesa di Cristo Risorto** mit Pfarreizentrum an der Via Brentani 1 wurde 1976 von *Rino Tami* gebaut.
- Die **Casa del Popolo** an der Via Serafino Balestra 5 ist Verwaltungsgebäude und Hotel, 1970 von *Tita Carloni.*
- Das **Altersheim Casa Serena** an der Via Marco da Carona 10 wurde 1977 von *Giancarlo Durisch* errichtet.
- Die **Banca della Svizzera Italiana** an der Via Magatti 2 ist ein Verwaltungsgebäude, 1970 von *Giancarlo Durisch.*
- An der Ecke Via dei Faggi/Via Maggio steht das Mehrfamilienhaus **Casa Leonardo** von 1986, von *Antonio Antorini* und *Aurelio Galfetti.*
- Die **Casa La Torre** an der Via delle Scuole wurde 1957 von *Rino Tami* gebaut.
- Die **Banca del Gottardo** an der Viale Stefano Franscini 8 ist ein Werk von *Mario Botta* von 1988.
- Die fünf **Neubauten der Universität Lugano** (die seit 1996 besteht) konnten u.a. dank einer großzügigen Spende und des Generalplans von *Aurelio Galfetti* und *Jachen Könz* 1998 bis 2002 im ehemaligen Park des Spitals von folgenden Architekten gebaut werden: die **Aula Magna,** ein Mehrzwecksaal für 500 Personen, von *Jachen Könz* und *Aurelio Galfetti;* die **Hörsaalgebäude** vor dem alten Spital von *Piero Bruno, Donatella Fioretti, José Gutierrez* und *Lorenzo Martini;* das **Lab** mit dem beweglichen Sonnenschutz an der Via Madonetta und Viale Casserate von *Sandra Giraudi* und *Felix Wettstein.* Der neue Baukörper der **Bibliothek** schließt das hufeisenförmige ehemalige Nebengebäude des Spitals aus dem frühen 20. Jh. ab. Er wurde von *Giorgio* und *Michele Tognola* entworfen. Das einfache und klar strukturierte Gebäude der **Theologischen Fakultät** ist das Werk von *Michele Christen.*

085te Foto: tt

Praktische Tipps

Information

● **Lugano Turismo,** 6900 Lugano, Tel. 091 91 33 232, www.lugano-tourism.ch.

Unterkunft

● **Villa Principe Leopoldo*********,** Via Montalbano 5, Tel. 091 98 58 855, www.leopoldo hotel.ch. Eine Oase über Lugano, 33 plüschige Juniorsuiten mit unvergleichlichem Blick und Terrassenrestaurant; DZ sFr. 470–795.

● **Parco Paradiso********,** 6902 Paradiso-Lugano, Via Carona 27, Tel. 091 99 31 111, www.parco-paradiso.com. Modern gestyltes Hotel, helle Zimmer mit herrlicher Sicht auf die Bucht, Terrassenrestaurant; DZ sFr. 270–670.

● **Gran Hotel Villa Castagnola*********,** 6906 Lugano, Via Castagnola 31, Tel. 091 97 32 555, www.villacastagnola.com. Hinter der Seestraße in einem Park, Hotel für Feriengäste und Geschäftsleute. Renoviert, mit modernen Zimmern; DZ sFr. 450–510.

● **Hotel Lido Seegarten********,** Viale Castagnola 24, 6900 Lugano, Tel. 091 97 36 262, www.hotellido-lugano.com. Das einzige Hotel in Lugano direkt am See. Von den Zimmerbalkonen und vom Swimmingpool hat man einen einmaligen Blick auf den Monte San Salvatore und das Wasser. Safe, Klimaanlage, Fitnessraum, zwei (See-)Restaurants, Bar *Amalfi;* DZ sFr. 160–260, mit Seeblick sFr. 250–365.

● **Hotel Nassa*******,** Via Nassa 62, 6900 Lugano, Tel. 091 91 07 060. Ein einfaches Hotel garni mit 21 Zimmern, im Zentrum gelegen, mit Sicht auf die Promenade und den See. Privatparkplatz. Ermäßigungen für Familien und Geschäftsleute; DZ mit Bad/WC sFr. 150–220.

● **Albergo Alba,** 6902 Lugano-Paradiso, Tel. 091 99 43 731, www.hotel-alba.ch. Neben der Talstation zum San Salvatore. In einer alten Villa mit Park und Swimmingpool; ab 2005 neue Besitzerin. 21 klassische Zimmer, Restaurant und Bar; DZ sFr. 130 im Winter, sonst sFr. 160–180.

●**Du Lac****,** Riva Paradiso 3, 6902 Lugano-Paradiso, Tel. 091 98 64 747, www.dulac.ch. Das Hotel lieht am See, mit schönem Blick auf die umliegenden Berge. Es verfügt über eine Terrasse mit Swimmingpool und ein modernes Restaurant mit mediterraner Küche; 50 Zimmer, DZ sFr. 163–366.

●**Hotel Atlantico**,** Via Concordia 12, 6900 Lugano, Tel. 091 97 12 921, www.atlantico lugano.ch. Angenehmes Zwei-Sterne-Stadthotel garni mit freundlichen Zimmern, z.T. mit Balkon (keine Sicht auf den See); in ruhiger Lage, nahe dem Lido di Lugano, zu Fuß ca. zehn Minuten zum Stadtzentrum. Privatparkplatz. Vom Hauptbahnhof mit Bus Nr. 2 erreichbar. DZ mit Dusche/WC, TV, Minibar inkl. Frühstück sFr. 138–150.

●**Hotel Carlton Villa Moritz***,** Via Cortivo 9, 6976 Lugano-Castagnola, Tel. 091 97 13 812, www.carlton-villa-moritz.ch. Ruhig und schön gelegene Doppelanlage in einem mediterranen Park. Geheiztes Schwimmbad, mehrere Liegewiesen, Restaurant, Parkmöglichkeiten, Shuttle-Service zum Bahnhof. Freundlicher Familienbetrieb. Individuelle Zimmer, die renovierten sind deutlich besser, DZ mit Dusche/WC, inkl. Frühstücksbuffet sFr. 180–236.

●**Hotel Aniro,** Via Violetta 1–3, 6976 Castagnola, Tel. 091 97 25 031. Die verwinkelte Villa liegt in einem Blumen- und Palmenpark, sie bietet in den 40 Zimmern bescheidenen Komfort. Panoramaterrassenrestaurant, DZ ab sFr. 160.

●**Elvezia al Lago/Albergo Belle Arti,** Sentiero di Gandria 21, 6976 Castagnola, Tel. 091 97 27 840. Unten liegt das *Elvezia* mit Bootssteg, leicht erhöht das *Albergo Belle Arti* mit zwei Zimmern. Wunderbarer Blick auf den See, mit einem Lift zum Fußweg, der in zehn Minuten zum Parkplatz San Domenico, in 15 Minuten nach Gandria führt; Gäste und Gepäck werden mit dem Boot abgeholt. Restaurant, Gartenrestaurant, Liegeplätze, schöne Zimmer, DZ sFr. 210.

●**Fischer Hotel**,** Sentiero di Gandria, 6976 Castagnola, Tel. 091 97 15 571, Hotel direkt am See mit Bootssteg. Drei Minuten vom Parkplatz entfernt. Zimmer mit wunderschönem Blick, einfacher Standard. DZ mit Dusche/WC, Balkon mit Seeblick sFr. 168.

●**Hotel Moosmann***,** 6978 Gandria, Tel. 091 97 17 261, www.hotel-moosmann-gandria.ch. Sehr schön und ruhig direkt am See gelegen im autofreien hübschen Gandria. Ältere, aber recht freundliche Zimmer, z.T. mit Balkon. DZ mit Dusche/WC, TV, Minibar und Seeblick sFr. 218.

●**Jugendherberge Lugano-Savosa,** Via Cantonale 13, 6942 Savosa, Tel. 091 96 62 728. Sehr schöne Herberge am nördlichen Stadtrand in altem Park; Familienzimmer mit Dusche/WC und größere Familien- und Gruppenräume, reichhaltiges Essen; sFr. 28–45 p.P. inkl. Frühstück.

●**Jugendherberge Figino,** Via Casoro 2, 6918 Figino, Tel. 091 99 51 151. Erreichbar mit Bus nach Figino, am See, diverse Zimmer auch mit Dusche/WC. Mehrbettzimmer-Richtpreis sFr. 27.

Essen und Trinken

●**Ristorante Principe Leopoldo,** Via Montalbano 5, Tel. 091 98 58 855; im Sommer hat man auf der Terrasse einen schönen Blick auf Luganos Golf. Kreative italienische und französische Küche, teuer.

●**Osteria Trani,** Via Cattedrale 12, Tel. 091 92 20 505. Szenelokal, gute italienische Küche, Weinbar mit Degustation.

●**La Bottega del Caffé** oder **Caffeteria Cattedrale,** Via Cattedrale 6, Tel. 091 92 34 733, So Ruhetag. Café mit italienischer Atmosphäre.

●**Cyrano,** Corso Pestalozzi 27, Tel. 091 92 22 182. Lichtdurchflutetes, modernes Restaurant. Regionale und italienische kreative Saisonküche. Sa/So geschlossen.

●**Al Portone,** Viale Cassarate 3, Tel. 091 92 35 511. Eines der wenigen traditionsreichen Restaurants mit zeitgemäßer, liebevoll zubereiteter Küche; relativ teuer. So/Mo geschlossen.

●**Grand Café al Porto,** Via Pessina 3, Tel. 091 91 05 130, Mo–Sa 8–18.30 Uhr. Nette Atmosphäre und köstliche Confiserie.

●**Bottegone del Vino,** Via Magatti 3, Tel. 091 92 27 689. Im Zentrum Luganos, trendig, lebhaft, gut. An großen Tischen werden Käse, Salami und andere kalte und warme Kleinigkeiten serviert.

●**Grotto Grillo,** Via Roncchetto 6, Tel. 091 97 01 818. In der Nähe des Stadions, traditionsreiches Grotto in freundlicher Atmosphäre. Sa und So mittags geschlossen.

●**Osteria Calprino,** Via Carona 18, Tel. 091 99 41 480. Im Stadtteil Paradiso gelegene Osteria, wo man zu vernünftigen Preisen gut isst.

●**Al Faro,** Riva Paradiso 36, Lugano-Paradiso, Tel. 091 99 45 141. Elegantes Fischlokal mit mediterraner Küche. Mo Ruhetag.

●**Osteria San Matteo,** Lugano-Cagiallo, Tel. 091 94 35 197. Richtung Tesserete/Val Colla, im Dorf bei der Casa Comunale rechts abbiegen. Empfehlenswerte Osteria mit kleiner Karte, aber sehr guter Küche.

●**Grotto della Salute,** Massagno, Via del Sindacatori 4, Tel. 091 96 60 476. Typisches und preiswertes Grotto unter Platanen, etwas außerhalb der Stadt. Gute Tessiner Saisonküche.

●**Osteria Ticinese da Raffaelo,** Via Pazzolino 19, Viganello, Tel. 091 97 16 614. Familienbetrieb, Grill- und Marktküche. Im Sommer auch im Freien. Sa und So mittags geschlossen.

●**Santabbondio,** Via Formelino 10, Sorengo, Tel. 091 99 32 388. Elegantes Michelin-Ein-Stern-Restaurant mit raffinierter Küche. Im Sommer wird auch auf der beschatteten Terrasse bedient. Unbedingt vorbestellen. Im preiswerteren Bistro werden italienische Gerichte serviert. So und Mo geschlossen.

●**Grotto Canvetto Federale,** Via Circonvallazione 1, Canobbio, Tel. 091 94 12 552.

Nachtleben

●Wie in italienischen Städten üblich, hat auch Lugano seinen *corteggio;* das Hin- und Herschlendern beginnt auf der Piazza Riforma, wo man sich zum Aperitif im **Caffè Federale** oder **Vanini** trifft.

●**Prince Divine Club,** im Casino-Kursaal, Via Stauffacher 1, Tel. 091 92 10 203, Mi–Sa 21–4 Uhr. In-Place der *beautiful people.*

●**Etnic Pitta Resto Cocktail Bar,** Piazza Indipendenza, Tel. 091 92 33 825, bis 24 Uhr, Fr und Sa bis 1 Uhr. Für junge Ethno-Pop-Fans, mit exotischem Interieur, Tequila und Margaritas.

●**Gran Caffè & Caffè Bar,** Via Carducci 3, Tel. 091 92 22 216. Im Trend.

●**Villa Principe Leopoldo,** Via Montalbano 5, Tel. 091 98 58 855. Bar-Terrasse mit Aussicht und vornehmer Ambiance.

●**Discoteca Morandi,** Via Trevano 56, Tel. 091 971 22 91, Di–Sa 21.30–3 Uhr. Luganos Kultdisco mit Pianobar für Modebewusste, generationenübergreifend. Besonders empfehlenswert nach Mitternacht.

●**Titanic,** Via Cantonale, Pambio Noranco, bei der Autobahnausfahrt Lugano Süd, Richtung Grancia, Tel. 091 98 56 010, Di–Sa 21.30–3 Uhr. Wer um die 20 ist, trifft sich hier in der größten Disco der Schweiz mit Pub und Pizzeria.

Museen

●**Museo Civico di Belle Arti,** in der Villa Ciani, Parco Civico, Tel. 091 80 07 196, April–September Di–So 10–12 und 14–18 Uhr. Werke schweizerischer (darunter viele aus dem Tessin) und europäischer Künstler aus dem 15. bis 20. Jh. *Serodine, Mola, Petrini, Bossoli, Ciseri, Vela, Franzoni, Rossi, Berta, Foglia, Monet, Boudin, Matisse, G. Giacometti, Derain, Rousseau, De Pisis, Boccioni, Messina, Marini, Arp, Zadkine* sowie die Stiftung *Aligi Sassu* und *Helena Olivares.* Geführte Besichtigung nach Vereinbarung. Das Museum wurde 1998 umgebaut.

●**Museo Cantonale d'Arte,** Via Canova 10, Tel. 091 91 04 780, Di 14–17 Uhr, Mi–So 10–17 Uhr. In einem aus drei Palazzi des 16. Jh. bestehenden Gebäude. Die permanente Sammlung umfasst v.a. Gemälde, Skulpturen und Grafiken des 19. und 20. Jh.

●**Museo d'Arte Moderna** – Villa Malpensata, Riva A. Caccia 5, Tel. 091 99 44 370, Di–So 9–19 Uhr. Moderne Kunst, keine permanente Ausstellung. *Di Lonigo, Giampietrino, Mola, Petrini und Turner, Degas, Renoir, Pissarro, Hodler, Arp, Jawlensky, Klee, von Werefkin, Richter, Henri, Oppenheim* sowie zeitgenössische Werke Tessiner Künstler und fotografische Werke des 20. Jh. Sonderausstellungen, Vorträge und Seminare.

●**Historisches Museum** in der Villa Saroli, Viale Stefano Franscini 9, Tel. 091 80 07 201. Temporäre Ausstellungen. Nähere Informationen erteilt das Tourismusbüro.

● **Naturhistorisches Museum,** Palazzo degli Studi, Parco Civico, Tel. 091 91 15 380, Di–Fr 10–12 und 14–18 Uhr, Sa/So 10–18 Uhr. Fossilien, Gestein, Mineralien, Fauna und Flora des Tessins. Sammlung von Pilzen. Sonderausstellungen.

● **Museum Wilhelm Schmid,** Contrado Pro 22, Brè, Tel. 091 97 16 693, von Ostern bis Oktober Mi–So 13–17 Uhr geöffnet. Werksammlung des Schweizer Exponenten der Neuen Objektivität und des Magischen Realismus.

● **Oldtimer-Ausstellung,** Via Maraini 46, Lugano-Pregassona, Tel. 079 65 11 532, nur in den Wintermonaten geöffnet. 100 Autos und Motorräder von 1900 bis in die 1970er Jahre.

Kultur und Feste

● **Frühlingskonzerte im Kongresshaus,** April bis Juni, Infos und Vorbestellung Tel. 091 91 33 232.

● **Estival Jazz Lugano,** Gratis-Konzerte in Mendrisio und Lugano Mitte Juli.

● **Blues to Pop Festival,** eine Reihe von Open-Air-Konzerten (August und September), die gratis auf den Plätzen des historischen Zentrums stattfinden: Piazza Riforma, Piazza Cioccaro und Piazza San Rocco.

● **Cinema OpenAir,** am Lido, jeden Abend Mitte Juni bis Anfang August, Infos Tel. 091 91 33 232.

● **Winzerfest Lugano,** Piazza Cioccaro, Manzoni, Rezzonico, Tel. 091 91 33 232, im Oktober.

● **1.-August-Feuerwerk** im Golf von Lugano.

Einkaufen

● **Markt für Blumen, Früchte, Gemüse, Frischkäse, Wurstwaren:** Piazza della Riforma, Di und Fr 7–12 Uhr.

● **Antiquitätenmarkt Lugano,** Quartiere Canova, Di, Fr 8–12 Uhr, Sa 8–17 Uhr.

Ausflüge

● **Schifffahrtsgesellschaft Luganer See,** Viale Castagnola 12, Tel. 091 97 15 223, www.lakelugano.ch. Rundfahrten auf dem See von Ende März bis Mitte Oktober, Abendkreuzfahrten mit Live-Musik und Essen.

● **Serpiano:** mit dem Schiff nach Brusio am südlichen Seeufer und dort mit der Seilbahn nach Serpiano (Auto: über Mendrisio). Herrlicher Blick auf Morcote und Luganersee.

● Mit der **Standseilbahn auf den San Salvatore** (912 m), von Lugano-Paradiso, Tel. 091 99 41 721. Juni bis November, täglich 8.30–19 Uhr alle 30 Minuten, im Hochsommer bis 23 Uhr. Von hier schöner Blick und Wandermöglichkeiten.

● Mit der **Standseilbahn auf den Monte Brè** (925 m), von Lugano-Cassarate, Tel. 091 97 13 171, etwa Mitte Januar bis Mitte Februar geschlossen, täglich 9.15–18.15 Uhr alle 30 Minuten. Vom Hausberg der Luganeser hat man eine schöne Aussicht; es gibt Wandermöglichkeiten.

● Auf den **Monte Bar** (1600 m) zehn Kilometer nördlich von Lugano mit schönem Blick auf Lugano und Umgebung. Mit dem Auto bis zum Rifugio Monte Bar, von hier in einer halben Stunde zu Fuß auf den Gipfel.

● Auf den **Monte di Tremezzo** (1700 m), zwischen Luganer und Comer See mit beeindruckendem Blick. Bis Boffalora, dann Güterweg (mit Bike befahrbar).

● Auf den **Monte Tamaro** mit der Kabinenbahn von Rivera zur Alpe Foppa, Tel. 091 94 62 253. Ende März bis November, täglich 8.30–17 Uhr, fährt durchgehend.

● Auf den **Monte Lema** mit der Seilbahn von Miglieglia, Tel. 091 60 91 168, April bis November täglich 8.30–17.30 Uhr, alle 30 Minuten. Von Mitte Juli bis Mitte August Abendfahrten.

● Nach **Campione d'Italia ins Casino Municipale,** Tel. 091 64 01 111, täglich 15.30–4 Uhr. In gediegenem Rahmen kann man hier Roulette, Blackjack, Baccara und Trente e Quarante spielen. Events mit internationalen Künstlern; angeschlossen *Trattoria Rustica.*

● Auf den **Monte Generoso** mit der Bahn von Capolago, Tel. 091 63 05 111, Dezember–März täglich 10.30–15 Uhr, April–Juni 10–16.30 Uhr, Juli–Oktober 10–17 Uhr, im November geschlossen. Die Fahrzeiten können sich ändern.

Wanderungen

● **Von Brè über den Monte Boglia nach Cadro,** 4 Std. 20 Min. Mit der Seilbahn von Lu-

086te Foto: tt

gano-Cassarate zum Dorf Brè (800 m). Am Parkplatz der Pfarrkirche beginnt der Aufstieg zum Wasserreservoir Carbonera. Über den Südhang des Monte Boglia gelangt man bei Sasso Rosso zum Grat, auf diesem erreicht man den Gipfel (1516 m) mit herrlicher Rundsicht. Über den schmalen Grat in vielen Serpentinen Abstieg zum Sattel Pian di Scagn, von hier westwärts zur Alpe Bolla. Der Weg führt nun über Pian Soldino zur Alpe Stabbio und unterhalb des Maiensäß Zarei auf ein Sträßchen, das nach Cadro (475 m) führt. Bergschuhe sind erforderlich. Hier gibt es einen Busanschluss.

● **Von Aldesago über den Monte Brè nach Gandria und Castagnola,** 4 Std. Mit dem Bus oder der Standseilbahn nach Aldesago (568 m). Vor dem Viadukt der Standseilbahn beginnt der Wanderweg über Cureggia zum Dorf Brè, man kann von Aldesago allerdings auch direkter zum Dorf Brè wandern. Von Brè gelangt man auf dem Treppenweg Scalinata alla Torretta auf den Gipfel (925 m) oder man wechselt vom Treppenweg auf den Sentiero delle Betulle zum Restaurant mit der schönen Aussicht auf den Monte Rosa. Wieder zurück in Brè, führt südlich des Kirchplatzes ein steiler Treppenweg, der Sentiero al Lago, nach Gandrigna. Von hier führt der Weg in einigen Serpentinen auf den von Aldesago kommenden Weg, links abbiegend geht es zuerst etwas aufwärts, dann wieder in Serpentinen nach Gandria, wo eine Treppe zum Ortskern führt (Schiffsverbindung). Von hier führt der schöne Uferweg nach Castagnola (Bus Nr. 1 oder Schiff).

Lugano mit dem Berg San Salvatore

Castagnola

Der **Villenvorort** von Lugano thront in prächtiger Lage am Südhang des Monte Brè. Bekannt wurde Castagnola durch die jetzt zum größten Teil in Madrid befindliche Sammlung des Barons *Thyssen-Bornemisza* in der Villa Favorita. Das malerische, von einem subtropischen Park umgebene Herrschaftsgebäude wurde 1687 gebaut. Seit 1932 gehört es dem deutschen Baron.

Die **Pfarrkirche S. Giorgio** in schöner Aussichtslage ist ein spätmittelalterlicher Bau, der im 17. Jh. barockisiert wurde. Sie birgt Stuckaturen mit Girlanden und Putten und Rahmenwerk mit Bildern von *Buonafede*.

Von Castagnola kann man fast bis zum Gipfel des zweiten Hausbergs von Lugano, dem **Monte Brè,** fahren, mit Blick auf die Monti Sighignola und Generoso, auf der rechten Seeseite San Salvatore und dahinter San Giorgio. Dazwischen lässt sich die Po-Ebene erahnen. Vom Gipfel kann man ins malerische, auf einer Geländeterrasse liegende **Bergdorf Brè** absteigen und von dort die Haltestelle der Standseilbahn Brè Paese erreichen.

Der Turm der dreischiffigen Basilika **SS. Simone e Fedele** hat im Unterbau Blenden, das Glockengeschoss wurde im 18. Jh. errichtet. An der Rückwand des Schiffes zeigen Fresken aus dem 17. Jh. die Heiligen Antonius Eremita und Karl Borromeo. Ein **Museum** zeigt Werke des Schweizer Malers *Wilhelm Schmid* (1892–1971), einem Vertreter der Neuen Sachlichkeit und des Magischen Realismus. Es ist von Ostern bis Oktober geöffnet, Mi bis So von 13 bis 17 Uhr.

Praktische Tipps

Museen

- **Stiftung Thyssen Bornemisza** in der Villa Favorita, Castagnola, Tel. 091 9721741, Fr–So 10–17 Uhr. Trotz des Umzugs von 700 Werken nach Madrid kann der Besucher in der Villa Favorita noch vieles sehen. 13 Säle zeigen europäische und amerikanische Malerei des 19. und 20. Jh., darunter wichtige Vertreter der amerikanischen Lichteffektmalerei und der Hudson River School sowie amerikanische Impressionisten und Frontier-Maler.
- **Museo delle Culture Extraeuropee** – Villa Heleneum, Via Cortivo 24, Castagnola, Tel. 091 97 17 353, März–Oktober Mi–So 10–17 Uhr. Die neoklassizistische Villa Heleneum liegt am Uferweg nach Gandria. Das 1989 eröffnete Museum ist eine Schenkung an die Stadt Lugano von *Serge* und *Graziella Brignoni.* Etwa 650 Exponate, in erster Linie Holzfiguren aus Ozeanien, Neuguinea, Polynesien, Sumatra, Kalimantan, Sulawesi, Flores, Timor; afrikanische Holzmasken. Amerikanische und europäische namhafte Vertreter des Kubismus, Expressionismus, Dadaismus, Surrealismus, der russischen Avantgarde, des Action Painting, der Pop Art und des Fotorealismus sind ebenfalls ausgestellt.
- **Historisches Archiv Casa Carlo Cattaneo,** Strada di Gandria 4, Castagnola, Tel. 091 97 10 271, Di–Fr 9–12 Uhr. Dokumentation über den italienischen Schriftsteller und Politiker *Carlo Cattaneo,* der während seines Exils von 1848 bis zu seinem Tod 1869 in diesem Haus wohnte. Weitere Säle sind Dokumenten und Werken der lettischen Dichter und Freiheitskämpfer *Janis Rainis* (1865–1929) und seiner Frau *Aspazjia* (1869–1943) gewidmet, die hier ebenfalls im Exil lebten.

Gandria

Wanderungen

- **Sentiero di Gandria** (Uferweg Gandria), 50 Min. Der Weg beginnt in Castagnola und führt in das malerische Dorf Gandria. Vom Sentiero di Gandria gibt es eine markierte Abzweigung, die zum Parco degli Ulivi (Olivenpark) in Castagnola führt.
- **Vom Dorf Brè über den Monte Boglia nach Cadro,** 4 Std. 20 Min., s. u. Lugano.
- **Von Aldesago über den Monte Brè nach Gandria und Castagnola,** 4 Std., s. u. Lugano.
- **(Schiffs-)Wanderung von Caprino über Cantine di Gandria nach Gandria und Castagnola.** Caprino ist mit dem Schiff erreichbar, es lässt sich auch ein Motorboot mieten. Von Caprino-Cavallino führt ein Weg nach Cantine di Caprino und Cantine di Gandria, hier liegt das Schweizer Zollmuseum (Eintritt frei). Mit dem Schiff setzt man nach Gandria über, auf dem Sentiero di Gandria erreicht man am Ufer in 50 Minuten Castagnola. Rückfahrt mit dem Schiff oder der Buslinie 1.

Gandria

Am steil abfallenden Seeufer liegt das malerische Gandria mit seinen engen Gassen, Treppen und charakteristischen, terrassenförmig übereinander gebauten Häusern, von denen v.a. die Casa Luraschi, die Casa Taddei, die Casa Bordoni und die Casa Rabaglio mit Sgraffiti und Muttergottesfresko von 1605 beachtenswert sind. Die 1563 erwähnte **Pfarrkirche S. Vigilio** ist ein Barockbau mit einer Fassade aus dem 19. Jh. Auf der Südseite des Kirchenschiffs finden sich Spuren einer früheren Kirche aus dem Mittelalter. Die Kirche birgt Stuckaturen und Fresken im Barockstil, ein Altarbild der *Torricelli* und eine gotische Statue Jo-

Im Sottoceneri

hannes des Täufers im Stil der Maestri Campionesi.

Praktische Tipps

Essen und Trinken

- **Grotto Descano,** Cantine di Gandria, Gandria, Tel. 091 92 28 071, Mo geschlossen. Direkt am See gegenüber von Gandria (Schiff). Fischspezialitäten: *alborelle* (Süßwassersardinen) und *pesce in carpione* (marinierter Fisch). Mit Bocciabahn.
- **Grotto Teresa,** Cantine di Gandria, Tel. 091 92 35 895.

Museen

- **Schweizerisches Zollmuseum,** Gandria, Tel. 091 92 39 843, April bis Mitte Oktober Sa/So 13.30–17.30 Uhr, Eintritt frei. Gegenüber von Gandria liegt das Schweizerische Zollmuseum, mit Schiff oder Boot erreichbar. Es wurde 1935 in einer alten Kaserne der Grenzwächter an der Grenze in Cantine di Gandria eingerichtet. Mobiliar, Uniformen, Exponate zur Zollgeschichte, zum Zweiten Weltkrieg und zum Kampf gegen den Schmuggel.

Wanderungen

- **Lehrpfad Natur und Archäologie,** 3 Std., 7 km. Mit 15 Stationen, Ausgangspunkt ist Lentisgee an der Kantonsstraße bei Gandria. Am Wegrand und im Wald stehen erratische Blöcke mit Vertiefungen und Kreuzen. Solche verzierten Steine wurden in Gandria als Baumaterial verwendet. Der „Masso di Gandrigna" fällt aufgrund seiner Größe auf. In Lizzura und Scensc, dem ältesten Siedlungskern von Gandria, sind Trockenmauern erhalten. Kurz danach erhebt sich der „Sasso della Predescia". Die Felszeichnungen und der Name „Sasso delle streghe" (Hexenstein) lassen symbolische und religiöse Funktionen vermuten. Solche Felsblöcke sollen bis in die ersten Jahrhunderte n. Chr. als Altäre gedient haben. Am Weg wachsen geschützte Pflanzen wie Feuerlilie, Christrose oder Alpenveilchen und mediterrane Pflanzen wie Oleander, Hibiskus und Olivenbaum.

087te Foto: ns

Im Zentrum von Gandria

Valli di Lugano

Val Colla und Val Capriasca

Zu den Valli di Lugano gehören die vom **Flüsschen Casserate** durchströmten Täler Val Colla und Val Capriasca sowie das vor Lugano beschriebene Val Vedeggio. In den Valli di Lugano warten hübsche Dörfer und reizvolle Kirchen auf Radfahrer und Wanderer. Im Val Colla ist von der Betriebsamkeit Luganos nichts mehr zu spüren, fast unberührt plätschert der Casserate dem Luganer See zu. Hier macht Wandern Freude. Auch das Val Capriasca ist ein angenehmes **Wandergebiet.**

Cadro, Dino, Sonvico

Vom Ortsteil Casserate in Lugano erreicht man in der Nähe des *Centro Esposizioni* die Straße, die in das behäbige Terrassendorf **Cadro** am Fuß der Denti alla Vecchia führt. Die unter Denkmalschutz stehende **Kirche S. Agata,** 1603 errichtet und 1779 im Stil des Rokoko umgebaut, birgt im Chor und Schiffsgewölbe schöne Stuckaturen der Brüder *Reali* aus Cadro.

Die obere Straße führt nach **Villa Luganese,** seine Kirche zeigt in der Vorhalle Renaissancekapitelle und -fresken. Die untere Straße führt ins prachtvoll gelegene **Dino,** eine Fraktion von Sonvico, mit seinen wertvollen romanischen Wandmalereien in der **Kirche S. Nazario.** 1146 erwähnt, besitzt sie einen schlanken romanischen Turm, erfuhr 1879 jedoch einschneidende Veränderungen. An der Südseite ist ein fragmentarisches Wandgemälde aus dem frühen 16. Jh. zu sehen; es zeigt die Muttergottes, Engel, den heiligen Bernhardin und weitere Heilige in den Arkaden. An der Nordwand des Schiffes sind romanische Freskenfragmente im byzantinischen Stil zu bewundern, die den Kaiser *Nero* und drei Krieger mit Schwertern zeigen, vermutlich eine Szene aus dem Martyrium von Petrus und Paulus; oben ist sie durch ein Mäanderfries begrenzt. In der Nordkapelle ist ein abgelöstes Kreuzigungsfresko sehenswert; es stammt aus einem abgerissenen Kloster und ist in der Art von *Luini* gefertigt. Zwei Engel neben Maria und Johannes fangen Blut auf.

Oberhalb Dinos blickt das urban wirkende **Sonvico** (*summus vicus,* „höchstes Dorf") auf sein monumentales Parkhaus und das Tal hinab. Es war bereits in prähistorischer Zeit besiedelt. Es liegt auf einer Hügelterrasse; von hier hat man einen herrlichen Ausblick auf den San Salvatore und die Bucht von Lugano. Sonvico war einst von einer Ringmauer umgeben und weist neben engen Gassen und der Piazza Häuser auf, die von einer stolzen Vergangenheit zeugen. Eingeengt von Häusern liegt im Süden des Dorfes die **Kirche S. Giovanni Battista,** erbaut 1407, umgestaltet 1830 nach Plänen von *Albertolli.* Das südliche angebaute Tor führt in eine Galerie mit fünf Renaissancesäulen, ein Seitenportal ist auf 1527 datiert. Die südliche Seitenwand zeigt qualitativ hochwertige Fresken eines Totentanzes aus der ersten Hälfte des 16. Jh. In der Lünette ist eine Pietà von 1540 zu sehen. Darüber steht Johannes der Täufer, gemalt von *G. Tarilli* (16. Jh.). An der Rückwand hinter der Empore finden sich spätgotische Fresken, eine Muttergottes, unten die Heiligen Martin und Sebastian sowie ein weiterer Heiliger, rechts Carpophorus, links ein Mönch, alle aus der zweiten Hälfte des 15. Jh. Im Chor sind gute frühbarocke Stuckaturen zu sehen, in der Bruderschaftskapelle ein spätgotisches Wandgemälde in der Art der *Seregnesi* aus der zweiten Hälfte des 15. Jh. Die Kapelle S. Maria di Loreto von 1636 besitzt reiche Stuckdekoration.

Rundfahrt durchs Val Colla

An der steigenden Straße ins Val Colla steht eine **Wegkapelle** mit Lünettenfresko um 1500. Es zeigt die Muttergottes mit den Heiligen Antonius Eremita und Rochus. In der Höhe liegt einsam die **Kapelle S. Martino sul Colle,** zu Fuß in 25 Minuten erreichbar. Sie ist die älteste Kirche des Tales, 1146 erwähnt. S. Martino hat einen hohen romanischen Campanile und neben dem Portal ein spätgotisches Fresko des heiligen Christophorus. Im Inneren birgt sie spätgotische Malereien.

Durch einen schönen Kastanienwald gelangt man auf einem Geländesattel zur Kapelle d'Arla, hier öffnet sich der Blick auf die nördliche Talseite. Durch Wiesen und Wälder führt die Straße nach **Piandera** am Bach Casserate. Hier ist ein Abstecher nach **Cimadera** möglich, ein kleines Bergdörfchen auf der Südseite des Val Colla. Seine Kapelle stammt aus dem Jahre 1660. Ein **Skigebiet** ist mit dem Skilift Spina – Prato Rotondo erreichbar.

Nach einem kleinen Seitental kann man im Talgrund direkt nach Tesserete fahren oder den interessanteren Weg über Bogno im hinteren Abschnitt des Val Colla wählen. Vor Bogno zweigt eine Straße ins höher gelegene Dörfchen **Certara** ab; die Dorfkirche und Kapelle liegen unterhalb des Dorfes, beide gehen auf das 17. Jh. zurück. Die Kirche S. Rocco in **Bogno,** ein im Jahre 1780 umgestalteter spätmittelalterlicher Bau, birgt drei sehenswerte Gemälde aus der ersten Hälfte des 17. Jh.

Nach Bogno folgt **Colla.** In erhöhter Lage steht hier die **Kirche SS. Pietro e Paolo,** 1662 neu gebaut, mit älterem Turm. Sie birgt einen schönen Hochaltar aus Stuck mit Fresken sowie beachtliche Stuckaturen. Jenseits einer Schlucht liegt **Signora,** kurvenreich geht es weiter nach **Scareglia,** das in der Kapelle S. Maria delle Neve, um 1617 erbaut, ein schönes Himmelfahrtsgemälde aus dem 17. Jh. zeigt. Über **Corticiasca,** wo man nach Isone abzweigen kann, und **Albumo** führt die Straße nach **Bidogno,** Heimat der Kesselflicker und Kupferschmiede. Hier führt ein malerischer **Kreuzweg** mit kleinen Bildstöcken des 18. Jh. zur Wallfahrtskapelle S. Maria delle Grazie mit niedrigem Barocktürmchen. Einen sehr hohen barocken Campanile (um 1700) besitzt die **Kirche S. Barnaba,** 1487 geweiht; sie ist mit vorzüglichen Stuckaturen aus der ersten Hälfte des

Foto: tt

17. Jh. ausgestattet. Links neben dem Portal ist ein spätgotisches Freskofragment mit dem heiligen Michael zu sehen. Im tiefer gelegenen **Campestro** birgt die **Kirche S. Andrea,** 1375 erwähnt und im 16. Jh. erweitert, Fragmente gut gearbeiteter gotischer Fresken, die einen Kindermord, die Epiphanie, eine Muttergottes, Christophorus und Heilige aus dem 14. Jh. zeigen. Rechts bei der Kirche führt ein Sträßchen ins **Val Capriasca** zum Ausflugsort **Gola di Lago.**

Certara am oberen Ende des Val Colla

Tesserete und Bigorio

Das stattliche Tesserete war kirchlich eine zum Bistum Mailand gehörende Enklave, bekannt durch seine **Propsteikirche S. Stefano.** 1444 wurde sie neu errichtet, vom Vorgängerbau blieb der romanische Turm erhalten. Das spätgotische Portalfresko zeigt eine Madonna mit Kind, daneben Christophorus; beide stammen aus dem 15. Jh. Die Kirche besitzt eine sehr reiche Ausstattung und einige gute Stuckaturen. An den Chorwänden sind Szenen aus dem Leben des heiligen Stephanus zu sehen. In der Taufkapelle kann man spätgotische Fresken der zweiten Hälfte des 15. Jh. bewundern, die Maria und die Heiligen Rochus und Sebastian zeigen.

Im Sommer findet in Tesserete ein **Open-Air-Rockkonzert** statt, im Winter ist der **Ambrosianische Karneval** Anziehungspunkt. Dieser zeichnet sich durch wunderschöne, traditionsreiche Masken und Kostüme aus; so finden sich neben den bekannten Harlekinen Figuren wie Brighella (Intrigant), Dottore (Doktor) oder Francatrippa (Vielfraß).

Von Tesserete führen **Wanderwege** nach Gola di Lago und nach Bigorio, wo ein schöner Kreuzweg zum Kloster führt.

Oberhalb von Tesserete liegt Bigorio und über dem Ort das **älteste Kapuzinerkloster der Schweiz,** 1535 gegründet und im 17. und 18. Jh. erweitert. In der Klosterkirche ist auf dem Rokokoaltar ein kleines, sehr gutes Renaissancegemälde der Muttergottes aus dem 16. Jh. zu bewundern.

Zwischen Tesserete und Lugano

Von Tesserete kann man direkt über **Lugaggia** mit seiner mit dekorativen Stuckaturen geschmückten Kirche nach Lugano fahren.

In **Sureggio** liegt unterhalb der Siedlung im Valle Capriasca eine der ältesten Kirchen des Tals, **SS. Pietro e Paolo,** mit bedeutenden romanischen Fresken. Die romanische Kirche liegt über einem älteren Zweiapsidenbau. Der dreigeschossige Turm hat Blendbogennischen, das verputzte Schiff einen offenen Dachstuhl sowie einen unverputzten barockisierten Rechteckchor. An den Schiffswänden sind romanische Wandmalereien in je zwei Streifen. An der Nordwand sind der Ostermorgen und eine Kreuzigungsgruppe dargestellt, darunter die Stadt Mailand. Auf der Gegenseite die Darbringung im Tempel und die Flucht nach Ägypten, unten eine thronende Muttergottes mit zwei Hunden, ein Mäander- und ein Wellenrankenfries; alles geht auf die zweite Hälfte des 12. Jh. zurück.

Das stattliche **Comano** zeigt in Comano di Sotto ein geschlossenes Ortsbild. Der Ort liegt auf einem fruchtbaren Hochplateau zwischen den Tälern Colla und Vedeggio, am Fuß des Monte S. Bernardo. Bekannt ist Comano für seine Kirchen und die **Casa di S. Carlo Borromeo** oder **Casa Rusca,** ein 1627 gestiftetes Pfrundhaus; heute ist es in Privatbesitz. Das Pfrundhaus besitzt eine fünfjochige Loggia mit Gittern des ehemaligen Beinhauses. Die **Casa Borrani** zeigt ein Fresko und eine Inschrift aus dem 15. Jh. Die **Pfarrkirche S. Maria** hat im Chor reiche Stuckaturen von *Marchi,* in den Bilderfeldern sind Szenen aus dem Leben Marias dargestellt, um 1660 von *Bianchi* gemalt. Das Altargemälde aus der ersten Hälfte des 17. Jh. stammt von *Caresana.*

In Höhenlage mit schöner Aussicht liegt die ehemalige Einsiedelei, die **Kapelle S. Bernardo.** Sie birgt an der rechten Schiffswand ein Fresko mit der Bekehrung des Herzogs von Gascogne und dem heiligen Bernhard von 1574, vermutlich von *G. Tarilli.* An der rechten Chorwand ist eine Muttergottes mit den Heiligen Rochus und Sebastian zu sehen.

Von Tesserete kann man auch über Sala, Ponte Capriasca und Origlio nach Lugano fahren.

Sala liegt wie Vaglio auf einem Geländevorsprung. Im Mittelalter war es ein befestigtes Burgstädtchen, es wurde 1478 von den Eidgenossen zerstört. Es ist der Geburtsort der südamerikanischen Lyrikerin *Alfonsina Storni*. Die stattliche Kirche S. Antonio Abate wurde im 15. und 16. Jh. neu gebaut.

In **Vaglio** mit dem geschlossenen Ortsbild steht nördlich des Ortes die interessante Kirche **S. Antonio di Padova** mit reicher ornamentaler Ausschmückung der Fassade und des Turmes, 1916 von *Quadri* gebaut. Im Süden liegt die Kapelle S. Maria di Casletto von 1640. Der **Torre di Redde** erhebt sich im Wald des Naturschutzgebietes, er ist von Vaglio in 30 Minuten zu Fuß erreichbar. Der Turm ist mittelalterlichen Ursprungs und gehörte zur Siedlung Redde, die im 16. Jh. vermutlich wegen der Pest aufgegeben wurde. Übrig geblieben ist das etwa 300 Meter vom Turm entfernte Kirchlein S. Clemente. Der Torre di Redde war Teil eines befestigten Hauses, das im 13. Jh. von den *Rusca* gebaut worden war. Vom vierstöckigen Turm ist das über einen Meter dicke und etwa 15 Meter hohe Mauerwerk erhalten geblieben. Das Steindach und der Dachboden aus Holz sind eingestürzt. Eine Stiftung hat dem Architekten *Ivo Trümpy* einen Restaurierungsauftrag erteilt.

Ponte Capriasca liegt in idyllischer Landschaft und besitzt malerisch verwinkelte Gassen und Häuser aus dem 16. und 17. Jh. An der Casa Eggenschwyler ist eine Madonna mit Kind aus dem 15. Jh. zu sehen, vielleicht von einem *Seregnesi*. Am Tor eines Hauses am Dorfplatz ist eine Gottesmutter mit Kind und den Heiligen Ambrosius und Rochus abgebildet, gemalt im 16. Jh., vermutlich von *Tarilli*. Die dem Hof zugewandte Fassade des Pfarrhauses zeigt ein spätgotisches Fresko mit der Geburt Christi.

In der Kirche S. Ambrogio westlich des Dorfes (von 1835, der z.T. romanische Turm und die Westpartie sind mittelalterlich) ist eine berühmte **Kopie des „Abendmahls"** von *Leonardo da Vinci* zu sehen. Ein unbekannter Maler gestaltete um 1550 das Gemälde meisterhaft nach, das *da Vinci* 1495–98 gemalt hatte. Räumlich ist die Struktur verändert. Die Seitenwände sind durch acht rechteckige Felder aufgegliedert, und die Rückfront weist an Stelle der drei rechteckigen Öffnungen zwei Arkaden auf. Gegenüber dem Gemälde ist eine geschnitzte Kreuzigungsgruppe aus dem 16. Jh. zu sehen, darüber ein gelungenes Auferstehungsbild; im Chor finden sich Stuckaturen von *Bolino* von 1728 und spätgotische Fresken von 1551.

Unweit des verträumten Origlio-Sees liegt halbkreisförmig an die Hänge geschmiegt das gut erhaltene **Origlio** mit seinen schmalen Gassen und herrschaftlichen Bauten des 15. bis 17. Jh. Am östlichen Dorfeingang ist ein besonders stattliches Haus mit einem fünfjochigen Solaio (Dachgeschoss). Auch die **Kirche S. Giorgio e**

092te Foto: tt

S. Maria in malerischer Lage über dem Dorf ist ein imponierender Bau von 1608. Die imposante, unverputzte Fassade verrät **lombardischen Stil.** Der kreuzgewölbte Innenraum mit originalem Tonplattenboden und reicher Ausstattung ist überwältigend. Das Fresko des heiligen Antonius rechts vom Eingang stammt aus dem 15. Jh. Die Chorstuckaturen stammen von *Quadri,* die Apsisstuckaturen von *Ghezzi*. Auf dem Hochaltar steht eine mehrfarbige Marienstatue aus Holz aus dem 15. Jh. Der Schreinaltar mit den Heiligen Laurentius und Stephanus aus dem späten 15. Jh. stammt aus einer süddeutschen Werkstatt. Im ehemaligen Chor sind Fresken mit musizierenden Engeln und einer Krönung Mariä aus dem 16. Jh. zu sehen. Die Kirche ist das ganze Jahr über geschlossen. Der Schlüssel ist bei Frau *Eliana Quadri* erhältlich, Tel. 091 94 51 679.

Der **Lago di Origlio** steht unter Naturschutz; man darf hier zwar fischen und baden, aber nicht mit Booten fahren.

Im Val Colla

Im Ortsteil **Carnago** befindet sich die **Kirche S. Vittore Mauro,** neu gebaut im 16. Jh. mit spätgotischen Fresken im Chor und an den Pfeilern, die z.T. den *Seregnesi* und den *Tarilli* zugeschrieben werden. An der Rückwand des Schiffes ist der heilige Sebastian zu sehen, an den Pfeilern auf der Nordseite die heilige Ursula und eine Madonna mit Kind (spätes 16. Jh.). Die Fresken im Chor aus dem 16. Jh. stellen Schutzheilige dar, die Stuckaturen von 1707 stammen von *G. Quadri.*

Über **Cureglia** mit dem Wohnhaus der Malerfamilie *Tarilli* (die Malereien stammen von 1558 und 1612) und Vezio führt der Weg zurück nach Lugano.

Praktische Tipps

Information

- **Tesserete Turismo,** 6950 Tesserete, Tel. 091 94 31 888.

Unterkunft

- **Hotel garni Villa Capriasca,** 6950 Tesserete, Tel. 091 94 34 573, www.villa-capriasca.ch. Fünf Minuten von der Busstation „Tesserete" im Grünen. Zehn schöne, freundliche Zimmer, z.T. mit Balkon, in Familienhotel mit Garten und Swimmingpool. DZ mit Dusche/WC inkl. Frühstück sFr. 148–180.
- **Origlio Country Club,** 6945 Carnago-Origlio, Via Cantonale, Tel. 091 94 54 646. Terrassenartiger Bau in grüner Anlage, Schwimmbad, Tennisplatz, französisches Restaurant, Gartenterrasse, 58 große, helle Zimmer, DZ mit Dusche/WC sFr. 188–330.
- **Locanda del Cigno,** 6945 Carnago-Origlio, Tel. 091 93 09 790, www.locandadelcigno.com. In einem roten Haus des 19. Jh., komplett renoviert. Restaurant mit guter Küche, im Sommer schöne Pergola, Zimmer z.T. klimatisiert, Minibar; DZ mit Dusche/WC inkl. Frühstück sFr. 156–196.

Essen und Trinken

- **Del Cenacolo,** Ponte Capriasca, Via alla Chiesa, Tel. 091 94 51 476. Ein spezielles Ambiente hat dieses Restaurant in einem Haus aus dem 13. Jh. es hat zwei Säle und einen kleinen Platz im Freien.
- **Stazione,** Tesserete, Tel. 091 94 31 502. Restaurant mit Terrasse, die Küche ist italienisch angehaucht.
- **Storni,** Tesserete, Via Canonica, Tel. 091 94 34 015. Im alten Dorfkern liegt diese alte Osteria, auch sie bietet eher italienische Gerichte an.
- **Grotto Canvetto Federale,** Canobbio, Tel. 091 94 12 552.
- **Grotto Monte Creda,** Villa Luganese, Tel. 091 94 31 195.
- **Grotto Ticinese,** Cureglia, Tel. 091 96 71 226.

Der Malcantone

Der Malcantone ist ein **reizvolles, liebliches Bergland** zwischen Luganer See und Lago Maggiore. Er grenzt an den Golf von Agno, einen Arm des Luganer Sees, und an den Tresa-Fluss, er liegt zu Füßen des Monte Lema und des Monte Gradiccioli. Malcantone bedeutet nicht „schlechter Kanton", das „mal" im **Namen** leitet sich vermutlich (hier sind sich Etymologen nicht einig) von *maglio* ab, „Hammerschmiede", wurden hier doch bis ins 20. Jh. Erz, Bleiglanz, Pyrit, Zinkblende und kleine Mengen Gold abgebaut.

Die Täler des Malcantone brachten viele namhafte **Architekten** hervor, die vor allem im alten Russland, in Sankt Petersburg und Moskau wirkten. Als gute Gipser, Maler und Dachdecker arbeiteten die Malcantonesi oft in der **Baubranche,** meist in Italien.

Auch hier gibt es viele Kunst- und **Kulturschätze** zu entdecken, daneben locken **Sportangebote** wie Reiten, Surfen, Tennis, Golf, Gleitflug, Skifahren und Boccia. An verschiedenen Orten weisen auf **Natur- oder Kulturwanderlehrpfaden** Tafeln auf Besonderheiten der Gegend hin. Oft sind die bei den Tourismusbüros erhältlichen Beiblätter noch informativer; bevor man sich also auf Schusters Rappen begibt, sollte man sich hier schlau machen.

Es gibt verschiedene Möglichkeiten, den Malcantone zu erkunden. Als **Ausgangspunkte** bieten sich Agno oder das Vedeggiotal bei Manno an. Die hier gewählte **Route** beginnt in Manno (erreichbar über Lugano, Vezia oder von Agno über Bioggio).

Gravesano und Arosio

Von der Talstraße bei **Manno** im Vedeggio-Tal führt die Straße nach Gravesano. Originell ist hier die **Barockkirche S. Maria di Buon Consiglio,** erbaut 1769.

Kurvenreich führt die Straße 500 Meter hinauf zum höchsten Ort des Malcantone, Arosio. Auf dem Weg liegt die **Kapelle S. Maria** mit einem Muttergottesfesko im Chor (15. Jh.) und Christus, den Evangelisten, Kirchenvätern und Assunta in den Gewölbekappen (erste Hälfte des 16. Jh.). Die Fassade zeigt Maria und die Heiligen Michael und Sebastian.

Arosio hat zwei übereinander liegende Dorfkerne, die durch die Kirche verbunden sind. Hier lebten die Stuckateure *Pietro* und *Francesco Ferroni,* deren Rokokostuckaturen in Form von Portalreliefs, Wappen und Kaminen an den Häusern Arosios zu finden sind.

Gegenüber des Friedhofs erhebt sich die **Pfarrkirche S. Michele** von 1640. Sie zeigt im Kirchenraum an den Wänden der Apsis und des Schiffs einen **Freskenzyklus** (1518) des *Antonio da Tradate* und seines Sohnes *Giovanni Antonio.* Die Fresken wurden in den letzten Jahren restauriert. An der Ostwand des Chores sind eine Kreuzigungsdarstellung, ein Flammenornament mit einer Epiphanie und eine Beschneidung. Die Nordwand zeigt eine Verkündigung, die Heimsuchung, die Geburt Christi, darunter Szenen aus dem Leben Christi und der Passion bis zur Kreuztragung. An der Südwand sind oben der Kindermord, unten die Grablegung, die Auferstehung, Christus in der Vorhölle und Pfingsten dargestellt. Im Fenster ist der heilige Sebastian zu sehen, in der Sockelzone Monatsbilder, im zweiten Nordjoch eine Pietà, datiert auf 1518, darüber eine bemerkenswerte Mariä Himmelfahrt. Auf der Gegenseite finden sich folgende Motive: Heilige, Ecce homo, eine Kreuzigungsgruppe, Bernhard und Michael, hinten rechts der heilige Franziskus vor *Papst Innozenz III.* aus der ersten Hälfte des 14. Jh. Reiche Stuckaturen birgt die Muttergotteskapelle.

Ein ausgeschilderter Wanderweg, der **Percorso del Sole,** führt zu den **Sonnenuhren** der Gegend. Der **Sentiero del Castagno** (Kastanienrund-

093te Foto: tt

weg) beginnt hier, er führt in ca. fünfeinhalb Stunden über Mugena und Vezia wieder nach Arosio (s.u.).

Von Mugena bis Breno

An einer Bergflanke liegt das gut erhaltene Dorf Mugena. Seine bereits im 13. Jh. erwähnte **Kirche S. Agata** wurde 1683 bis 1702 neu gebaut. Sie birgt in der Kuppel dekorative Stuck-Engel von *Insermini* aus dem 18. Jh. sowie schöne Stuckaltäre.

Die Straße führt hinunter über die Magliasina nach **Vezio.** Hier bilden die Pfarrkirche S. Bartolomeo mit der Vorhalle und dem angebauten Waschhaus sowie die Friedhofssäule eine malerische Gruppe. Nordöstlich des Dorfes steht die reizende barocke Wallfahrtskirche S. Maria delle Grazie di Sassello (1805).

Über das intakte Dörfchen **Fescoggia** führt die Straße durch Wiesen nach **Breno.** Auf einer Bergterrasse des Monte Lema gelegen, besitzt dieser Ort eines der eindrucksvollsten Dorfbilder des Malcantone: Über dem ringförmig geschlossenen Dorf thront auf einer Terrasse die Kirche S. Lorenzo. Brenos Häuser zieren z.T. satirische Malereien und Sprüche.

Arosio

Monte Lema

Von dem stattlichen Miglieglia führt ein **Sessellift** auf den Monte Lema (1624 m). Von hier hat man einen herrlichen Blick auf die Hochalpen, die lombardische Tiefebene und die Seen. Im Sommer lässt es sich hier gut wandern, und im Winter ist der Monte Lema das Skiparadies der Luganesi. 1993 hat *Pietro Boschetti* hier eine beachtliche Radarstation geschaffen.

● Die **Seilbahn** fährt von April bis November täglich von 8.30 bis 17.30 Uhr, von Mitte Juli bis Mitte August werden auch Abendfahrten angeboten. Die Bahn fährt alle 30 Minuten, bei starker Nachfrage ununterbrochen. Zwischen Miglieglia und Rivera verkehren Busse.

Von Miglieglia bis Pura

Miglieglias **Pfarrkirche S. Stefano al colle** über dem Dorf besitzt schöne spätgotische Wandmalereien. Der Chor wurde 1511 vollständig ausgemalt. An der Stirnwand ist ein Kalvarienberg mit den Heiligen Stefan und Antonius Eremita zu sehen, seitlich steht eine Apostelreihe. In den Lünetten sind Christi Geburt und eine Epiphanie, in den Gewölbekappen eine Majestas Domini, die Kirchenväter und die Evangelisten, am Chorbogen Halbfiguren der Propheten, im Scheitel das Agnus Dei dargestellt. Am vorderen Gurtbogen sind Könige des alten Testaments und zweimal der heilige Stefan (zweite Hälfte des 16. Jh.) sowie eine Muttergottes, Joseph und Antonius Eremita sichtbar. Die Muttergotteskapelle zeigt eine Verkündigung, Madonna und den Stifter, 1604. Die Ecce-homo-Darstellung im Chor ist um 1500 entstanden. Unterhalb der Kirche steht ein quadratisches **Beinhaus** mit postromanischen Blendbogenarkaden; im 15. Jh. wurden sie mit Fresken bemalt. Die verblassten Fresken an den Wänden stammen aus der ersten Hälfte des 16. Jh.

Schön gelegen ist **Novaggio** mit seinem Sanatorium und seiner Barockkirche. Hier beginnt und endet der ausgeschilderte **Sentiero delle Meraviglie** (Weg der Wunder), sieben Kilometer sind in vier (ohne Pausen) bis sechs Stunden zurückzulegen. 13 Tafeln geben Auskunft über die Sehenswürdigkeiten, u. a. über Trockenmauern, Mühlen, den Abbau verschiedener Rohstoffe (Gold, Silber, Zink, Schwefel), über Ziegelbrennerei, eine (Hammer-)Schmiede, über einen Auwald und über das Terrassengelände.

Curio, auf einer Aussichtsterrasse, besitzt eine enge Hauptgasse und herrschaftliche Häuser, teilweise mit Innenhöfen und nach Süden gerichteten Loggien. Die barockisierte Pfarrkirche wurde 1610 erbaut. An der linken Chorwand findet sich ein Reliquienschrein mit prachtvoller Stuckrahmung von 1695. Das **Museo del Malcantone** veranschaulicht das Leben vergangener Jahrhunderte und zeigt Gründe auf, die zur Auswanderung zwangen (s. u.). Am alten Saumpfad nach Pura liegt einsam im Wald die **Wallfahrtskirche S. Maria della Morella.** An der Fassade sind Wandmalereien von *D. Banchini* aus dem Jahr 1597 zu sehen;

sie zeigen die Muttergottes mit zwei heiligen Frauen.

Pura in der Talsenke ist ein gut erhaltenes Dorf mit aristokratischem Ambiente. Ein interessantes Beispiel lombardischer Renaissance-Architektur ist die **Casa Crivelli** (15. Jh.) mit kleinem Innenhof. An der abgewinkelten Gassenfassade hat sie Backsteindekorationen und einen tonnengewölbten Durchgang, im Hof vermauerte Säulenarkaden mit Renaissancekapitellen. Ferragutti ist ein dreigeschossiger Bau mit Loggienfassade, erbaut im 18. Jh. Die Kirche **S. Martino** wurde in drei Bauetappen errichtet, an der Südseite des Schiffes sieht man die Heiligen Martin auf einem Pferd und Katharina, darüber eine Dreifaltigkeitsdarstellung. Im Inneren finden sich spätgotische Wandmalereien.

Magliaso, Caslano, Ponte Tresa

Magliaso gehörte zu einer Abtei in Pavia, bevor das Schloss und das Dorf 1667 an das Urner Geschlecht derer *von Beroldingen* kam, die es als Lehen der Eidgenossen bis 1785 behielten. Die ins Hochmittelalter zurückgehende **Burg** war 1116 Schauplatz eines Dramas, als hier der schismatische Bischof *Landolfo von Como* ermordet wurde, was einen zehnjährigen Streit zwischen Mailand und Como auslöste. Ab 1667 war das Schloss im Besitz *Konrads von Beroldingen,* der hier 1687 den Wohntrakt an den mittelalterlichen Turm bauen ließ. *Beroldingen* gab 1680 den Anstoß zum Bau der Barockkirche SS. Biagio e Macario, ein entsprechender Hinweis findet sich auf dem Westportal. Zusammen mit dem angebauten Pfarrhaus und der Burgruine ergibt sich ein malerisches Gesamtbild. In Magliaso liegt der einzige **Zoo** des Kantons, „Al Maglio", mit Tieren aus aller Welt (s.u.).

Caslano liegt am Agno-Arm des Luganer Sees am Fuß des **Monte Caslano,** der früher eine Insel bildete und durch die Ablagerungen der Magliasina zur Halbinsel wurde. Der Ort hat durch die starke Zersiedelung leider sehr an Charme verloren. Am schönsten ist Caslano an der **Uferpromenade.** Kindern und Liebhabern von Süßigkeiten wird das **Schokoladenmuseum Alprose** viele Fragen rund um die Leckerei beantworten, ein weiteres Museum ist der **Fischerei** gewidmet. Auf dem 526 m hohen Monte Caslano vermittelt ein **Naturlehrpfad** in 15 Stationen Wissenswertes zum geologischen Aufbau und zur Vegetation, speziell zum Wald. Caslanos **Kirche** birgt in der Sakristei spätmittelalterliche Fresken. Die Kapelle S. Maria delle Grazie zeigt ein Triptychon aus der gotischen Vorgängerkapelle mit der thronenden Muttergottes, links vermutlich Johannes Baptist, rechts ein Bischof (um 1400).

In **Magliasina** an der Straße nach Ponte Tresa steht die **lombardische Kapelle S. Maria** mit ihren bedeutenden Renaissancefresken; sie wurde 1442 gebaut, die Vorhalle 1543. Die Fresken sind in der Art des Lombarden *Gaudenzio Ferrari* (1471–1546) gemalt. Im Chorgewölbe sind die Dreifaltigkeit und ein Engel dargestellt, in den

Lünetten die Kirchenväter, an der Ostwand des Schiffs Mariä Tempelgang, auf der Gegenseite ein Kalvarienberg, im Gewölbe die Krönung Mariä und ein Engelreigen.

Der **Grenzort Ponte Tresa** mit seinen malerischen Lauben ist durch die Uferstraße vom See getrennt und wird zusätzlich durch andere **Bausünden** entstellt. So haben die Loggienhäuser aus dem 18. Jh., etwa Casa Zampini und Casa Bella bei der Brücke, viel von ihrem Charme eingebüßt. Die **Pfarrkirche S. Bernardino,** gegründet im 15. Jh., zeigt über dem Portal ein Fresko mit dem Titelheiligen von 1612. Im Schiff hinten ist ein Pietà-Fresko aus dem 16. Jh. zu sehen. Im Chor besitzt sie zarte Stuckaturen zwischen Rokoko und Klassizismus. Die **Tresa** verlässt bei Ponte Tresa den Luganer See und mündet nach mehreren Kilometern bei Luino in den Lago Maggiore.

Monteggio und Termine

Von Ponte Tresa folgt man der Tresa zum Grenzweiler **Fornasette.** Von hier führt die Straße in das 150 m höhere, an einer sonnigen Bergflanke gelegene Monteggio mit der als Sommerresidenz genutzten **Casa Passera**. Sie hat nach Süden gerichtete Arkadengalerien aus dem 17. Jh.

Auf dem Höhenrücken westwärts fahrend, gelangt man zum Grenzort Termine mit herrlichem **Ausblick** auf den Lago Maggiore, bei klarem Wetter bis zum Mont Blanc. Fährt man den Hügel auf der anderen Seite hinab, kommt man in eine Ebene, die vom italienischen Longhirolo bis nach Sessa reicht; vielleicht war hier früher ein Seebecken.

Sessa

Sessa hat das charakteristische Ortsbild der Dörfer des Malcantone beibehalten. Rund um den Ortskern liegen die interessantesten Bauten, etwa das alte Gerichtsgebäude; die **Casa dei Landvogti** mit Portikus und Loggia an der Piazza ist mit Fresken geschmückt. Sie zeigen eine thronende Muttergottes mit Gratus und Rochus von 1601. Auf der Galerie sind eine Geißeldarstellung und die Wappen Uris. Das Haus wurde leider unvorteilhaft renoviert.

Das **Pfrundhaus,** die Casa del Beneficio di Sant'Orsola, liegt gegenüber der Pfarrkirche und verfügt über einen harmonisch angelegten Innenhof mit Laubengang. Im Westen steht eine alte Traubenpresse aus dem 15. Jh.

Im Ortszentrum sind noch einige Corti, kleine Höfe sowie Portale mit Granitbalken und Nussbaumtoren und charakteristische Häuser mit Lauben und Bogengängen erhalten. In einige Häuser wurden mittelalterliche Fundstücke – Kapitelle, Säulen oder Wappen – eingebaut. Ein schönes Renaissancebeispiel ist die **Dorfkirche S. Orsola** mit der zweigeschossigen, von Pilastern gegliederten Hausteinfassade (1601). Die Fassade besitzt ein Portal mit Sprenggiebel, Serliana und zwei Nischen mit Stuckfiguren. Die **Pfarrkirche S. Martino** wurde 1609 gebaut und hat eine beachtliche Ausstattung:

094te Foto: tt

Der Hochaltar besitzt eines der eindrucksvollsten zweigeschossigen **Tabernakel** des Tessins (1662 von *Pini* und *Ramponi*). Die mittleren Seitenkapellenstuckaturen sind von *Taddei* gefertigt (1759). Links steht ein Altar mit hölzernem Renaissancetabernakel.

Sessa besitzt zwei kleine Museen. Das **Piccolo Museo** zeigt die traditionelle Verarbeitung von Seide, Hanf, Wolle und Leinen und stellt alte Berufe vor. Im **Cà du Lol** wurde der Eingang zu einer Mine nachgebaut, das kleine Museum gibt Einblick in die Geschichte des Minenbaus im Malcantone. Beide Museen sind von Mai bis Oktober, jeweils am Sa und So von 16 bis 18 Uhr geöffnet. Ein besonderes Erlebnis sind die Dorfführungen mit Herrn *Dante Pani*, dem Dorfhistoriker Sessas (Tel. 091 60 81 419).

In Sessa

Astano

Von Sessa führt die Straße durch Rebhänge, Wiesen und Wälder über den kleinen Weiler **Beredino** mit herrschaftlichen Häusern und Kapellen nach Astano. Das aristokratisch wirkende Dorf mit seinen gut erhaltenen Gassen ist wie Sessa die Heimat von **Baukünstlern,** z.B. dem Architekten *Domenico Trezzini,* der zu Beginn des 18. Jh. unter *Peter dem Großen* die Bauleitung in Sankt Petersburg inne hatte.

Die **Casa Trezzini** zeigt im Erdgeschoss Arkaden und einen Kamin mit Wappen aus dem 16. Jh., in den beiden Obergeschossen Kolonnaden. Die **Cà da Roma** hat eine dreigeschossige Hauptfassade, im Mittelteil Säulenloggien aus dem 17. Jh. Die **Casa Morandi** ist dreigeschossig und besitzt einen polygonalen Innenhof, in den sich Loggien öffnen (17. Jh.). Östlich über dem Dorf thront die **Barockkirche S. Pietro,** erbaut nach 1636, mit großem Turm. Die Fassade hat einen geschweiften Giebel (18. Jh.).

Bedigliora, Castelrotto und Croglio

Über **Beride** mit der barocken Kapelle und dem barocken Casa delle Giovanna mit Arkaden, Loggien und Solaio aus dem 17. Jh. gelangt man nach **Banco** mit der kleinen barockisierten Kirche S. Maria. Oder man fährt nach **Biogno** mit seiner Barockkirche und der Casa de Mattei von 1675 über das an einem Steilhang liegende **Bedigliora.** Ein verschachteltes Dorf mit malerischen Gässchen und Galerien und einem geschlossenen Kirchplatz mit Friedhofssäule von 1632. Der Barockbau aus dem 17. Jh. besitzt eine imposante zweigeschossige, durch Pilaster gegliederte Fassade. In **Madonna del Piano** ist die 1574 errichtete Kapelle S. Maria mit dem schönen Hochaltar zu besichtigen.

Auf einer Geländeterrasse liegt inmitten von Rebbergen am Nordhang des Tresa-Tals **Castelrotto** mit der barocken Pfarrkirche S. Nazzaro in beherrschender Lage.

Das herrschaftliche Landhaus Casa Conti in **Croglio** hat drei nach Süden gerichtete Loggien aus dem 18. Jh. In der **Kirche S. Bartolomeo** mit dem nachromanischen Apsidensaal befinden sich **bedeutende Fresken:** in der Apsis eine Majestas Domini, darunter eine Apostelreihe von 1440, signiert von *Thomas* und *Balthasar,* an der Südwand eine thronende Muttergottes sowie eine Krönung Mariä, daneben der heilige Antonius Eremita.

Der vier Kilometer lange und etwa dreistündige **Wanderweg Tracce dell'**

095te Foto: tt

Uomo beginnt in Croglio bei der Schule, hier sind auch die Schlüssel für die Gebäude erhältlich (während der Schulferien im Gemeindezentrum). Er führt rund um Castelrotto; zu sehen sind eine Käserei, ein Eiskeller und ein Vogelfangturm.

Purascas Kapelle S. Pietro Martire zeigt eine entzückende Schaufront von 1750. Am Westhang des Monte Mondini führt die Straße zurück nach Ponte Tresa.

Von Breno über Aranno nach Agno

Von Breno führt die Straße in den Talgrund der Magliasina und dann wieder hinauf ins hübsche **Aranno** mit seiner malerischen Pfarrkirche S. Vittore. Zwischen den Ortschaften Aranno und Miglieglia, am Ufer des Flusses Magliasina, befindet sich die **Hammerschmiede** von Aranno, eine der letzten von zahlreichen Anlagen dieser Art im Kanton Tessin. Sie wurde in der ersten Hälfte des 19. Jh. gebaut und musste 1951 geschlossen werden. Mit dem schweren Hammer der mit Wasserkraft betriebenen Werkstatt wurden einst große Eisenstücke geschmiedet. Diese Rohbearbeitung ging der Feinarbeit des Schmieds voraus. Die zu Demonstrationszwecken wieder instand gesetzte Hammerschmiede liegt am Wanderweg „Sentiero delle Meraviglie" und kann besichtigt werden.

Auf gleicher Höhe liegt, von Kastanienwäldern umgeben, **Iseo** mit seiner Dorfkirche und der auf einer Bergkuppe liegenden Kapelle S. Maria mit schönem Blick auf das Agno-Tal. Die Straße führt um die Bergkuppe herum, und dem Betrachter öffnet sich ein einzigartiges Panorama.

Über Rebbergen liegen **Vernate** und **Neggio,** dessen hübsche Barockkirche aus einer Häuserzeile mit Loggien hervorspringt.

Agno

Durch ein kleines Tal am Hangfuß gelangt man nach Agno, das nahe an der Vedeggio-Mündung liegt. Der stattliche Ort war früher Mittelpunkt eines Kirchspiels, das Leute aus dem Tessin und Italien anlockte. Die alljährliche **Sagra di S. Provino** (der Heilige war Bischof von Como) findet üblicherweise am zweiten Sonntag im März statt. Die religiösen Feierlichkeiten werden begleitet von einem Jahrmarkt mit Karussell, Musik und kulinarischen Angeboten. Auf dem Markt, der am Montag fortgesetzt wird, werden Landesprodukte, Landwirtschaftsmaschinen und Hoftiere wie Kühe, Schafe und Ziegen verkauft.

Die **Propsteikirche SS. Giovanni e Provino** wurde 1760 gebaut. Ihre neoklassizistische Fassade aus dem 19. Jh. weist Stuckaturen von *Furlani, Ghezzi, A.* und *G. Soldati, Negri, Maffei* u.a. auf. In der Sakristei befindet sich das **Plebanmuseum** mit römischen Funden und Dokumenten zur Lokalgeschichte (s.u.).

In Agno liegt der einzige internationale **Flughafen** des Kantons Tessin.

In **Serocca** steht die Kapelle S. Giuseppe, erbaut 1690, mit vier hervorragenden Gemälden von *G. Petrini* (Jeremias, Rebecca, Andreas und Franziskus) aus der ersten Hälfte des 18. Jh. Der Palazzo Quadri mit den drei Loggiengeschossen stammt aus dem 17. Jh. Auf einer Geländeterrasse liegt das relativ geschlossene **Cassina.**

Von Breno über Cademario nach Bioggio

Kurz vor dem Dorf Aranno führt die Straße nach links nach **Cademario,** das auf einer Höhenterrasse mit schöner Aussicht in Kastanienhainen liegt. Dies ist ein Klimakurort mit mehreren Kurhäusern am Fuß des Monte Cervello, der zusammen mit Locarno die **längste Sonnenscheindauer** der Schweiz verzeichnet. Der Ort ist Ausgangspunkt für **Höhenwanderungen.**

Unterhalb des Dorfes liegt die interessante **Pfarrkirche S. Ambrogio** mit romanischen und spätgotischen Fresken. Zuerst ein Apsidensaal, wurde die Kirche im 13. Jh. ausgebaut und die zwei Schiffe mit Arkaden verbunden. Im 17. Jh. nahm man eine Achsendrehung vor und baute einen barocken quadratischen Chor an. Neben dem Barockportal an der Südfront sind Reste von Wandgemälden und die Heiligen Christophoros und Ambrosius, beide aus dem 15. Jh., erkennbar. In der Apsis finden sich romanische Wandmalereien: eine Majestas Domini, darunter ein Zackenfries und unter diesem eine fragmentarische Apostelreihe sowie der heilige Ambrosius und Reste einer Teppich-Ornamentierung. An der Stirnfront sieht man eine Verkündigungsgruppe und ein gelöschtes Medaillon aus der ersten Hälfte des 13. Jh. An der Ostwand der Südkapelle ist der Kalvarienberg, an der Südwand das Martyrium des heiligen Bartholomäus zu entdecken, weiterhin Ambrosius und andere Heilige. An der Gegenseite sind eine Muttergottes und Johannes der Täufer dargestellt, ein Bischof und ein Sockel mit Würfelornament. Die Westwand zeigt das Jüngste Gericht, die Hölle und ein Muttergottesgemälde. Am Arkadenpfeiler finden sich ein Gnadenstuhl, die heilige Agatha und Apostel aus der zweiten Hälfte des 15. Jh.

Im Dorf steht eine barockisierte Kirche von 1600 mit einem Fassadenfresko der *Assunta*.

In **Cetta** kann man eine Wegkapelle mit Muttergottesfresko und die auf einem Hügel liegende Kapelle S. Bernardo besichtigen.

Von Cademario geht es steil hinauf zum Dorf **Bosco-Luganese** und von hier hinunter nach **Bioggio** mit seinen interessanten Bauten, so die Casa Riva, ein Rechteckbau mit Loggienpartie, der straßenseitig von einem turmartigen Solarium mit Zwillingsarkaden überragt wird (17. Jh.). Die Casa Staffieri ist ein beachtlicher Renaissancebau.

Praktische Tipps

Information

- **Malcantone Turismo,** 6987 Caslano, Tel. 091 60 62 986.
- **Lugano Airport Turismo,** 6982 Agno, Tel. 091 60 51 226.

Unterkunft

- **Albergo Gardenia,** 6987 Caslano, Tel. 091 61 18 211, www.albergo-gardenia.ch. Ehemaliges Klosterhaus mit Gewölben; vier geräumige Panorama-Suiten mit Wintergarten und Dachterrasse, DZ sFr. 260–460.
- **Villa Magliasina,** Via Vedeggi 38, 6983 Magliaso. Hotel in erhöhter Lage neben dem Golfplatz von Lugano, in großem mediterranen Park. Restaurants, Bar, Schwimmbad, Fitnessraum, spezielle Golf-Arrangements; große komfortable Zimmer, sFr. 280–400.
- **Wellness Hotel Cademario,** 6936 Cademario, Tel. 091 61 05 111, www.swisswellness hotel.com. Auf 850 m, Kurhaus mit angeschlossenem Hotelbetrieb mit Erlebnishallenbad, römischen Thermen, Fitness, Beauty, DZ sFr. 285–404.
- **Casa Santo Stefano,** Hotel garni, 6986 Miglieglia, Tel. 091 60 91 935, www.casa-santostefano.ch. Das freundliche, von einem jungen, kreativen Paar betriebene Hotel besteht aus zwei unkonventionell neu eingerichteten Häusern mit je einem Einzel- und sieben bzw. sechs Doppelzimmern, zwei urgemütlichen Tessiner Wohnküchen und einem Veranstaltungsraum. Die Häuser haben drei offene Kamine, ein Kellergewölbe und eine Sonnenterrasse mit Pergola. DZ mit Dusche/WC sFr. 128–148.
- **Ristorante Albergo San Michele,** 6939 Arosio, Tel. 091 60 91 938. Einfaches Familienhotel in schöner Lage mit DZ für sFr. 88–98 (WC/Dusche auf der Etage).
- **Hotel Il Castagno,** 6939 Mugena, Tel. 091 61 14 050. Zehn schöne Zimmer mit Dusche/WC für sFr. 158.
- **I Grappoli,** 6997 Sessa, Tel. 091 60 81 187, www.grappoli.ch. Ferienzentrum in einem Park unweit des Dorfes mit Freibad, Spielwiese für Kinder, Restaurants (auch im Freien), Snackbar, Aufenthaltsräumen, Hotel, Bunga-

lows mit drei bis sechs Betten; DZ mit Dusche/WC sFr. 130–180.

●**Ostello Vetta Monte Lema,** Tel. 091 96 71 353, auf 1600 m, 60 Betten in Mehrbettzimmern für sFr. 30, Dreierzimmer, DZ und EZ für sFr. 45.

Camping

●**Campingplatz La Palma,** Via Molinazzo 21, 6982 Agno, Tel. 091 60 52 561. 220 Stellplätze; direkt am See mit Snackbar und Seeterrasse. Gut ausgestattet, insbesondere auch die Sanitäranlagen.

Essen und Trinken

●**Grotto Lema,** Novaggio, Tel. 091 60 65 441. Unter Tannen und Kastanienbäumen, Tessiner Küche, Bocciabahn.

●**Grotto dell'Ortiga,** Manno, Tel. 091 60 51 613. Rustikales Restaurant, im Sommer unter Pergola; regionale und italienische Küche, gutes Preis-Leistungsverhältnis.

●**Grotto Stremadone,** Caslano, Tel. 091 60 62 485.

●**Taverna dei Pescatori,** Caslano-Torrazza, Tel. 091 60 61 847.

Museen/Zoo

●**Schokoladenmuseum** (Museo del Cioccolato Alprose), Via Rompada 36, Caslano, Tel. 091 61 18 856, www.alprose.ch, Mo–Fr 9–18 Uhr, Sa/So 9–17 Uhr. Das Museum schildert die Geschichte der Schokolade und die wichtigsten Phasen ihrer Herstellung, vom Ursprungsland des Kakaos über den Transport zu den Schokoladenfabriken bis zum Fertigprodukt. Fabrikbesuche sind möglich.

●**Fischereimuseum,** Via Campagna, Caslano, Tel. 091 60 66 363. Geräte und Dokumente über die Fischerei in der Antike, Schwerpunkt auf den Geräten, die zum Aalfischfang in der Tresa benutzt wurden; Exponate zur Berufs- und Sportfischerei.

●**Museo Plebano,** Via Prada (neben dem Pfarrhaus), Agno, Tel. 091 61 22 323. Es zeigt Fundstücke von etruskischen, langobardischen und byzantinischen Gräbern aus Agno und Umgebung sowie Dokumente aus dem Archiv des Kapitels. Geöffnet von April bis 31. Okt., Do und So 16–19 Uhr. Andere Öffnungszeiten auf telefonische Anfrage unter Tel. 091 60 45 731 oder Tel. 091 60 53 360.

●**Museo del Malcantone,** Curio, Tel. 091 60 63 172. Behandelt Aspekte der Emigration und veranschaulicht das Leben im Malcantone in den letzten Jahrhunderten; geöffnet Do–So 14–17 Uhr.

●**Zoo Al Maglio,** Magliaso, Tel. 091 60 61 493, geöffnet Sa/So 10–17.30 Uhr, im Sommer bis 19 Uhr. Einziger Zoo im Tessin. Etwa 100 Tiere aus der ganzen Welt: Löwen, Tiger, Leoparden, Panther, Pumas, Waschbären, Affen und verschiedene Papageienarten. Mit Picknickmöglichkeiten.

Wandern

●**Vom Monte Tamaro zum Monte Lema,** Dauer: 4½ Std. Beschreibung unter Val Vedeggio. Busverbindung zwischen Miglieglia nach Rivera.

●**Sentiero del Castagno,** Kastanienweg, Rundwanderung von Arosio über Mugena und Fescoggia nach Arosio, 5 Std. Vom *Grotto Sgambada* in Arosio in den Kastanienhain von Induno und wieder zurück nach Arosio zur Kirche S. Michele mit der italienischen Sonnenuhr von 1664 und dem schönen Freskenzkyklus der *da Tradate* (in der Nähe liegt ein Grà, wo die Kastanien getrocknet wurden). Weiter geht es in Richtung Mugena mit Blick auf die Caroggio-Ebene nach Busgnone, wo man den Fluss Magliasina überquert und entlang dem Valle di Firinescio oberhalb Vezios ins hübsche Fescoggia gelangt. Der Rückweg führt über Caroggio und Mugena nach Arosio.

●**Rundwanderung von Magliaso über San Bernardo und Novaggio,** 5 Std. 50 Min. Mit Bahn oder Auto fährt man über Agno nach Magliaso. Zuerst folgt man der Straße nach Ponte Tresa; vor der Brücke führt ein Sträßchen ins Tal, Abkürzung rechts nach wenigen Schritten, Aufstieg nach Neggio und Vernate und zum Pt. 719, hier lohnt ein Abstecher zur Kapelle S. Maria d'Iseo mit schönem Ausblick. Über den Waldrücken geht es zum Kirchlein S. Bernardo (897 m), Abstieg Richtung Cademario über den Sattel Forcora nach Aranno. Vor der Ortstafel links den Fußweg zur Magliasa einschlagen, bei Maglio liegt die Hammerschmiede; talauswärts dem

Sentiere delle Meraviglie nach Novaggio folgen. Bei der Kirche links zur Kapelle, hier wiederum links nach Curio, an der Post vorbei bis zu Pt. 535, hier ins Sträßchen zum Oratorio della Morella und weiter über Pura und Molini zurück nach Magliaso. Die Strecke lässt sich mit dem Bus abkürzen.

- **La Strada verde del Malcantone in drei Tagen.** Bequeme Wanderung in abwechslungsreichem Gebiet. Die erste Etappe führt von Arosio über die Alpe di Agra nach Cademario, von hier nach Forcora, Aranno, Maglio, Miglieglia,Vinera nach Novaggio (3 Std. 15 Min.). Die zweite Etappe geht von Novaggio nach Curio, Piazzano, I Pre, Grotto Selvatica, Bedigliora, Beride, Sessa, Sasso, Biotto, Erbagni und Laghetto nach Astano (4 Std). Die dritte Etappe führt von Astano über die Alpe di Paz nach Frécc, Miglieglia, Tortoglio, Piano di Nadro, Breno, Vezio, Caroggio, Mugena und Piano di Piem nach Arosio (4 Std.)
- **Sentiero Pedemontano von Miglieglia nach Ponte Tresa.** Mit dem Bus nach Miglieglia, mit der Seilbahn auf den Monte Lema; der Weg führt von hier nach Paz und Astano mit dem kleinen See, weiter nach Riva Sole und über den Monte Scerée nach Costa di Sessa und Sessa. Mit dem Postauto fährt man zurück nach Ponte Tresa, hier Zugverbindung nach Lugano.
- **Von Astano zum Monte Lema,** 3 Std., 1000 m Aufstieg. Bis Astano Bus von Magliaso oder Novaggio benutzen. Von Astano führt der Weg nördlich des Dorfes bis Motto della Croce. Hier kann der Weg nach rechts oder nach links gewählt werden, entweder zum Passo della Forcola oder zum Passo di Monte Faëta, von hier zum Monte Lema (1620 m).
- **Weg der Wunder,** Region Malcantone, 7 km, 4 bis 6 Std. Ausgangspunkt und Ziel ist Novaggio. 13 Tafeln geben Auskunft über die jeweiligen Sehenswürdigkeiten.

Biken

- **Von Arosio nach Miglieglia** mit dem Mountainbike, Dauer: 30 Min., Strecke: Arosio – Mugena – Vezio – Fesoggia – Breno – Miglieglia (Weg nach Tortoglio). Boden: Schotterweg 40 %, Asphalt 60 %.

Halbinsel Ceresio

Ceresio – so bezeichnen die Italiener und Tessiner den Luganer See, aber auch die Landzunge, die vom See umrahmt wird. In der Eiszeit ragte die Halbinsel aus den **Gletschern** hervor, die aus dem Val di Vedeggio und Val Colla herausdrängten. Sie wird von der Ebene des Baches Scairolo im Norden abgeschlossen. Hier findet sich der „Zuckerberg“ San Salvatore, das lauschige Morcote, die sanften Hänge des „Goldhügels“, der Collina d'Oro, *Hermann Hesses* Montagnola und Melide mit seinem Damm auf einer Gletschermoräne.

Muzzano, Agnuzzo, Sorengo

Von Agno gelangt man auf der Straße nach Lugano zum malerisch über dem Muzzano-See gelegenen Dorf Muzzano mit einer 1650 neu gebauten Kirche mit Barockfassade. Gegenüber der Kirche liegt die **Casa Lamoni,** Anfang des 19. Jh. gebaut für den in Russland tätigen Stuckateur und Architekten *Felice Lamoni* (1745–1830). Sie hat einen dreiteiligen Säulenportikus mit Kreuzgewölbe, Alkoven mit Stuckporträts und stuckierte Zimmer.

Die Casa Fe am Abhang geht auf das 17. und 18. Jh. zurück. Die Casa Platis wurde 1982 von *Berneggger, Keller* und *Quagila* gebaut, die Casa Weissenberg 1970 von *Campi, Pessina, Piazzoli;* etwas weiter, in **Breganzona,** liegen die Casa Genini von *Botta* und die Scuola Materna von *Schnebli.*

In **Agnuzzo** besitzt die **Kapelle S. Andrea** an der Rückwand des Schiffes vorzügliche Renaissancemalereien, entstanden um 1520–30. In der Mitte der drei Arkaden eine Christusfigur am Kreuz mit zwei Engeln, rechts ist der heilige Stephanus, links ein Bischof zu sehen.

Sorengo ist ein Vorort von Lugano mit wunderbarer Aussicht und zahlreichen Tessiner Grotti im Wald. In der ehemaligen **Klosterkirche** sind Fresken der romanischen Vorgängerkirche an der inneren Fassadenmauer zu sehen. Sie zeigen eine Verkündigung und ein Mäanderfries mit Fischen und Pfauen aus dem 12. Jh. Unterhalb der Kirche liegt die **Villa Lampugnani,** ein stattlicher Palazzo mit Zwillingsloggia und einem Renaissancerelief. Die bemerkenswerte Orangerie stammt aus der ersten Hälfte des 19. Jh.

Gentillino und Montagnola

Das Dorf Gentillino ist noch relativ intakt. Am Dorfeingang steht die 1510 gebaute **Casa Somazzi e Bottani** mit Renaissance-Sgraffiti, an der malerischen Piazzetta springt ein Haus mit kielbogiger Loggia vor.

Eine Zypressenallee führt zur einsam und sehr malerisch gelegenen **Barockkirche S. Abbondio,** gebaut im 16. Jh. Bemerkenswert sind die illusionistischen Architekturmalereien im Spiegelgewölbe (1850). Vor der Kirche steht das würfelförmige Beinhaus, um 1730 ausgemalt. Zu sehen sind der heilige Michael, die Muttergottes mit den Heiligen Karl Borromeo und Franziskus, Mariä Himmelfahrt mit den Heiligen Franziskus und Antonius, im Inneren Maria und Christus im Grab.

Morcote am Südzipfel der Ceresio-Halbinsel

Auf dem Friedhof von San Abbondio befindet sich das **Grab von Hermann Hesse.** Hier ruhen auch *Bruno Walter* sowie *Emmy* und *Hugo Ball-Hennings.*

Montagnola in herrlicher Aussichtslage war früher eine Sommerfrische, heute ist es ein zersiedelter Villenvorort von Lugano inmitten von Reben und Gärten. Von 1919 bis zu seinem Tod 1962 war es **Wohnort des Dichters Hermann Hesse.** Beinahe im Ortszentrum steht die Casa Camuzzi, das erste Wohnhaus des Schriftstellers. Er lebte hier von 1919 bis 1931. Das Ende des 17. Jh. erbaute Haus wirkt wie ein kleines Schloss. Die gewundenen Linien der Casa Camuzzi und die Vorliebe für Stuckaturen und Schmiedeeisen zeigen Anklänge an den Rokokostil. Der gegen den Garten abfallende Teil verrät mit seinem Turm, den Zinnen und der Mauerverkleidung aus Ziegeln den neugotischen Stil. Die Casa Camuzzi ist heute ein privates Wohnhaus. Der dazu gehörende Torre Camuzzi ist Sitz des **Hermann-Hesse-Museums.**

In der **Kirche S. Nazario e Celso** sind im ehemaligen Chor Renaissancefresken zu sehen, datiert 1551. Sie zeigen die Heiligen Rochus, Sebastian, Apollina und Nazarius, die Muttergottes sowie Johannes den Täufer.

096te Foto: tt

Bigogno, Agra, Barbengo

Bigogno weist nördlich von seiner kleinen Kapelle einen von Loggienhäusern umstandenen Hof mit mittelalterlichen Bestandteilen auf. Agra mit seiner charaktervollen Kirche S. Toma, deren Chor im illusionistischen Stil ausgemalt wurde, bietet eine schöne Aussicht.

Inmitten von Rebbergen, Kastanienhainen und Weilern liegt Barbengo mit seiner einsam auf einer Terrasse thronenden barockisierten Kirche S. Ambrogio mit zarten Rokokostuckaturen. In der Umgebung gibt es archäologische Fundstätten aus der Zeit der Etrusker.

Carabietta

Über **Cadepiano** geht es in **Casoro** rechts zum Dorf Carabietta, wo im alten Teil prächtige Bauernhöfe das Auge erfreuen. In der Sakristei der **Kirche S. Bernardo** steckt ein Überrest der spätmittelalterlichen Kapelle mit einem Renaissancewandgemälde im Stil *Luinis* (16. Jh.). Es zeigt eine Kreuzigung mit Muttergottes und dem heiligen Johannes sowie eine Muttergottes zwischen den Heiligen Michael und Bernhard von Clairvaux. Im Chor der Kirche finden sich ebenfalls Fresken, datiert auf 1684. Über **Figino** mit seinem Kieselbadestrand und seiner Kapelle gelangt man nach Morcote.

Morcote

Morcotes geschlossenes Ortsbild gehört zu den schönsten der Schweiz. Das malerische Dorf zieht sich am Ufer des **Luganer Sees** entlang, die typischen Pfeilerarkaden spiegeln sich im Wasser. Nicht nur im Hochsommer ist es schwierig, hier einen Parkplatz zu finden; ein Besuch mit dem Schiff oder Bus ist eine sinnvolle Alternative.

Morcote wurde 926 erstmals erwähnt und erhielt unter den Mailändern gewisse Privilegien, so das Wahlrecht des Potestaten, Zollfreiheit und Fischereirechte. Obschon es nach 1513 zur Vogtei Lugano gehörte, blieb seine **politische Selbstständigkeit** unter den Eidgenossen erhalten. Morcote war Heimat bekannter Künstlerfamilien wie der *Fossati, Bazzurri, Paleari, Raggi* und *Caccia.*

Sehenswertes

Viele der charakteristischen Häuser haben Loggien und Portici, Laubengänge mit gemauerten Gurtenbögen und Balkendecken, darunter der **Palazzo Paleari,** das Eckhaus östlich der Arkadenzeile, ein 1483 erbautes, elegantes Herrschaftshaus, das 1661 barockisiert wurde. Die Fassadenstuckaturen stammen von 1661.

In der inneren Gasse steht die alte **Casa Ruggia** mit kleinem Hof und vierjochigem Säulenportikus, bekrönt von einer neunjochigen Loggia mit sich abwechselnden Pfeilern und Säulen. Über die Hausdächer ragt der **Torre del Capitano** mit sorgfältigem Quadermauerwerk aus dem 14. Jh. hinaus, der oberste Teil wurde abgetragen. Hier ist heute das Rathaus untergebracht. Über dem Portal sind barocke Freskenspuren zu sehen sowie das **Stadtwappen,** das eine säugende Sau zeigt.

Ein steiler Stufenweg führt hinauf zur Kirche S. Maria del Sasso, zum terrassierten Friedhof und der dem heiligen Antonius von Padua gewidmeten Kapelle. Am Weg stößt man auf einen Brunnen von 1728, einige Bildstöcke mit Malereien von *Pietro Chiesa* (1941) und die spätmittelalterliche **Kapelle S. Antonio Abate.** Sie zeigt neben dem Portal Freskenreste des Gnadenstuhls, den heiligen Christophoros und Christus, im Inneren spätgotische Fresken zweier Meister aus Seregno. Im östlichen Seitenschiff und an der Südwand sind verschiedene Heilige (etwa Franziskus, Luzia und Apollonia) und eine Weihnachtsdarstellung zu sehen. Im Ostflügel erkennt man Gottvater, darunter eine Kreuzigungsgruppe mit Maria und dem heiligen Bernhardin, rechts ein Gnadenstuhl, die Muttergottes und Heilige, alles von gleicher Hand im 15 Jh. gemalt. An der Chorstirnwand finden sich bessere jüngere Fresken: eine Darstellung mit nackten Figürchen, im Netz zappelnd, darunter Szenen aus dem Leben des heiligen Antonius, das dritte Feld von links zeigt den heiligen Nikolaus.

Nach 400 Treppenstufen gelangt man auf eine Aussichtsterrasse, auf der die **Pfarrkirche S. Maria del Sasso** steht, vermutlich im 13. Jh. errichtet und 1462 ausgebaut. Die veränderte Ausrichtung erfolgte 1758. Der spätro-

097te Foto: tt

manische Glockenturm wurde im 16. Jh. erhöht. Die Kirche birgt hervorragende Renaissancefresken aus dem 16. Jh., unter anderem von *Giovanni Battista Tarilli*. Die Renaissancefresken im alten Chor wurden vermutlich von *Domenico Surnicus* 1513 gemalt. Zum Teil sind sie hinter der Orgel versteckt. Rechts sieht man den Ölberg, links eine Kreuztragung und an der Front die Kreuzigung. Vom gleichen Meister, aber jünger sind die Malereien im Gewölbe und in der Arkade des südöstlichen Seitenschiffjochs. Zu sehen sind die Heiligen Thomas, Augustinus und Hieronymus, Gottvater sowie marianische Medaillons und Renaissance-Ornamente, an den Gurten weibliche Heilige. Im nordwestlichen Seitenschiff ist der große wunderbare Fischfang zu bewundern, im Gewölbe Medaillons mit Taube und Engeln, in den Gurten Sibyllen. Links neben dem Portal sieht man die Heiligen Johannes und Antonius Eremita, 1614 gemalt, auf der Gegenseite Antonius Eremita und Paulus Eremita vor einer Landschaft, vermutlich von *G. Tarilli*. Darunter sieht man Karl Borromeo und die Muttergottes, ebenfalls von 1614. Im

Morcote aus der Vogelperspektive

Südjoch des westlichen Seitenschiffs finden sich Gewölbemalereien mit vier Szenen aus dem Leben des heiligen Johannes, an der Arkadengurte ist eine Signatur von *Giovanni Battista Tarilli*. Die Stuckaturen aus dem Jahre 1591 in der Sakramentskapelle beziehen sich auf die Bruderschaften des 17. Jh. Die barocken illusionistischen Malereien in der gegenüberliegenden Kapelle stammen von *C. Pelli*.

Der **Friedhof** in schönster Aussichtslage weist einige interessante Grabdenkmäler aus dem 19. Jh. auf, so das des einst in Berlin gefeierten Schauspielers *Alexander Moissi* (1880–1935), dessen Grabstein viersprachig den Betrachter auf seine letzte Stunde hinweist. Auch der Schriftsteller *Georg Kaiser* (1878–1945) und der Komponist *Eugen d'Albert* (1864–1932) liegen hier. Das Grab des Mailänder Bankiers *Carlo Bombieri* ziert eine Plastik von *Henry Moore*.

Westlich der Kirche am Rand der Terrasse steht die **Kapelle S. Antonio di Padova,** erbaut 1676. Sie besitzt einen reich stuckierten Altar und über dem Gebälk Heilige, Engelpaare und Putten von *A. Paleari*. Die Kuppel wurde von *Giovanni Carlone* vollständig ausgemalt (1682). Zu sehen ist die Kreuzigung des heiligen Petrus, zweimal eine Christusfigur und einmal ein Prophet.

An der Hangseite des Platzes steht das **Pfarrhaus,** weiter oben befand sich eine Burg.

Hübsch über dem See gelegen ist der **Parco Scherrer** mit seinen exotischen Bauten und Pflanzen.

Vico Morcote

Am Südosthang des Monte Arbostora oberhalb von Morcote liegt umgeben von Rebbergen Vico Morcote mit herrlicher Aussicht. Das eng verschachtelte Dörfchen ist gut erhalten und hat schmale Gässchen, teilweise mit Lauben. Herrschaftlich ist die **Casa Bazzurini** aus dem 18. Jh.

Unterhalb des Dorfes liegt die wegen eines skulpierten Frührenaissance-Triptychons berühmte **Pfarrkiche SS. Fedele e Simone.** 1627 wurde sie neu gebaut, Teile des ehemaligen Chors sind im Mauerwerk des südlichen Schiffes und in einem südlichen Anbau erhalten. Die zweigeschossige Fassade ist von 1720. Das Triptychon aus Saltrio-Stein befindet sich über einem südlichen Nebenportal. Vielleicht stammt es aus der Werkstatt *Rodari* aus dem frühen 16. Jh. In der Mitte ist die Muttergottes abgebildet, links Johannes der Täufer, rechts der heilige Fidelis, darüber ein Relief mit der Erschaffung Adams und Evas. Das Rahmenpilaster, die Sockelzone und das Gebälk zeigen Evangelistensymbole, Embleme und Grotesken, ein bekrönendes Relief zeigt Christus über dem Grab mit den Leidenswerkzeugen.

Zu Fuß gelangt man von Vico Morcote in einer Stunde zum reizvollen Carona.

Carona

Das gut erhaltene Bergdorf Carona liegt zwischen dem Monte San Salvatore und dem waldreichen Arbostora.

Von hier kommen die Künstlerfamilien *Solari, Casella, Aprile, Scala* und *Petrini*. Der bekannteste ist der Maler *Giuseppe Antonio Petrini* (1677–1759), der in der nahen Kirche S. Maria d'Ongero tätig war.

In den drei engen, verwinkelten Gassen stehen aristokratisch wirkende Häuser, deren Fassaden Sgraffiti, Dekorationsmalereien, Reliefskulpturen und Stuckaturen aufweisen. In der Via della Costa bilden die **Casa Adami** mit ihren Granitkonsolen mit Maskenreliefs, die **Casa Solari** mit vorzüglichen Rokokostuckaturen und Gemäldemedaillons im Innern sowie die barocke **Casa Lucchini** ein verträumtes Ensemble um eine Piazzetta. Die **Casa Costanza** mit freskengeschmückter Fassade (18. Jh.) hat Balkone auf Löwenkonsolen und reiche Rokokostuckaturen.

Stolze Häuser mit Höfchen und schmiedeeisernen Balkonen finden sich auch an der malerischen Piazza. An der Biegung der Via della Posta steht ein großer Barockbau mit Überresten figürlicher Bemalung aus dem 17. Jh. In der Nähe der Post findet sich die **Casa Andreoli** mit zweibögigen Fenstern und einem Lanzettfenster, alle aus dem 15. Jh., sowie einer mit Stuckaturen geschmückten Nische von 1638. Das an die Pfarrkirche S. Giorgio anschließende Gemeindehaus **Loggia del Comune** wurde 1591 gebaut; es besitzt eine elegante, kreuzgewölbte Galerie. An der Fassade prangen illusionistische Architekturgemälde und die Wappen der XII alten Orte.

Pfarrkirche S. Giorgo

Ein eindrucksvoller Spätrenaissancebau mit gut gefertigten Reliefskulpturen und Wandgemälden aus dem 15. und 16. Jh. ist die Pfarrkiche S. Giorgo, im 16. Jh. weitgehend neu gebaut. Die Pfeilerbasilika mit Tambourkuppel birgt ein großes Wandgemälde von *Domenico Pezzi*, gemalt 1585: an der Chorfront ein Kalvarienberg, an der Nordseite ein Allerheiligenbild, gegenüber das Jüngste Gericht, eine gute Kopie des Gemäldes von *Michelangelo*. Der südliche Altar birgt eine schöne Darstellung der Muttergottes im Dominikanerkloster Soriano, um 1600. An der Seitenwand zeigt ein Fresko die Enthauptung des heiligen Johannes. Zwei Fresken zeigen die Verlobung und die Himmelfahrt Mariä, in den Lünettenzwickel sind Propheten, um 1600 gemalt. Im zweiten Südjoch hängt ein Renaissancekruzifix. Auf der Gegenseite sind Freskenfragmente aus dem 15. Jh. zu sehen, an der Westwand ein Abendmahlgemälde aus dem 16. Jh., darunter hängt eine Beweinung Christi aus dem 17.Jh. Der Renaisassance-Taufstein weist Putten am Fuß und figürlichen Reliefs auf; er stammt aus den Anfängen des 16. Jh. Im ersten Südjoch ist ein hervorragendes Tabernakeltriptychon aus Saltiro-Stein aus der ersten Hälfte des 15. Jh. zu bewundern. Es ist zweigeschossig mit Pilastern und Wimpergen, über dem Sakrarium liegt Christus im Grabe, beweint von Maria und Johannes, links stehen zwei Engel, seitlich die Heiligen Petrus und Paulus in Muschelarkaden, darüber der heilige

Georg und die beiden Heiligen Agatha und Stephanus. Im ersten Nordjoch ist ein Renaissancetriptychon mit Maria, Rochus und Sebastian aus dem 15. Jh. zu finden. Im zweiten Nordjoch zeigt ein Marmorbild aus dem 17. Jh. die thronende Muttergottes. In der 1769 angebauten Sakristei sind Rokokostuckaturen und barocke Gemälde zu sehen.

Madonna d'Ongero

Im Wald westlich von Carona steht ein barockes Juwel, die **Wallfahrtskirche** Madonna d'Ongero; sie ist über einen Kreuzweg mit Kapellen erreichbar. Sie wurde in der ersten Hälfte des 17. Jh. errichtet und steht am Platz eines Bildstockes aus dem Jahre 1515. Ihr Grundriss hat die Form eines lateinischen Kreuzes, mit einem einzigen zweijochigen Schiff, flankiert von dreijochigen Pfeilerarkaden und zwei Seitenkapellen, in der Mitte eine Pendentifkuppel. Bemerkenswert sind die Stuckaturen im Kuppelgewölbe wie auch an den Kirchenwänden, die zum größten Teil 1646–48 von *Alessandro Casella* geschaffen wurden. Der prunkvolle Hauptaltar trägt das Fresko der wundertätigen Madonna (1515), umrahmt von Putten aus einer späteren Epoche. Die Altarbilder der Seitenkapellen sind von *G. Andrea* und *Giacomo Casella* (1648), ebenso die Dekorationen in der Kapelle S. Giuseppe (links) und S. Antonio (rechts). In den Blindbögen sind Fresken von *G. A. Petrini* aus dem 17. Jh. Sie zeigen Christus im Gespräch mit den Schriftgelehrten, Christi Geburt und die Darbringung im Tempel. Die übrigen Fresken stammen von anderer Hand, sie gehen auf die erste Hälfte des 17. Jh. zurück.

Jeweils in der zweiten Septemberwoche findet hier das **Festa della Madonna** statt.

● **Schlüssel** bei Frau *Sofia Schmidt*, Tel. 091 64 97 238.

S. Maria Assunta di Torello

Weiter südwestlich am Osthang des Arbostora liegt in unvergleichlicher Aussichtslage die spätromanische Kirche S. Maria Assunta di Torello. Das ehemalige **Augustinerchorherrenstift** wurde 1217 gegründet und 1389 aufgelöst. Die Kirche und das stark veränderte Konventsgebäude sind in Privatbesitz. Der unverputzte Rechteckbau mit eingezogenem Chor hat aufgrund des abfallenden Geländes eine hohe Westpartie. Der Turm besitzt Arkadennischen und Zwillingsfenster. Das einfache Westportal hat Knospenkapitelle und eine stark verblichene Malerei der Muttergottes zwischen einem Bischof und den Aposteln. Darüber liegt ein Bogenfenster und ein Christophorus, links das Bildnis des Kirchengründers, alles ist in spätromanischem byzantisierendem Stil gehalten. An der Nordwand der Vorhalle ist ein Kreuzigungsfresko zu sehen. In der Apsis schimmern Renaissancefresken durch, noch erkennbar ist hier der heilige Hieronymus.

Umgebung von Carona

Von Carona führt die Straße weiter auf dem Höhenzug des San Salvatore und über den Weiler **Ciona** weiter nach **Carabbia.** Die 1610 gebaute Kirche weist Barockmalereien auf, im Chor prangt ein Deckengemälde, vermutlich von *G. A. Petrini*. Die Casa Laurenti besitzt Sgraffitti.

Weiter den Westhang des San Salvatore entlang, gelangt man nach **Pazzallo** und von hier nach Lugano-Paradiso. Auf der Halbinsel **San Martino,** die bis 1861 zu Campione gehörte, erhob sich einst eine Burg, später der Galgen von Lugano.

Melide

Man kann von Carona auch den Weg über Vico Morcote nach Melide wählen. Melide war Heimatort des in Rom und Neapel tätigen Architekten *Domenico Fontana* (1543–1607). Er baute in Rom den Lateranpalast und die Vatikanische Bibliothek, in Neapel den Königspalast.

Die **Pfarrkirche** besitzt ein schönes Renaissanceportal aus der zweiten Hälfte des 16. Jh., am rechten Postament ist es von *Marsilio Fontana* signiert, einem Bruder *Domenicos*. Eine kleine Kapelle aus dem Jahr 1626 überblickt den Ort. Der Architekt *Matteo Castello* soll hier als Knabe ein Kreuz im Himmel gesehen haben.

Melide ist vor allem wegen des Freizeitparks **Swissminiatur** bekannt; hier sind Sehenswürdigkeiten der Schweiz im Kleinen nachgebildet (s.u.).

Monte San Salvatore

Von Carona ist der Monte San Salvatore (912 m) zu Fuß, von Lugano-Paradiso aus mit der **Seilbahn** erreichbar. Er ist Teil einer Berggruppe, die als Halbinsel in den Luganer See hineinragt. Die Fahrt auf den Monte San Salvatore erschließt eine herrliche Aussicht, vom Monvisier bis zum Monte Rosa, Bernina, Monte Legnone und im Süden bis zum Apennin.

In einem engeren Umkreis sind im Süden die Berge San Giorgio, Lema, Tamaro und Pizzo Vogorno zu erkennen, im Norden Adula, Camoghè, Denti della Vecchia, Boglia, Brè, Caprino, Sighignola bis hin zum Generoso.

Der **Naturlehrpfad Monte San Salvatore** zeigt die typische Pflanzenwelt der Region.

Praktische Tipps

Unterkunft

- **Albergo Bellavista,** 6921 Vico Morcote, Tel. 091 99 61 143. Familiäre Unterkunft mit Restaurant; elf Zimmer in mediterranem Stil, DZ ab sFr. 150, Suiten sFr. 330 bzw. 500.
- **Carina Carlton,** 6922 Morcote, Via Cantonale, Tel. 091 99 61 131. Ein elegantes kleines Hotel in schöner Lage; Restaurant, Terrasse auf den See. DZ sFr. 165–260.
- **Villa Carona,** 6914 Carona, Tel. 091 64 97 055, www.villacarona.ch. Patrizierhaus mit 17 stilechten Zimmern mitten im Dorf, DZ sFr. 180 bis 240.
- **Art Deco Hotel del Lago,** 6815 Melide, Tel. 091 64 97 041, www.hotel-dellago.ch. Direkt am See gelegen; sein Restaurant *Del Lago* ist nicht nur bei Hotelgästen beliebt. 15 sehr unterschiedliche Zimmer in warmen Farben und im Art-Déco-Stil. Internationale (Fisch-) Küche. DZ sFr. 190–360.

098te Foto: tt

Essen und Trinken

- **Ristorante Santabbondio,** Sorengo, Via Formelino 10, Tel. 091 99 32 388. Ein Feinschmeckerlokal mit einem Michelin-Stern, s.u. Lugano.
- **Grotto Figini,** Via ai Grotti, Gentilino, Tel. 091 99 46 497. An der Straße Sorengo – Ponte Tresa (von Lugano herkommend) links abbiegen und über die erste Abzweigung nach rechts direkt zum Grotto mit seiner einfachen Hausmannskost.
- **Ristorante La Sorgente,** Vico Morcote, Tel. 091 99 62 301, Mo und Di geschlossen, nur abends außer So. Schmackhafte tessinische und mediterrane Küche, gutes Preis-Leistungsverhältnis.
- **Ristorante Bellavista,** Vico Morcote, Tel. 091 99 61 143, Mo und Di geschlossen. Über dem See mitten in den Rebbergen gelegen, mit toller Aussicht und guter Küche.
- **Grotto Osteria al Böcc,** Vico Morcote, Tel. 091 99 63 423 (täglich geöffnet). Am Dorfplatz mit Hausmannskost.
- **Grotto de Parco,** Morcote, Tel. 091 64 97 157.
- **Grotto Alpe Vicanie,** Tel. 091 99 61 850, Mo Ruhetag. Hoch über Vico Morcote auf einer Waldlichtung; gute Tessiner Küche, vom Ort in 20 Min. zu Fuß erreichbar.
- **Grotto Pan Perdü,** Carona, Tel. 091 64 99 192. Mit großer Aussichtsterrasse und gemütlichem Speiselokal; Tessiner Küche.
- **Grotto Posmonte,** Agra, Tel. 091 99 41 758.
- **Grotto Circolo Sociale,** Montagnola, Tel. 091 99 46 919.
- **Grotto Morchino,** Pazzallo, Tel. 091 99 46 044.

Museum/Besichtigungen

- **Museo Hermann Hesse,** Torre Camuzzi, Montagnola, Tel. 091 99 33 770/71, www.hessemontagnola.ch. März bis Ende Okt. Di–So 10–12.30 und 14–18.30 Uhr. Das 120 Jahre nach der Geburt des Schriftstellers gegründete Museum wurde im Baukomplex der Casa Camuzzi eingerichtet, in der *Hesse* seine ersten 12 Jahre im Tessin verbrachte.

● **Swissminiatur,** Melide, Tel. 091 64 01 060, März–Oktober 9–18 Uhr. Auf einem großen Parkgelände am Luganer See, permanente Ausstellung. Im Maßstab 1:25 reproduzierte Sehenswürdigkeiten der Schweiz. Die ganze Miniaturlandschaft wird von einer Eisenbahnlinie durchzogen, die sich über 3560 m erstreckt. Auf dem Platz Selbstbedienungsrestaurant mit Spielplatz und kleinen Wasserbecken.

Wanderungen

● **Von Morcote nach Carona,** 2 Std. 15 Min. Eine leichte und interessante Wanderung im Hügelgebiet der Arbòstora, die zwischen zwei Armen des Luganer Sees liegt. Vom Zentrum Morcotes in Richtung Valle del Gaggio. Von der hufeisenförmigen Gabelung der Fahrstraße, die in den höher gelegenen Ortsteil Arbòstora führt, zweigt ein bequemer Weg zu den Ruinen bei der romanischen Kirche Santa Maria di Torello ab; von hier führt der Weg zur Barockkirche Santa Maria d'Ongero und nach Carona.

● **Vom Monte San Salvatore nach Morcote,** 3 Std. Mit der Seilbahn von Lugano-Paradiso auf den Monte San Salvatore (Restaurant), über den Weiler Ciona nach Carona und von dort in zwei Stunden nach Morcote oder in 30 Minuten nach Melide. Bis zum Weiler Ciona ist der Weg steil und unbefestigt, gute Wanderschuhe sind von Vorteil.

Ausflüge

● **Botanischer Garten San Grato,** Carona, Eintritt frei. Den Zugang zum Park bildet der „Blumenweg" *(Sentiero dei fiori),* der vom Gipfel des Monte San Salvatore ausgeht, den Ortskern von Carona durchquert und schließlich zum Park führt, in dem Rhododendren, Azaleen und Kamelien wachsen. Der „Weg der Märchen" liegt in der Nähe des Spielplatzes. Die Tafeln und Figuren stellen das Azaleenmärchen dar. Der „Relaxweg" (1,5 km) fasst die ebenen und bequemsten Spazierwege innerhalb des Parks zusammen. Im Park gibt es eine Bar und ein Restaurant.

● **Parco Scherrer,** Morcote, Tel. 091 99 62 125, Sa/So 10–18 Uhr. Kunst, Architektur und Pflanzenwelt ergeben ein harmonisches Gesamtbild (Hindu-Statuen, Elefanten und Schlangen, ein siamesisches Teehaus).

● Das **Osservatorio Calina,** die Sternwarte, bietet Ferienkurse an. Frau *Brigitte Nicoli,* 6914 Carona, Tel. 091 64 95 222.

Von Lugano-Paradiso fährt eine Seilbahn auf den Monte San Salvatore

100te Foto: tt

Das Mendrisiotto

101te Foto: ns

102te Foto: tt

Rast im Grotto

Roncapiano

Muggio

Caslano
Ponte Tresa
M.Caslano 562
Lago di Lugano
Montagnola
Agra
Carabietta
Carabbia
Caprino
Lanzo d'Intelvi
ITALIEN
Campione d'Italia
Arogno
Bissone
VAL MARA
Carona
Barbengo
Lavena
Figino
Ceresio-Halbinsel
Melide
Brusimpiano
Val Marchirolo
M.Arbòstora 822
Lago di Lugano
M. S. Agata 939
M. Gene 1701
Vico Morcote
Brusino-Arsizio
Maroggia
Rovio
Melano
M.Piambello 1129
Morcote
Seilbahn
M. S. Giorgio 1097
SCHWEIZ
0
3 km
Serpiano
Bellavista
Muggias 95
Porto Ceresio
Riva S. Vitale
Capolago
VALLE
Dosso Bello 1136
Casi
Meride
Besano
Tremona
Monte
Somazzo
ITALIEN
Arzo
Salorino
MUGG
Campora
Viggiú
Besazio
Bisuschio
Rancate
Mendrisio
Cane
Morbio
Arcisate
S. Pietro
Ligornetto
Villa
Castel S. Pietro
Genestrerio
Coldrerio
Morb Inf.
Induno-Olona
Stabio
Balerna
Brusata
Vac
Novazzano
Bizzarone
Chiasso
Varese
Seseglio
Pedrin
Cantello
Valmorea
Uggiate-Trevano
Cavallasca
Ranza
Cagno
Albiolo
Faloppio
Malnate
Solbiate
Mont
Vedano-Olona
Binago
Olgiate
Gazzada

Überblick

Früher war der **südlichste Zipfel des Tessins** und der Schweiz ein Landstrich mit ausgedehnten Äckern, Tabakfeldern und Rebbergen. So erstaunt es nicht, dass das sanfte Hügelland des Mendrisiotto als **schweizerische Toskana** oder als „Terra Adorna", liebliches Land, bezeichnet wurde. Bei der heutigen verbauten und industrialisierten sowie durch Verkehr und Smog belasteten Gegend muss man diese Lobpreisung zwar etwas einschränken, die Schönheit der Landschaft entlang des Luganer Sees, auf den Bergrücken San Giorgio und Generoso oder im Valle Muggio offenbart sich Touristen jedoch auch heute noch.

Auch hier verbergen sich **Kunst- und Kulturschätze,** ist die Gegend doch Heimat berühmter Architekten, Bildhauer und Stuckateure, die nicht nur Roms Stadtbild, sondern auch das vieler norditalienischer Städte mitgeprägt haben (vgl. Kap. „Land und Leute"). *Francesco Borromini* aus Bissone wirkte neben *Bernini* im 17. Jh. als Kirchen- und Palastbauer in Rom. Ebenfalls im 16. und 17. Jh. in Rom tätig waren *Carlo Maderna* als Leiter der Werkstatt der Peterskirche und *Stefano Maderna* aus Capolago. Im 19. Jh. waren es die einheimischen Architekten *Luigi Fontana, Antonio Croci* und *Isidoro Spinellei,* die öffentliche und private Bauten errichteten. Man muss aber nicht so weit in die Architekturgeschichte zurückgehen. *Luigi Snozzi,* als Linker bei öffentlichen Aufträgen oft übergangen, wurde 1932 in Mendrisio geboren. 1943 erblickte auch der heute wohl bekannteste Tessiner Architekt, *Mario Botta,* hier das Licht der Welt. *Tita Carlonis* (*1931) Geburtsort ist Bissone. Die jüngere Tessiner Architektengeneration gibt als Heimatort oft Lugano, Locarno, die Leventina oder Mailand an; eine Ausnahme ist Raffaele Cavadini, auch er ist 1954 in Mendrisio geboren.

Es ist keine große Überraschung, dass die **Fakultät für Architektur** der Universität der italienischen Schweiz in Mendrisio ihren Sitz hat, nicht weit von Riva San Vitale, wo sich der älteste noch aufrecht stehende Sakralbau der Schweiz erhebt.

Im Mendrisiotto finden wir einen typischen **Bauernhofstil** vor. Hier umschließt das Bauernhaus den quadratischen Innenhof mit Loggien auf kraftvollen Säulen. Die Fenster öffnen sich zum Hof, in den Loggien verborgene Treppen führen in die Obergeschosse.

Sehenswert sind im Mendrisiotto etwa die **Marmorbrüche** bei Arzo; der Monte Generoso und der Monte San Giorgio bieten eine wunderbare Aussicht, und es lässt sich hier gut **wandern,** zum Beispiel ins südlichste Tal der Schweiz, das ländlich-abgeschiedene Muggiotal.

Die südlichen Arme des Luganer Sees umschließen den Monte San Giorgio

Am östlichen Ufer des Luganer Sees

Wer an das Ostufer des Luganer Sees gelangen will, darf nicht auf die Autobahn, sondern muss schon in Melide auf der alten Kantonsstraße ostwärts über den **Damm** von Melide nach Bissone fahren. Dieser wurde vom Tessiner *Pasquale Lucchini* auf einer Eismoräne gebaut; eröffnet wurde er 1848. Damit war die Strecke vom Gotthard nach Chiasso durchgehend befahrbar. Lobbying von Lugano und Como führte dazu, dass auch die internationale **Eisenbahnstrecke** diesen Verlauf nahm. Vorgesehen war ursprünglich die Streckenführung entlang des Ostufers am Lago Maggiore, also eine direktere Verbindung nach Mailand.

Bissone

Bissone ist der Geburtsort des genialen Tessiner Architekten **Francesco Borromini** (1599–1667); ein Denkmal ist ihm gewidmet. Nach einem Aufenthalt in Mailand, wo er als Steinmetz am Dombau arbeitete, übersiedelte *Borromini* nach Rom. Er wurde von seinem Onkel *Carlo Maderno* (1556–1629), dem Leiter der Werkstatt der Peterskirche, als Bildhauer und Dekorateur angeheuert. Als *Maderno* starb und **Bernini** sein Nachfolger wurde, begannen heftige Auseinandersetzungen zwischen den beiden Baumeistern, die sehr unterschiedliche Auffassungen vertraten. 1634 verließ *Borromini* die Werkstatt der Peterskirche

103te Foto: tt

und machte sich selbstständig. Er baute in der Folge in Rom das Kloster und die Kirche S. Carlo alle Quattro Fontane, die Fassade von S. Agnese (1645–1650) an der Piazza Navona, den Glockenturm von S. Andrea delle Fratte, und er übernahm im Auftrag *Papst Innozenz' X.* die Neugestaltung von S. Giovanni in Laterano sowie den Bau der genialen achteckigen Kapelle S. Ivo in der Sapienza, in der seine Vorliebe für Lichteffekte zum Ausdruck kam. Kurz vor seinem Freitod 1667 schuf *Borromini* sein letztes Meisterwerk, die Fassade von S. Carlino alle Quattro Fontane.

Bissone ist auch der Heimatort der beiden **Künstlerfamilien** *Gaggini* und *Tencalla.*

Bissones an sich malerisches **Ortsbild** wird durch Autobahn, Eisenbahn und Nationalstraße verschandelt. Am Seeufer liegen charakteristische Häuser mit Pfeilerarkaden. Die **Casa Casellini,** Nr. 11, ist ein Bürgerhaus aus dem Jahr 1611 mit Fresken an der Fassade und unter dem Torbogen. Interessant sind auch die **Casa Verda,** die **Casa Pigazzini** und die **Casa Bollina.** Der Kindergarten und die Grundschule wurden 1980 von *Schnebli* gebaut.

Der Innenraum der **Pfarrkirche S. Carpoforo** am Südende des Dorfes quillt förmlich über vor Stuckreichtum. Über den Arkaden sind stuckierte Muscheln und Puttenpaare zu sehen, das Gewölbe zieren reiche Stuckaturen mit Engelkaryatiden, Festons und Kartuschen aus der zweiten Hälfte des 17. Jh., aus der Zeit, als große Teile der Kirche umgebaut wurden. Der Hochaltar zeigt Stuckfiguren der Muttergottes mit Johannes, Petrus und Carpophorus, vermutlich von *Lombardo* in der Mitte des 16. Jh. geschaffen. Am Nordeingang des Dorfes steht die 1630 barockisierte **Kapelle S. Rocco** mit ihrer dekorativen Stuckfassade.

Campione d'Italia

Von Bissone zweigt links die Straße in die **italienische Enklave** Campione d'Italia ab. Campione kam im 8. Jh. als Geschenk zum Kloster S. Ambrogio in Mailand, es blieb unter klösterlicher Hoheit bis 1797, war aber auch unter den Eidgenossen Bestandteil der Landvogtei Lugano. Unter *Napoleon* kam es zur Cisalpinischen Republik und später mit der Lombardei unter österreichische Herrschaft. 1848 versuchte Campione sich vergeblich dem Kanton Tessin anzuschließen, 1860 wurde es italienisches Territorium. Zollamtlich gehört Campione zur Schweiz.

Vom 13. bis 15. Jh. stellte der Ort viele Bildhauer und Architekten, die in der Lombardei tätig waren.

Das malerisch gelegene Campione, früher ein Fischerdorf, ist heute ein internationaler **Ferien- und Ausflugsort** mit schöner Uferanlage und Spielkasino. Am Dorfplatz steht die romanische **Pfarrkirche S. Zenone,** die im 17. Jh. barockisiert wurde; heute ist sie ein Profanbau. Die **Kapelle S. Pietro** am alten Dorfeingang stammt aus dem 14., ihre Fassade aus dem 18. Jh.

Kirche S. Maria dei Ghirli

Besonders sehenswert ist im Süden des Dorfes die auf einer Geländeterrasse mit großer Treppe zum See gelegene **Wallfahrtskirche** S. Maria dei Ghirli mit ihren außergewöhnlichen Wandmalereien aus dem 14. und 17. Jh. Die Kirche stammt aus dem 13. oder 14. Jh. und wurde um 1630 barockisiert, die Vorhalle entstand 1740. Die Fresken an der südlichen Außenwand des Schiffes zeigen das Jüngste Gericht, Christus im Baldachin, umgeben von Engeln, darunter rechts Erlöste aus Kirche und Staat, links Verdammte, die Luzifer zu sich holt. Darunter ist ein Streifen mit Höllenqualen und Seelenwaage zu sehen. Zuoberst zeigt ein Fries Sonne und Mond sowie vier Männer mit den vier Elementen. Am rechten Fuß des Thrones ist eine Datierung von 1400.

Über dem Seitenportal zeigt ein Fresko von 1474 die Verkündigung Mariä. Das zweijochige Schiff hat beachtliche Engel und Putten aus Stuck. An den Seitenwänden und an der Rückenwand finden sich vorzügliche gotische Wandmalereien aus der zweiten Hälfte des 14. Jh. Abgebildet sind **Szenen aus dem Leben Johannes des Täufers:** an der Südwand eine Verkündigung, die Heimsuchung, die Geburt Jesu, die Namensgebung durch Zacharias in der Wüste. An der Westwand sieht man die Taufe im Jordan, den Vorwurf an Herodes, die Gefangennahme, den Besuch der Jünger, Salome, den Kopf des Täufers verlangend. An der Südwand ist die Enthauptung Johannes' zu sehen sowie weitere Szenen: Salome bringt den Kopf ihrer Mutter Herodias, die Vorbereitung des Grabes, die Grablegung, Johannes begegnet seinen Eltern, Julian Apostata lässt den Leichnam exhumieren. An der Nordwand folgen die Verbrennung der Gebeine, die Auffindung des Hauptes und dessen Verehrung; alles Arbeiten eines unbekannten Meisters.

An der Nordwand sind Freskenfragmente zu sehen, sie zeigen unter anderem eine mittelalterliche Werkhütte in Anspielung auf die vielen Campionesischen Meister. Das Presbyterium wurde von *Bianchi* ausgemalt, an den Seitenwänden finden sich große Architekturmalereien und in der Kuppel eine Mariä Himmelfahrt und Gottvater mit Aposteln und Sibyllen. Der Chor birgt gute Stuckarbeiten mit Engelkaryatiden und Putten von 1630. Im Altarhaus ist eine gotische Muttergottes aus dem 15. Jh. zu sehen.

Arogno

Zurück nach Bissone geht vor der Dorfeinfahrt von Maroggia links die Straße zum Bergdorf Arogno im einsamen **Valle Mara** ab. Das am Westhang des Monte Generoso gelegene Arogno ist die Heimat bekannter Baumeister, Stuckateure, Maler und Architekten, darunter der Baumeister *Adamo d'Arogno,* der am Dom in Trient arbeitete. Hier wurde **Steinkohle** abgebaut und 1873 die **Uhrenindustrie** eingeführt. Das **Ortsbild** mit der hübschen Piazza Adamo und der Casa Cometta ist bemerkenswert, wenn auch etwas beeinträchtigt. Sehenswert sind die ungewöhnliche stuckreiche Barockkirche S. Stefano in prachtvoller Lage, umgebaut und erneuert im 17. Jh., und das pittoreske Beinhaus aus dem 18. Jh.

Von Arogno kann man nach **Caprino** weiterfahren, einem beliebten Ausflugsort am südöstlichen Ufer des Luganer Sees mit vielen Grotti.

Von Maroggia nach Rovio

Zurück am See, erreicht man **Maroggia** mit einem alten Dorfkern und engen Gassen, an der Nordseite flankiert vom Collegio Don Bosco, früher Palazzo Petrucci. Maroggia ist Heimatort der Bildhauer- und Architektenfamilie *Rodari.* Sie war in Salzburg, Venedig und Ravenna tätig. Die Chiesa di Salute in Venedig wurde vom hier geborenen *Baldassare Longhena* (1598–1682) gebaut. An den Case Caccia und Frigerio sind Renaissancereliefs der Muttergottes zu sehen. Die gedrungene Pfarrkirche S. Pietro hat einen romanischen Turm. Im Chor sind gute Fresken erhalten, links die Kreuzigung des heiligen Petrus, rechts die Enthauptung Paulus', beide aus der Mitte des 17. Jh. Oberhalb der Autobahn liegt die ovale Wallfahrtskapelle S. Maria della Cintura aus der zweiten Hälfte des 18. Jh.

Auf Maroggia folgt **Melano** mit großer Piazza und stattlichen Häusern. Das Dorf ist durch die Straße vom See abgeschnitten. An der Piazza steht die **Casa Canavesi,** vom Festungsingenieur *Poletta* gebaut; von ihm stammen auch die Solothurner Bastionen. Die Gebäude mit vorspringendem Torgebäude umrahmen einen Hof, unter der Traufe ist ein Stuckfries mit Stuckbekrönung von 1688 zu sehen. Die **Kirche S. Andrea** wurde von *Luigi Fontana* 1850 errichtet, vom Vorgängerbau blieb der barocke Turm erhalten. Die Malereien im Gewölbe und Halbgewölbe der Apsis stammen von *Colla,* es sind fantasievolle Bilder mit üppigen Dekorationen.

In **Castelletto** liegt die Kapelle della Madonna, einer der schönsten und bekanntesten **Wallfahrtsorte** des Tessins. Ein Kreuzweg führt auf den Hügel, der stattliche Barockbau wurde im 17. Jh. neu errichtet.

Bei Melano führt ein Sträßchen nach **Rovio** auf dem Monte S. Agata. Das bemerkenswerte Dorf tritt als Soana in *Gerhard Hauptmanns* Erzählung „Der Ketzer von Soana" auf. *Hauptmann* pflegte mit seiner zweiten Ehefrau im *Hotel Monte Generoso* abzusteigen; seit 1907 gibt es dort ein Hauptmann-Zimmer. Rovio hat eine harmonische Piazza und behäbige **Häuser** mit Klosterziegeln, zum Teil mit Fresken oder Stuckfassaden. Die Häuser Tacchella und Lauti mit Stuckaturen und Fresken des 17. und 18. Jh. gelten als Stammsitz der Künstlerfamilie *Carlone.* An der Casa Conza kann man einen als Spolie verwendeten römischen Inschriftenstein sehen. Sechs **Brunnen** sollen ursprünglich römische Sarkophage gewesen sein. Nicht verwunderlich, da Rovio schon in vorgeschichtlicher Zeit besiedelt war. Das originelle **Kopfsteinpflaster** hat eine Steinplattenspur. Die **Casa Balmelli** wurde 1957 von *Carloni* und *Camenisch* gebaut. Die malerische Anlage der **Pfarrkirche** geht auf das 13. Jh. zurück, der Neubau von 1776 ist von *Cantoni,* die Fassade stammt aus dem 19. Jh. Das Deckengemälde hat *Bagutti* zu Beginn des 19. Jh. gefertigt.

Auf der Anhöhe westlich des Dorfes steht die beachtliche **romanische Kapelle S. Vigilio** mit romanischen Wandmalereien aus der ersten Hälfte des 13. Jh. Sie fällt durch die ungewöhnliche Außengliederung auf. An den Längsseiten hat sie Blendgliederung mit dreiteiligen Bogen, an der Ostpartie der Südseite mit Blendarkaden sowie an der Apsis mit Blendarkaden und Zwillingsbogen. Die romanischen Wandmalereien zeigen in der Kalotte Christus mit Buch und ausgestreckter Rechten, seitlich die Evangelistensymbole. Unter einem Mäanderfries ist Maria zu sehen, begleitet von den 12 Aposteln, in der Sockelzone eine Draperiemalerei. Sie zeigt das Weltgericht und Christi Himmelfahrt. Die Malereien sind byzantinisch beeinflusst. Eine weitere romanische Kapelle steht auf dem Berg nördlich von Rovio.

Capolago

Hinunter zur Uferstraße gelangt man nach Capolago, einem Grotti-Ort, auch Geburtsort des bekannten Barockarchitekten *Carlo Maderno* (1556–1629), Leiter der Werkstatt der Peterskirche. An der Piazza lag die berühmte **Tipografia Elvetica** (1830–56), die im italienischen Risorgimento eine große Rolle spielte, daran erinnert ein Denkmal. In der Pfarrkirche sind teilweise gute Stuckaturen erhalten, die Chorfresken stammen von *Rinaldi* (1858).

Monte Generoso

Mit der **Zahnradbahn** fährt man von Capolago in 40 Minuten auf den 1704 m hohen Monte Generoso, mit Blick auf das ganze Tessin und die Alpenkette, die oberitalienischen Seen, die Po-Ebene und bei klarem Wetter bis zum Apennin. Neu ist hier eine **Sternwarte.** Auf dem Monte Generoso werden Freizeitprogramme angeboten, Wandern, Gleitschirmfliegen und Mountainbiking sind angesagt. Ein Bergrestaurant und eine Schnellimbissbude vertreiben den Hunger.

Praktische Tipps

Unterkunft/ Essen und Trinken

- **Hotel Lago di Lugano,** 6816 Bissone, Tel. 091 64 98 591, www.hotellagodilugano.ch. Familienhotel mit umfangreichem und fantasievollem Animationsprogramm, Fitnessraum, Beauty-Institut und subtropischem Park direkt am See. Ein- und Zweizimmerappartements, DZ ab sFr. 282.
- **Hotel Campione,** 6816 Bissone, Via Campione 62, Tel. 091 64 01 616. Mit schönem Blick auf den See und die Berge, renoviert; Schwimmbad, modernes, helles Restaurant mit Panoramaterrasse (im Winter geschlossen), gepflegte, geräumige Zimmer; DZ mit Dusche/WC sFr. 234.
- **La Palma,** Piazza Borromini, 6816 Bissone, Tel. 091 64 98 406. Schöner Seeblick, eigener Badestrand, Restaurant mit Terrasse; DZ Mit Dusche/WC sFr. 140–154.

104te Foto: tt

- **Ticino,** 6816 Bissone, Tel. 091 64 95 150, im Geburtshaus von *Francesco Borromini;* schöner Saal, Fischrestaurant. Das Haus hat sechs moderne, helle Zimmer, Dusche/WC auf dem Gang, DZ sFr. 90–140.
- **Svizzero,** Via Scacchi, 6825 Capolago. Neben einer Pizzeria gibt es hier in einem separaten Lokal verschiedene Fondue-Spezialitäten. 23 kleine, aber funktionale Zimmer stehen zur Verfügung; DZ sFr 140.
- **Grotto Conza,** Rovio, Tel. 091 64 97 494.

Camping

- **Camping Monte Generoso,** 6818 Melano, Tel. 091 64 98 333. Am baumbestandenen Ufer des Luganer Sees, ca. 20 km südlich von Lugano.
- **Camping Pedemonte,** 6818 Melano, Tel. 091 64 98 333, www.montegeneroso.ch. Am Fuß des Monte Generoso.

Blick vom Monte Generoso auf den Luganer See

Nachtleben

- **Casino Municipale,** Campione d'Italia, Tel. 091 64 96 868 (15.30–4 Uhr). In gediegenem Rahmen Roulette, Blackjack, Baccara und Trente e Quarante spielen; Events mit internationalen Spielern.

Ausflüge

- **Zahnradbahn Monte Generoso,** Capolago, Tel. 091 63 05 111, www.montegeneroso.ch. Höhe Bergstation: 1704 m. Dezember–März täglich 10.30–15 Uhr, April–Juni 10–16.30 Uhr, Juli–Oktober 10–17 Uhr, November geschlossen. Die Fahrzeiten können sich ändern, im Zweifelsfall anrufen.
- **Planetenweg Monte Generoso:** Auf dem etwa 600 m langen Planetenweg (Maßstab 1:10 Milliarden) sind Informationen in den Steinbelag des Weges eingefügt. Er beginnt auf dem Platz östlich des Albergo-Ristorante Vetta, wo ein dreidimensionales Sonnenmodell aufgestellt wurde.

Wanderungen

- **Rundwanderung Monte Generoso,** 6 Std. 15 Min.: Ausgangspunkt ist Muggio (die Wegmarkierung beginnt beim Parkplatz gegenüber dem *Ristorante Stella).* Abstieg zum Fluss Breggia über Molino, Aufstieg über Lentano, Ronco, Roncapiano zur Alpe Grénor und weiter zu Pt. 1452, wo man den Hauptgrat des Monte Generoso erreicht. Mit der Generoso-Bahn kann man nach Capolago am Luganer See oder zur Station Bellavista hinabfahren, oder man kann den Hauptkamm entlang zur Station Bellavista wandern. Von hier gelangt man auf dem alten Saumweg nach Cascina d'Armirone, wo ein Fahrsträßchen zum Pt. 1105. Abstieg nach Pianspessa, auf einem Pfad an der Alpe di Germania vorbei zum Weiler Tur und am Kirchlein S. Giovanni vorbei über die Breggia, Aufstieg nach Muggio. Teils steile Wege. Es gibt eine Postautoverbindung nach Mendrisio.

Bike

- **Monte Generoso Bike-Strecke:** Abfahrt bis nach Mendrisio (12 km) über Somazzo, Bellavista, Mendrisio nach Capolago.

Rund um den Monte San Giorgio

Riva San Vitale

Etwas abseits der Hauptstraße liegt am südlichen Ende des Luganer Sees Riva San Vitale. Die Ortschaft geht auf eine Bronzezeitsiedlung und einen römischen Vicus zurück. Unter den Eidgenossen zur Landvogtei Lugano gehörend, erklärte sich Riva San Vitale am 26. Februar 1798 zur Republik; diese überlebte gerade einen Monat lang. Seit 1814 ist der Ort dem Bezirk Mendrisio zugeteilt.

Riva San Vitale ist ein gut erhaltenes Städtchen mit altem Kern. Viele der Häuser haben Innenhöfe. Der **Palazzo della Croce** südlich der Kirche S. Croce ist eine Familienresidenz aus dem 16. Jh. An der Piazza steht die **Casa Communale,** ehemals der Palast der Familie *Croce,* ein repräsentativer Renaissancebau mit toskanischem Arkadenportikus, Rustikaportal, Beletage und Mezzaningeschoss (16. Jh.). Der alte Kirchenbezirk liegt am Südende der Siedlung. Die Pfarrkirche und das sich anschließende Pfarrhaus bilden einen Hof, in dem das berühmte Baptisterium liegt.

Das **Baptisterium** Riva San Vitale ist das **älteste religiöse Bauwerk der Schweiz.** Die Taufkirche ist vermutlich im 5. Jh. entstanden. Der kubische Bau mit achteckigem Tambour war ursprünglich wohl von einem für Prozessionen gedachten Gang umgeben, von dem noch einige Spuren am Boden sichtbar sind. An der Nord- und Südseite sind Rundbogenportale, an der Ostseite eine karolingische Apsis, die eine halbrunde ersetzte. Das Kircheninnere ist achteckig mit entsprechendem Gewölbe und weist tiefe halbkreisförmige Nischen und eine kleine Apsis auf, die später hinzugefügt wurde.

In der Mitte befindet sich das Taufbecken in achteckiger Form, mit zwei Stufen eingetieft, in dem die Taufe durch Eintauchen vollzogen wurde, eine Praxis, die bis ins 9./10. Jh. üblich war. Vermutlich in jener Zeit wurde darauf ein zweites, rundes Taufbecken aus einem einzigen Block gestellt.

In den Nischen sind wertvolle romanische Fresken aus dem 12. Jh. erhalten. Rechts von der Apsis sieht man die Geburt Christi, die Verkündigung an die Hirten, den Traum Josephs, darüber eine Himmelfahrt und Maria in der Mandorla. In der Nische links sind das Jüngste Gericht, Christus als Richter und die Symbole der Evangelisten dargestellt, darunter die Erweckung der Toten und rechts das Einrollen des Himmels. In der Apsis sind Spuren einer Kreuzigung aus einer späteren Epoche zu sehen. Ein Teil des **Fußbodens** entspricht noch dem Originalzustand; er besteht aus weißem und schwarzem Marmor. Gleiche Taufhäuser gab es im Orient, an der Adria und in der Provence.

Die **Pfarrkirche S. Vitale,** 962 erstmals erwähnt, ist ein barocker Neubau von *G. Ceresana* (1759) unter Einbeziehung älterer Bausubstanz. Am Nordende des Dorfes steht die **Kirche S. Croce,** einer der wichtigsten Renaissance-Sakralbauten der Schweiz, der schon barocke Elemente aufweist. S. Croce wurde vom Erzpriester *Giovanni Croce* gestiftet und 1588–92 von *Giovanni Antonio Piotti,* genannt *Vacallo,* einem Festungsingenieur im Dienst *Philipps II.,* gebaut. Wer die Pläne entworfen hat, lässt sich nicht mehr ermitteln. Eine achteckige Tambourkuppel erhebt sich über dem kubischen Unterbau, aus dem ein querrechteckiger Chor und zwei Seitenkapellen vorspringen. Dem hohen Hauptportal entsprechen zwei niedrige Seitenportale. Der Innenraum besticht durch seine acht Kolossalsäulen, über diesen entwickeln sich das Gebälk, die Pilaster des Tambours und die Gurten der Kuppel. Ein kostbarer Marmorstein in verschiedenen Farben bedeckt den Boden. Die Marmoraltäre sind das Werk von *Domenico Fossati* aus Arzo. Reiche dekorative Malereien mit Grotesken, Girlanden, Marmor- und Teppichimitationen schmücken den Bau. Im Fries sind Trophäen und Embleme zu sehen.

Brusino-Arsizio und Serpiano

Auf der Uferstraße erreicht man Brusino-Arsizio, ein idyllisches Fischerdörfchen am Fuß des Monte San Giorgio mit einem alten, um die barocke Kirche gruppierten Dorfkern. Es liegt Morcote gegenüber. Von hier führt die **Seilbahn** auf den Monte San Giorgio nach **Serpiano.** Dieser Kurort liegt auf einer Hochterrasse mit herrlichem Blick über den See nach Morcote.

Hier eröffnen sich verschiedene Wandermöglichkeiten. Die Seilbahn **Funivia Brusino-Arzio-Serpiano,** Tel. 091 99 61 351, ist Mo und Di sowie von November bis März geschlossen.

Monte San Giorgio

Von Serpiano und Meride führen Wanderwege zum Gipfel. Der Monte San Giorgio wurde aufgrund seiner **Meeressaurierfundstellen** im Jahr 2003 zum **UNESCO-Weltnaturerbe** erklärt. Weltweit einmalig, sind hier in sechs verschiedenen Schichten Saurier, Fische, Wirbellose und Salzwasserreptilien gefunden worden. Sie erlauben wertvolle Rückschlüsse auf die Evolution. Unter der Leitung des Paläontologischen Instituts und Museums der Universität Zürich wird am Berg seit 1919 gebuddelt, heute z.B. in einem kleinen Steinbruch bei Crocifisso. 240 Millionen Jahre alte Funde aus dem mittleren Trias zeigt das kleine **Museum** im Dorf Meride. Im Zusammenhang mit der Ernennung zum Kulturerbe sollen z.B. neue Wanderwege erschlossen, das kleine Museum großzügig ausgebaut und Fundstellen öffentlich zugänglich gemacht werden.

Vom **Gipfel** des 1097 m hohen San Giorgio erfreut man sich einer herrlichen Rundsicht über die Zipfel des Luganer Sees, über die Alpen bis zum Monte Rosa und der Po-Ebene, über Melide, Lugano und Morcote. Die im 13. Jh. erwähnte **Kapelle S. Giorgio** hat im stuckierten Chorgewölbe ein Medaillon mit der Himmelfahrt Mariä von *Francesco Antonio Giorgioli,* um 1700 gemalt. Mehr Informationen unter www.montesangiorgio.ch oder www.mendrisiotourism.ch.

Rancate

Eine andere Bus- oder Autoroute führt über Mendrisio und die südlich des San Giorgio gelegenen Dörfer nach Meride, von wo Wanderwege zum Berg der Saurier führen.

Erste Etappe ist Rancate am Fuß des Monte San Giorgio, ein Städtchen mit engen Gassen und harmonischem Kirchplatz. An der Piazza steht die barocke **Casa Caroni** mit einem Innenhof, auf den sich eine Säulenloggia öffnet (18. Jh.). Sehenswert ist die **Via grazioso Rusca** mit Schwibbögen. Rancate ist der Geburtsort von *Carlo Fontana,* Schüler und Nachfolger *Berninis* in Rom. Im umgebauten Pfarrhaus ist die **Pinacoteca Cantonale Züst** (s.u.) untergebracht, der Neubau stammt von *Tita Carloni.* Die Pfarrkirche S. Stefano ist ein hoher, eleganter Spätbarockbau von 1776 von *I. Regazzoni.* Am südlichen Dorfausgang liegt die Casa Züst.

Besazio

Das intakte Besazio liegt reizvoll am Hang des Monte S. Giorgio. Am Westrand des Hügels von S. Antonio ist eine **Nekropole** aus neolithischer bis römischer Zeit erhalten.

Die spätbarocke **Kirche S. Maria Immacolata** wurde 1779 von *I. Regazzoni* gebaut. Die Assunta im Gewölbe wurde von *Vela* und *Carmine* 1884 gemalt. Das Gemälde mit der Muttergottes von 1777 stammt von *G. Bagutti* und *A. Rinaldi*. Der Altar besteht aus Arzo-Marmor.

Arzo

Die Straße führt in das in einer Mulde am Gaggiolo-Bach gelegene Arzo hinab. Das gut erhaltene Städtchen besitzt eine auffällige Piazza. Die **Casa Allio** ist das Geburtshaus des vor allem in Dresden tätigen Malers *Salvatore Allio,* mit stattlichem Portal und zweigeschossiger Loggia. Viele Häuser haben Arkadenhöfe.

Die **Pfarrkirche SS. Nazario e Celso** besitzt einen originellen, rotschwarz gemusterten Marmorboden. An der Chorwand ist ein vierteiliges Fresko der Passion Christi aus der zweiten Hälfte des 16. Jh. zu sehen. Der Hochaltar aus Buntmarmor, ein schönes Beispiel eines Tessiner Altars, stammt aus der Mitte des 18. Jh.

Die oktogonale **Kirche S. Maria del Ponte** am Gaggiolo wurde 1671 geweiht. Sie birgt verschiedene Stuckfiguren und am Altar ein Fresko der Muttergottes aus dem 15. Jh. Die **Kapelle Madonna delle Grazie** an der Gemeindegrenze besitzt ein Fresko aus dem 16. Jh., das den *Tarilli* zugeschrieben wird; es zeigt die Madonna mit Kind vor einem mit Stoff verkleideten Hintergrund.

Berühmt wurde der hübsche Ort durch seinen **Buntmarmor,** Macchia vecchia, Brocatello und Rosso d'Arzo, die vor allem im Tessin und in den südlichen Voralpen Verwendung fanden. Marmorbrüche finden sich an der Straße nach Tremona. Männer kennen Arzo vielleicht auch wegen seiner **Hemdenfabrik.**

Tremona

Tremona, das umgeben von Rebhängen in schöner Aussichtslage auf einem Hügel thront, birgt das originelle Haus des Malers *A. Rinaldi.* In der Pfarrkirche S. Maria Assunta steht ein guter Stuckaltar mit Engelkaryatiden und gesprengtem Giebel aus dem 17. Jh.

In schöner Hügellage steht die **Kapelle S. Agata.** Sie besitzt einen prachtvollen Stuckaltar. Man erreicht sie auf einem Kreuzweg; die Bildstöcke wurden modern ausgemalt. Der Turm ist im Unterbau romanisch, der Rechteckbau vermutlich spätgotisch. Im Schiff birgt die Kapelle an der Südwand Fresken in der Art der *Seregnesi.* Sie zeigen die Grablegung Christi, den heiligen Georg und das Martyrium der heiligen Agatha. In der Ecke sind eine Muttergottes und Reste einer Kreuzigung zu erkennen, vielleicht noch aus dem 14. Jh. Jünger sind die Fresken an der Chorfront, die die Heiligen Petrus und Antonius zeigen, über ihnen eine Verkündigung aus der ersten Hälfte des 17. Jh. Von der Kapelle hat man einen schönen Blick ins südliche Mendrisiotto und in die Po-Ebene.

Meride

Das abgeschiedene Meride ist Heimat einiger Künstlerfamilien; bekannt ist

105te Foto: tt

Meride

der in der Deutschschweiz tätige Maler *Francesco Giorgioli.* Es hat malerische Gassen und kleine Plätze. Die bescheiden wirkenden Häuser haben oft geräumige Innenhöfe mit Loggien aus dem 17. oder 18. Jh., so die Casa Communale mit einem Wandfresko der Heiligen Familie von *Giorgioli* (um 1700), die Casa Oldelli, die Casa Monti und die Casa Tettametti, die beiden Letzteren zeigen in den Innenräumen zahlreiche Fresken von *Giorgioli.*

Während der **Musikwochen** im Sommer sind zahlreiche private Innenhöfe öffentlich zugänglich; Imbiss-Stände laden die Besucher zum Verweilen ein.

Die barockisierte **Kirche S. Rocco** von 1772 geht auf einen hübschen Platz mit barockem Schalenbrunnen. Das *Ristorante Silvestro* besitzt einen lauschigen Garten in einem schönen Arkadenhof.

In Meride liegt auch das kleine **Museo dei Fossili,** welches einige Saurierfossilien vom Monte San Giorgio zeigt und einen Überblick über die Funde gibt; ein weiterer Ausbau des Museums ist vorgesehen. Der größte Teil der Funde wird jedoch in Zürich aufbewahrt. Öffnungszeiten täglich 8–17 Uhr.

Die **Pfarrkirche S. Silvestro,** auf einem ehemaligen Burghügel gelegen, hat im Chor vorzügliche Malereien von *Francesco Giorgioli* aus dem Jahr 1690. An der Nordwand ist die Taufe *Konstantins* durch den Papst *Silvester* zu sehen, an der Südwand der Sieg des Christentums über die Heiden (*Konstantin* schenkt dem Papst die Stadt Rom). Die ursprünglich romanische Kirche wurde, vermutlich im 16. Jh., durch einen Neubau ersetzt. An der Südseite sind romanische Kapitelle vom Vorgängerbau am Porticus erhalten.

Durch Rebberge und später durch Wald führt die Straße weiter zum Kurort Serpiano (s. o.).

Ligornetto

Nur zwei Kilometer trennen Rancate von **Ligornetto,** dem Geburtsort des Bildhauers *Vincenzo Vela*. Es ist ein von einem Straßendreieck geprägtes Dorf. Seine Häuser zeigen Stuckaturen und Fresken. Seine Kirche wurde 1772 barockisiert; in der Penditifkugel finden sich sehr gute illusionistische Malereien von *C. Pelli* aus Aranno, 1777. Die Friedhofskapelle S. Giuseppe aus dem 16. Jh. steht auf dem Gelände eines Merkurtempels. Sie birgt einen imposanten Stuckaltar (17. Jh.) mit einem Renaissancefresko. Das Marmorgrabmal für *Vincenzo Vela* auf dem Friedhof stammt von *Pessina.*

Das **Museo Vela** hat einen zentralen Tambour, 1863 von *Spinelli* nach Plänen von *Ajmetti* gebaut, 2001 unter der Leitung von *Mario Botta* restauriert. Hier werden Werke des Künstlers *Vincenzo Vela,* seines Bruders und seines Sohns gezeigt.

Vincenzo Vela (1820–1891) war der bekannteste Bildhauer des 19. Jh. im Tessin, wegen seines Engagements für das Risorgimento in Turin war er in Italien sehr beliebt. Sein älterer Bruder *Lorenzo Vela* (1812–1897) wurde vor allem als Maler bekannt, obschon er auch als Bildhauer und Dekorateur arbeitete. Der Maler *Spartaco Vela* (1854–1895), der Sohn *Vincenzos,* konnte sich zeit seines (kurzen) Lebens nicht aus dem Schatten des Vaters befreien.

Genestrerio

Im unscheinbaren Genestrerio überrascht die Fassade der **Kirche S. Antonio Abate,** sie ist das Werk *Mario Bottas,* der die Barockkirche umgestaltet hat; vor ihm baute 1842 *Luigi Fontana* den Chor neu. Die Kirche birgt prachtvolle Stuckaltäre.

San Pietro und Stabio

In San Pietro stieß man auf interessante **Grabfunde** aus der Eisenzeit und der Zeit der Etrusker und Römer. Der Ort ist fast mit Stabio zusammengewachsen, das zwischen zwei in die Ebene vorgeschobenen Hügeln liegt und einige herrschaftliche Häuser und Villenviertel besitzt. Die **Pfarrkirche SS. Jacobo e Cristoforo,** erwähnt 1104, wurde im 16. und 17. Jh. umgebaut. Sie birgt einen Stuckaltar aus dem 17. Jh. mit einer außergewöhnli-

Der Bandit Mattirö als Rebell und Retter der Armen

Im Jahr 1843 befehden sich im Mendrisiotto die Konservativen und die regierenden Liberalen besonders vehement. Dorf steht gegen Dorf, Familie gegen Familie. Im Muggiotal sind die Zusammenstöße so heftig, dass es sogar Tote gibt. Ausgelöst hat die Eskalation ein alljährlich stattfindendes Volksfest an der Marienkirche am Monte Bisbino, sie liegt auf italienischem Boden nahe der Tessiner Grenze. 30 Jugendliche scharen sich um zwei schwarze Fahnen, das Symbol der Konservativen, und ziehen angetrunken talwärts. Im Muggiotal stoßen sie auf Liberale; es kommt zum Handgemenge. Im Tumult wird ein Polizist aus Chiasso getötet, mehrere Liberale schwer verletzt, unter ihnen auch ein Priester. Die Empörung und Wut ist groß, man bezichtigt die Priester der Anstiftung, predigen sie doch von ihren Kanzeln gegen die Liberalen und rufen zum Widerstand gegen die „Gottlosen" auf.

An der Spitze eines Rachefeldzugs steht *Luigi Pagani von Vacallo,* genannt Il Mattirolo oder Mattirö („der Spinner"); eigentlich hätte er im Sommer in der Westschweiz und Paris als Maurer arbeiten müssen, aber er zieht es vor, zu Hause zu bleiben, weil er sich in der Seine-Stadt eine einschlägige Krankheit zugezogen hat. Die Pfarrer von Morbio Superiore und Caneggio sind auf der Flucht. Da bietet sich der greise *Don Michelangiolo Clericetti* von Bruzella geradezu an; mit einem Schuss streckt ihn Mattirolo zu Boden. Auch die beiden anderen Priester werden aufgegriffen und nach Chiasso gebracht, wo sie der Pöbel, angeführt von der Witwe des ermordeten Polizisten und ihren fünf nun vaterlosen Kindern, schwer misshandelt. Ihr Leben verdanken sie nur dem beherzten Eingreifen des Regierungskommissars *Dr. Lavizzari.*

Da sich das Muggiotal weigert, die Mörder auszuliefern, wird es von Regierungstruppen besetzt. Nach der Beisetzung des Polizisten in das Dorf zurückgekehrt, vermeint ein *Pagani (vielleicht Mattirolo)* den Polizistenmörder zu erkennen und erschießt ihn kurzerhand. *Mattirolo* wird sich nie wegen Mordes vor Gericht verantworten müssen. Seine Taten verbreiten sich schnell, eine Redewendung besagt „Una schioppetta del *Mattirolo* non ve la leva neanche il vescovo di Como" („Gegen einen Schuss *Mattirolos* ist auch der Bischof von Como machtlos").

So richtig bekannt wird er aber erst vier Jahre später. Die Wogen zwischen der österreichischen Lombardei und dem Tessin schlagen hoch. Letzteres ist eine Zufluchtsstätte italienischer Flüchtlinge, täglich gehen Publikationen des Risorgimento über die Landesgrenze, die bald von den Österreichern hermetisch abgeschlossen wird. Die Getreideeinfuhr wird gestoppt; das Piemont hilft dem Tessin vorerst aus der Klemme. Da die Ernte aber 1847 auch in Italien schlecht ist, stürmen Italiener die Exportladungen für das Tessin. Auch Arbeiter aus Vacallo und Sagno sind betroffen, sie dürfen ihre Arbeitsorte Como und Cernobbio nicht betreten.

Zum letzten Mal hat *Mattirolo* ein Feingebäck in Italien gekauft; er weigert sich, es dem Zöllner zu zeigen, und wirft ihn kurzerhand den Hang hinunter. Der Zöllner sucht mit zwei Helfern *Mattirolos* Haus auf und entgeht knapp dessen Pistolenschüssen.

Nicht genug, dass die Österreicher dem liberalen Regierungspräsidenten *Stefano Franscini* das Leben schwer machen, Tessiner Konservative, etwa *Leone de Stoppani,* reden eine Hungersnot herbei und sprechen von der „Hungerregierung" *(governo affamatore).* Im Mendrisiotto bricht unter der armen Bevölkerung im Februar 1847 Panik aus. *Mattirolo* macht sich zum Fürsprecher der Besitz- und Heimatlosen und zieht mit einer Schar von 300 bis 400 Bau-

106ie Foto: tt

ern los, unter ihnen bekannte Schläger und Trunkenbolde. Bewaffnet sind sie mit Gewehren, Stöcken und Schaufeln, auch Säcke für Mais und Mehl fehlen nicht. Dem Zug schließen sich auch der skrupellose Kleinkriminielle *Fasola* aus Como, der geistig zurückgebliebene Vize-Bürgermeister *Carlo Fontana* von Morbio Superiore und *Battista Medici* aus Corteglia an. Losung ist „Her mit Mais und Geld". Reiche Bürger im Ort und in der Umgebung zwingt *Mattirolo* mit der Waffe, den Armen Weißmehl, Mais und Kastanien auszuhändigen. Die Beschenkten hält er an, der Lieben Frau von Bisbino zu danken, die Bestohlenen segnet er. Diskret unterstützt wird die Truppe von Regierungsgegnern. Zuerst will die Schar zum Getreidelager nach Chiasso ziehen, hier werden sie aber bereits erwartet, also bricht der Trupp nach Mendrisio auf, von einer Wirtschaft zur anderen. In Villa misslingt ein Angriff auf ein Fuhrwerk; Mendrisio ist wie ausgestorben, die Leute haben sich verschanzt. Der Bürgermeister *Soldini* kauft den Ort mit einer bescheidenen Summe los, die in den Wirtshäusern verprasst wird. *Mattirolo* wird am nächsten Tag noch eine Nachforderung stellen, diesmal für die eigene Tasche. Bis auf 30 Mitstreiter verzieht sich in der kalten Nacht einer nach dem anderen. Der harte Kern macht sich auf den Weg nach Capolago, sie treffen auf eine Bürgerwache von Lugano, die die Rebellion im Mendrisiotto unterdrücken soll. *Mattirolo* und seine Getreuen geben Fersengeld.

Am nächsten Tag sitzt *Mattirolo* in der Bürgerversammlung in Vacallo. Zuerst geht er freiwillig ins Gefängnis, bricht dort aber wieder aus und versteckt sich, nachdem er zu zwölf Jahren Zwangsarbeit verurteilt worden war, jahrelang in den Schluchten seiner Heimat, wenn nötig, setzt er sich nach Italien ab. Verraten wird er nie, sei es aus Furcht vor dem gewalttätigen Mann oder aus Solidarität Geächteten gegenüber. 1853 fühlt er sich in Italien nicht mehr sicher und emigriert nach Argentinien und von dort in die USA. 1874 zieht er nach einer Amnestie nach Vacallo zurück. Der Ex-Goldgräber ist jetzt ein reicher Dandy, der gerne mit Geld um sich wirft. 1902 stirbt er, fast 90-jährig. Sein Ruf als eine Art Tessiner Robin Hood wird ihm im Mendrisiotto noch lange nachhängen. Noch 1967 will ein Anhänger, ein gewisser *Luigi Ruggeri*, unbedingt auf seinem Grab beigesetzt werden, was ihm auch gestattet wird.

Im Muggiotal

chen Figurengruppe, die den Leichnam Christi und trauernde Frauen zeigt. In den Seitenkapellen sind Fresken des 16. und 17. Jh. erhalten.

Übereck zur Pfarrkirche steht die Bruderschaftskapelle S. Maria di Caravaggio. Die **Casa Rotonda,** Via Pietane 12, ist von *Botta* (1981). Sie gilt als Klassiker der zeitgenössischen Tessiner Architektur. In Stabio gibt es alte, vielleicht schon von den Römern genutzte Heilquellen.

Das **Museo della Civiltà Contadino del Mendrisiotto** zeigt die bäuerliche Kultur vergangener Zeiten im Mendrisiotto. Hier stehen eine Fachbibliothek, Fotos, Karten und audiovisuelles Material zur Verfügung. Geöffnet ist es am Dienstag, Donnerstag und am Wochenende von 14 bis 17 Uhr.

Wenn man die Augen offen hält, sieht man hier im flachen Gelände erste **Bauernhöfe,** die schon ganz im Stil der Lombardei auftreten.

Nahe an der italienischen Grenze birgt die vermutlich auf romanische Zeit zurückgehende **Kapelle S. Margherita in Campo** Fresken des 16. Jh., ältere wurden übermalt.

Praktische Tipps

Unterkunft

- **Hotel garni Casa Sole,** Lungolago, 6827 Brusino-Arsizio, Tel. 091 99 62 344. Direkt am Luganer See bietet dieses Kleinhotel fünf geräumige, moderne Zimmer zu einem sehr vernünftigen Preis-Leistungsverhältnis. Es könnte im Jahr 2006 den Besitzer wechseln. DZ mit Dusche/WC sFr. 130.
- **Wellnesshotel Serpiano,** Tel. 091 98 62 000, www.serpiano.ch. Mit unvergleichlichem Ausblick auf den Luganer See, Morcote, Melide, den Monte San Salvatore, Lugano und die Alpen. Gepflegte Zimmer, Restaurant, Terrasse mit Wellnessangebot. Wirkt etwas klinisch, die Lage macht dies aber wett. DZ mit Dusche/WC sFr. 100 (ältere Zimmer) bzw. sFr. 200–230.
- Mehrere Gruppenunterkünfte und eine Ferienwohnung am Monte Generoso bietet die **Fabrik in Spinirolo,** Tel. 091 64 63 694, www.caminospinirolo.ch; sFr. 38 p.P.

Essen und Trinken

- **Grotto Grassi,** Tremona, Tel. 079 35 39 404, Juni bis August nur Mo geschlossen, April/Mai und September/Oktober Do–So offen. Am Waldrand von Tremona unter Kastanienbäumen mit guter Regionalküche.
- **Ristorante Torchio Antico,** Via al Fiume, Arzo, Tel. 091 64 64 994, Mo und Di geschlossen. Gärtchen und zwei Salette mit Terracottagewölbe und Kamin, kreative lombardische Küche. Einfache Zimmer vorhanden.
- **Antico Grotto Fossati,** Meride, Tel. 091 64 65 606. Traditionsreiches Gasthaus mit Tessiner Küche.
- **Montalbano,** Via Montalbano 34, San Pietro di Stabio, Tel. 091 64 71 206. Altes Haus inmitten von Weinbergen, kreative Küche.
- **Chalet San Giorgio,** Via Cantonale, Brusino-Arsizio, Tel. 091 99 62 155. Am See, klassische italienische Küche, Pizzeria. Drei Zimmer vorhanden.
- **Grotto Terminus-Pojana,** Riva San Vitale, Tel. 091 64 96 655.

Museen

- **Museo dei Fossili,** Commune di Meride, Meride, Tel. 091 64 63 780, täglich 8–18 Uhr, Eintritt frei. Originale, Kopien und Illustrationen von Sauriern, Fischen und Wirbellosen aus dem Trias des Monte San Giorgio.
- **Pinacoteca Cantonale Giovanni Züst,** Rancate, Tel. 091 64 64 565, Di–Sa 9–12 und 14–17 Uhr. Die Pinakothek enthält Werke von Tessiner Künstlern des 17. bis 20. Jh. Das 19. Jh. ist am besten vertreten durch eine ganze Reihe von Künstlern aus dem Tessin und der Lombardei.

● **Museo Vela,** in der Villa Vela, Ligornetto, Tel. 091 64 07 040; Di–So 10–17 Uhr, Eintritt frei. Die Villa Vela nimmt die Sammlung der Künstlerfamilie *Vela* auf. Die von einem öffentlich zugänglichen großen Park umgebene Villa gilt als das bedeutendste Wohnhaus/ Museum des 19. Jh. im Tessin.
● **Museo della Civiltà Contadino del Mendrisiotto,** s.o unter Stabio.

Kultur

● Im Mai spielen in den Höfen von Stabio und Ligornetto **Puppentheatergruppen** aus der ganzen Welt.

Seilbahn

● **Funivia Brusino – Arzio – Serpiano,** Tel. 091 99 61 351; Mo und Di sowie von Nov. bis März geschlossen.

Ausflüge

● **Naturlehrpfad am Monte San Giorgio,** Vegetation, Fauna und geologische Formation des San Giorgio, ca. 3½ Std. Der Weg beginnt an der „Fontana" (altes Waschhaus) bei der ersten Häusergruppe hinter Meride, an der Straße nach Serpiano. Von hier führt der Weg nach Cassina durch den Taleinschnitt des Val Porina nach Serpiano und von hier nach Meride. Feste Wanderschuhe sind empfehlenswert.

Verkürzt: bis nach Cassina und über Crocifisso und Spinirolo zurück nach Meride, 2½ Std.

● **Wanderung zum Gipfel des Monte Giorgio,** je nach Strecke ca. 2 oder 3 Std. Eine andere Wanderung führt von Meride über Cassina auf den Gipfel des San Giorgio (1 Std. 50 Min.) und von hier im Steil- und Direktkurs hinab nach Serpiano (40 Min.) oder in gemildertem Abstieg über die Alpe di Brusino, wo ein gemütliches Grotto auf Wanderer wartet, ebenfalls nach Serpiano (1 Std. 40 Min.). Hier gibt es Postauto- oder Seilbahnanschluss.

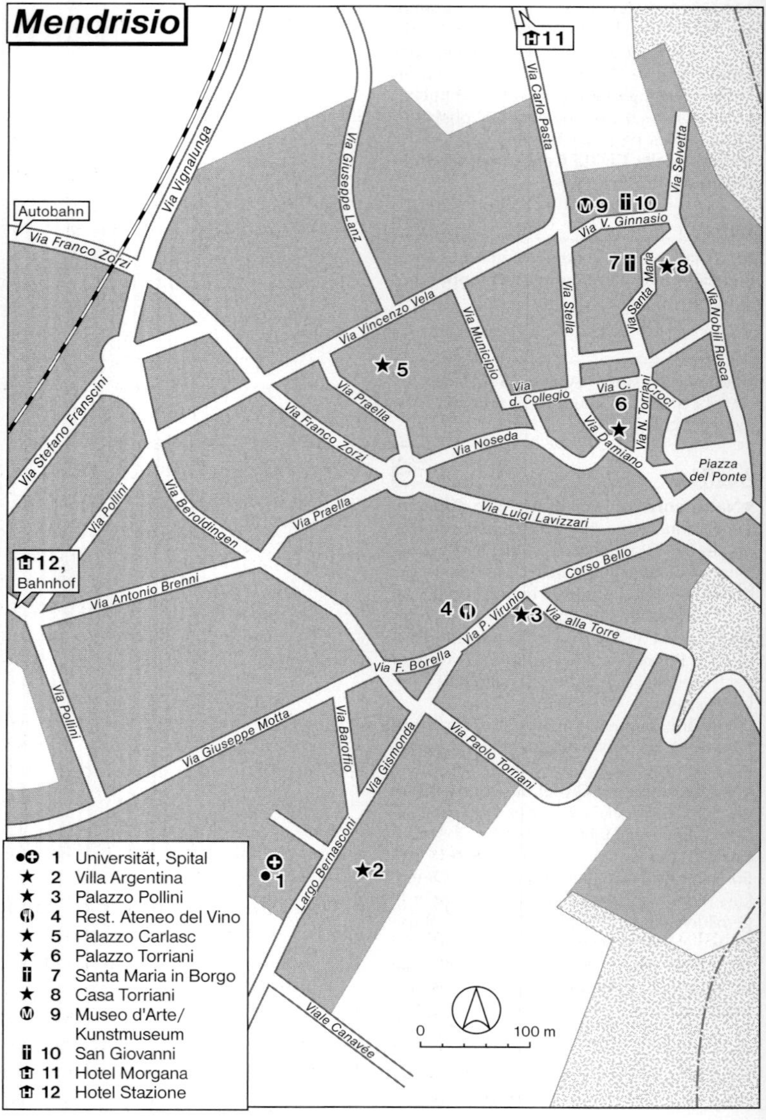
Mendrisio
Autobahn
11
12, Bahnhof
Via Franco Zorzi
Via Vignalunga
Via Giuseppe Lanz
Via Carlo Pasta
Via Selvetta
Via V. Ginnasio
Via Vincenzo Vela
Via Municipio
Via Stella
Via Santa Maria
Via Nobili Rusca
Via d. Collegio
Via C. Croci
Via N. Torriani
Via Damiano
Piazza del Ponte
Via Praella
Via Noseda
Via Luigi Lavizzari
Via Stefano Franscini
Via Pollini
Via Beroldingen
Via Antonio Brenni
Corso Bello
Via P. Virunio
Via alla Torre
Via F. Borella
Via Giuseppe Motta
Via Baroffio
Via Gismonda
Via Paolo Torriani
Largo Bernasconi
Viale Canavée
0
100 m
1 Universität, Spital
2 Villa Argentina
3 Palazzo Pollini
4 Rest. Ateneo del Vino
5 Palazzo Carlasc
6 Palazzo Torriani
7 Santa Maria in Borgo
8 Casa Torriani
9 Museo d'Arte/ Kunstmuseum
10 San Giovanni
11 Hotel Morgana
12 Hotel Stazione

Mendrisio

Mendrisio ist der **Hauptort** des Mendrisiotto. Funde aus der neolithischen Zeit belegen eine frühe Besiedlung. Erstmals erwähnt 793, gehörte der Ort zuerst zur Grafschaft Seprio, ab 1249 zu Como, dann 1412 zu Mailand; 1512 wurde er von den Eidgenossen besetzt. Ab 1522 war Mendrisio eine Landvogtei unter der auf Torre ansäsigen Urner Familie *Beroldingen*. Seit 1814 bildet der Ort zusammen mit den Gemeinden des Monte San Giorgio den Bezirk Mendrisio.

Mendrisio liegt auf der untersten, von Hügeln geprägten Geländestufe des Generoso-Massivs. Es ist Teil einer zusammenhängenden Überbauungslandschaft, die sich bis Chiasso und Como fortsetzt, manchmal aufgelockert durch Villenviertel.

Mendrisio erlebte v.a. im 19. Jh. eine **bauliche Blütezeit,** als die einheimischen Architekten *Luigi Fontana, Antonio Croci* und *Isidoro Spinellei* hier öffentliche und private Bauten errichteten, so den Schulbezirk, das Theater, das Spital (Palazzo Turconi), die Villa Argentina sowie viele andere Villen. Das alte Spital und die Villa Argentina, welche 1872 für die in Argentinien reich gewordene Familie *Bernasconi* gebaut wurde, beherbergen heute die **Fakultät für Architektur** der Universität der italienischen Schweiz (das neue Gebäude der Accademia di Architettura neben der Villa Argentina stammt von *Amr Soliman* und *Patrik Zurkirchen)*. Seit dem 17. Jh. ist Mendrisio ein Zentrum der **Textilindustrie.**

Sehenswertes

Mendrisios **Ortskern** ist gut versteckt, der älteste Teil ist zwischen dem Klosterkomplex S. Giovanni und der Pfarrkirche angesiedelt. An der Via Nobile Torriani (Nr. 1) steht der **Palazzo Torriani** mit einem Rundbogenportal von 1541, das in zwei hintereinander liegende, malerische Innenhöfe führt. Der erste ist aus dem 18. Jh.und besitzt eine Loggia, der zweite toskanische Säulenpaare aus dem 15. Jh.

Im Carlasc an der Piazzale del Municipio wohnte der Architekt *Croci*. Der **Palazzo Pollini** steht in der Via Pontico Virunio; er ist einer der schönsten Barockpaläste im Tessin, erbaut 1720, ein winkelförmiger, zweieinhalbgeschossiger Monumentalbau mit hoher, abweisender Straßenfront und einer etwas leichteren Fassade mit zwei von Balkonen gekrönten Rundbogenportalen zur Piazzetta Carrobbiello. Der Hof hat einen toskanischen Säulenportikus.

Am nördlichen Stadtrand liegt das ehemalige Servitenkloster **Antico Convento dei Serviti,** erwähnt 1251. Zu Beginn des 13. Jh. befand sich hier ein Hospiz für Arme und Kranke, das von der Bruderschaft der Gedemütigten geführt wurde. Im Jahre 1477 ließen sich die Servitenbrüder im Hospiz nieder. Später diente das Gebäude als Gymnasium. Seit 1982 ist das **Kunstmuseum** (s.u.) hier untergebracht. Der Gebäudekomplex besteht aus dem stimmungsvollen Kreuzgang mit toskanischen Säulenarkaden, um den sich die Konventgebäude scharen,

Prozessionen der Karwoche in Mendrisio

Die Karwoche ist in Mendrisio von der Darstellung des **Leidensweges Jesu** und seines Todes am Kreuz geprägt. Am Donnerstag vor Ostern beginnt bei Sonnenuntergang der Umzug durch die alten Gassen: voraus die Legionäre zu Pferd unter Trompetenklang, dann Jesus mit der Dornenkrone (eine begehrte Rolle, der Name des Darstellers wird zuvor geheim gehalten). Christus wird auf dem Weg zum Kalvarienberg von Veronika mit dem Schweißtuch und von weinenden Frauen begleitet. Simon hilft ihm, das Kreuz zu tragen. Herodes, Pilatus, Priester, Schreiber und Diebe gehören ebenfalls dazu. Römische Soldaten würfeln um die rote Tunika Jesu. Das Szenarium wird bei zunehmender Dunkelheit, einzig von Fackeln und Laternen erhellt, immer dramatischer.

Auch die **Karfreitagsprozession** hat ergreifenden Charakter. Maria und der leblose Körper ihres Sohnes werden von Bruderschaften und Klerus durch die von Gläubigen gesäumten Gassen getragen. Lampions mit von der Rückseite beleuchteten Bildern, die die Gassen des historischen Ortszentrums überspannen, tragen zur Stimmung bei. Sie stammen teilweise aus dem 17. Jh.

Der Ursprung der Prozessionen ist in den **mittelalterlichen Passionsspielen** zu suchen, die mit ihrem Realismus eine starke religiöse Botschaft transportierten. In Mendrisio wurden sie von den Servitenpatres gegen Ende des 15. Jh. eingeführt und sind seit dem 17. Jh. urkundlich belegt (Infos: Tel. 091 64 65 761).

und der mittelalterlichen Marienkapelle sowie der Klosterkirche S. Giovanni. Im Hof steht ein vermutlich romanischer Taufstein mit Tierskulptur. In der Ecke des Südflügels findet sich ein Renaissancerelief von *Gaggini* von 1514.

Ein eindrucksvoller Barockbau ist die **Klosterkirche S. Giovanni,** sie wurde 1722 mit Ausnahme des Turmes von *G. Magni* neu gebaut. Sie hat eine Pilasterfassade, ein Giebel zeigt Malereien aus dem 18. Jh. Innen ist sie reich stuckiert von *Brenni, Catenazzi, Moresco, Spinedi, Bernasconi* und *Calderati.* Die Malereien im Gewölbe stammen von *Brenni.*

Die äußerlich nur schwer als Kapelle erkennbare **S. Maria delle Grazie** hat eine romanische Mauerpartie zur Gasse mit Rundbogen, Arkadenfries und Luziden. Im Innern ist in der Lünette ein gut gearbeitetes Fresko der Muttergottes mit der heiligen Katharina und Johannes dem Täufer aus dem 14. Jh. zu sehen.

Im alten Ortsteil von Mendrisio steht **die Kapelle S. Maria in Borgo** mit dem romanischen Turm. 1518 erstmals erwähnt, wurde sie später barockisiert. An der Westfront sieht man ein Renaissancefresko der Muttergottes aus dem frühen 16 Jh. Sie birgt 15 gute Prozessionstafeln von *Giovanni Bagutti* aus dem 18. Jh.

Die **Piazza alle Valle** ist ein Werk *Mario Bottas,* der in Mendrisio an der Architekturhochschule unterrichtet.

In beherrschender Hügellage steht die **monumentalste Kirche** des Tessins aus dem 19. Jh.: die **Propsteikirche SS. Cosma e Damiano;** erbaut

107te Foto: tt

wurde sie in der zweiten Hälfte des 19. Jh. von *Spinelli* nach Plänen von *Luigi Fontana,* vollendet 1925. Eine Freitreppe führt zum kreuzförmigen Zentralbau, der im Chor ein prachtvoll geschnitztes Altarziborium in Form eines zweigeschossigen Tempels (1670 von *Lezzani)* besitzt.

Unterhalb der Kirche steht ein mittelalterlicher **Turm,** dessen älteste Teile auf das 12. Jh. zurückgehen. Früher ein Wachturm, diente er Ende des 15. Jh. als Glockenturm. An der Nordseite findet sich ein römischer Inschriftenstein von *Valerius Dromon* aus dem 2. Jh.

Osterprozession in Mendrisio

Nahe der Autobahn nordöstlich von Mendrisio befindet sich über drei Vorgängerbauten die **Kirche S. Martino** (Schlüssel bei *H. Sciaini,* Mendrisio, Tel. 091 64 62 820). Der breite frühromanische Bau, erstmals erwähnt 962, hat eine eingezogene Halbrundapsis, die untere Hälfte der nördlichen Schiffswand stammt vom Vorgängerbau. An der südlichen Schiffswand sind Lisenen und Arkadenfriese mit Tierkopfkonsolen sowie drei Luziden zu sehen; die mittlere weist ein Adlerrelief auf. Die Vorhalle, der überhöhte Chor sowie die Sakristei sind von 1695. An der Chorfront sind barocke Fresken der Heiligen Martin und Firmus aus dem 18. Jh. zu sehen. Die geschnitzte Leuchterbank stammt aus dem 16. Jh., das kostbare Stuckantependium, das die Enthauptung zweier Heiliger zeigt, ist um 1640 entstanden. Seit fast 400 Jahren findet am 11. November nahe der Kirche ein dem heiligen Martin gewidmetes Fest statt.

Auch das berühmte **Eselsrennen Palio degli Asini** wird in Mendrisio alljährlich ausgetragen (s.u).

Auf einem Hügelsporn südöstlich Mendrisios lag in **Torre** der 1350 zerstörte Feudalsitz der Familie *della Torre (Torriani)*. Der heutige Baukomplex mit Arkadenhof stammt von den *Beroldingen*, die sich hier 1679 niederließen.

Praktische Tipps

Information

- **Mendrisiotto Turismo,** 6850 Mendrisio, Tel. 091 64 65 761.

Unterkunft

- **Hotel Morgana,** Via C. Maderno 12, 6850 Mendrisio, Tel. 091 64 62 355. 16 Zimmer mit Bad/WC, DZ sFr. 150–170.
- **Stazione,** Piazza Stazione, 6850 Mendrisio, Tel. 091 64 62 244. Gegenüber des Bahnhofs, teils renoviert, mit Restaurant; DZ sFr. 160.

Essen und Trinken

- **Grotto Eremo di San Nicolao,** in Salorino, Somazzo, Tel. 091 64 64 050 (Mi geschlossen). Neben der Wallfahrtskirche am Fuß des Monte Generoso, hoch über Mendrisio, herrliche Sicht, einfache Tessiner Küche.
- **Grotto La Balduana,** Salorino (Straße zum Monte Generoso), Tel. 091 64 62 528. Empfehlenswertes Restaurant mit gutem Preis-Leistungsverhältnis; schöne Terrasse.
- **Ateneo del Vino,** Via Pontico Virunio 1, Mendrisio, Tel. 091 63 00 636. Vinothek, Tagesteller und kleine Häppchen.
- **Grotto Bundi,** Via alle Cantine, Mendrisio, Tel. 091 64 67 089. Traditionelles Grotto mit drei Sälen, im Kamin brodelt die Polenta.
- **Grotto Ticino,** Via alle Cantine, Mendrisio, Tel. 091 64 67 797. Mit typischen Tessiner Grottogerichten.

Museen

- **Museo d'Arte,** Piazza San Giovanni, Tel. 091 64 67 649, Di–So 10–12 und 14–17 Uhr. Im ehemaligen Servitenkloster: Tessiner Künstler (18.–20. Jh.), Werke aus deutscher und italienischer Schule (16. u. 17. Jh.), moderne und zeitgenössische Werke der Lombardei.
- **Modelleisenbahn-Galerie,** Galleria Baumgarten, Via Stefano Franscini 24, Tel. 091 64 00 400. Gegenüber des Bahnhofs. 600 m² Ausstellungsvitrinen mit über 15.000 Exponaten in allen Maßstäben; digital gesteuerter Betrieb von Modellbahn-Anlagen.

Kultur und Feste

- **Estival Jazz** macht seit einigen Jahren Mitte Juli auch in Mendrisio Station. Gratis-Konzerte auf hohem Niveau. Informationen unter www.estivaljazz.ch.
- Zur Faschingszeit gibt es in Mendrisio verschiedene **Karnevalsumzüge.** Am Faschingsdienstag, dem letzten Tag der Feierlichkeiten, zieht der berühmte Maskenzug Nebiopoli durch die Gassen der Stadt mit Kapellen, Guggen, Masken und Wagen.
- Das **Eselsrennen,** der *Palio degli Asini,* bei dem fünf Quartiere gegeneinander antreten, findet im Mai statt.
- Das **Winzerfest** findet in Mendrisio am letzten Wochenende des Septembers statt.

Einkaufen

- **Shoppingzenter Foxtown,** Mendrisio, *Factory outlet,* Designermode zu Fabrikpreisen, günstige Markenartikel.
- **Antiquitätenmarkt** in der Altstadt, im Oktober.
- **Büchermarkt** gebrauchter Bücher, auf der Piazzale alla Valle, am ersten Mittwoch des Monats, 13.30–18 Uhr.
- **Kulinarischer Monat,** im Oktober. 35 bis 40 Restaurants in Mendrisio und Umgebung bieten spezielle (Wild-)Gerichte an.

Zwischen Mendrisio und Chiasso

Salorino und Somazzo

Am Hang des Dosso Bello über den Weinbergen liegt in schöner Aussichtslage das relativ gut erhaltene **Salorino,** Heimatort der Malerbrüder *Breni.* Es ist auch für seine Grotti bekannt. Oberhalb des Dorfes liegt die barockisierte **Kirche S. Zenone,** 1330 erwähnt. Sie birgt vorzügliche Stuckaturen und Bildfelder mit den vier Evangelisten im Chor. In der frühbarocken Rosenkranzkapelle steht ein Altar mit einer schönen Madonna aus Terracotta von 1626. Neben dem Portikus liegt das ehemalige Beinhaus.

Oberhalb des Dorfes liegen in **Somazzo** ein römisches Gräberfeld und die spätmittelalterliche barockisierte Kapelle S. Giuseppe. Das Haus Pestoni besitzt originelle Stuckbekrönungen mit personifizierten Jahreszeiten über den gassenseitigen Fenstern.

Von Somazzo führt die Straße im Valle dell'Alpe nach **Bellavista** und zu dem nur noch im Sommer bewohnten Weiler **Cragna** unterhalb des Monte Generoso.

Coldrerio und Costa di Sopra

Coldrerio ist Heimatort der Maler *Pier Francesco Mola* (1612–1666) und *Gian Maria Livio,* gestorben 1766. In der **Pfarrkirche S. Giorgio,** erbaut im 16. Jh. und mehrmals erweitert, hängt in einer Seitenkapelle ein Gemälde von *Livio.* Die Kuppel wurde von *Alessandro Valdani* 1764 ausgemalt. Vor der Kirche ist ein Bronzedenkmal für *Pietro Mola* (1828–1884).

In Costa di Sopra steht das **Landhaus Malacrida;** es geht auf das 15. Jh. zurück. Auf zwei Fassadenseiten hat es Terracottafriese sowie Überreste spätgotischer Fresken. In einsamer Lage mit einem malerischen, von Stationen gesäumten Zugang, liegt in einer Gruppe von Zypressen die **Friedhofskapelle S. Apollonia.** Die Fassade zeigt eine gemalte Marmorverkleidung. Im Inneren sind Malereien aus dem frühen 18. Jh. zu sehen. Sie zeigen die Muttergottes vor dem Berg Karmel und die Heiligen Lucia und Ursula sowie Agatha und Apollonia.

Villa

Villa besitzt einen altertümlichen Dorfkern und die **Privatkapelle S. Trinità** oder La Beccaria, ein Backsteinbau mit eingezogenem quadratischen Chor von 1674. Es ist die Familienkirche der *Beccaria,* die im Dienste des Papstes *Alexander II.* standen. Ihre Wappen sind an der Pilasterfassade zu sehen. Sie birgt gute Wandgemälde in Stuckrahmen. Gegenüber der Kirche liegt der **Palazzo Beccaria,** ein trapezförmiger Bau mit stark umgebautem Innenhof.

Der **Palazzo Cigalini** oder Quadri, erbaut im 17. Jh., ist ein schlanker Bau mit kurzen Seitenflügeln und einer toskanischen Arkadenhalle. **S. Maria del Carmelo** ist ein einfacher Kirchenbau des 16. Jh. An der Fassade finden sich

Überreste einer groß angelegten Himmelfahrt Mariä aus dem 16. Jh. Die linke Seitenkapelle zeigt Malereien von *Pier Francesco Mola;* die Heiligen Sebastian und Rochus an der Altarwand stammen ebenfalls von *Mola.*

Balerna

Im Frühmittelalter eine Langobardensiedlung, ging Balerna in den Besitz eines Mailänder Klosters über. Die hier zu findende **Sommerresidenz des Bischofs von Como** wurde stark modernisiert.

S. Vittore ist seit 1180 Pfarrkiche. Sie wurde barockisiert und 1818 erweitert. Die romanische Apsis im Chor wird durch Lisenen gegliedert und hat ein Arkadenfries auf skulpierten Konsolen. Der Barockturm und die Barockfassade sind von *Silva,* 1744. An der Stirnwand des nördlichen Seitenschiffes befindet sich ein Frührenaissancefresko mit thronender Muttergottes und den Heiligen Viktor und Sebastian, darunter das Fragment einer Epiphanie und die Himmelfahrt Mariä, um 1500, vermutlich von *Gaudenzo Ferrari.* Weitere Fresken sind aus der *Morazzone*-Werkstatt und von *Torriani.* Auf der Südseite der Kirche steht ein klassizistisches Baptisterium mit einem schönen Renaissancetriptychon aus Marmor mit Muttergottes, den Heiligen Viktor und Stephanus, darüber eine Kreuzigungsgruppe aus dem Umkreis der *Rodari,* um 1500. Ein zierliches Beinhaus von 1759 liegt nördlich der Kirche. Hinter ihr ist die ehemalige Nuntiatur, erbaut im 18. Jh. Der Festsaal hat eine Holzbalkendecke mit Régencebemalung und einem Fries mit Putten. Daneben gibt es zwei weitere Repräsentationsräume, durfte doch der Priester von Balerna den jeweiligen Nuntius aus Rom als Erster auf eidgenössischem Boden begrüßen. Die Räume wurden modernisiert, so auch der Eingangsbereich mit einer Kunstgalerie.

Hangwärts darüber, jedoch verdeckt durch einen anderen Bau, steht der bischöfliche **Palazzo Belvedere,** 1706 von *Carlo Silva* für den Bischof von Como, *Bonesana,* gebaut. Es ist ein mächtiger Rechteckbau mit vier Eckrisaliten, die auf drei Seiten einen Ehrenhof bzw. Terrassen mit Freitreppen einfangen. Die Mittelpartie wird durch ein Mezzaningeschoss überhöht. Kunstvolle Gitter zieren das Gartentor und die Balkone, den Empfangssalon ziert ein ausgemaltes Spiegelgewölbe. Die Kapelle besitzt eine prachtvolle Rokokostuckdecke.

Balerna hat ein kleines **Kaffeemuseum** (s.u.).

Essen und Trinken

- **Grotto Dei Tigli,** Balerna, Tel. 091 68 33 081 (Di Ruhetag). Ausgezeichnete Regionalküche mitten in Weinreben.

Museum

- **Kaffeemuseum,** Tel. 091 69 50 505, in Balerna neben der Fabrik Chicco d'Oro: Geschichte und Verarbeitung, Werkzeuge, Röst- und Mahlanlagen.

Mezzana und Pontegana

In Mezzana gehörte das ausgedehnte **Landgut** (heute *Istituto Agraio Cantonale)* im 16. Jh. der Familie *Torriani* aus Mendrisio. 1833 kam es in den Besitz der sardischen Königin *Maria Cristina;* unter ihr wurde es klassizistisch umgestaltet und der Nordflügel neu gebaut; seit 1912 ist die **Agrarschule** hier untergebracht.

In **San Antonio** wurde die gleichnamige Kapelle von 1688 im Jahr 1931 umgebaut und um 180 Grad gedreht.

Pontegana besitzt Überreste einer **Burg,** 789 erwähnt, die 1124 zerstört wurde. Sie hat imposante Mauerreste, im Unterbau ist sie vermutlich frühmittelalterlich, sonst romanisch. Im Mauerwerk des Fundaments sind römische Sarkophage eingelassen.

Novazzano

Das malerische Straßendorf Novazzano liegt in hügeligem Gelände. Seine **Pfarrkirche SS. Quirico e Giulietta,** 1330 erwähnt, wurde gegen Ende des 18. Jh. nach Plänen von *Regazzoni* aus Balerna neu gebaut. Vom ursprünglichen Gebäude sind der Glockenturm aus dem 12. Jh. und eine Kapelle, das heutige Oratorium der Verkündigung, übrig geblieben. Die kreuzgewölbte Kapelle der alten Kirche, erreichbar vom nördlichen Querschiff, birgt Renaissancewandmalereien (1584) von *Gian Battista Tarilli.* Im Kreuzgewölbe sind die vier Evangelisten und die Kirchenväter abgebildet, an der Nordwand ein Letztes Abendmahl, in der Lünette der Einzug in Jerusalem und auf der Gegenseite Überreste einer Fußwaschung und eines Judaskusses. Die Kirche hat einen prachtvollen Stuckaltar mit gedrehten Säulenpaaren von *Catenazzi* (1711): im Zentrum die Heiligen Quiricus und Giulietta, links der heilige Diakon, rechts Antonius von Padua. In der Kreuzigungskapelle steht ein Altar aus weißem Marmor; das Holzkruzifix stammt aus dem 17. Jh. 1999 wurden die Kirche restauriert. Der Altarraum und die liturgische Ausstattung wurden völlig erneuert. Auf dem neuen Altar steht eine Skulptur des aus Novazzano stammenden Künstlers *Alfredo Tadini.*

Die **Kapelle S. Trinità** bildet den Eckbau einer Häuserzeile; sie besitzt eine romanische Halbrundapsis mit Lisenengliederung und Bogenfries aus dem 12. Jh. In der Apsis sind drei Terracottamedaillons sowie ein hübscher Stuckaltar zu sehen, beide um 1700 entstanden.

Brusata, Pedrinate und Seseglio

Brusata ist der Geburtsort **Carlo Fontanos,** einem der wichtigsten Barockarchitekten in Rom. Das angebliche Wohnhaus der Familie, ein schlichter Bau, steht in einem Garten mit einem Löwenportal. Die spätmittelalterliche **Kapelle** wurde im späten 17. Jh. umgebaut und besitzt Gewölbemalereien aus dieser Zeit.

Pedrinate ist ein Weinbauerndorf in erhöhter Aussichtslage an einem Südhang in der Nähe von Chiasso. In dominierender Lage erhebt sich die **Kapelle S. Stefano,** erwähnt 1579, umgebaut 1847, in der Chornische birgt sie Fresken des 17. Jh. Ein abgelöstes Fresko zeigt die Muttergottes, auf der Gegenseite ist die heilige Martha zu sehen (Mitte 15. Jh.).

Seseglio ist ein intaktes Dörfchen mit einer Kapelle von 1929.

Valle di Muggio

Das **südlichste Bergtal der Schweiz,** nordöstlich von Balerna gelegen, lässt sich in drei Vegetationszonen einteilen. Der enge Talgrund, vom Breggia-Fluss geformt, ist von Erlen, Eschen, Pappeln und Gebüsch bedeckt. Rund 100 m über der wildromantischen Breggia-Schlucht (heute ein Naturpark) öffnet sich das Tal terrassenförmig; hier beginnt das landwirtschaftlich genutzte Gebiet. Darüber liegt Buchenwald, der allmählich in sanft geschwungene Bergkämme übergeht.

Neben den zahlreichen Brücken aus verschiedenen Jahrhunderten fallen die so genannten Roccoli, die **Vogelfangtürme,** und die **Grà** auf. Letztere sind turmartige Einrichtungen, in welchen früher die Kastanien gedörrt wurden. Nur noch im Muggio-Tal zu finden sind die **Nevère,** die äußerlich an die apulischen Trulli erinnern. Die Rundbauten aus Stein dienten bis in die 50er Jahre des 20. Jh. mit Schnee gefüllt als Kühlhäuser zur Lagerung von Lebensmitteln. Im Tal ist vor allem die **Käseproduktion** von Bedeutung. Als Spezialität bekannt sind die Weichkäsesorten Formaggini und Robiole.

Castel San Pietro

Castel San Pietro gehört mit Morbio Superiore und Sagno zur Bassa Valle. Die Orte liegen auf den beiden Talflanken mit Blick auf die Mendrisiotto-Ebene. In Castel San Pietro stand früher eine im 12. Jh. gebaute **Burg,** die erst dem Bischof von Como, dann den *Rusca* gehörte. In ihrer Kirche, der **Capella Rossa,** wurden 1390 mehr als hundert Anhänger der ghibellinischen *Rusca* von den welfischen *Busioni* massakriert, daher rührt der Name Rossa (rot). 1610 wurde die Burg zerstört. Die heutige Kirche S. Pietro oder Capella Rossa auf einem Felskopf über der Breggia, erbaut 1343, ist fast unverändert geblieben: ein schmuckloser Rechteckbau mit halbrunder Apsis. Über dem Westportal sind die Bauinschrift und Porträts des Bauherrn zu erkennen, des Bischofs *Bonifazius von Modena,* als Bischof und Lehrer. Im Innern gibt es Wandmalereien aus der zweiten Hälfte des 14. Jh. An den Schiffswänden sind streifenförmige Ornamente mit Würfelfries, Rosetten, Schnittmustern und Wellenranken zu sehen. An der Ostwand findet sich die Verkündigung Mariä, unten links die thronende Muttergottes, rechts die Heiligen Agatha, Katharina und Agnes. In der Apsiskalotte thront eine Majestas Domini mit den Evangelistensymbolen, darunter sind vier Szenen aus dem Leben Petrus' zu sehen: die Berufung durch Christus, vor Kaiser Nero, im Gefängnis und Kreuzigung.

Unterhalb des traubenförmig am Hang gelegenen Dorfes mit steilen Gassen liegt auf einem Geländesporn die prachtvolle **Barockkirche S. Eusebio,** 1670–78 von *Agostion Silva* erbaut, mit schönem Innenraum mit korinthischen Pilastern und umlaufendem Gebälk, vier Seitenkapellen und eingezogenem Chor, einmündend in eine leicht ausgreifende Apsis. Im Gewölbe des Schiffes zeigen zwei Bildfelder Eusebius, Viktor, Petrus und Paulus sowie Stuckaturen aus dem späten 17. Jh. Im Chorgewölbe sind die Verherrlichung des Kreuzes und die Dreifaltigkeit, begleitet von Engeln, dargestellt, in Rokokostuckaturen eingebettet. An den Chorwänden hängen Ölgemälde von *Carlone* aus dem Jahr 1759. In der zweiten Kapelle sind ein vorzügliches Stuckgehäuse mit Relieffiguren der Heiligen Firmus und Defendens sowie eine Kreuzigungsgruppe mit Engel, 1689 von *Barberini* geschaffen, zu bewundern. Die Altäre stammen aus dem 18. Jh., das spanische Kruzifix aus dem Jahr 1600.

In **Loverciano** steht der großzügigste Barockpalast des Mendrisiotto, der **Palazzo Turconi** aus dem 18. Jh., als Sommerresidenz für einen Grafen aus Como vermutlich von *Carlo Francesco Silva* errichtet. Der stattliche Rechteckbau weist hinten zwei, vorne drei Geschosse auf. Zwei talseitige Eckrisalite flankieren eine Terrasse über Arkaden mit Blick ins Mendrisiotto, der Hang ist durch Terrrassenmauern abgetreppt, vom Garten ist wenig erhalten.

Obino

In Obino thront in malerischer Höhenlage die **Kapelle S. Antonio** mit kleeblattförmigem Chor. Dort sind zwei Fresken der Heiligen Antonius und Sebastian, um 1500, erhalten. Der Stuckaltar hat ein Fresko mit thronender Muttergottes, Antonius und Stifterfigur. An der südlichen Schiffswand sieht man ein Fresko der Pietà, auf der Gegenseite die Heiligen Sebastian und Rochus.

Morbio Inferiore

Morbio Inferiore liegt erhöht und besitzt im Ortskern eine urbane Geschlossenheit. Es war der Wohnsitz der einflussreichen Künstlerfamilie *Silva,* die sich vor allem im 16. bis 18. Jh. ausgezeichnet hat. Sehenswert ist die **Barockkirche S. Maria dei Miracoli,** erbaut 1595 an Stelle einer von den Eidgenossen zerstörten Burg. 1760 von *Carlo Silva* teilweise neu gebaut, gilt sie als der einheitlichste Barockbau des Mendrisiotto, reich an Stuckaturen und Fresken des 16. bis 18. Jh. und mit bedeutender Ausstattung. S. Maria dei Miracoli ist eines der populärsten Wallfahrtsziele des Kantons. Zwei vom Teufel gequälten Mädchen aus Mailand soll hier beim Beten um Besserung die Muttergottes erschienen sein, woraufhin die Mädchen geheilt waren.

Der Rechteckbau mit querschiffartiger Erweiterung und zweigeschossiger, übergiebelter Pilasterfassade hat einen unverputzten und unbekrönten Südturm. Die Kirche birgt **zahlreiche**

Stuckaturen aus dem 17. Jh. vor allem von Mitgliedern der Familie *Silva*. Die Gemälde und Fresken, die oft den Tod thematisieren, wurden von *F. Silva, G. Petrini, I. Torriani, I. Bianchi, I. Ceppi, G. Livio* und *P. Recchi* gemalt. Die Via Crucis wird *Francesco Antonio Silva* zugeschrieben. In der Rosenkranzkapelle steht in einem Stuckaltar eine aus Pappe gefertigte Madonna aus dem 18. Jh. Das **Pfarrei-Museum** zeigt eine Ausstellung von Votivbildern, Kirchengegenständen und alte Schriftstücken; Öffnung auf Anfrage bei der Pfarrei, Tel. 091 68 31 777.

Die spätbarocke Kapelle S. Rocco zeigt ebenfalls Gemälde und Malereien von *F. Silva, I. Ceppi* und *G. Livio*.

Die **Friedhofkirche S. Giorgio,** 1309 erwähnt und mehrmals umgebaut, birgt beachtliche Wandgemälde. In der Apsis eine Anbetung der Hirten aus dem späten 16. Jh., im südlichen Seitenschiff der heilige Silvester, darüber eine Heiligengruppe mit Muttergottes und Christus. An den Schiffsseitenwänden sind Kreuzwegstationen und Trompe-l'oeil-Cartelli zu sehen, z.B. mit der Kirche S. Giorgio. Im Gewölbe der Sakristei einer ehemaligen Kapelle ist eine thronende Muttergottes mit den Heiligen Martha, Joseph und Hieronymus aus der Mitte des 15. Jh zu bewundern. In der Lünette findet sich ein Muttergottesfresko.

In Morbio Inferiore liegen zahlreiche **Weingüter und Kellereien,** Besuche und Weinproben sind nach telefonischer Vereinbarung möglich. Informationen gibt *Ticinoweine,* Tel. 091 69 01 353.

Morbio Superiore

In Morbio Superiore steht in beherrschender Lage die frühklassizistische **Pfarrkirche S. Giovanni Evangelista,** 1789 nach Plänen von *Canonte* vollendet. Unterhalb des Dorfes liegt die barocke **Kapelle S. Anna,** 1705 gebaut. An den Schiffswänden sieht man rechts die Heiligen Anna und Joachim, überstrahlt vom Heiligen Geist, links die Unbefleckte Empfängnis. Hinter dem Marmoraltar des Chors sind Fresken und Rokokostuckaturen der Vorgängerkirche zu sehen. Im Zentrum steht die Muttergottes mit Rochus und Sebastian aus dem 17. Jh.

Die **Casa Pusterla** in der Zona Lecco wurde 1983 von *Botta* gebaut. Einsam auf einem Hügel steht die romanische **Kapelle S. Martino** aus dem 12. Jh. Der rechteckige Chor entstand um 1700, die Fassade zwischen den Flügelmauern 1866. Im Schiff ist ein interessanter Inschriftenstein von *Eutarcius,* dem Schwiegersohn *Theodorichs* (519 Konsul), mit Kreuz, Taube und geometrischen Motiven.

Von Morbio Superiore führt eine Straße nach **Sagno.** Die Häuser des Ortes liegen dicht gedrängt an einem Steilhang. Hier hat sich der romanische unverputzte Turm mit Blendbogen der **Pfarrkirche S. Michele** erhalten. Die Kirche wurde Ende des 18. Jh. von *Simone Cantone* umgebaut. Äußerlich eher schlicht, wirkt das Innere mit der Pendentivkuppel eher überraschend, besonders das große Gemälde des heiligen Michael als Seelenwäger sticht hervor.

108te Foto: tt

Durchs obere Muggio-Tal

Von Morbio Superiore steigt die Straße noch etwas an, und man gelangt bei dem auf einer Geländerippe ausgebreiteten Dorf **Caneggio** fast unmerklich ins eigentliche Muggio-Tal. An der alten Straße nach Canneggio liegt ein Brunnen, dessen Trog der Deckel eines römischen Sarkophags war. Die spätbarocke **Kirche** von Caneggio, ein Bau von 1715, dominiert den Ort. Die Kirche birgt ein großes Gemälde des heiligen Karl Borromeo von 1630 sowie frühbarocke Stuckaturen und Malereien.

Jenseits eines kleinen Seitenbaches folgt **Bruzella** mit seinem weitgehend intakten, maßgeblich im 19. Jh. geprägten Ortsbild. In der Nähe liegt eine alte renovierte Wassermühle, Bestandteil des Talmuseums; auch das Dokumentationszentrum des Talmuseums findet sich hier. An der örtlichen Pfarrkirche S. Siro wird seit dem 16. Jh. gebaut, einer der Bauherren war *Cantone*.

In **Zocco** steht die Wallfahrtskapelle S. Maria di Loreto aus dem 16. bis 18. Jh. Zur Kapelle führt ein Stationenweg mit Bildstöcken, die 1959 von *Gilardi* neu ausgemalt wurden.

Campora

Cabbio ist ein langgestrecktes Dorf mit schmalen Gassen; in seinem westlichen Teil liegen Häuserkuben aus dem 19. Jh. Der klassizistische Dorfbrunnen von 1844 mit seinen zwei seitlichen Waschtrögen stammt von *Luigi Fontana*. Die stattliche Spätbarockkirche wurde 1795 neu gebaut, der Marmoraltar stammt von *Rossi* aus Arzo.

Auf einer hohen Brücke überquert man den Bach, der aus dem Val Lausca kommt, und gelangt nach **Muggio,** das mit seinen eng gedrängten Häusern, schmalen Gässchen und Treppen mediterran wirkt. Muggio ist Heimatort der klassizistischen Architekten *Pier Luigi* und *Luigi Fontana* sowie von *Simone Cantone*. Die spätbarocke **Pfarrkirche S. Lorenzo** wurde 1760 praktisch neu gebaut. Sie hat einen reich instrumentierten Innenraum mit einer Schiffs- und einer Chorkuppel. Kompsitpilaster und Gebälk umziehen die konchenartigen Seitenkapellen und den kleeblattförmigen Chor. Spärliche Stuckaturen, begleitet von illusionistischer Malerei, zeigen die Verherrlichung des Kirchenpatrons und der Madonna (1760). Ob die Kiche von *A. Silva* gebaut wurde, ist nicht sicher; die **Casa Cantone-Fontana** gegenüber der Kirche stammt jedoch sicher von diesem Baumeister. Sie birgt im Erdgeschoss einen Festsaal mit Fresken von *Pozzi* aus dem 18. Jh. Der **Brunnen** mit Säulen am Nordende des Dorfes ist vermutlich von *L. Fontana,* 1840. Jenseits des Flusses Breggia steht hier einsam die 1616 geweihte **Kirche S. Giovanni Battista,** das Chorflankentürmchen und die Vorhalle sind vermutlich erst aus dem 18. Jh. Sie birgt ein barockes Stuckretabel und Fresken aus dem 17. Jh.

Die Gemeinde Muggio umfasst den weiten Talkessel mit der Kirchgemeinde Scudellate und einer Reihe von Bergweilern und Maiensäßen am Monte Generoso. Beim Weiler **Tur** sind die charakteristischen engen Terrassierungen besonders deutlich ausgeprägt.

Weltabgeschieden liegt **Scudellate** am Steilhang mit zwei Reihen stattlicher Steinhäuser, ein Fußweg führt zum italienischen Dorf Erbonne. Die Straße führt weiter nach **Roncapiano** mit seiner kleinen Kapelle. Malerisch klebt der Alpweiler **Casiroli** mit einheitlicher Steinplattenbedachung am Hang.

Zurück in Cabbio, zweigt bei der Post ein Sträßchen zur Talsohle ab, teilweise mit 25 Prozent Gefälle. Auf der anderen Seite geht es steil hinauf zu den auf der rechten Talseite liegenden Dörfern **Casima** und **Monte** am Osthang des Dosso Bello. In Casima steht am unteren Dorfrand die klassizistische Pfarrkirche SS. Maria e Carlo Borromeo, neu gebaut 1823, teils auf einem künstlichen Unterbau wegen der extremen Hanglage. Montes Pfarrkirche, 1579 erwähnt, birgt im Gewölbe ungewöhnlichen Stuck mit Blütenmotiven; neben ihr liegt ein hübsches Beinhäuschen mit Attikageschoss und Ziergurten aus Stuck (18. Jh.). Am Weiler **Campora** vorbei fährt man talauswärts, bis man hoch oben die Kirche von **Obino** erreicht.

Praktische Tipps

Unterkunft

- **Ul Furmighin,** 6839 Sagno, Tel. 091 68 20 175. Grotto mit einfachen DZ, eines mit Dusche/WC, sFr. 90–120.

Essen und Trinken

- **Locanda del Ghitello,** Parco della Breggia, Morbio Inferiore, Tel. 091 68 22 061. In altem Haus nahe dem Warenhaus *Innovazione,* sehr gute Küche, guter Weinkeller.
- **Grotto Piret,** Castel San Pietro, Tel. 091 64 64 796.

Museum

- **Ethnographisches Museum des Muggio-Tals,** Castel San Pietro, Tel. 091 69 02 038, www.valledimuggio.ch; **Mulino** (Mühle), Bruzella, Tel. 091 68 41 188; **Regione Valle di Muggio,** Morbio Superiore, Tel. 091 68 22 016. Die Landschaft als Museum: thematische Wanderwege auf den Spuren von Schneekellern, Mühlen, Vogelfangtürmen, Brücken, Köhlerstätten, Zisternen, Dörrhäusern und Brunnen. Ausstellungen über die Kastanie bei der Forstverwaltung (AFOR) in Lattecaldo, über die Mühle in der Nähe der Mulino in Bruzella, über die Schneekeller bei der Herberge von Scudellate, Dokumentationszentrum in Bruzella.

Kultur und Feste

- **Fest der Kastanie** im Muggiotal. Jedes Jahr findet Mitte Oktober, jeweils in einem anderen Dorf des Muggiotals, das Kastanienfest statt. Einziges Thema ist der Baum mit seinen Früchten. Es ist sinnlos, dieses Fest, das bis nach Mailand beliebt ist, mit dem Auto besuchen zu wollen. Es gibt einen Rückstau bis Mendrisio, also bleibt nur Schusters Rappen. Informationen unter Tel. 091 64 65 761.

Wanderungen

- **Rundwanderung auf den Monte Generoso** vom Muggiotal, 6 Std. 15 Min., s. auch Kap. „Monte Generoso". Von Muggio zum Monte Generoso dauert die Wanderung vier Stunden. Vom Monte Generoso kann man in zwei Stunden über die Pianca dell'Alpe nach Arogno weiterwandern.
- **Wanderung von Sagno zum Monte Bisbino.** Ein zweistündiger Aufstieg führt von Sagno bis zur Bergspitze auf 1325 m Höhe.
- **Rundwanderung von Muggio zum Monte Casima,** 3½ Std. Über San Giovanni und die Alpe di Germania nach Sassi und von hier zum Monte Casima. Rückkehr über Cabbio nach Muggio: von Cabbio nach Bruzella, 2 Std. Von Cabbio führt ein Weg über Uggine und Piazzo nach Bruzella.
- **Thematische Wanderwege durch das Muggiotal,** angeboten vom Ethnographischen Museum, s.o.
- **Schutzgebiet des Parks der Breggia:** Die Schlucht bietet dem Wanderer interessante Ansichten des geologischen Profils, das sich auf dem Meeresboden des Tethys zwischen dem Jura und der Kreidezeit gebildet hat.

Chiasso

Der **Grenzort** Chiasso liegt im Südzipfel des Tessins an der Hauptroute über den Gotthard nach Mailand. Seit der Eröffnung des Gotthardbahntunnels erlebte der Ort eine stürmische Entwicklung. In den letzten Jahrzehnten wurde Chiasso völlig überbaut. Im Ortskern sind die schönen Häuser aus dem 19. Jh., darunter viele von *Fontana,* nur noch bruchstückhaft vorhanden. Chiasso besitzt einen modernen Güter- und Verschiebebahnhof, ist Bankenplatz sowie Sitz internationaler Speditionsfirmen. Wer nicht geschäftlich in Chiasso unterwegs ist, wird seine Zeit eher im schönen Como verbringen.

In der **Bahnhofshalle** hängt ein Wandgemälde mit Auswanderern von *Pietro Chiesa* aus dem Jahr 1933. Die

Figurenplastik „Italien und Schweiz" stammt von *M. Osswald-Toppi.*

Die 1237 erwähnte **Pfarrkirche S. Vitale** wurde 1934 vom Mailänder *Conti* durch eine monumentale Säulenbasilika mit Querschiff und halbrund geschlossenem Chor ersetzt. Sie ist eine der jüngsten historisierenden Kirchen der Schweiz. Das große Gemälde des heiligen Vitalis stammt aus dem späten 17. Jh., die Barockaltäre wurden teilweise vom Vorgängerbau übernommen.

Vacallo

Vacallo ist eine stark zersiedelte Gemeinde. Seine **Barockkirche SS. Simone e Giuda** zeigt Reste einer zweischiffigen mittelalterlichen Vorgängerkirche. Sie birgt verschiedene Fresken, darunter in der neuen Kapelle von 1971 ein abgelöstes vorzügliches Renaissance-Triptychon, vermutlich mit den Heiligen Antonius Eremita und Simon.

Der neue **Hotelanbau** des *Conca Bella* von 2001, gegenüber der Dorfkirche, stammt von *Bélen Alves Pfister* und *Nicola Pfister.*

Blick auf Dom und Altstadt von Como

Praktische Tipps

Unterkunft

- **Hotel und Restaurant Conca Bella,** 6833 Chiasso-Vacallo, Via Concabella 2, Tel. 091 69 75 040. Helles Michelin-Ein-Stern-Restaurant mit kreativer mediterraner Küche und attraktiver Weinkarte. 17 Zimmer. Geschlossen vom 27. Dezember bis 4. Januar und 1.–22. August, das Restaurant hat So und Mo Ruhetag. DZ mit Dusche/Bad sFr. 210.
- **Mövenpick Hotel Touring,** Piazza Indipendenza 1, Tel. 091 68 25 331. Zentral beim Bahnhof gelegen, Restaurant, Straßenterrasse; 60 Zimmer, DZ mit Dusche/WC sFr. 180.

Essen und Trinken

- **Hotel und Restaurant Conca Bella,** s.o.
- **Grotto Dei Tigli,** Balerna, Tel. 091 68 33 081 (Di Ruhetag). Ausgezeichnete Regionalküche mitten in Weinreben.

Abstecher über die Grenze nach Como

Ein Abstecher über die Grenze bei Chiasso nach Como, in die nahe, fast 100.000 Einwohner zählende **Bischofsstadt** am südlichen Ende des Lago di Como, ist auf jeden Fall lohnend. In Como mit seinen zahlreichen Geschäften, seiner autofreien Altstadt und seinem pittoresken Lungolago kann man flanieren, kaufen, was das Herz begehrt, die großartige Kathedrale, die Museen oder die beeindruckenden, weitgehend intakten Befestigungsmauern aus dem 12. Jh. besichtigen, welche die als großes Rechteck angelegte Altstadt an drei Seiten abschließen. Die Stadt war Namensgeberin einer ganzen Epoche von **Archi-**

109te Foto: ns

tekten und Steinmetzen, den „Comesi“, welche aus der Stadt und dem nahen Mendrisiotto in die ganze Welt zogen und es mit ihrer Baukunst zu hohem Ansehen brachten.

Geschichte

Das Ende des Comer Sees, an dem die Stadt liegt, war schon in **vorgeschichtlicher Zeit besiedelt.** Das Museo Archeologico Artistico zeigt Funde aus der Stein-, Bronze- und Eisenzeit bis zur Zeit der Römer.

Como war die Heimat **Plinius des Älteren** (24–79 n.Chr.) und seines Neffen **Plinius des Jüngeren** (62–113 n. Chr.), denen an der Fassade des Doms ein Denkmal gesetzt wurde.

Das Mittelalter und die Renaissance bescherten Como als Bischofssitz unzählige Auseinandersetzungen zwischen Kaisertreuen und Papisten und mit Mailand, das im Konflikt der großen Mächte als Konkurrent zur aufstrebenden, nach Süden drängenden Eidgenossenschaft auftrat. Zu Beginn des 12. Jh. wurde die Stadt von den **Mailändern** fast völlig zerstört. Unter ihrer Herrschaft vollzog sich jedoch auch der wirtschaftlich-kulturelle Aufschwung Comos. Dem folgte ein Stillstand unter spanischer Oberaufsicht.

Als die österreichischen Habsburger das Regiment übernahmen, blühte die **Seidenindustrie,** die „pura sete di Como“ wurde zum führenden Exportartikel und verhalf der Stadt zu ihrer wirtschaftlichen Bedeutung. Bis heute hat sie ihren festen Platz im Handel der Stadt.

Como ist eine bedeutende Industrie- und Grenzstadt (die hässlicheren Vorstädte gehören eher zu dieser Kategorie), aber auch ein **touristisches Highlight** dank des von Bergen umgebenen Sees und der pittoresken Lage.

Sehenswertes

Eine Stadtbesichtigung könnte bei schönem Wetter am See beginnen, am Lungolario zwischen Piazza Cavour und Piazza Matteotti, wo die Hotelpaläste der Gründerepoche auf den See blicken. Sie führt über die Piazza Cavour in die **Hauptgeschäftsstraße**, die vorerst Via Plinia, dann Via Vittorio Emanuele II. heißt und die von den Einheimischen „La Vasca", die Wanne, genannt wird, weil man dort so ungeniert in Konsumgütern baden kann. Ein Abstecher führt zum im 12. Jh. errichteten, gelb bemalten **Bischofspalast** mit der auffälligen Loggia.

Der Dom

Kurz darauf steht man vor der herrlichen, vollständig restaurierten Hauptfassade des Doms; der Gesamtkomplex mit der Renaissancefassade, dem angebauten Broletto und dem romanischen Torre del Comune bildet eine packende Einheit. Der Turm und das angebaute arkadengesäumte Rathaus erinnern an toskanische Bauten; sie wurden bereits im frühen 13. Jh. gebaut, der Turm aus bossierten Steinen wurde 1927 renoviert.

Der Dom hat zwar vorromanische Ursprünge, wurde jedoch v.a. in der Gotik und Renaissance langsam und kontinuierlich aufgebaut und im Spätbarock mit der herrlichen Kuppel vollendet. Trotz der fast **vierhundertjährigen Bauzeit** ergibt sich ein harmonisches Ganzes. Man beachte die meisterhaften Details an der gotischen Fassadenfront der Kirche, z.B. die vom bedeutenden lombardischen Renaissancekünstler *Tommaso Rodari* stammenden Statuen *Plinius des Älteren* und *Plinius des Jüngeren* rechts und links des Hauptportals, die Heiligen und die Madonna mit Kind über dem Hauptportal und den auferstandenen Christus zuoberst an der einmaligen Fassade.

Die Kirche erhebt sich auf den Mauern des vormals viel größeren Rathauses und einer romanischen Vorgängerkirche. Das heutige angrenzende Rathaus wird als **Informationszentrum** genutzt.

An der **Außenfassade** des Doms bemerkenswert sind die in die nördliche und südliche Seitenmauer eingefügten Portale von *Rodari* und seinen Neffen; eines, genannt **Porta della Rana** („Froschtür"), zeigt die Heimsuchung Mariä, das Südportal die Flucht nach Ägypten.

Im Inneren sind die **Weihwasserbecken** neben dem Hauptportal bemerkenswert, die auf einem Löwen und einer säugenden Löwin ruhen. Man nimmt an, dass sie die Säulen der Vorkirche trugen und aus dem 13. Jh. stammen. Auch verschiedene **Retabeln** verdienen Aufmerksamkeit, so

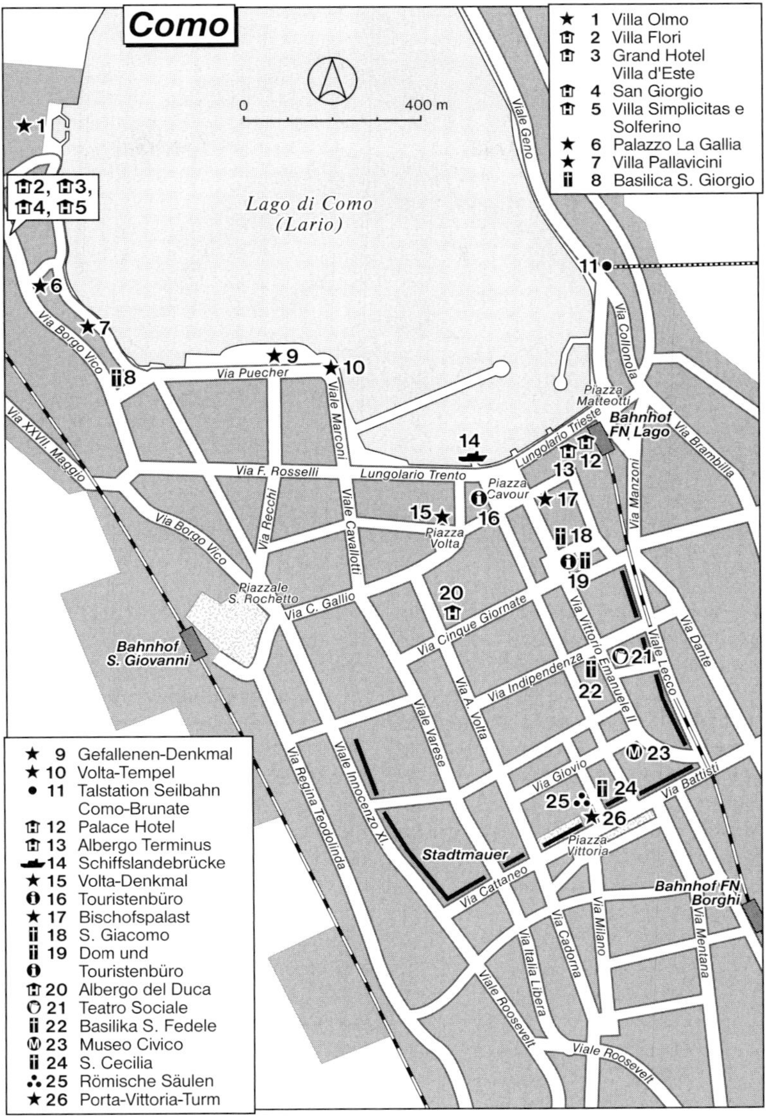
Como
0
400 m
Lago di Como
(Lario)
★ 1 Villa Olmo
2 Villa Flori
3 Grand Hotel
Villa d'Este
4 San Giorgio
5 Villa Simplicitas e
Solferino
★ 6 Palazzo La Gallia
★ 7 Villa Pallavicini
8 Basilica S. Giorgio
★ 9 Gefallenen-Denkmal
★ 10 Volta-Tempel
● 11 Talstation Seilbahn
Como-Brunate
12 Palace Hotel
13 Albergo Terminus
14 Schiffslandebrücke
★ 15 Volta-Denkmal
16 Touristenbüro
★ 17 Bischofspalast
18 S. Giacomo
19 Dom und
Touristenbüro
20 Albergo del Duca
21 Teatro Sociale
22 Basilika S. Fedele
23 Museo Civico
24 S. Cecilia
25 Römische Säulen
★ 26 Porta-Vittoria-Turm
2, 3,
4, 5
Viale Geno
Via Borgo Vico
Via Puecher
Viale Marconi
Via XXVII. Maggio
Via F. Rosselli
Lungolario Trento
Lungolario Trieste
Piazza
Matteotti
Bahnhof
FN Lago
Via Collonola
Via Brambilla
Via Manzoni
Piazza
Cavour
Via Recchi
Viale Cavallotti
Piazza
Volta
Piazzale
S. Rochetto
Via C. Gallio
Via Cinque Giornate
Via Vittorio Emanuele II
Viale Lecco
Via Dante
Bahnhof
S. Giovanni
Via Indipendenza
Via A. Volta
Viale Varese
Via Regina Teodolinda
Viale Innocenzo XI.
Via Giovio
Via Battisti
Piazza
Vittoria
Stadtmauer
Via Cattaneo
Bahnhof FN
Borghi
Via Milano
Via Cadorna
Via Italia Libera
Via Mentana
Viale Roosevelt
Viale Roosevelt

110te Foto: ns

das des heiligen Ambrosius, das die Jahreszahl 1482 trägt und das älteste Altarbild der Kirche birgt, oder das Hochrenaissanceretabel der Passion von 1492. Der **Altar** des heiligen Abbondio wurde 1514 vollendet; er gilt in seiner Üppigkeit, mit seinen Holzverzierungen und perspektivischen Reliefs als typisch für die lombardische Kunst des frühen 15. Jh.

Portal des Domes

Das Innere der Kirche birgt weiterhin einige bemerkenswerte **Gemälde** und kostbare **Gobelins,** die leider nicht alle gut ausgeleuchtet sind und sich deshalb einer näheren Betrachtung eher entziehen. Zu den beachtenswerten Gemälden gehören neben der Holzretabel des heiligen Abbondio der von *Luini* und *Ferrari* geschaffene Zyklus der Flucht nach Ägypten (ca. 1523–46), die ebenfalls von *Luini* gemalte Anbetung der drei Könige und das bemerkenswerte Luini-Altarbild des heiligen Hieronymus (1521).

Aus der romanischen Vorkirche stammen ein früher in den Barockaltar der Apsis integrierter **Altar** der Maestri Campionesi, der erst 1986 wieder einen eigenen Platz gefunden hat und so besser zur Geltung kommt, sowie die ebenfalls von diesen aus der Nähe Luganos stammenden Meistern geschaffene **Skulptur der Maria mit Kind** an der Kanzel und das **Relief des heiligen Abbondio** am Bischofsstuhl. Im Gewölbe der Sakristei erstaunt der Prunk der Renaissancemalerei, der Fresken und der vergoldete Stuck mit einer Darstellung des Lebens und der Himmelfahrt Mariä, geschaffen von *Antonio Liciono.*

Weitere Sehenswürdigkeiten in der Altstadt

Einige Schritte weiter südlich vom Domplatz stehen am kleinen, fast dreieckigen Plätzchen der **Basilika S. Fedele,** die aus dem 13. Jh. stammt und mehrmals, auch im 20. Jh., renoviert wurde, einige schöne alte **Wohnhäuser aus der Renaissance.** Man beachte vor allem die riesigen Balkenvorsprünge, auf denen die Wohnzimmer ruhen. Der Platz selbst dient als **Markt** für Lebensmittel und andere Güter.

Etwas weiter nordöstlich dieses Platzes schließt an der Via Cantù der Altstadtrundgang mit einer Besichtigung der **römischen Säulen** ab, welche im 19. Jh. in das Lyzeum Volta integriert wurden. Gleich daneben steht der vier Meter hohe mittelalterliche **Torturm,** der zusammen mit zwei weiteren Befestigungstürmen die noch weitgehend intakte Stadtmauer begrenzt.

Wer über mehr Zeit verfügt, wird in der Altstadt noch viel Sehenswertes entdecken, so die **Kirche von San Giacomo** unweit des Doms mit ihrer achteckigen Kuppel und der eigenartigen, von einer halbkreisförmigen Apeten gekennzeichneten Fassade aus dem Jahre 1585. In der Altstadt sind auch eine ganze Reihe von Stadtpalästen zu finden, so der **Rusca-Palast** aus dem Jahre 1514 mit seinem von einem Säulengang gesäumten Hof und der breiten Freitreppe, der **Odescalchi-Palast** aus dem 14. Jh. mit der Stadtbibliothek oder der die Pinakothek beher-

111te Foto: ns

Das ehemalige Rathaus beim Dom

Das Mendrisiotto

bergende **Volpi-Palast** aus dem 17. Jh. An der Piazza Verdi findet man das **Teatro Sociale** (gemeinnütziges Theater) mit seiner neoklassizistischen typischen Theaterfassade. Als die berühmte Mailänder Scala im Jahre 1944 wegen schwerer Kriegsbeschädigungen geschlossen werden musste, diente das Teatro Sociale einige Zeit als Ersatzspielort.

Sehenswürdigkeiten außerhalb der Altstadt

Auch außerhalb der Altstadt gibt es interessante Gebäude zu besichtigen. Hier stechen die großen Villen am See oder in Seenähe hervor, so die neoklassizistische **Villa Olmo** (1782–87) am südwestlichen Ufer, die heute für Kunstausstellungen und andere Kulturveranstaltungen genutzt wird, die **Villa Saporiti,** „La Rotonda" genannt wegen ihres halbrunden, auf den See hinausragenden Salons (heute Sitz der Provinzverwaltung), oder die elegante **Villa Gallia** von 1615, neben ihr die **Villa Gallietta** (1625–27). Der **Volta-Tempel** erinnert an den berühmten Comoeser Physiker *Volta*.

Praktische Tipps

Information

- **APT,** *Azienda di PromozioneTuristica del Comasco,* Piazza Cavour 6, 22100 Como, Tel. 031 33 00 111, www.lakecomo.com.

Unterkunft

- **Villa Flori,** Via per Cernobbio 12 (Straße nach Cernobbio), Tel. 031 33 820, 21000 Como, www.villaflori.com. Komfortables Luxushotel in renovierter Villa aus dem 18. Jh. mit herrlichem Blick auf See und Berge. DZ mit Bad/WC ab € 200.
- **Albergo Terminus****,** Lungolario Trieste 14, Tel. 031 32 91 11, 21000 Como, www.albergoterminus.com. Ein ausgezeichnetes Komforthotel in alter Villa mit Stuckdecken, Holztäfelung, Veranda-Restaurant. 40 DZ mit Bad/WC, z.T. mit Seeblick, inkl. Frühstück ab € 200.
- **Palace Hotel****,** Lungolario Trieste 16, Tel. 031 30 33 03, 21000 Como, www.palacehotel.it. Altes Hotel mit ansprechendem Komfort, zentral, gleich am Quai mit schönem Blick auf den See oder den Dom. DZ mit Bad/WC inkl. Frühstück ab € 155.
- **Albergo del Duca***,** Piazza Mazzini 12, Tel. 031 26 48 59, 21000 Como, www.albergodelduca.it. Hübsches, kürzlich eröffnetes Kleinhotel am ruhigeren Mazzini-Platz in der Altstadt. Angeschlossen: Restaurant *Le Colonne.* Schöne DZ mit Dusche/WC und Frühstück für € 100–110.

In der Umgebung:

- **Grand Hotel Villa d'Este*****L,** 22012 Cernobbio, Tel. 031 34 81, www.villadeste.it. Hotel der Luxusklasse seit Jahrhunderten. Jedes Zimmer ist einzigartig, das Nonplusultra sind die Gärten: Ruinen, Säulen, kleine Bassins. Daneben alles, was ein Hotel dieser Klasse bieten muss: Wellness, Sportanlagen, Golf, Night Club. Der Preis ist entsprechend: ab € 460 für ein DZ.
- **San Giorgio***,** Via Regina 81, 22016 Lenno-Tremozzo, Tel. 034 44 04 15. Sehr angenehmes Familienhotel in kleinem Park gleich am See, ca. ½ Stunde seeaufwärts von Como. DZ mit Dusche/WC (alle mit Balkon, diejenigen nach hinten etwas laut) € 120. Frühzeitig buchen.
- **Villa Simplicitas e Solferino,** 22028 San Fedele d'Intelvi, Tel. 031 83 11 32, www.villasimplicitas.it. Großes Landhaus im von Kastanien und Weiden gesäumten Garten im Intelvi-Tal zwischen Comer und Luganer See. Wohnen wie zu Großmutters Zeiten, mit alten Parkettböden und viel Patina, aber mit Bad. Bei Argegno am See Richtung San Fedele d'Intelvi abbiegen. DZ mit Bad/WC € 130–150.

Essen und Trinken

● **Trattoria Il Solito Posto,** Via Lamberthengi 9, Tel. 031 27 13 52. Eine angenehme Trattoria mit guter Fisch- und Fleischküche. Mo Ruhetag.

● **L'Angelo del Silenzio,** Viale Lecco 25, Tel. 031 33 72 157. Gute lombardische Küche in angenehmem Restaurant (mit Garten), etwas außerhalb der Stadtmauern der Altstadt.

● **Terrazza Perlasca,** Piazza de Gaspari 8 (gleich neben Talstation der Bergbahn), Tel. 031 30 39 36. Am Quai mit Blick auf See. Gute Seefischküche. Mo Ruhetag.

Einkaufen

● Die **Hauptgeschäftsstraßen** Via Plinia und Vittorio Emmanuele II. sowie die ganze **Altstadt** sind ein einziges Einkaufsparadies. Hier findet man alles, was man in Italien gerne einkauft, vom leckeren Käse und Charcuteriewaren über Öl und Wein bis zu modischer Bekleidung und eleganten Antiquitäten. Das Preisniveau ist eher hoch, wie ganz allgemein der Lebensstandard in Norditalien; Schnäppchenjäger müssen sich hier anstrengen.

Ausflüge

● **Spaziergang zur Villa Olmo** (ca. 30 Min.) am Lungolario Trento entlang, am Hafen ist ein Denkmal für die europäische Widerstandsbewegung (1983), dann folgt der Volta-Tempel (1927), das Kriegsgefallenendenkmal (1933), der Ruderclub, der Aeroclub und die Wasserflugzeugschule, ein Fußweg führt zur Villa Olmo. Das Strandbad liegt gleich neben der Villa.

● Mit der **Standseilbahn** vom Seeufer am Rand der Altstadt steil hinauf in den Villenort **Brunate** auf fast 1000 m Höhe. Von hier hat man eine wunderbare Aussicht auf den See, die Berge und das Monte-Rosa-Massiv im Hintergrund. Von Brunate kann man in einer halbstündigen Wanderung bis zum Volta-Leuchtturm hinaufsteigen, wo die Sicht noch spektakulärer ist (man kann aber auch mit dem Auto hinauffahren). Gute Wanderer können weitergehen bis zum 1436 m hohen **Monte Palanzone** (4 Std.); Bergschuhe empfehlen sich.

112te Foto: ns

● **Mit dem Schiff auf dem See** nach Cernobbio, Blevio, Maltrasio, Carate Urio, oder weiter nach Menaggio, ein hübscher Seekurort, in das elegante Cadenabbia, wo *Verdi* seine „Traviata“ komponierte oder nach Tremezzo mit seiner bekannten Villa Carlotta. Der Ferienort Bellagio mit seinen noblen Hotels und Villen und dem mittelalterlichen Stadtkern ist seit 200 Jahren der touristisch beliebteste Platz des Sees. Tel. 031 30 40 60, Billets am Schalter beim Seeufer.

Der Volta-Turm bei Como

118te Foto: tt

Anhang

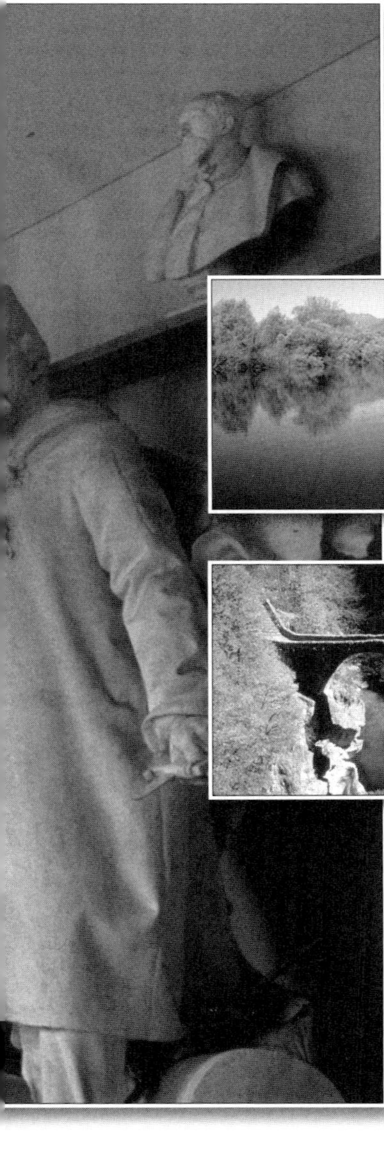

117te Foto: tt

119te Foto: tt

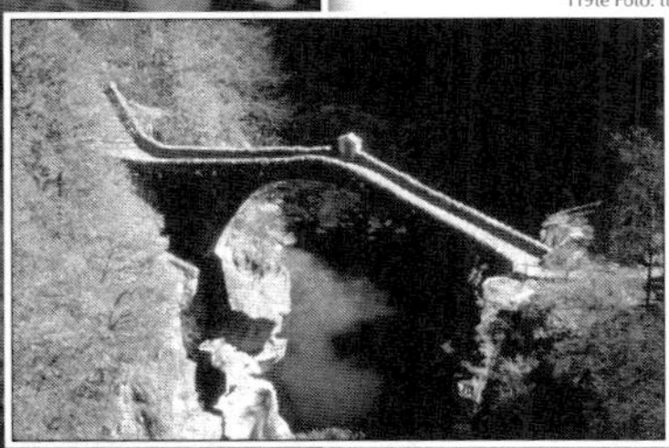

Naturidyll Bolle di Gambarogno

Brücke bei Intragna im Centovalli

Im Museum Vincenzo Vela in Ligornetto

Literaturtipps

● Für Geschichtsliebhaber empfohlen sei z.B. *Raffaello Ceschis* **Geschichte des Tessin,** Huber Verlag, Frauenfeld 2003, ISBN 3-7193-1314-X, oder auch das schwieriger zu lesende, aber trotzdem sehr instruktive Buch von *Hannes Maurer,* **Tessiner Täler, Tessiner Welten,** NZZ Verlag, Zürich 2003, ISBN 3-03823-029-4. Beiden Büchern entnahmen die Autoren wichtige Hinweise für dieses Reisehandbuch.

● Literarisch interessant sind Werke, in denen sich heimische Schriftsteller oder solche, die es geworden sind, mit dem Tessin beschäftigen. Dazu gehört natürlich *Hermann Hesse* mit seinem Büchlein **Tessin,** Insel Tb., Frankfurt a.M. 1997, ISBN 3-458-33194-8. Reizvoll sind die Kurzgeschichten des 1979 verstorbenen Tessiner Erzählers und Lehrers *Plinio Martini,* **Fest in Rima,** Limmat Verlag, Zürich, 1999, ISBN 3-85791-338-X, aber auch die Mitte des 20. Jh. vom Reiseschriftsteller *Jonny Rieger* gut beobachteten Szenen: **Ein Balkon über dem Lago Maggiore,** Scherz Verlag, Bern, 2000, ISBN 3-502-19623-0. Schlussendlich kann man sich auch mit dem Klassiker beschäftigen, der das Tessin und den Lago Maggiore bereist hat: *J.W. Goethe,* **Italienische Reise,** Goldmann Tb., 2004, ISBN 3-442-07641-2.

● Die interessante moderne Tessiner Architektur (insbesondere die Generation nach *Botta* & Co.) wird im neuen Band **Tessiner Architektur – die junge Generation,** von *Thomas Bamberg* und *Paola Pellandini* vorgestellt; DVA, München, 2004, ISBN 3-421-03465-6.

● Kulinarisch-literarisch empfehlenswert ist das liebevoll geschriebene Büchlein der bekannten Schriftstellerin *Evelyne Hasler:* **Spaziergänge durch mein Tessin. Landschaft, Küche und Kultur,** Sanssouci Verlag München/Wien 2002, ISBN 3-7854-1248-0. Es enthält auch empfehlenswerte Kochrezepte.

● Wer sich speziell für die Tessiner Grotti interessiert, lege sich den 2003 unter ISBN 88-8281-128-X von der Tipografia Stazione SA herausgegebenen dreisprachigen **Guida a Grotti e Osterie del Ticion e Mesolcina** zu. Die Beschreibungen der Lokale sind zuverlässig, und das Kartenmaterial beschreibt den Weg zu den teilweise recht verborgen gelegenen Grotti.

● **Italienisch – Wort für Wort** aus der Reihe Kauderwelsch, Reise Know-How Verlag, Bielefeld. Dazu sind separat ein AusspracheTrainer auf Audio-CD sowie ein „Kauderwelsch digital“ (das gesamte Buch auf CD-ROM plus AusspracheTrainer) erhältlich.

Wanderbücher

● Als Wanderbuch über das Tessin ist *Beat Hächler* (Hrsg.): **Das Klappern der Zoccoli. Literarische Wanderungen im Tessin,** Rotpunktverlag, 2000 Zürich, ISBN 3-85869-196-8. Wohl das Schönste und Instruktivste zum Mitnehmen. 35 „LiteraTouren“ verschiedener Autoren führen in die Regionen des Tessins und beschreiben, welche spezielle Verbindung Schriftsteller wie z.B. *Frisch, Glauser, Hesse, Biancone* und *Martini* zum Tessin hatten.

● **Grenzschlängeln,** von *Ursula Bauer* und *Jürg Frischknecht,* ebenfalls erschienen im Rotpunktverlag, 2000 Zürich, ISBN 3-85869-123-2, ist ein von zwei ausgezeichneten Autoren geschriebenes Buch über ihre Wanderungen entlang der Schweizer Grenze. Ca. 20 der 47 Episoden beschreiben das Grenzschlängeln an der Grenze Tessin – Italien mit viel Lokalkolorit und Liebe zum Detail.

● **20 Bergwanderungen Tessin,** Wird Verlag, Zürich, ISBN 3-85932-347-4. Beschreibt 20 schöne Bergwanderungen mit Streckenkarten, Höhenprofilen, An- und Rückreise, Kunst- und Kultur am Weg und in der Umgebung.

● **Wanderbuch Tessin,** Rother Bergverlag, ISBN 3-7633-4078-5. Tal- und Höhenwanderungen im ganzen Tessin, mit Farbfotos und 50 Wanderkärtchen.

● **Wanderbuch Lago Maggiore,** Rother Bergverlag, ISBN 3-7633-4019-X. Tal- und Höhenwanderungen, mit Farbfotos, 50 kleinen Wanderkarten und einem Übersichtskärtchen.

● **Gipfelziele im Tessin,** Rotpunktverlag, ISBN 3 85869-258 1. Beschreibt 66 Touren zwischen Gotthard und Chiasso mit Farbfotos und Karten.

Kleine Sprachhilfe Italienisch

Begrüßung

Guten Tag	Buon giorno (signor/signora)
Auf Wiedersehen	Arrivederci!
Guten Abend	Buona sera (als Begrüßung)
Gute Nacht	Buona notte (als Abschied)
Wie geht es?	Come sta/Come va?
Danke, gut Und Ihnen/Dir?	Bene, grazie. E lei/tu?
Bis bald	(a) Piu tardi! A presto!
Bis morgen	(a) domani!
Tschüss	Ciao!

Unterwegs

Bitte, wo ist ...?	Scusi, dove è ...?
Der Bahnhof	la stazione
Das Hotel	l'albergo
Eine Tankstelle	una stazione di servizio
Norden	nord
Osten	est
Süden	sud
Westen	ouest
Links/rechts	a sinistra/a destra
Geradeaus	diritto
Nah/weit	vicino/lontano
Wie viele Kilometer sind es?	Quanti chilometri sono?
Eingang/Ausgang	l'ingresso/l'uscita (sprich: uschita)
Ankunft/Abfahrt	l'arrivo, la partenza
Straße	via
Gasse	viale
Pfad, Weg	sentiero
Brücke	ponte
Wegweiser	l'indicatione per../ il cartello indicatore
Umweg	deviazione
Einbahnstraße	senso unico
Auto	macchina (sprich makina)
Fahrrad	biccicletta
Einfache Fahrt	solo andata
Retourfahrt	andata e ritorno
Fahrkarte	biglietto (sprich: bilieto)
Seilbahn/Bergbahn	telecabina, funivia
Wanderung	giro, escursione
Reise	giro (sprich: tschiro)
Ferien	vacanze
Berg	montagna, monte
Gipfel	cima
Sattel	sella
Ebene	piano
Hochebene	altopiano
Tal	val, valle
Fluss	fiume
See	lago
Wasserfall	cascate
Hügel	collina
Höhe	altezza
Hoch	alto
Tief	basso
Panne	guasto
Unfall	Incidente

Notfall

Hilfe	Ajuto!
Arzt	medico
Ich brauche einen Arzt	O bisogno d'un medico
Ambulanz	l'ambulanza
Krankenhaus	ospedale
Notaufnahme	pronto soccorso
Apotheke	farmacia
Polizei	la polizia
Feuerwehr	i vigili del fuoco
Können Sie mir einen Arzt empfehlen?	Mi può consigliare un buon medico?
Geben Sie mir ein Medikament für	Mi può dare una ... medicina per...
... Kopfweh	... mal di testa
... Halsweh	... mal di gola
... Grippe	... influenza
... Husten	... tosse
... Fieber	... febbre
... Zahnschmerzen	... mal di denti

Einkaufen/Post/Bank/Telefon

Preis	prezzo
Geben Sie mir ...	Mi dia ...
.. ein Stück	un pezzo
.. die Hälfte	la metà
.. etwas mehr	un po di piu
1/3	un terzo
1/4	un quarto
100 g	un etto
500 g	un mezzo chilo
1 kg	un chilo
1 l	un litro
kaufen/verkaufen	comprare/vendere
Geschäft	negozio
Lebensmittelhandlung	alimentari
Supermarkt	supermercato
Kaufhaus	grande magazzino
Bäckerei	panificio
Metzgerei	macelleria
Milchgeschäft	latteria
Fischladen	pesceria
Fotogeschäft	un negozio di articoli fotografici
Tabakladen	tabaccaio
Markt	mercato
Post	la posta
Bank	banca
Briefmarke	francobollo
Brief/Karte	lettera/cartolina
Paket	pacchetto
Nach Deutschland/ Österreich/ in die Schweiz	per la Germania/ l'Austria/ la Svizzera
Telefonkarte	carta telefonica
Vorwahlnummer	prefisso
Telefonieren	telefonare
Kleingeld	spiccioli
Geld	soldi
Geld wechseln	cambiare
Währung	valuta

Im Hotel/Restaurant

Hotel	un albergo
Pension	una pensione
Ein Zimmer	una camera
Zweibettzimmer	dobbia
Mit Bad/Dusche	con bagno/docchia
Für eine (2) Nächte	per una (due) notte
Für eine Woche	per una settimana
Mit Seeblick	vista lago
Was kostet das Zimmer?	Quanto costa la camera?
mit Frühstück?	con la prima colazione?
... mit Halbpension?	... a mezza pensione?
Wo gibt's ein gutes ...?	Scusi, mi potrebbe indicare un buon ...?
... Restaurant	... ristorante
... typisch tessinerisches/ piemontesisches/ lombardisches Lokal	tipico ticinese/ piemontese lombardese?
... Eisdiele	... una gelateria?
Reservieren Sie bitte	Può riservare ...
... heute abend	... per stasera
... einen Tisch	... una tavola
... für vier Personen	...per quattro persone
Zum Wohl!	Alla sua salute!
Bezahlen, bitte!	Il conto, per favore
Es war ausgezeichnet	Era excellente

Grundwortschatz

Ja/nein	si/no
Danke	grazie
Bitte	per favore
Bitte (als Antwort)	prego
Entschuldigung	scusi/scusa
Es tut mir Leid	mi dispiace
Ich möchte	Vorei, vuole
Haben Sie ..	Ha ... (*a* gesprochen)
Ich verstehe nicht	Non capisco
Ich spreche kein Italienisch	Non parlo Italiano
Ich spreche wenig Italienisch	Parlo solo un po' di Italiano
Deutsch	tedesco
Ich hätte lieber .../	Preferisco ...
Können Sie mir bitte helfen?	Mi può aiutare, per favore?
Es ist offen/ geschlossen	E aperto/ chiuso
Wie bitte?	Come?
In Ordnung	Va bene
Es funktioniert nicht	Non funzione
kalt/heiß	freddo/caldo
groß/klein	grande/piccolo
schön	bello

Es gefällt mir	Mi piace
Es gefällt mir nicht	Non mi piace
Es ist genug	Abbastanza
Mehr	mai
Zu viel	troppo

Fragen

Wann?	quando
Wie?	come?
Wo?	dove?
Warum?	perque?
Wie viel?	quante?
Was ist ...das?)	che cosa e questo?
Gibt es ...?	cê..?

Tageszeit/Wochentage/ Monate/Jahreszeiten

Morgen	la mattina
Mittag	il mezzogiorno
Nachmittag	il pomeriggio
Abend	la sera
Nacht	la notte
Montag	lunedi
Dienstag	martedi
Mittwoch	mercoledi
Donnerstag	giovedi
Freitag	venerdi
Samstag	sabato
Sonntag	domenica
Gestern	Ieri
Morgen	domani
übermorgen	dopodomani
Januar	gennaio
Februar	febbraio
März	marzo
April	aprile
Mai	maggio
Juni	giugno
Juli	luglio
August	agosto
September	settembre
Oktober	ottobre
November	novembre
Dezember	dicembre
Frühjahr	primavera
Sommer	estate
Herbst	autumno
Winter	inverno

Zahlen

1	uno
2	due
3	tre
4	quatro
5	cinque
6	sei
7	sette
8	otto
9	nove
10	dieci
11	undici
12	dodici
13	tredici
14	quatordici
15	quindici
16	sedici
17	diciasette
18	diciotto
19	diciannove
20	venti
21	ventuno
22	ventidue
23	ventitre
30	trenta
31	trentuno
32	trentadue
40	quaranta
50	cinquanta
60	sessanta
70	settanta
80	ottanta
90	novanta
100	cento
101	centuno
200	duecento
1000	mille
2000	duemila
10000	diecimila
100000	centomila
1000000	un millione
2000000	due millione

Architektonisches und kunsthistorisches Glossar

●**Alkoven:** Nische, Nebenraum in einem Zimmer, z.B. für das Bett.
●**Antependium:** Altarverkleidung, bedeutete im Mittelalter „Vorhang".
●**Apsis, Apsiden** (Pl.): Raum mit halbrundem Grundriss, von Halbkuppel überwölbt. Öffnet sich meist gegen einen Hauptraum.
●**Arkade** (von lat. „Bogen"): ein von Pfeilern oder Säulen getragener Bogen. Mehrere Arkaden werden zum Bogengang.
●**Assunta:** Mariä Himmelfahrt.
●**Attikageschoss:** Aufsatz über dem Hauptwerk eines Hauses. In der Schweiz als frei stehende Wohnung auf dem Dach eines (meist größeren) Wohnhauses.
●**Baptisterium:** Taufkirche.
●**Barock** (vom ital. *barocco,* „schiefrund", und port. *barroco,* „unregelmäßige Perle"): Kunst- und Architekturform ab der zweiten Hälfte des 16. Jh., außerhalb Italiens und des Tessins erst ab dem 17. Jh. bis zur Französischen Revolution. Löst die strengen Formen der Vorperiode zugunsten vielfältiger, aufgelockerter bis üppiger Gestaltungsformen ab. Passt zum Prunk des Absolutismus.
●**Basilika:** Drei- oder mehrschiffige Kirche mit Mittelschiff.
●**Basrelief:** franz. für Flachrelief, also wenig erhabenes Relief.
●**Beinhaus:** Ossarium, Gebäude zur Aufbewahrung der Gebeine, meist mit einer Kapelle verbunden.
●**Beletage:** Stockwerk mit repräsentativen Zimmern.
●**Bergfried:** Hauptturm einer Burg, diente bei Belagerung als Zuflucht.
●**Biforen:** zweiteilige Fensteröffnung, Zwillingsfenster (Romanik).
●**Bildstock:** Säule mit Nische, in der eine Heiligenfigur steht.
●**Blende:** Wandgliederung durch Flächenschichtung, meist dekoratives nicht-räumliches Motiv, Blendfenster, Blendarkade (Trompe-l'oeil).
●**Bossieren:** Rohform, Stehenlassen eines Buckels auf der Fläche eines Quaders.
●**Campanile:** Kirchturm (ital.).
●**Chor:** oft überhöhter Raum der Kirche, ursprünglich für Gebet und Gesang der Mönche bestimmt.
●**Donjon:** Bergfried, Wohnturm auf einer Burg.
●**Draperiemalerei:** Malerei, welche Tür- und Fenstervorhänge und andere geraffte Stoffbehänge darstellt. Bereits im Mittelalter, aber speziell im 17. bis 19. Jh. sehr verbreitet.
●**Emblem:** sinnbildliche Darstellung.
●**Epiphanie:** Erscheinung, Selbstoffenbarung einer Gottheit.
●**Epitaph:** Gedenktafel.
●**Erker:** geschlossener, befensterter Ausbau.
●**Evangelistensymbole:** Im frühen Christentum wurden die Evangelisten mit vier Strömen des Paradieses verglichen und daher in der bildenden Kunst oft durch Wellenlinien symbolisiert.
●**Fachwerk:** selbsttragender Skelettbau aus Holz mit waagerechten und diagonalen Verspannungen. Die Zwischenräume können z.B. mit Lehm und Haselrutengeflechten geschlossen sein.
●**Flamboyant:** flammenförmige Motive im Maßwerk (Spätgotik).
●**Feston:** Dekoration, Gehänge von Blumen, Blättern, Früchten.
●**Fresko:** auf feuchtem Verputz aufgetragenes Gemälde.
●**Fries:** waagerechte Ornamentik, die Flächen teilt oder begrenzt.
●**Gespreng:** architektonischer Aufbau über Flügelaltären (Gotik).
●**Gestrickt:** horizontal geschichtete, verzapfte Balken.
●Giebelständig: mit dem Giebel zur Straße gekehrt, im Gegensatz zu traufständig.
●**Gnadenstuhl:** Darstellung der heiligen Trinität (Gottvater, Christus, Heiliger Geist, meist in Form einer Taube). Bekannt seit dem 12. Jh.
●**Gotik:** Baustil des Hoch- und Spätmittelalters, welcher v.a. die Vertikale, das Hochstrebende betont, was etwa in den Hallenkirchen sichtbar wird. Die hochragende Bauweise mit relativ dünnen Wänden wurde v.a. durch die Spitzbogenarchitektur, Rippengewölbe,

Schwibbogen und andere architektonische Neuerungen möglich, welche statisch einen bedeutend geringeren Seitenschub entwickeln als z.B. die in der Romanik üblichen Rundbogen. In der Gotik entwickelte sich auch der Profanbau mit Bürgerhäusern, Rathäusern etc.

●**Grisaille:** grautönige Malereien.

●**Groteske:** Ornamente, meist Ranken mit Fantasiewesen.

●**Gurtbogen:** Bandartige Verstärkung eines Gewölbes.

●**Hippokampen:** Mischwesen aus sich aufbäumendem Pferd und Fisch.

●**Intarsien:** Einlegearbeiten in Holz, meist aus andersfarbigem oder anders gemasertem Holz, Elfenbein, Metall etc.

●**Joch:** Große Gewölbe werden durch Gurtbögen (s. oben) in einzelne Raumabschnitte gegliedert. Die die einzelnen Gewölbeinheiten überdeckenden Abschnitte bezeichnet man als Joch.

●**Kalottengewölbe:** Gewölbeform, Teil einer Kugel.

●**Kalvarienberg:** Hügel, knapp außerhalb Jerusalems, auf dem Jesus gekreuzigt wurde (Golgatha). Die Darstellung der Kreuzigungsgruppe wird oft als Kalvarienberg bezeichnet.

●**Kapitell:** oberster Teil einer Säule.

●**Karyatiden:** Auf das Griechische zurückgehende Bauplastik mit einer bodenlang gewandeten Frauenfigur, oft als tragendes Element für Balkone, Erker, Portale. Die Frauen aus Karyai sollen für Kontakte mit dem Feind zum Tragen von Lasten verurteilt worden sein. Männliches Gegenstück: Atlant.

●**Kassettendecke:** von franz. *cassette* („Kästchen"). Decke aus kastenförmigen Feldern aus Holz, Stein oder Stuck.

●**Kenotaph:** leeres Grab.

●**Kompositpilaster:** Wandpfeiler mit ionisch-korinthischem Kapitell.

●**Kreuzfirst:** sich kreuzförmig durchdringende Dächer.

●**Krypta:** unterirdischer Raum unter dem Chor, als Grabstätte oder für Reliquien.

●**Langhaus:** Kirchenschiff.

●**Leibung:** Wandung von Maueröffnung.

●**Lettner:** Kircheneinbau, der den Chor vom Schiff abtrennt.

●**Lisene:** leicht vortretende Wandvorlagen.

●**Lünette:** halbmondförmiges Fenster.

●**Luziden:** Lichtschlitz, schmales Fenster.

●**Maiensäß:** früh (Mai) und spät im Jahr bewirtschaftete Alp mit Alphütte.

●**Majestas Domini:** Frontale Christusdarstellung mit dem segnenden Heiland auf Thron oder Regenbogen, oft von Glorie umgeben.

●**Mandorla:** Heiligenschein (mandelförmig).

●**Manierismus:** Spätrenaissance-Kunstform, von Florenz ausgehend, ab der zweiten Hälfte des 16. Jh. Ursprünglich abwertend im Sinne von exaltiert, gekünstelt, geziert gemeint.

●**Maschikuli:** Pechnasenkranz, meist an Wehrgängen.

●**Maßwerk:** geometrisch konstruiertes gotisches Ornament.

●**Mezzanin:** Halb- oder Zwischengeschoss.

●**Monstranz:** Liturgisches Gefäß, das zum „Demonstrieren" einer Reliquie oder Hostie verwendet wird. Typisch im Barock die so genannte Sonnen- oder Strahlenmonstranz, meist aus vergoldetem Silber.

●**Municipio:** Gemeindeverwaltung, Rathaus.

●**Orangerie:** Gewächshaus, in dem man Zitrusfrüchte und andere mediterrane Pflanzen überwintert (seit 16. Jh.).

●**Oratorium:** Ursprünglich der Zusammenkunftsort für gemeinsames Beten (lat. *orare* = beten, bitten). Gebetsraum, z.T. später auch Bezeichnung für Kloster, Musikkomposition geistlichen Inhalts.

●**Palas:** Hauptwohnhaus einer mittelalterlichen Burg.

●**Pechnase:** kleiner, unten offener Erker. Durch die Öffnung goss man siedendes Pech auf die Gegner.

●**Pendentifkuppel:** Kuppel, deren Grundkreis von sphärischen Dreiecken (Pendentifs) ins Vieleck des Grundrisses übergeleitet wird.

●**Piano nobile:** ital. „vornehmes Stockwerk". Erstes Stockwerk in Herrenhäusern, in denen der Empfang stattfand.

●**Pietà:** Figurengruppe mit über Jesus' Leichnam trauernder Muttergottes.

●**Pilaster:** auf der Wand aufgesetzter Pfeiler.

●**Portikus:** von Säulen getragene Vorhalle.

●**Presbyterium:** den Priestern vorbehaltener Raum, oft der Chor oder frühchristlich oft die Apsis. Als noch heiliger galt im Mittelalter das Sanktuarium, der Raum um den Altar.

●**(Propheten-)Medaillons:** Kleines umrahmtes, meist als Dekor dienendes Prophetenbild.

●**Prospekt:** Dem Hauptraum der Kirche zugewendete, deshalb meist reich dekorierte Seite der Orgel (Orgelprospekt).

●**Putto, Putten:** nackte Kinderfigur, kleine Engelsfigur.

●**Régence:** Kunstrichtung zwischen *Louis XIV.* (Hochbarock) und *Louis XV.* (Rokoko). Erste Phase des Rokoko, leichter und verspielter als die wuchtige Hochbarockkunst.

●**Renaissance:** franz. für „Wiedergeburt", ital. *risorgimento*. Wiederaufleben der Antike. Kunstgeschichtlich der Beginn der Neuzeit, Rückbesinnung auf alte Kulturen aber auch auf das Profane, Diesseitige, Sinnenfrohe. Ab ca. 1400–1600.

●**Retabel:** Altaraufbau.

●**Risalit:** Bauteil, der in der ganzen Fassadenhöhe vortritt.

●**Rocaille:** muschelähnliche, schnörkelige Ornamentik, gerne mit Blumen- und Zweigmotiven verbunden. Gab dem „Rokoko" den Namen.

●**Romanik:** Von franz. *romain*, „römisch". An altrömische Bauformen anlehnende Formen mit Säulen und Bogen. Man unterscheidet eine frühromanische (ottonische, 950–1050), eine hochromanische (salische, 1050–1150) und eine spätromanische (staufische, 1150–1250) Zeit.

●**Rosette:** Stilisierte, runde Blüte mit vom Zentrum ausgehenden Strahlen. Mit floralem Motiv oft auch Blumenrosette genannt. Altes göttliches Symbol, oft auch für Kirchenfenster benutzt.

●**Sägefries:** Bandartiges Ornament, hier in Form eines Sägeblatts.

●**Sakrarium:** Raum zur Aufbewahrung der Hostien.

●**Säulen, korinthische:** jüngste, schon ins römische Zeitalter hineinreichende Form. Kelchförmiges Kapitell, umgeben von ein bis zwei Reihen vertikal angeordneter Akanthusblätter. Aus den Blättern erheben sich Spiralformen, so genannte Helices. Ein Rundstab trennt das Kapitell von der Säule.

●**Schwibbogen:** Auch Schwebebogen. Strebewerk der Gotik zwischen Strebepfeilern und anderen statisch wichtigen Gebäudeteilen. Tragende Funktion, aber auch dekorativ und zum Teil als Verbindungsgang konzipiert.

●**Serliana:** Je zwei Stützen mit geradem Gebälk tragen einen Rundbogen.

●**Sgraffito:** Fassadenschmuck, ital. „Kratzputz". Auskratzen verschiedenfarbiger Putzschichten, so dass sich Farbeffekte ergeben.

●**Sibyllen:** Weissagende Frauen (oft 12, den 12 Aposteln gegenübergestellt). Im Mittelalter auch ein Symbol der unbefleckten Empfängnis.

●**Sinopien:** Vorzeichnung von Fresken an der Wand (mit Rötelstift oder Braun).

●**Spolie:** ein Bauteil aus einem früheren, abgebrochenen Bau.

●**Sprenggiebel:** Die zwei hochstrebenden Dreiecksseiten eines Giebels sind nach ca. zwei Dritteln abgebrochen, „gesprengt", nach innen gebogen und meist überhöht von Zierart (Urnen, Vasen, Kreisformen).

●**Strickhäuser:** siehe „gestrickt".

●**Stuckatur:** Verzierungen an Innenwänden, Decken, aber auch Außenwänden aus Stuck, einem verformbaren, rasch härtenden Gemisch aus Gips, Kalk, Sand und Wasser. Leicht modellierbar, wird es nach dem Trocknen sehr hart. Bereits von den Römern verwendet.

●**Tabernakel:** Gehäuse für Hostie.

●**Tambourkuppel:** Tambouren sind zylindrische Zwischenstücke zwischen Wölbung und Unterbau, durch dessen Fensteröffnung Licht in den Raum fällt.

●**Tonnengewölbe:** Einfachste Gewölbeform, dessen Bogen im Querschnitt einen Halbkreis oder eine halbe Ellipse bilden. Zwei Tonnengewölbe, die sich im rechten Winkel kreuzen, bilden ein Kreuzgewölbe.

●**Traufständig:** mit dem Giebel von der Straße abgekehrt.

●**Triumphbogen:** kirchlicher Trennbogen zwischen Schiff und Chor.

●**Trivultus:** dreiköpfiger Gott, drei Köpfe zu einem zusammengefügt, drei Nasen, drei Münder, vier Augen. Christlich symbolisiert der Trivultus die Dreieinigkeit von Gott, Gottes Sohn und dem Heiligen Geist. Meist umgeben von Evangelisten und Kirchenvätern.

●**Trockenmauerwerk:** Versetzt aufgeschichtetes, unverputztes und unvermörteltes Steinwerk, aus dem in Norditalien Gartenmauern, Umgebungsmauern, aber auch Häuser erbaut wurden.

- **Trompe-l'oeil:** „täuscht das Auge" (franz.), auch „quodlibet" (lat. „was beliebt"): illusionistischer, fotorealistischer Malstil, der z.B. Räumlichkeit vortäuschen sollte. Bereits in der Antike beliebt, die Renaissance bediente sich insbesondere auch perspektivischer Effekte, um die Täuschung zu perfektionieren.
- **Via Crucis:** Kreuzweg.
- **Volutengiebel:** Giebel mit spiraliger oder schneckenartiger Dekoration.
- **Vorwerk:** Verteidigungswerk, außerhalb der Burganlage.
- **Votivgemälde:** (lat. *votivus*, „durch Gelübde versprochen"). Meist auf Holz oder Leinwand gemaltes Gelübde, im Zusammenhang mit überstandenen Erkrankungen, Unfällen, Errettung vor dem Tod. Der Anlass des Gelübdes ist meist auf dem naiven Gemälde festgehalten.
- **Vierung:** Raumteil, wo sich Langhaus und Querschiff durchdringen.
- **Wehrgang:** Durchgang, oft aus Holz, auf Wehrmauern, der mit Schießscharten, Fußscharten, Kugelscharten ausgestattet war. Am Ende eines Wehrgangs befanden sich oft zusätzliche Befestigungen, z.B. Mauertürme.
- **Wimpergen:** althochdeutsch *wintberga*, bedeutet Windschutz. In der Gotik übliche Ziergiebel aus Blendmaßwerk (oder mit durchbrochener Gliederung) über Portalen und Fenstern. Giebel oft mit Kreuzblume bekrönt.
- **Ziborium:** Kelch zur Aufnahme von Hostien.
- **Zitadelle:** (ital. *cittadella*, „kleine Stadt"). Erhöhte, befestigte Verteidigungsanlage einer Stadt oder Burganlage.
- **Zwergbogenfries:** Bandartiges Ornament, hier Zierform aus aneinander gemalten Bögen.
- **Zwickel:** Dreieckige Wandfläche zwischen den zwei Bögen einer Arkade. Ein Pendentif ist ein Zwickel in Form eines sphärischen Dreiecks im Übergang eines eckigen Grundrisses zur Kuppel (siehe Pendentifkuppel).

HILFE!

Dieses Reisehandbuch ist gespickt mit unzähligen Adressen, Preisen, Tipps und Infos. Nur vor Ort kann überprüft werden, was noch stimmt, was sich verändert hat, ob Preise gestiegen oder gefallen sind, ob ein Hotel, ein Restaurant immer noch empfehlenswert ist oder nicht mehr, ob ein Ziel noch oder jetzt erreichbar ist, ob es eine lohnende Alternative gibt usw.

Unsere Autoren sind zwar stetig unterwegs und versuchen, alle zwei Jahre eine komplette Aktualisierung zu erstellen, aber auf die Mithilfe von Reisenden können sie nicht verzichten.

Darum: Schreiben Sie uns, was sich geändert hat, was besser sein könnte, was gestrichen bzw. ergänzt werden soll. Nur so bleibt dieses Buch immer aktuell und zuverlässig. Wenn sich die Infos direkt auf das Buch beziehen, würde die Seitenangabe uns die Arbeit sehr erleichtern. Gut verwertbare Informationen belohnt der Verlag mit einem Sprechführer Ihrer Wahl aus der über 160 Bände umfassenden Reihe „Kauderwelsch".

Bitte schreiben Sie an:

Reise Know-How Verlag Peter Rump GmbH, Postfach 140666, D-33626 Bielefeld,
oder per E-Mail an: info@reise-know-how.de

Danke!

now-How auf einen Blick

Spaniens Mittelmeerk.
Spiekeroog
Sri Lanka
St. Lucia, St. Vin., Gren.
Südafrika
Südnorwegen, Lofoten
Südwestfrankreich
Sydney
Sylt
Syrien

Taiwan
Tansania, Sansibar
Teneriffa
Thailand
Thailand – Tauch- und Strandführer
Thailands Süden
Thüringer Wald
Tokyo
Toscana
Transsib
Trinidad und Tobago
Tschechien
Tunesien
Tunesiens Küste
Türkei, Hotelführer

Uganda, Ruanda
Umbrien
USA/Canada
USA, Gastschüler
USA, NO, S, SW, W
USA – Südwesten, Natur u. Wandern
USA SW, Kalifornien, Baja California
Usedom

Venedig
Venezuela
Ver. Arab. Emirate
Vietnam

Wales
Warschau
Westafrika – Sahel
Westafrika – Küste
Wien
Wo es keinen Arzt gibt

Yukatan

Zypern

Edition RKH

Abenteuer Anden
Burma – Land der Pagoden
Durchgedreht
Finca auf Mallorca
Geschichten/Mallorca
Goldene Insel
Mallorca, Leib u. Seele
Mallorquinische Reise
Please wait to be seated!
Salzkarawane, Die
Südwärts Lateinamerika
Taiga Tour
Traumstr. Panamerikana
Unlimited Mileage

Praxis

(Auswahl, vollständiges Programm siehe Homepage.)

Aktiv Algarve
Aktiv Andalusien
Aktiv Dalmatien
Aktiv frz. Atlantikküste
Aktiv Gardasee
Aktiv Gran Canaria
Aktiv Istrien
Aktiv Katalonien
Aktiv Marokko
Aktiv Polen
Aktiv Slowenien
Als Frau allein unterwegs
Australien: Reisen/Jobben
Australien: Outback/Bush
Auto durch Südamerika
Ayurveda erleben
Bordbuch Südeuropa
Clever buchen/fliegen
Clever kuren
Drogen in Reiseländern
Fernreisen, Fahrzeug
Fliegen ohne Angst
Fun u. Sport im Schnee
Geolog. Erscheinungen
Gesund. Dtl. Heilthermen
GPS f. Auto, Motorrad
GPS Outdoor
Inline-Skaten Bodensee
Inline Skating
Islam erleben
Kanu-Handbuch
Konfuzianismus erleben
Kreuzfahrt-Handbuch
Küstensegeln
Maya-Kultur erleben
Mountain Biking
Mushing/Hundeschlitten
Orientierung mit Kompass und GPS
Paragliding-Handbuch
Reisefotografie
Reisefotografie digital
Respektvoll reisen
Richtig Kartenlesen
Safari-Handbuch Afrika
Selbstdiagnose unterwegs
Shoppingguide USA
Sicherheit/Bärengeb.
Spaniens Fiestas
Sprachen lernen
Tango in Buenos Aires
Transsib – Moskau-Peking
Trekking-Handbuch
Trekking/Amerika
Trekking/Asien Afrika
Tropenreisen
Unterkunft/Mietwagen
Verreisen mit Hund
Wandern im Watt
Was kriecht u. krabbelt in den Tropen
Wein-Reiseführer Italien
Wein-Reiseführer Toskana
Wildnis-Ausrüst., Küche
Wohnmobil-Ausrüstung
Wohnmobil-Reisen
Wüstenfahren

KulturSchock

Ägypten
Argentinien
Australien
Brasilien
China, VR/Taiwan
Cuba
Familenmanagement
Finnland
Golf-Emirate, Oman
Indien
Iran
Islam
Japan
Jemen
Kambodscha
Kaukasus
Laos
Leben in fremd. Kulturen
Marokko
Mexiko
Pakistan
Polen
Russland
Spanien
Thailand
Türkei
USA
Vietnam

Kauderwelsch?
Kauderwelsch!

Die **Sprachführer der Reihe Kauderwelsch** helfen dem Reisenden, wirklich zu sprechen und die Leute zu verstehen. Wie wird das gemacht?

- Die **Grammatik** wird in einfacher Sprache so weit erklärt, dass es möglich wird, ohne viel Paukerei mit dem Sprechen zu beginnen, wenn auch nicht gerade druckreif.
- Alle Beispielsätze werden doppelt ins Deutsche übertragen: zum einen **Wort-für-Wort,** zum anderen in „ordentliches" Hochdeutsch. So wird das fremde Sprachsystem sehr gut durchschaubar. Ohne eine Wort-für-Wort-Übersetzung ist es so gut wie unmöglich, einzelne Wörter in einem Satz auszutauschen.
- Die **Autorinnen und Autoren** der Reihe sind Globetrotter, die die Sprache im Lande gelernt haben. Sie wissen genau, wie und was die Leute auf der Straße sprechen. Deren Ausdrucksweise ist häufig viel einfacher und direkter als z.B. die Sprache der Literatur. Neben der Sprache vermitteln die Autoren Verhaltenstipps und erklären Besonderheiten des Landes.
- **Jeder Band** hat 96 bis 160 Seiten. Zu jedem Titel ist begleitendes **Tonmaterial** erhältlich.
- **Kauderwelsch-Sprachführer** gibt es für über 100 Sprachen in **mehr als 170 Bänden,** z.B.:

Italienisch - Wort für Wort
Band 22, 128 Seiten, ISBN 3-89416-482-4
Italienisch - Wort für Wort digital
Das Buch auf CD-Rom, ISBN 3-8317-6014-4
Italo Slang - das andere Italienisch
Band 97, 128 Seiten, ISBN 3-89416-300-3
Italienisch kulinarisch
Band 144, 144 Seiten, ISBN 3-89416-549-9

Reise Know-How Verlag, Bielefeld

KulturSchock

Diese Reihe vermittelt dem Besucher einer fremden Kultur wichtiges Hintergrundwissen. **Themen** wie Alltagsleben, Tradition, richtiges Verhalten, Religion, Tabus, das Verhältnis von Frau und Mann, Stadt und Land werden nicht in Form eines völkerkundlichen Vortrages, sondern praxisnah auf die Situation des Reisenden ausgerichtet behandelt. Der **Zweck** der Bücher ist, den Kulturschock weitgehend abzumildern oder ihm gänzlich vorzubeugen. Damit die Begegnung unterschiedlicher Kulturen zu beidseitiger Bereicherung führt und nicht Vorurteile verfestigt. Die Bücher haben jeweils ca. 240 Seiten.

- **KulturSchock Leben in fremden Kulturen**
- **KulturSchock Ägypten**
- **KulturSchock Argentinien**
- **KulturSchock Australien**
- **KulturSchock Brasilien**
- **KulturSchock China, mit Taiwan**
- **KulturSchock Familienmanagement im Ausland**
- **KulturSchock Finnland**
- **KulturSchock Golfemirate/Oman**
- **KulturSchock Indien**
- **KulturSchock Iran**
- **KulturSchock Islam**
- **KulturSchock Japan**
- **KulturSchock Kambodscha**
- **KulturSchock Kaukasus**
- **KulturSchock Laos**
- **KulturSchock Marokko**
- **KulturSchock Mexiko**
- **KulturSchock Pakistan**
- **KulturSchock Polen**
- **KulturSchock Russland**
- **KulturSchock Spanien**
- **KulturSchock Thailand**
- **KulturSchock Türkei**
- **KulturSchock Ungarn**
- **KulturSchock USA**
- **KulturSchock Vietnam**

Reise Know-How Verlag, Bielefeld

Register

A

Abenteuersportarten 49
Acquacalda 117
Acquarossa 119
Adapter 32
Agno 276
Agnuzzo 280
Agra 281
Airolo 84
Albertolli, Giocondo 243
Albinasca 85
Albumo 262
Alkohol 27, 29
All'Acqua 92
Alpe Campolungo 104
Alpe di Cavanna 92
Alpe di Neggia 203
Alpe Foppa 238
Altanca 94
Altirolo 102
Amaretti 32
Ambri Sopra 95
Ämter 45
Andersch, Alfred 198
Angera 232
Anreise 24
Antipasti 34
Antiquitäten 158, 251, 314
Anzonico 98
Apotheken 42
Aquila 116
Aranno 275
Arbeitslosigkeit 71
Arcegno 166
Archäologie 260
Architektur 75, 84, 94, 119, 176, 267, 293, 311
Armee 74
Armeemesser 32
Arogno 297
Arogno, Adamo d' 297
Arona 230
Arosio 268
Arzo 303
Ärzte 42
Ascona 159
Astano 274
Atheisten 105
Augustiner 286
Auressio 198
Aurigeno 178
Ausfuhr 16
Auslandskrankenversicherung 20
Auslandsschutzbrief 24
Ausrüstung 18
Auswanderung 71, 179
Auto 24, 26
Automobilclubs 21
Autoverlad 27
Autovermietung 26
Avegno 177

B

Bacchelli, Riccardo 146
Bäcker 30
Backpacker 56
Badestellen 51
Bahn 24, 44, 210
Balerna 316
Ballabiotti 165
Ballonfahren 49
Banco 274
Banken 45
Baptisterium Riva San Vitale 300
Barbarossa 111
Barbengo 281
Barock 81
Bassa di Nara 114
Bauernhofferien 58
Baveno 224
Bed & Breakfast 57
Bedano 243
Bedigliora 274
Bedretto 92
Bedrettotal 92
Behinderte 27
Behörden 45
Bekleidung 18
Belgirate 229
Bellavista 315
Bellinzona 123
Benediktinerinnen 108
Benzin 19, 27
Beredino 274
Berghütten 58, 104
Bergseen 104

Anhang

Bergsteigen 39, 49
Beroldingen, Konrad von 271
Berufsmonopole 179
Berzona 198
Besazio 302
Besiedelungsgeschichte 75
Bettelordensarchitektur 152
Bianchi, Isidoro 183
Biasca 105
Biaschinaschlucht 89
Bidogno 262
Bier 37
Bignasco 183
Bigogno 281
Bigorio 264
Bildhauerschule 41
Bildungsangebote 41
Bioggio 277
Biogno 274
Bio-Lebensmittel 29
Bironico 239
Bissone 294
Bleniotal 109
Bogno 262
Bolle di Magadino 142
Bordei 195
Borgnis, Giuseppe 185
Borgnone 196
Borromäische Inseln 226
Borromäus, Karl 229
Borromeo, Vitalino 226
Borromini, Francesco 293, 294
Boscero 112
Boschetti, Pietro 244
Bosco Gurin 185
Bosco-Luganese 277
Botanischer Garten 167, 216, 289
Botschaften 15
Botta, Mario 166, 177, 189, 238, 294, 308
Brè 258
Brebbia 233
Breganzona 279
Breggia-Schlucht 318
Brenno 110
Breno 269
Brezzo 234
Briefe 46
Brione 146
Brione Verzasca 170
Brissago 167
Brissago-Inseln 167
Broglio 187
Brontallo 186
Brugnasco 84
Brusata 317
Brusino-Arsizio 301
Bruzella 321
Bungee 49, 170, 195
Burg Serravalle 110

C

Cabbio 322
Cademario 276
Cadempino 243
Cadenazzo 139
Cadepiano 281
Cadlimo 104
Cadro 261
Calezzo 194
Calonico 98
Camedo 196
Camignolo 241
Campello 97
Camperio 117
Campestro 263
Camping 58
Campione d'Italia 296
Campo 184
Campo Tencia 104
Campo-Blenio 117
Campora 322
Campo-Tal 117
Caneggio 321
Cànnero Riviera 214
Cannóbio 210
Canyoning 52
Capanna Cadagno 104
Capanna Cadlimo 104
Capanna Leit 104
Capella Rossa 318
Capolago 298
Carabbia 287
Carabietta 281
Carasso 107
Carena 138
Cari-Croce 97
Carlone, Giovanni 284
Carloni, Tita 294
Carmena 138
Carnago 267

Carona 284
Casa Camuzzi 280
Casa Cavalier Pellanda 105
Casa dei Landvogti 115, 118, 239, 272
Casa di Pagani 112
Casa Rusca 153, 158
Casa Stanga 102
Casima 322
Casino 42, 300
Casiroli 322
Caslano 271
Casorella 152
Casoro 281
Casserate 261
Cassina 276
Castagnola 258
Castel Grande 127
Castel S. Pietro 318
Castelletto 298
Castello Montebello 127
Castello Sasso Corbaro 126
Castelrotto 274
Castione 108
Castro 115
Cattaneo, Carlo 90, 246, 260
Catto 95
Cavagnago 98
Cavergno 189
Cavigliano 193
Cento Campi 204
Centovalli 194
Centovallibahn 210
Cerentino 184
Ceresio 279
Certara 262
Cetta 277
Cevio 182
Cheglio 215
Chiasso 323
Chiggiogna 98
Chironico 99
Christentum 67
Cimadera 262
Cimalmotto 185
Cimetta 158
Ciona 287
Cioss-Prato 92
Cisalpinische Republik 296
Ciseri, Antonio 156, 166
Claro 108
Coglio 182
Coldrerio 315
Colla 262
Colombara, Carlo 89
Colosso di San Carlone 229
Comano 264
Como 67, 324
Comologno 199
Contra 172
COOP 28
Corippo 170, 173
Cornone 97
Corona dei Pinci 167
Corticiasca 262
Cortignelli 189
Corzonesco 112
Costa 194, 196
Cragna 315
Crana 198
Cresciano 108
Croci, Antonio 293
Croglio 274
Cucchi, Enzo 238
Cuchela 35
Cugnasco 141
Cureglia 243, 267
Curio 270
Curogna 142

D

Da Seregno, Nicolao 99, 101, 134
Da Tradate, Antonio 115, 120
Da Vinci, Leonardo 265
Dalpe 97
Dampfeisenbahn 44
Dangio 117
Deggio 94
Degustation 31
Denti alla Vecchia 261
Desserts 35
Devisen 18
Diebstahl 47
Dimitri 192
Dino 261
Diplomatische Vertretungen 15
Dirinella 204
Dokumente 15, 24
Domodossola 213
Donego 215
Dongio 111, 112

Dosso Bello 322
Drossa 241

E

Eidgenossen 67, 96
Einbruch 47
Einfuhr 15
Einkaufen 28, 220
Eisenbahnbau 90
Eishockey 94
Elektrizität 32
Emigration 71, 110, 111, 169, 175, 179
Enklave 296
Eselsrennen 314
Essen 32
Etrusker 281
Euro 18
Euro Domino 44
Eurocity 24
Europaschutzbrief 21

F

Fabrikshops 220, 314
Fahrrad 44
Faido 97
Fallschirmspringen 49
Falmenta 212
Familien 40, 44
Faschismus 70
Fastfood 33
Fauna 66, 104, 142, 256
Fax 46
Feiertage 37
Ferienpässe 44
Ferienwohnungen 56
Feriolo 223
Ferrari, Gaudenzio 132, 211, 271, 316
Fescoggia 269
Festivals 304, 314
Figino 281
Filmfestival Locarno 158
Finero 212
Fisch 33, 35, 66
Fischerei 278
Fliegen 49
Flora 65, 104, 106, 256, 287
Flughafen 26, 276
Flugzeug 25
Flüsse 92, 110, 142
Föderalismus 72
Fondotoce 220
Fontana 92
Fontana, Domenico 287
Fontana, Luigi 293, 322
Fontana, Pier Luigi 322
Fontano, Carlo 317
Fornasette 272
Foroglio 189
Fosano 203
Fossati, Domenico 301
Franken, Schweizer 18
Französische Revolution 68
Frasco 172
Frauen 70
Fremdenverkehrsämter 14
Friedrich I. Barbarossa 110
Frisch, Max 198
Führerschein 24
Fusio 189

G

Galfetti, Antonio 168
Galfetti, Aurelio 133
Gambarogno 201
Gandria 259
Gannariente 190
Geld 18
Genestrerio 305
Gentillino 280
Geographie 62
George, Stefan 146
Gepäckversicherung 20
Gerra Verzasca 172
Gerra-Gambarogno 203
Geschichte 67
Gesundheit 42
Getränke 35
Gewitter 63
Ghiffa 216
Ghirone 117
Giorgioli, Francesco 304
Giornico 99
Giübin 92
Gleitschirmfliegen 238
Gletscher 169, 279
Glossar 338

Gnosca 107
Goda della Rovana 184
Goddard, Paulette 167
Goethe, Johann Wolfgang v. 88
Gola del Piottino 89
Gola di Lago 263
Golasecca-Kultur 232
Goldsucher 181
Golf 49
Golino 194
Gordevio 177
Gordola 142, 170
Gorduno 106, 107
Gorla, Alessandro 106
Gotik 80
Gotthardpass 62, 84, 88
Gotthard-Straße 91
Gotthardtunnel 91
Grà 318
Granit 224
Gravesano 243
Greina-Pass 117
Gresso 198
Grossalp 186
Grotti 176, 298
Grumarone 117
Gudo 141
Gurro 212

H

Haftpflichtversicherung 21
Hammerschmiede 275
Handelsketten 28
Handy 27, 46
Hauptmann, Gerhard 298
Haustiere 37
Heilkräuter 110, 117, 118
Heilquellen 308
Helvetische Republik 68
Heraldik 118
Hesse, Hermann 165, 280, 288
Highsmith, Patricia 192
Hochsaison 17
Höchstgeschwindigkeit 26
Hofläden 30
Höhlenburg Casa di Pagani 112
Hunde 15, 37

I, J

Indemini 203
Industrie 102, 138, 230
Informationen 14
Internet 14
Interrail 44
Intra 215, 216
Intragna 194
Iragna 107
Iseo 276
Isidoro Bianchi 182
Isola Bella 226
Isola dei Pescatori 226
Isola di San Pancrazio 167
Isola di Sant'Apollinare 167
Isola Grande 167
Isola Madre 226
Isola San Giovanni 226
Isone 241
Isorno 194
Ispra 233
Jakobiner 68
Jazz 165, 256, 314
Jorio-Pass 138
Jugendherbergen 56

K

Kaffee 316
Kaminfeger 175, 179, 212
Kantone 69, 73
Kanu 52
Karneval 135, 314
Karneval, ambrosianischer 264
Karten 37
Käse 35, 85, 318
Kastanien 32, 64, 268, 318, 323
Katzen 15, 37
Keramik 85, 234
Kfz-Schein 24
Kinder 40
Kino 135, 158, 256
Kirche Chiesa Rossa 133
Kirche S. Carlo Negrentino 114
Kirche S. Caterina del Sasso 233
Kirche S. Maria degli Angeli 238
Kirche S. Maria dei Ghirli 296
Kirche S. Nicolao, Giornico 99
Kleidung 18, 32

Klettern 49, 97, 117, 192
Klima 16, 63, 276
Kloster Agostiniane 139
Kollegialitätsprinzip 72
Konservative 69
Kosten 17, 19, 43, 55
Krankenversicherung 20
Kräuter 110, 117
Kreditkarten 19, 27, 43
Kriminalität 47, 177
Kunst, moderne 164
Kunstpfad 104
Kurse 41

L

La Baronata 146
Laghi di Taneda 104
Lago d'Orta 221
Lago Delio 234
Lago della Sella 92
Lago di Cadagno 104
Lago di Dentro 104
Lago di Monate 233
Lago di Origlio 266
Lago di Sambuco 189
Lago di Tom 104
Lago di Vogorno 170
Lago Leit 104
Lago Maggiore 209
Lago Maggiore Express 210
Lago Mergozzo 220
Lago Miniera 104
Lago Ritóm 94, 104
Lago Scuro 104
Lago Tremorgio 95, 104
Lago Varozzeira 104
Lamone 243
Landvogteien 67
Largario 116
Last-Minute-Flüge 26
Laveno 234
Lavertezzo 170
Lavòrceno 117
Lavorgo 98
Lebensstandard 20, 28
Lega 70
Lehrpfade 41, 260
Leoncavallo, Ruggero 169
Leontica 113
Lepontier 67
Lesa 229
Leventinatal 93
Leventiner 96
Liberale 69
Ligornetto 305
Linescio 184
Literaturtipps 37, 334
Locarno 146
Locarno-Pakt 150
Loco 198
Lodrino 107
Lombardei 232
Losone 166
Lottigna 118
Loverciano 319
Ludiano 112
Lugaggia 264
Lugano 245
Luini, Bernardino 250
Luino 234
Lukmanierpass 62, 109, 117
Lumino 108
Lurengo 95
Luzzone-Stausee 117

M

Maccagno 234
Madonna del Piano 274
Madra 120
Madrano 84
Magadino-Ebene 138, 201
Maggia 178
Magliasina 271
Magliaso 271
Maiensäße 187, 322
Mailand 67, 96
Mairengo 97
Malcantone 267
Malerei 75, 258
Malesco 212
Malvaglia 119
Mann, Golo 198
Manno 243, 268
Marienfeste 122
Markt 234, 251
Märkte 30
Marmor 41, 108, 188, 294, 303
Maroggia 297

Marolta 116
Martini, Plinio 175, 189
Massagno 244
Maut 24
Mazzini, Giuseppe 246
McEacharn, Neil 216
Medeglia 241
Mediationsakte 69
Medizinische Versorgung 42
Melano 297
Melera 138
Melezza 194
Mendrisio 311
Mendrisiotto 293
Mentalität 59
Menzonio 187
Mergoscia 172
Mergozzo 220
Meride 303
Merlot 35
Mezzana 317
Mezzovico 242
Mietfahrzeuge 26
Miglieglia 270
MIGROS 28
Militärübungen 241
Minusio 146
Mobiltelefon 46
Mode 314
Moghegno 178
Mogno 189
Molare 97
Moneto 196
Montagnola 280
Monte 322
Monte Brè 258
Monte Carasso 136, 139
Monte Caslano 271
Monte Ceneri 238
Monte Generoso 299
Monte Lema 239, 270
Monte Paglio 107
Monte Rosso 218
Monte San Giorgio 300, 302
Monte San Salvatore 287
Monte Tamaro 238
Monte Verità 164, 165
Monte Zanone 243
Montebello 127
Monteggio 272
Monti di Ditto 141
Monti Motti 142
Moore, Henry 284
Morbio Inferiore 319
Morbio Superiore 320
Morcote 282
Mornera 136
Mosogno 198
Motorboot 52
Mountainbike 39, 50, 238
Mucena 234
Mugena 269
Muggio 322
Mühsam, Erich 165
Muralto 154
Musik 158, 304
Muzzano 279
Muzzano-See 279

N

Nachtleben 42
Nachtzug 25
Napoleon 68, 296
Nationalparks 214, 218
Nationalrat, 73
Naturkatastrophen 47, 106, 177, 224
Naturlehrpfade 142, 268, 271, 287
Naturparks 213, 318, 232
Navone 111
Neggio 276
Nekropole 302
Nevère 318
Niva 184
Notfälle 42, 43
Notrufnummern 43
Novaggio 270
Novaglio 215
Novara 209
Novazzano 317
Nufenenpass 93

O

Obino 319, 322
Öffnungszeiten 45
Oggebbio 215
Ökonomie 70
Ökozentrum UomoNatura 117
Oldtimer 256

Olivone 117
Orasso 212
Oratorium S. Bernardo 140
Orgelmusik 201, 205
Origlio 265
Orrido di Ponte Brolla 177
Orrido di Sant'Anna 211
Orselina 156
Orta San Giulio 221
Osogna 107
Ossignano 242

P, Q

Paddeln 52
Padri Somaschi 246
Pakt von Torre 109
Palagnedra 195
Palagnedra-See 196
Paläontologie 302
Palazzo Branca 168
Palio 107
Palio degli Asini 314
Pallanza 218
Panettone 32
Pantomime 194
Papiere 15, 24
Papio, Bartolomeo 159
Parco Lombardo della Valle Ticino 232
Parco Nazionale Val Grande 214
Parco Scherrer 284, 289
Passionsspiele 312
Passo di Piatto 172
Passo di San Jorio 138
Passo Posmeda 92
Pass-Straßen 24
Pauschalreisen 18
Pazzallo 287
Peccia 188
Pedemonte 192
Pedevilla 138
Pedrinate 317
Pensionen 55
Percorso del Sole 268
Petrini, Antonio 285
Pflanzen 65, 104, 218, 287
Piancassone 215
Piandera 262
Pianezzo 138
Piano 184
Piano di Peccia 189
Piodina 168
Piora 104
Piottinaschlucht 89, 97
Pizzo Prèvat 104
Pkw 24, 26
Planetenweg Monte Generoso 300
Plinius der Ältere 325
Plinius der Jüngere 325
Polenta 34
Politik 71, 74
Pollegio 102
Ponte Brolla 177, 192
Ponte Capriasca 265
Ponte dei Salti 170
Ponte di Cratolo 193
Ponte Romano 195
Ponte Tresa 272
Pontegana 317
Ponto Valentino 116
Popmusik 256, 264
Porto 46
Porto Ronco 167
Post 46
Postbusse 45
Postkutschen 89, 92
Postmoderne 81
Prato 95, 187
Preda 190
Preisniveau 17, 19
Premeno 215
Preonzo 107
Procap 27
Progero 141
Promillegrenze 27
Proporzwahlsystem 70
Prosito 107
Prozessionen 312
Punta d'Omo 215
Pura 271
Purascas 275
Quartino 201
Quellen 119
Quittung 42, 20

R

Rabadan 135
Rabatt 44, 57
Radfahren 39, 50, 104

Rafting 52
Rancate 302
Ranco 233
Ranzo 204
Rasa 195
Re 212
Referendumsdemokratie 73
Reformation 68
Regionen 62
Reis 34
Reisedokumente 15, 24
Reisekosten 19
Reiserücktrittsversicherung 20
Reisezeit 16
Reiten 50
Remarque, Erich Maria 165, 167
Renaissance 81, 249
Repubblica dell'Ossola 213
Restaurants 33
Restauration 69
Revolution, Französische 68
Rieger, Jonny 204
Risorgimento 246
Risotto 34
Ritóm-Piora 92
Riva San Vitale 300
Rivapiano 146
Rivera 106, 238
Riviera Lago Maggiore 223
Robei 190
Rocca di Angera 230
Rodari, Tommaso 129
Romanik 80, 114
Römer 67, 150, 213, 232
Roncapiano 322
Ronchi 178
Ronco 92, 166, 203
Rosenbaum, Wladimir 199
Rosso di Fuori 92
Rossura 98
Rovio 298
Rüegg, Kathrin 169
Russo 198
Rustici 56

S

Sagno 320
Sagra di S. Provino 276
Sagra di San Pellegrino 102
Saint-Léger, Antoinette 167
Sala 265
Salorino 315
San Antonio 138, 139, 189, 317
San Carlo 190
San Giulio 221
San Martino 287
San Nazzaro 203
San Pietro 305
Sanatorium Monte Verità 165
Sant'Abbondio 204
Santa Maria Maggiore 212
Sarazenen 109, 112
Sasso Corbaro 126
Sasso del Diavolo 187
Sasso della Boggia 85
Sasso Torrasco 136
Säumer 88
Saurierfossilien 302, 304
Scareglia 262
Schirme 226
Schlucht Goda della Rovana 184
Schlucht Ponte Brolla 177
Schlucht Sant'Anna 211
Schmalspurbahn 194
Schmetterlinge 104
Schnee 16
Schokolade 111, 271
Schöllenenschlucht 84, 88
Schotten 212
Schwimmen 51, 136
Scudellate 322
Seen 62, 104
Segeln 52
Seide 325
Sementina 141
Semione 110
Sentiero dei Fiori 122, 289
Sentiero del Castagno 268, 278
Sentiero delle Meraviglie 270
Seregnesi 98, 99, 101, 110, 120, 134, 267
Serocca 276
Serpiano 301
Serravalle 110
Servitenkloster 311
Seseglio 318
Sessa 272
Sesto Calende 232
Sforza 123
Shopping 28
Sicherheit 47

Sigirino 242
Signora 262
Skifahren 52, 92, 97, 114, 117, 186, 203, 262, 270
Smog 17, 65
SMS 47
Snowboard 238
Solduno 156
Somazzo 315
Someo 182
Sonlerto 190
Sonnenuhren 268
Sonogno 172
Sonvico 261
Sopraceneri 62, 238
Sorengo 280
Sornico 188
Sottoceneri 62, 238
Souvenirs 30, 32, 85, 175, 197, 219, 228
Spazzacamini 175, 179, 212
Speisen 32
Sperrnummern 43
Spezialitäten 34, 35, 175, 219, 228, 314
Spezialtarife 55
Spoccia 212
Sport 48
Sprache 41, 58, 74, 185, 335
Spruga 200
Staat 71
Stabio 305
Stalvedro 93
Stalvedroschlucht 89
Ständemehr 73
Steinbrüche 106
Sternwarte 289, 299
Steuersystem 72
Stiftung Bavonatal 190
Strada Alta 103
Straßenkarten 38
Stresa 225
Stroh 197
Strom 32
Supermärkte 28
Sureggio 264
Surfen 52
Swiss Card 44
Swiss Flexi Pass 44
Swiss Pass 44
Swiss Transfer Ticket 44
Swissminiatur 287, 289

T

Tabak 29, 167
Taneda 94
Tankstellen 27
Tarilli, Giovanni 102, 107, 111, 267, 283, 317
Taschendiebe 47
Taschenmesser 32
Tauchen 52
Taverne 243
Tegna 192
Telefon 27, 46
Telemark 53
Tenero 143
Termine 272
Tesserete 263
Teufelsbrücke 84, 88
Theater 135
Theosophie 165
Tickets 43
Tiere 66, 104
Tipografia Elvetica 298
Tollwutimpfung 37
Torre 117, 314
Torre dei Pedrini 99
Torre di Redde 265
Torricella 243
Touren, organisierte 18
Tourismus 71, 91, 247
Tourismusinformationen 14
Tradate, Antonio da 115, 153, 166, 195, 268
Trarego 215
Traversa 116
Trekking 50
Tremola 89
Tremona 303
Tre-Valli-Bund 110
Trinken 32
Tucholsky, Kurt 199
Tur 322

U

Überschwemmung 105
Uhren 32, 297
Unfallversicherung 21
Unterkunft 14, 31, 53
Urner 96
Urnerloch 88

V

Vacallo 301, 324
Vaglio 265
Val Bavona 189
Val Camadra 117
Val Cannobina 211
Val Capriasca 261
Val Colla 262
Val d'Efra 172
Val d'Agno 238, 243
Val d'Isone 241
Val del Sole 109
Val Lavizzara 186
Val Malvaglia 119
Val Onsernone 197
Val Pontirone 119
Val Redorta 172
Val Vedeggio 238
Val Verzasca 169
Val Vogornesso 172
Valle Bedretto 92
Valle di Blenio 109
Valle di Bosco 184, 185
Valle di Campo 184
Valle di Muggio 318
Valle di Vergeletto 198
Valle Leventina 93, 96
Valle Maggia 175
Valle Mara 297
Valle Morobbia 138
Valle Veddasca 232
Valle Vigezzo 194, 212
Valli di Lugano 261
Valli Ossolani 213
Valmara 168
Varese 209
Veglia 189
Vela, Vincenzo 251, 305
Verbania 209, 216
Verdasio 195
Verdi, Giuseppe 216
Vergeletto 198
Verhaltenstipps 58, 75
Verkehrsmittel, öffentliche 43
Verkehrsregeln 26
Vernate 276
Vernehmlassung 72
Verscio 192
Versicherungen 20
Versicherungskarte, Grüne 24
Verwaltung 71
Verzasca 142
Vezia 243
Vezio 269
Vianco 242
Vico Morcote 284
Viggiona 215
Vignette 24, 46
Villa 92, 315
Villa Luganese 261
Vinci, Leonardo da 265
Vira 201, 242
Vögel 142
Vogorno 170
Volksmehr 73
Vorwahlnummern 46

W

Wahlrecht 70
Währung 18
Waldbrände 47
Wallfahrt 190, 212, 298
Walser 185
Wandern 39, 50, 114, 186, 261, 270, 274
Wappen 119
Wasserfall 97, 106, 182, 189
Wassersport 51
Wein 31, 35, 136, 320
Weiterbildung 41
Weltkulturerbe 123
Weltnaturerbe 302
Wetter 63
Wildbäche 48, 169
Wintersport 16, 18, 52, 117, 122, 238, 262, 270
Wirtschaft 70
Wolle 172

Z

Zenna 234
Zentrum für alpine Biologie 94
Zigarillos 167
Zocco 321
Zollbestimmungen 15
Zoo 271, 278
Zug 24, 44

300ch Foto: en

301 Foto: pf

Die Autoren

Eva Meret Neuenschwander, geboren 1952, ist Diplom-Übersetzerin und selbstständige Publizistin. Jürg Schneider, Jahrgang 1944, doziert nach Jahren in der Praxis, u. a. auch im Tourismus, nun an einer Fachhochschule Management und Marketing. Die Autoren sind Schweizer und leben bei Niederscherli in Bern. Sie haben im Reise Know-How Verlag schon den Reiseführer „Schweiz mit Liechtenstein" veröffentlicht.